# 芝浦工業大学附属中学校

## 〈収録内容〉

2024 年度 …………………… 第 1 回（算・理・国）
第 2 回（算・理・国）
2023 年度 …………………… 第 1 回（算・理・国）
第 2 回（算・理・国）
2022 年度 …………………… 第 1 回（算・理・国）
第 2 回（算・理・国）
※第 2 回国語の大問四は、問題に使用された作品の著作権者が二次使用の許可を出していないため問題を掲載しておりません。
2021 年度 …………………… 第 1 回（算・理・国）
DL 2020 年度 …………………… 第 1 回（算・理・国）
※第 1 回国語の大問二は、問題に使用された作品の著作権者が二次使用の許可を出していないため問題を掲載しておりません。
DL 2019 年度 …………………… 第 1 回（算・理・国）
※第 1 回国語の大問二・三は、問題に使用された作品の著作権者が二次使用の許可を出していないため問題を掲載しておりません。
DL 平成 30 年度 …………………… 第 1 回（算・理・国）
DL 平成 29 年度 …………………… 第 1 回（算・理・国）

便利な DL コンテンツは右の QR コードから

解答用紙

過去年度

国語の問題は紙面に掲載

⇒

※データのダウンロードは 2025 年 3 月末日まで。
※データへのアクセスには、右記のパスワードの入力が必要となります。 ⇒ 312088

## 〈合格最低点〉

| | 第 1 回 | 第 2 回 |
|---|---|---|
| 2024年度 | 198点 | 204点 |
| 2023年度 | 212点 | 219点 |
| 2022年度 | 199点 | 208点 |
| 2021年度 | 171点 | 195点 |
| 2020年度 | 181点 | 190点 |
| 2019年度 | 200点 | 216点 |
| 2018年度 | 142点 | 151点 |

# 本書の特長

## 実戦力がつく入試過去問題集

▶ 問題 …………… 実際の入試問題を見やすく再編集。
▶ 解答用紙 …… 実戦対応仕様で収録。
▶ 解答解説 …… 詳しくわかりやすい解説には、難易度の目安がわかる「基本・重要・やや難」の分類マークつき（下記参照）。各科末尾には合格へと導く「ワンポイントアドバイス」を配置。採点に便利な配点つき。

### 入試に役立つ分類マーク

**基本** 確実な得点源！
受験生の 90%以上が正解できるような基礎的、かつ平易な問題。
何度もくり返して学習し、ケアレスミスも防げるようにしておこう。

**重要** 受験生なら何としても正解したい！
入試では典型的な問題で、長年にわたり、多くの学校でよく出題される問題。
各単元の内容理解を深めるのにも役立てよう。

**やや難** これが解ければ合格に近づく！
受験生にとっては、かなり手ごたえのある問題。
合格者の正解率が低い場合もあるので、あきらめずにじっくりと取り組んでみよう。

## 合格への対策、実力錬成のための内容が充実

▶ 各科目の出題傾向の分析、合否を分けた問題の確認で、入試対策を強化！
▶ その他、学校紹介、過去問の効果的な使い方など、学習意欲を高める要素が満載！

**解答用紙ダウンロード** 解答用紙はプリントアウトしてご利用いただけます。弊社ＨＰの商品詳細ページよりダウンロードしてください。トビラのＱＲコードからアクセス可。

**famima PRINT** 原本とほぼ同じサイズの解答用紙は、全国のファミリーマートに設置しているマルチコピー機のファミマプリントで購入いただけます。※一部の店舗で取り扱いがない場合がございます。詳細はファミマプリント（http://fp.famima.com/）をご確認ください。

**UD FONT** 見やすく読みまちがえにくいユニバーサルデザインフォントを採用しています。

# 芝浦工業大学附属 中学校

生徒数　494名
〒135-8139
東京都江東区豊洲6-2-7
☎03-3520-8501
有楽町線豊洲駅　徒歩7分
ゆりかもめ新豊洲駅　徒歩1分

## 中学共学化 進化したSTEAM教育と新カリキュラムで未来の工学人を育てる

| URL | https://www.fzk.shibaura-it.ac.jp/ |
|---|---|

### プロフィール　中学から高校まで一貫した教育体制

1922年に設立された、東京鉄道中学を前身とする。1954年、芝浦工業大学の付属高等学校となり、1982年、中学校が設立された。以来、中学から高校までの６年間の一貫教育体制により、人間性豊かな幅広い視野と実行力を持つ人間形成を行っている。2017年度より豊洲に移転。2021年度より中学も共学となり、新しいカリキュラムもスタート。「SHIBAURA探究」という「探究型授業」を開始。2021年度には100周年を迎えた。

### 環境　最新鋭の設備が授業を面白くする

豊洲新校舎は６階建て、屋上にはテニスコート２面や弓道場などを設けている。全館Wi-Fi、全教室に電子黒板を設置するほか、デスクトップＰＣ100台のコンピュータ室やActive Learning教室、大型機械の使用も可能な工作室ファクトリー、ロボット技術室など理工学教育設備・環境も整っている。

### カリキュラム　21世紀を生き抜く力を培うために

校訓に「敬愛の誠心」「正義につく勇気」「自律の精神」を掲げ、理系を重視した特色豊かな教育が行われている。理工系教育（全教科全教員参加のショートテクノロジーアワー、大学の先生や企業の協力、理科教員によるサイエンステクノロジーアワー）、中高大連携（中学ものづくり3講座など）、3つの言語（日本語・英語・コンピューター言語）とグローバル教育（アメリカへの2週間の海外教育旅行など）を柱としていたが、中学共学元年の2021年から魅力的な新カリキュラムが加わった。探究型授業の「Global Communication」（国際性と多様性、理工系教育を結び付けたもの。海外教育旅行プログラムなど）、「Information Technology」（プログラミングとSTEAM教育など）を実施し、中学生の教育をより特化させる。加えて女子にも人気でこれからの工学には欠かせない、Design（デザイン思考と教科連動）も学ぶ。

### 学校生活　人間性や社会性を築くクラブ活動

クラブは、12の体育系と9つの文化系がある。弓道部や電子技術研究部など対外的に活躍しているクラブもあるが、優れた結果を得ることよりも、生徒相互の豊かな心の触れ合いの場としている。

主な学校行事には、「芝生祭」や体育祭のほか、中学１年では蓼科登山合宿、２年では芋井農村体験、３年では海外教育旅行があり、高校では視聴覚教室、国内教育旅行などがある。

### 進路　理工系のみならず文系大学にも進学

卒業生のほぼ全員が進学し、現役進路決定率は96%。中高一貫生は46%、高校入学生は67%が内部進学した。東京工業大学や筑波大学などの国公立をはじめ上位校への進学者も増えている。文系クラスも一橋大学などの上位校に進学する。現役進学率は約90%である。

### 国際化　英語による発信力向上を目指して

グローバル社会への対応として、英語による発信力の向上に力を入れている。高校では少数選抜クラスを設け、イングリッシュキャンプという英語特訓合宿を開催しているほか、４つの海外留学プログラムがある。

また、英語習得と異文化理解を目的として、中３では全員参加の修学旅行として米国ユタ州とワシントン州、コロラド州の４ヶ所で２週間のホームステイ、高１では希望者対象にニュージーランドホームステイを行っている。高3の芝浦工大早期推薦合格者には米国、ニュージーランド短期留学の特典もあるほか、高3芝浦工大進学決定者の希望者対象の、フィリピンのセブ島IT&英会話研修も実施している。

#### 2024年度入試要項

試験日　2/1午前（第１回）
2/2午前・午後（第２回、言語・探究、英語）

試験科目　国・算・理（第１、２回）
言語技術と探究+算（言語・探究）　算・英（英語）

| 2023年度 | 募集定員 | 受験者数 | 合格者数 | 競争率 |
|---|---|---|---|---|
| 第１回 | 75 | 427 | 100 | 4.3 |
| 第２回 | 40 | 409 | 68 | 6.0 |
| 言語・探究 英語 | 15 | 202 | 33 | 6.1 |

※帰国生（12/11、国・算＋面接）の募集は５名　シンガポール現地入試は11/11（算＋面接）

# 過去問の効果的な使い方

① **はじめに**　ここでは，受験生のみなさんが，ご家庭で過去問を利用される場合の，一般的な活用法を説明していきます。もし，塾に通われていたり，家庭教師の指導のもとで学習されていたりする場合は，その先生方の指示にしたがって，過去問を活用してください。その理由は，通常，塾のカリキュラムや家庭教師の指導計画の中に過去問学習が含まれており，どの時期から，どのように過去問を活用するのか，という具体的な方法がそれぞれの場合で異なるからです。

② **目的**　言うまでもなく，志望校の入学試験に合格することが，過去問学習の第一の目的です。そのためには，それぞれの志望校の入試問題について，どのようなレベルのどのような分野の問題が何問，出題されているのかを確認し，近年の出題傾向を探り，合格点を得るための試行錯誤をして，各校の入学試験について自分なりの感触を得ることが必要になります。過去問学習は，このための重要な過程であり，合格に向けて，新たに実力を養成していく機会なのです。

③ **開始時期**　過去問との取り組みは，通常，全分野の学習が一通り終了した時期，すなわち6年生の7月から8月にかけて始まります。しかし，各分野の基本が身についていない場合や，反対に短期間で過去問学習をこなせるだけの実力がある場合は，9月以降が過去問学習の開始時期になります。

④ **活用法**　各年度の入試問題を全問マスターしよう，と思う必要はありません。完璧を目標にすると挫折しやすいものです。できるかぎり多くの問題を解けるにこしたことはありませんが，それよりも重要なのは，現実に各志望校に合格するために，どの問題が解けなければいけないか，どの問題は解けなくてもよいか，という眼力を養うことです。

## 算数

どの問題を解き，どの問題は解けなくてもよいのかを見極めるには相当の実力が必要になりますし，この段階にいきなり到達するのは容易ではないので，この前段階の一般的な過去問学習法，活用法を2つの場合に分けて説明します。

☆偏差値がほぼ55以上ある場合

掲載順の通り，新しい年度から順に年度ごとに3年度分以上，解いていきます。

ポイント1…問題集に直接書き込んで解くのではなく，各問題の計算法や解き方を，明快にわかるように意識してノートに書き記す。

ポイント2…答えの正誤を点検し，解けなかった問題に印をつける。特に，解説の 基本 重要 がついている問題で解けなかった問題をよく復習する。

ポイント3…1回目にできなかった問題を解き直す。同様に，2回目，3回目，…と解けなければいけない問題を解き直す。

ポイント4…難問を解く必要はなく，基本をおろそかにしないこと。

☆偏差値が50前後かそれ以下の場合

ポイント1～4以外に，志望校の出題内容で「計算問題・一行問題」の比重が大きい場合，これらの問題をまず優先してマスターするとか，例えば，大問2までをマスターしてしまうとよいでしょう。

## 理科

理科は1から順番に解くことにほとんど意味はありません。理科は，性格の違う4つの分野が合わさった科目です。また，同じ分野でも単なる知識問題なのか，あるいは実験や観察の考察問題なのかによってもかかる時間がずいぶんちがいます。記述，計算，描図など，出題形式もさまざまです。ですから，解く順番の上手，下手で，10点以上の差がつくこともあります。

過去問を解き始める時も，はじめに1回分の試験問題の全体を見通して，解く順番を決めましょう。得意分野から解くのもよいでしょう。短時間で解けそうな問題を見つけて手をつけるのも効果的です。くれぐれも，難問に時間を取られすぎないように，わからない問題はスキップして，早めに全体を解き終えることを意識しましょう。

## 社会

社会は1から順番に解いていってかまいません。ただし，時間のかかりそうな，「地形図の読み取り」，「統計の読み取り」，「計算が必要な問題」，「字数の多い論述問題」などは後回しにするのが賢明です。また，3分野（地理・歴史・政治）の中で極端に得意，不得意がある受験生は，得意分野から手をつけるべきです。

過去問を解くときは，試験時間を有効に活用できるよう，時間は常に意識しなければなりません。ただし，時間に追われて雑にならないようにする注意が必要です。“誤っているもの”を選ぶ設問なのに“正しいもの”を選んでしまった，“すべて選びなさい”という設問なのに一つしか選ばなかったなどが致命的なミスになってしまいます。問題文の“正しいもの”，“誤っているもの”，“一つ選び”，“すべて選び”などに下線を引いて，一つ一つ確認しながら問題を解くとよいでしょう。

過去問を解き終わったら，自己採点し，受験生自身でふり返りをしましょう。できなかった問題については，なぜできなかったのかについての分析が必要です。例えば，「知識が必要な問題」ができなかったのか，「問題文や資料から判断する問題」ができなかったのかで，これから取り組むべきことも大きく異なってくるはずです。また，正解できた問題も，「勘で解いた」，「確信が持てない」といったときはふり返りが必要です。問題集の解説を読んでも納得がいかないときは，塾の先生などに質問をして，理解するようにしましょう。

## 国語

過去問に取り組む一番の目的は，志望校の傾向をつかみ，本番でどのように入試問題と向かい合うべきか考えることです。素材文の傾向，設問の傾向，問題数の傾向など，十分に研究していきましょう。

取り組む際は，まず解答用紙を確認しましょう。漢字や語句問題の量，記述問題の種類や量などが，解答用紙を見て，わかります。次に，ページをめくり，問題用紙全体を確認しましょう。どのような問題配列になっているのか，問題の難度はどの程度か，などを確認して，どの問題から取り組むべきかを判断するとよいでしょう。

一般的に「漢字」→「語句問題」→「読解問題」という形で取り組むと，効率よく時間を使うことができます。

また，解答用紙は，必ず，実際の大きさのものを使用しましょう。字数指定のない記述問題などは，解答欄の大きさから，書く量を考えていきましょう。

# 算数 出題傾向の分析と合格への対策

## ●出題傾向と内容

近年の出題数は第1回，第2回ともに大問が5題，小問数にして20問程度である。

[1]は聞いて解く問題(学校HP参照)であり，[2]～[5]の出題分野は広く,「図形」,「割合と比」,「速さ」,「グラフ」の出題が比較的多い。特に近年は,「規則性」・「場合の数」の出題が連続している。レベルとしては基本から応用まであり，途中の式や計算を記入する形態になっており，後半の応用問題は，60分間の試験時間内で解くにはかなり柔軟な思考力を要するものが出題されている。今後は，その場で条件をきちんと整理し，論理的に解き進める力を試す問題も出題率が高いと思われるので要注意である。

### ✔学習のポイント

応用問題について，途中式や計算，単位の変換などきちんと記す習慣をつけよう。効率のよい解き方を研究して復習するのが大事。

## ●2025年度の予想と対策

「平面図形」,「立体図形」,「割合と比」,「速さ」,「グラフ」の出題率が高く，過去問を利用してよく練習しよう。

対策としては，まずどの分野の問題が出題されても対応できるよう，偏りなく幅広い学習をしておくこと。そして，基本から応用まで典型的な入試問題にあたり，できなかった問題では，何がわからなかったのか，どこで間違えたのかなどを入念にチェックし，同じミスを繰り返さないようにしよう。そのためには，途中の式や考え方，計算などのポイントをノートにきちんと書いておくことが必要である。常に正確さと速さを意識したい。

### ▼年度別出題内容分類表

※ よく出ている順に☆，◎，○の３段階で示してあります。

| 出題内容 | | 2022年 | | 2023年 | | 2024年 | |
|---|---|---|---|---|---|---|---|
| | | 1回 | 2回 | 1回 | 2回 | 1回 | 2回 |
| 数と計算 | 四則計算 | ○ | ○ | ○ | ○ | ○ | ○ |
| | 概数・単位の換算 | ○ | ◎ | | ○ | ○ | |
| | 数の性質 | | | | | ☆ | ◎ |
| | 演算記号 | | | | | | |
| 図形 | 平面図形 | ☆ | ☆ | ☆ | ☆ | ☆ | ☆ |
| | 立体図形 | ☆ | ☆ | ☆ | ☆ | ☆ | ○ |
| | 面積 | ◎ | ◎ | ○ | ○ | ☆ | ☆ |
| | 体積と容積 | ◎ | ◎ | ○ | ◎ | | |
| | 縮図と拡大図 | | ○ | | ○ | | ◎ |
| | 図形や点の移動 | ○ | | ○ | ○ | ○ | |
| 速さ | 三公式と比 | ☆ | | ☆ | ☆ | ○ | ☆ |
| 速さ（文章題） | 旅人算 | | | | ○ | ○ | |
| | 流水算 | | | | | | |
| | 通過算・時計算 | ○ | | ○ | | | |
| 割合 | 割合と比 | ☆ | ☆ | ☆ | ☆ | ☆ | ☆ |
| 割合（文章題） | 相当算・還元算 | ○ | | | | | |
| | 倍数算 | | | | | | |
| | 分配算 | | | | | | |
| | 仕事算・ニュートン算 | | | | ○ | | |
| 文字と式 | | | | | | | |
| 2量の関係(比例・反比例) | | | ○ | | | | |
| 統計・表とグラフ | | ☆ | | ☆ | | ☆ | ☆ |
| 場合の数・確からしさ | | ○ | ○ | ○ | | ○ | ○ |
| 数列・規則性 | | | ○ | | ○ | ☆ | |
| 論理・推理・集合 | | | | | | | |
| その他の文章題 | 和差・平均算 | ○ | | | | | |
| | つるかめ・過不足・差集め算 | | | ○ | | | ○ |
| | 消去・年令算 | | ◎ | | | | |
| | 植木・方陣算 | | | | | | |

# 算数 ——グラフで見る最近3ヶ年の傾向——

最近3ヶ年に出題されたすべての問題を内容別に分類・集計し，全体に対して何パーセントくらいの割合になっているかを示しました。

▨……50校の平均　■……芝浦工業大学附属中学校

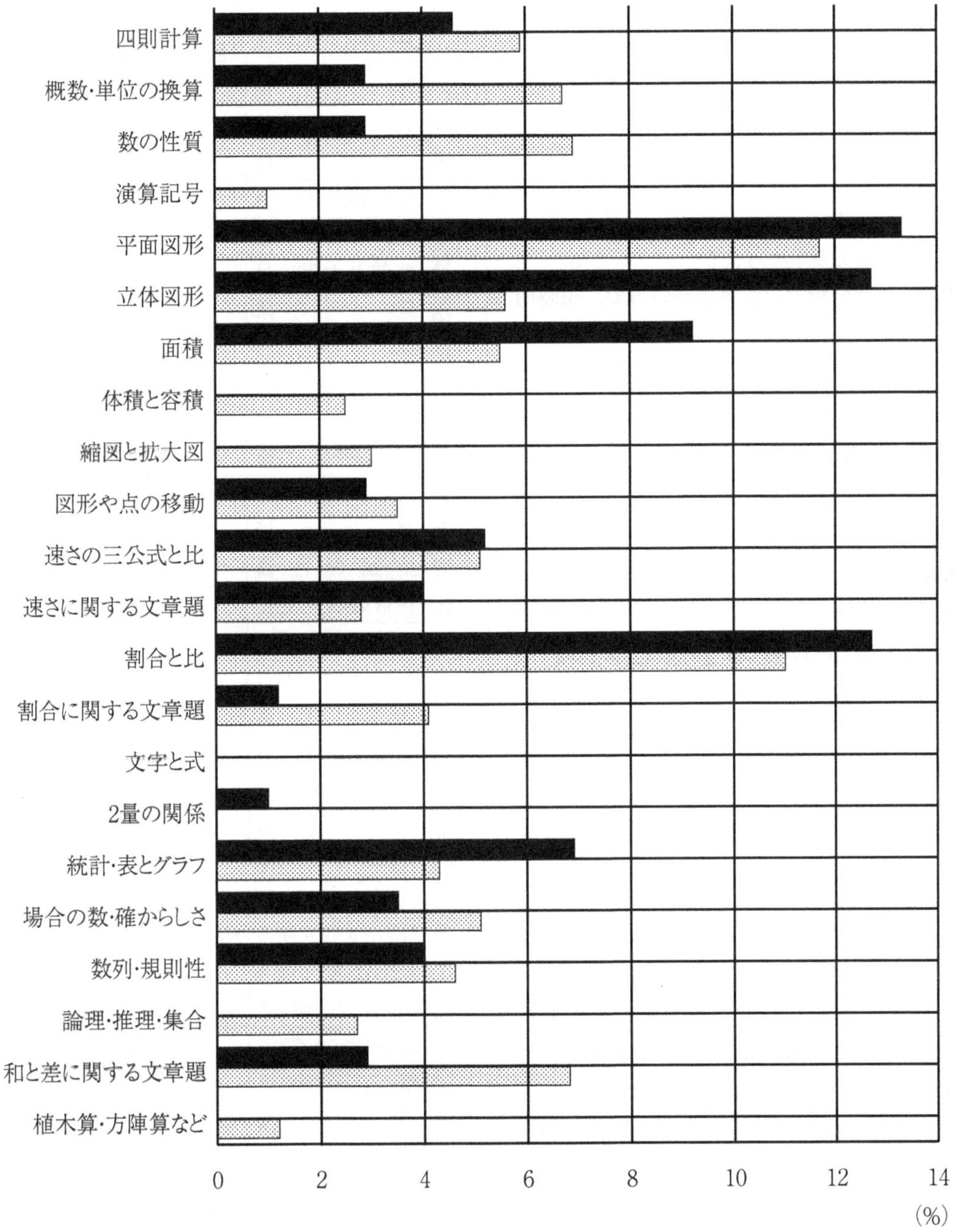

# 理科　出題傾向の分析と合格への対策

## ●出題傾向と内容

試験時間は50分で，問題数は今年は大問が7題であった。問題数の割に時間が短く計算問題も多いので，時間の余裕はない。

問題は各分野から出題されている。全体的なレベルは標準的であるが，計算問題の中には難問もある。また，記述式の問題が出題されている。

実験や観察をもとにした問題が多く，グラフの数値を読み取ったり，問題文中のポイントをつかみ取る能力が求められる。

物理・化学分野での計算が多いので，短時間で解けるように備えておくことは大切である。生物・地学分野の問題は，標準的な問題である。

### 学習のポイント

内容の難しい問題文が出題されるが，要点を見極める力が大切である。解ける問題から解答するように。

## ●2025年度の予想と対策

出題分野が幅広く，特定の分野に偏りがないので，苦手分野をなくすことを念頭に学習を進めたい。

計算問題は，数題の難問を除けば標準的なレベルなので，解ける問題をしっかり解答するようにしたい。また。記述式の問題が出題されるので，問題の要点をつかむ読解力が欠かせない。そして，自分の考えを短い文章にまとめる力が必要である。問題数の割に時間が少ないので，時間配分にも注意して試験に臨むように。

いろいろな分野の問題を解き，問題の解き方を身につけるようにしたい。表やグラフから考える練習問題などを解いて，同様の問題に慣れるようにしたい。

▼年度別出題内容分類表

※よく出ている順に☆，◎，○の３段階で示してあります。

| 出題内容 | | 2022年 | | 2023年 | | 2024年 | |
|---|---|---|---|---|---|---|---|
| | | 1回 | 2回 | 1回 | 2回 | 1回 | 2回 |
| 生物 | 植物 | ☆ | | | | | |
| | 動物 | | | | ☆ | | ☆ |
| | 人体 | | | ☆ | | | |
| | 生物総合 | | | | | | |
| 天体・気象・地形 | 星と星座 | | | | | | ○ |
| | 地球と太陽・月 | | ☆ | ☆ | | | ☆ |
| | 気象 | | | | | | |
| | 流水・地層・岩石 | | | | ☆ | ☆ | |
| | 天体・気象・地形の総合 | | | | | | |
| 物質と変化 | 水溶液の性質・物質との反応 | | | ☆ | | | |
| | 気体の発生・性質 | | | ☆ | ☆ | | |
| | ものの溶け方 | | | | | ☆ | ☆ |
| | 燃焼 | | | | ◎ | | ◎ |
| | 金属の性質 | | ◎ | | | | |
| | 物質の状態変化 | | | | | | |
| | 物質と変化の総合 | | | | | ☆ | |
| 熱・光・音 | 熱の伝わり方 | | | | | | |
| | 光の性質 | | | | ☆ | | ☆ |
| | 音の性質 | | | | | | |
| | 熱・光・音の総合 | | | | | | |
| 力のはたらき | ばね | | | ◎ | | ◎ | |
| | てこ・てんびん・滑車・輪軸 | | ☆ | | | ☆ | |
| | 物体の運動 | | | | | | |
| | 浮力と密度・圧力 | ☆ | | | | | ☆ |
| | 力のはたらきの総合 | | | | | | |
| 電流 | 回路と電流 | ○ | ☆ | ◎ | | ☆ | |
| | 電流のはたらき・電磁石 | | | ◎ | ☆ | | |
| | 電流の総合 | | | | | | |
| 実験・観察 | | ☆ | ☆ | ☆ | ☆ | ☆ | |
| 環境と時事／その他 | | ☆ | ☆ | | ○ | | ○ |

芝浦工業大学附属中学校

# 理科 ――グラフで見る最近3ヶ年の傾向――

最近3ヶ年に出題されたすべての問題を内容別に分類・集計し，全体に対して何パーセントくらいの割合になっているかを示しました。

……50校の平均　　……芝浦工業大学附属中学校

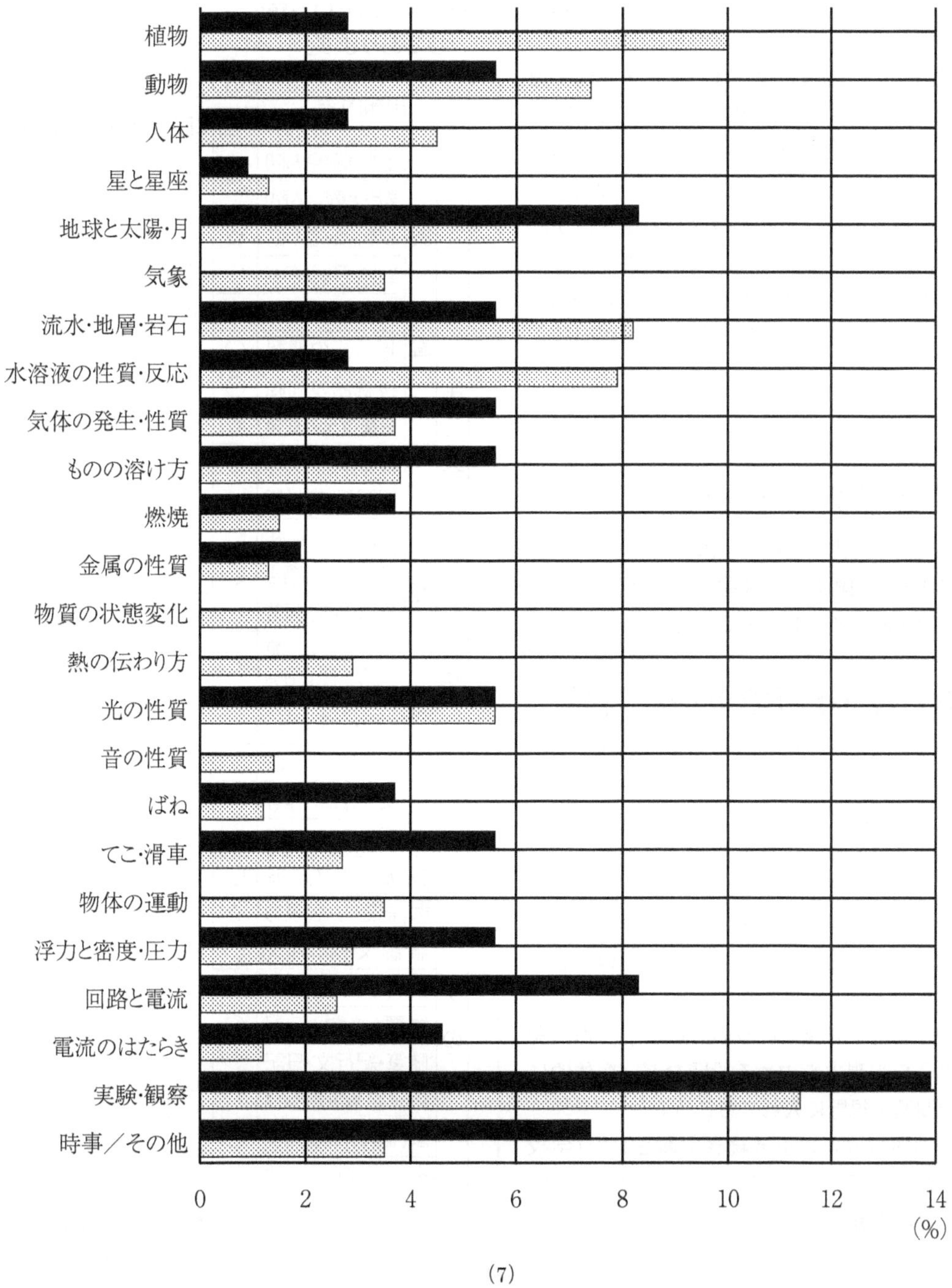

# 国語　出題傾向の分析と合格への対策

## ●出題傾向と内容

文学的文章と説明的文章の読解，韻文の問題，知識問題2題に加えて，放送問題の，大問6題構成は今年も引きつがれた。

文学的文章の読解問題では，大意・心情・細部の読み取りが中心。説明的文章の読解問題では，細部の読み取りが中心。空欄補充についての設問も見られる。本年も韻文が第1・2回にそれぞれ出題されたことでその分野の重要性が証明された。なお，韻文では，短歌・俳句までを視野に入れておく必要がある。また，第1・2回ともに，作文に類似した短文作成問題が出題されている。

### 学習のポイント

知識問題は確実に満点にしよう！
まずは練習問題を反復練習すること！
韻文の表現技法はおさえておこう！

## ●2025年度の予想と対策

読解力を中心とし，幅広く国語の基礎力を問う出題傾向は変わらないだろうが，記述の比重は高くなる傾向がある。

文学的文章では，場面や情景をおさえて，登場人物の心情を読み取ること。

説明的文章では，序論・本論・結論などの文章の組み立てをおさえ，筆者の言いたいことを読み取ることが大切である。

韻文は単純に知識を問うのではなく，作文記述のような表現力を求める設問など，総体的に新傾向問題を視野に入れておこう。

放送問題は昨年に引き続き出題された(学校HP参照)。定着した形式になるかは不明だが，時間配分に影響すると考えよう。

▼年度別出題内容分類表

※　よく出ている順に☆，◎，○の３段階で示してあります。

| 出題内容 | | | 2022年 | | 2023年 | | 2024年 | |
|---|---|---|---|---|---|---|---|---|
| | | | 1回 | 2回 | 1回 | 2回 | 1回 | 2回 |
| 内容の分類 | 読解 | 主題・表題の読み取り | | | | | ○ | ○ |
| | | 要旨・大意の読み取り | | | | | ○ | ○ |
| | | 心情・情景の読み取り | ☆ | ☆ | ☆ | ☆ | ☆ | ☆ |
| | | 論理展開・段落構成の読み取り | ○ | ○ | ○ | ○ | ○ | ○ |
| | | 文章の細部の読み取り | ☆ | ☆ | ☆ | ☆ | ☆ | ☆ |
| | | 指示語の問題 | ○ | | | | | |
| | | 接続語の問題 | ○ | ○ | ○ | ○ | ○ | ○ |
| | | 空欄補充の問題 | ☆ | ☆ | ☆ | ◎ | ◎ | ◎ |
| | 知識 | ことばの意味 | ○ | ○ | ○ | | ○ | ○ |
| | | 同類語・反対語 | | | | | | ○ |
| | | ことわざ・慣用句・四字熟語 | ◎ | ◎ | ◎ | ☆ | ◎ | ◎ |
| | | 漢字の読み書き | ○ | ○ | ○ | ○ | ○ | ○ |
| | | 筆順・画数・部首 | | | | | | |
| | | 文と文節 | | | | | | |
| | | ことばの用法・品詞 | | ○ | ○ | ○ | ○ | ○ |
| | | かなづかい | | | | | | |
| | | 表現技法 | | | | | ○ | ○ |
| | | 文学作品と作者 | | | | | | |
| | | 敬語 | | | | ○ | | ○ |
| | 表現 | 短文作成 | ○ | ○ | ○ | ○ | ○ | ○ |
| | | 記述力・表現力 | ☆ | ☆ | ☆ | ☆ | ☆ | ☆ |
| 文の種類 | | 論説文・説明文 | ○ | ○ | ○ | ○ | ○ | ○ |
| | | 記録文・報告文 | | | | | | |
| | | 物語・小説・伝記 | ○ | ○ | ○ | ○ | ○ | ○ |
| | | 随筆・紀行文・日記 | | | | | | |
| | | 詩(その解説も含む) | | ○ | ○ | | ○ | ○ |
| | | 短歌・俳句(その解説も含む) | ○ | | | ○ | | |
| | | その他 | ○ | ○ | ○ | ○ | | |

芝浦工業大学附属中学校

# 国語 ――グラフで見る最近３ヶ年の傾向――

最近３ヶ年に出題されたすべての問題を内容別に分類・集計し，全体に対して何パーセントくらいの割合になっているかを示しました。

▒……50 校の平均　　■……芝浦工業大学附属中学校

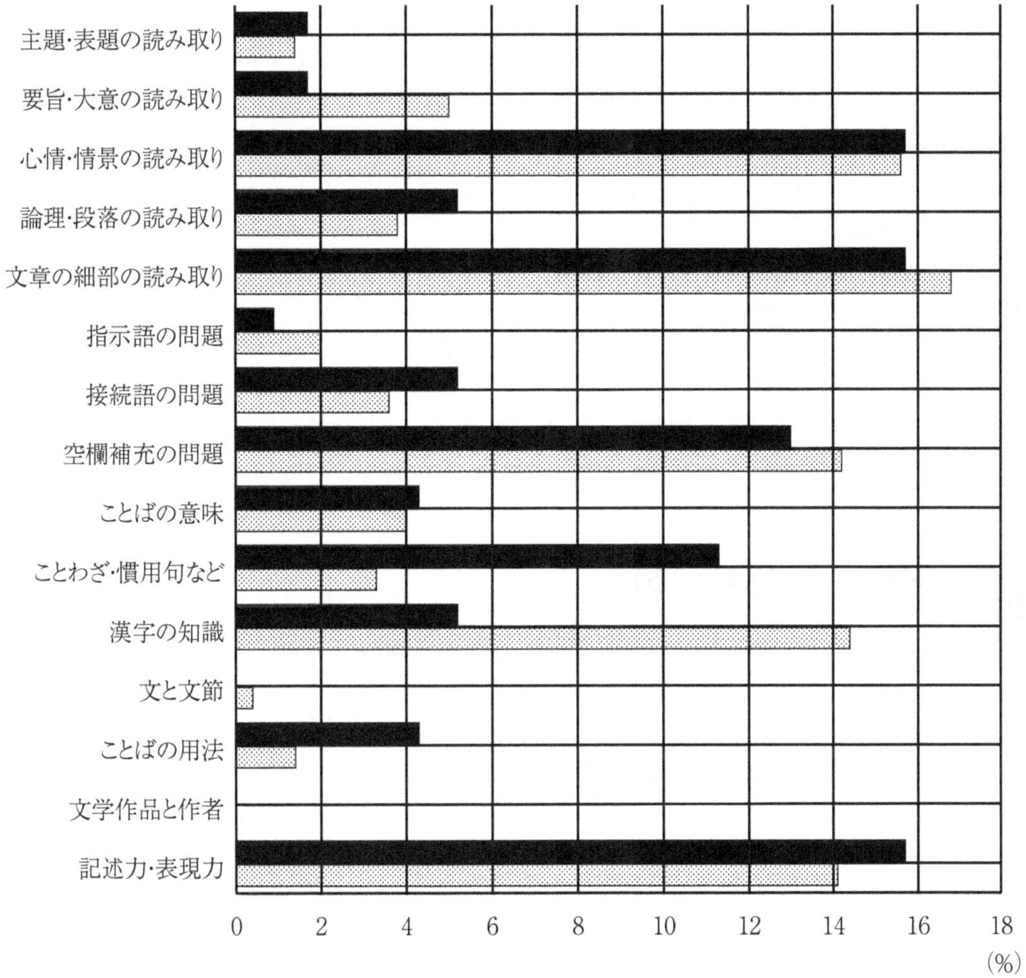


| | 論　説　文<br>説　明　文 | 物語･小説<br>伝　　　記 | 随筆･紀行<br>文・日記 | 詩<br>(その解説) | 短歌･俳句<br>(その解説) |
|---|---|---|---|---|---|
| 芝浦工業大学<br>附属中学校 | 33.0% | 33.0% | 0% | 22.0% | 11.0% |
| 50校の平均 | 47.0% | 45.0% | 8.0% | 0% | 0% |

# 2024年度　合否の鍵はこの問題だ!!

## (第１回)

## 算　数　[2] (3)

よく出題される問題であり，この問題で失点するわけにはいかない。着実に得点しよう。あわてると失敗する。

【問題】

1から9までの数字が書かれた9枚のカードから，同時に3枚のカードを取り出す。このとき，3枚のカードに書かれた数の和が2の倍数となる取り出し方は何通りあるか。

【考え方】

奇数のカード…1，3，5，7，9の5枚　　偶数のカード…2，4，6，8の4枚

3枚とも偶数の場合

4枚の偶数から3枚を選ぶ組み合わせ…4通り

2枚の奇数と1枚の偶数の場合

5枚の奇数から2枚を選ぶ組み合わせ…5×4÷2＝10(通り)

2枚の奇数と1枚の偶数の組み合わせ…10×4＝40(通り)　　したがって，全部で4＋40＝44(通り)

## 理　科　[2] (5)，(6)

大問が7題で，各分野から出題されている。計算問題が多く，物理・化学分野の計算問題にやや難しい内容を含む。

今回，鍵となる問題として第1回の[2](5)，(6)を取り上げる。ばね，てんびん，滑車の総合問題である。

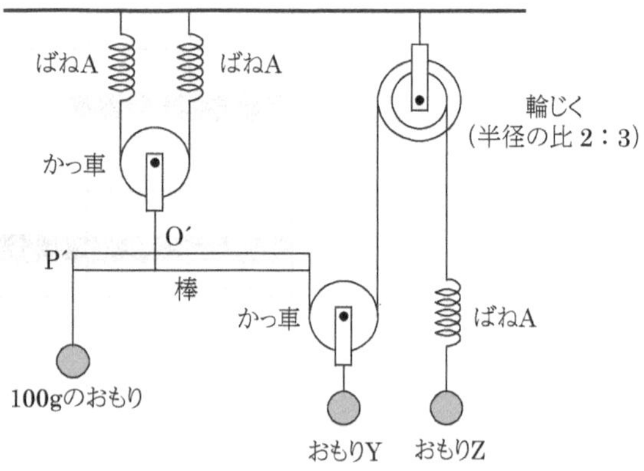


(5)　ばねAは長さが20cmで，20gのおもりで3cmのびる。棒や動滑車の重さは無視できる。動滑車では，下向きにかかる力の半分の大きさの力が上向きに両側にかかる。3本のばねAの長さが全て同じなので，それぞれにおもりZの重さと同じ重さがかかる。これをZ(g)とする。おもりYの重さをY(g)とすると，棒に下向きにかかる力の大きさの合計は$100+\frac{Y}{2}$(g)であり，これが上向きの力である2×Zに等しい。$100+\frac{Y}{2}=2\times Z$　　また，輪軸にかかる力のつり合いから，$\frac{Y}{2}\times 3=Z\times 2$が成り立つ。これらの2つの式より，$\frac{Y}{2}\times 3=100+\frac{Y}{2}$　Y＝100(g)とわかる。さらに100＋50＝2×Z　　Z＝75(g)である。

(6)　棒の両側に100gと50gの重さがかかるので，その比は2：1である。よって支点から両端までの長さの比は1：2になる。棒の長さは60cmなので，支点O′の位置は，P′から$60\times\frac{1}{3}=20$(cm)の位置になる。

第1回，第2回とも物理，化学分野での計算問題にやや難しい内容の問題が出題される。出題される問題が実験や観察をもとに考えさせる形式のものが多く，表やグラフからデータを読み取ったり，問題文中の条件から答えを求める力が必要である。問題集などで類題の演習を数多くこなして力をつけてほしい。試験時間は50分で決して短くはないが，時間内でこれだけの分量を読んで理解し解答するのはかなり困難である。できる問題から解答し，時間配分に気を使うことも大切である。

## 国　語　三問四，五問一

三問四

★合否を分けるポイント(この設問がなぜ合否を分けるのか？)

　文章の内容を正しく読み取った上で，問題の文の細かい部分と照らし合わせながら検討し，正誤を判断する必要がある。また，「適当でないもの」を選ぶ問題であるため，注意が必要である。

★この「解答」では合格できない！

(×)ア→――線④の直後の段落に「触覚でひとつひとつ点字を順番に確かめていく目の見えない学生にとって，この一目で気づくという見方が大きな驚きだった」とあり，この内容が選択肢の文に合致する。

(×)ウ→――線④の五つ後の段落に「晴眼者が日常で頻繁に目にするシーンの切り替えは，視覚障害者の学生にとっては理解し難く，……同じ視点でいるといいます」とあり，この内容が選択肢の文に合致している。

(×)エ→――線④の五つ後の段落に「晴眼者が日常で頻繁に目にするシーンの切り替えは，視覚障害者の学生にとっては理解し難く，……同じ視点でいるといいます」とあり，この内容が選択肢の文に合致している。

★こう書けば合格だ！

(○)イ→――線④の直後の段落に，「目の見えない学生」は「一目で気づくという見方」は理解が難しいと書かれているが，選択肢の文のように「順番に文字をたどって小さな記事に気づく」ことが理解できないとは書かれていない。よって，誤り。

五問一

★合否を分けるポイント(この設問がなぜ合否を分けるのか？)

　読解問題のほかに，語句の意味などの知識問題を確実に得点する必要があるため。

★この「解答」では合格できない！

(×)ア→「打てばひびく」は，すぐに反応がある，という意味。

(×)ウ→「蛙の面(つら)に水」は，どんな仕打ちにあっても平気でいる様子。

(×)エ→「猫に小判」は，貴重なものを与えても何の反応もないことのたとえ。

★こう書けば合格だ！

(○)イ→「のれんに腕押し」は，相手に対するとき，力を入れても手ごたえがなく，張合いのないことのたとえ。「豆腐にかすがい」は，意見をしても，少しの手ごたえもなく，ききめもないことのたとえ。

MEMO

大切なことはメモしておこうネ！

# 2024年度

★★★★★★★★★★★★★★★★★★★★★★★★

# 入　試　問　題

## 2024 年度

# 芝浦工業大学附属中学校入試問題（第１回）

【算　数】（60分）　＜満点：120点＞

【注意】 1．1は聞いて解く問題です。

2．3以降は，答えだけではなく式や考え方を書いてください。式や考え方にも得点があります。

3．定《じょう》規《ぎ》とコンパスを使用してもかまいませんが，三角定規と分度器を使用してはいけません。

4．作図に用いた線は消さないでください。

5．円周率が必要な場合は，すべて3.14で計算してください。

**1**　この問題は聞いて解く問題です。

聞いて解く問題は全部で⑴と⑵の２題です。⑵は１問，⑵は①と②の２問あります。問題文の放送は１回のみです。問題文が流れているときはメモを取ってもかまいません。ひとつの問題文が放送された後，計算したり，解答用紙に記入したりする時間はそれぞれ１分です。聞いて解く問題の解答は答えのみを書いてください。ただし，答えに単位が必要な場合は必ず単位をつけてください。

⑵

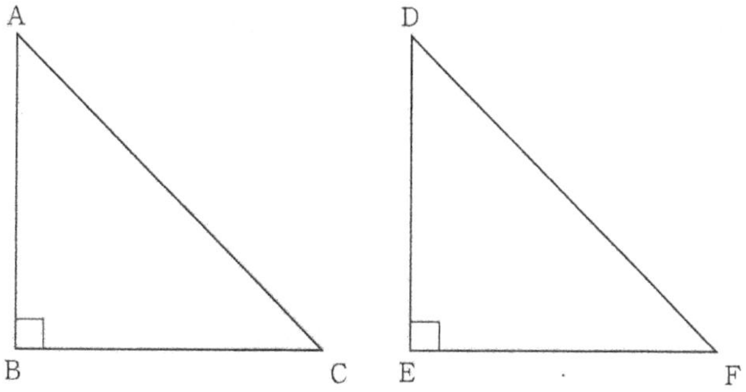


※放送台本は非公表です。

**2**　次の各問いに答えなさい。ただし，答えのみでよい。

⑴　$0.64\times\frac{2}{7}\times\left(3-1\frac{1}{4}\right)+0.42\div\left(0.75+\frac{3}{4}\right)$を計算しなさい。

⑵　□にあてはまる数を求めなさい。

$$(9\div\square+1.8\div 6)\times\frac{10}{11}=3$$

⑶　１から９までの数字が書かれた９枚のカードから同時に３枚のカードを取り出します。このとき，３枚のカードに書かれた数の和が２の倍数となるような取り出し方は何通りありますか。

⑷　右の図のように，長方形ABCDの中に半径１㎝の円があります。円が長方形の内側の辺上をすべることなく転がるとき，円が通過することができる部分の面積を求めなさい。

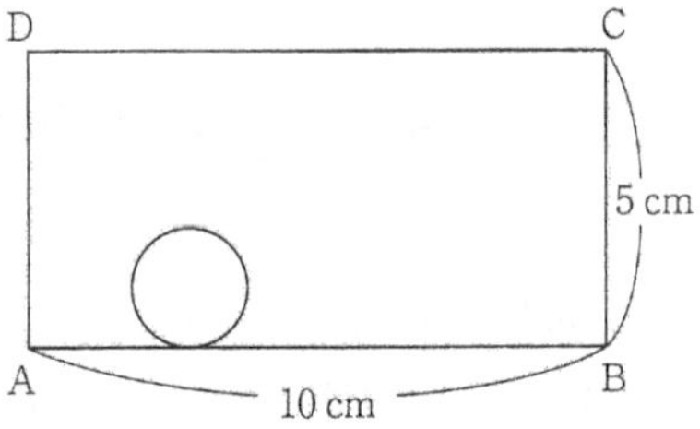


**3**　次の各問いに答えなさい。

⑴　120円の商品Aと80円の商品Bを合計420個売りました。商品Aの売上金の合計と商品Bの売上金の合計の比が２：１のとき，商品Aの売れた個数を求めなさい。

⑵　芝田くんと田浦さんは，家を出発し，家から36㎞離《はな》れた体育館まで車で向かっています。途《と》中で忘れ物に気づいたため，芝田くんはその地点から車で家まで戻《もど》り，田浦さんはその地点から徒歩で体育館に向かいました。芝田くんが家に着いてから再び車で体育館に向かったところ，芝田くんは田浦さんよりも10分遅《おく》れて体育館に着きました。車の速さが時速40㎞，　歩く速さが時速4.8㎞のとき，田浦さんが歩き始めたのは家から何㎞のところですか。ただし，芝田くんが家についてから，忘れ物をとって再び家を出るまでの時間は考えないものとします。

⑶　１から50までの整数をすべてかけた数 $1\times2\times3\times4\times5\times\cdots\times50$ は，一の位から０が何個連続して並ぶか求めなさい。

⑷　図のような２つの円すいがあります。２つの円すいの表面積が等しいとき，□にあてはまる数を求めなさい。

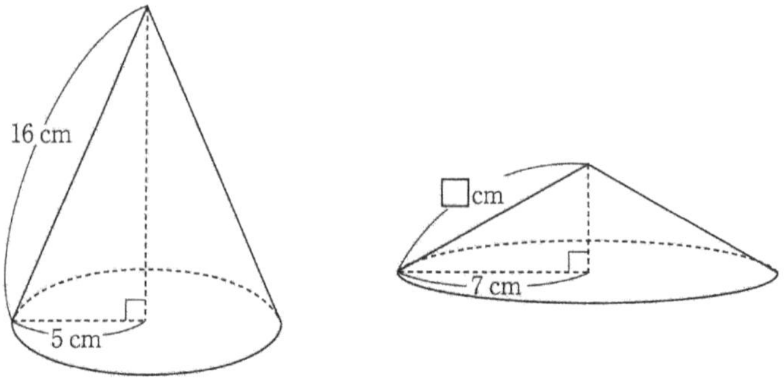


⑸　図のような四角形ABCDについて，頂点Dが点Eと重なるように折ります。このときにできる折り目を作図しなさい。（この問題は答えのみでよい）

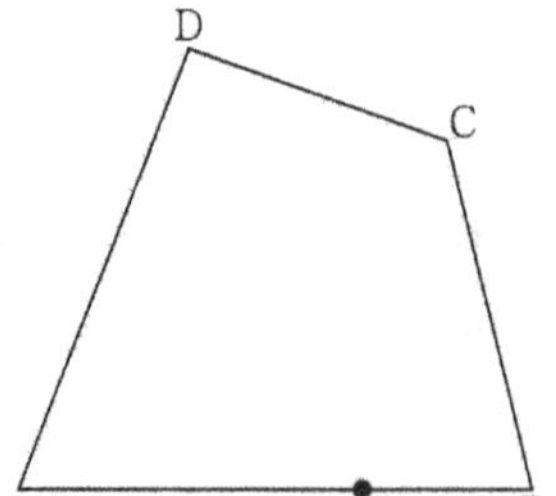

**4** 右の表のように整数を規則的に並べ，４つの数を四角で

| A | B |
|---|---|
| C | D |

のように囲みます。四角で囲んだ４つの数の和を≪Ａ≫とします。

例えば，≪９≫は

| 9 | 16 |
|---|---|
| 8 | 15 |

なので，

≪９≫＝９＋16＋８＋15＝48です。

次の各問いに答えなさい。

|  | １列目 | ２列目 | ３列目 | ４列目 | … |
|---|---|---|---|---|---|
| １段目 | 1 | 4 | 9 | 16 | … |
| ２段目 | 2 | 3 | 8 | 15 | … |
| ３段目 | 5 | 6 | 7 | 14 | … |
| ４段目 | 10 | 11 | 12 | 13 | … |
| ⋮ | ⋮ | ⋮ | ⋮ | ⋮ | ⋱ |

⑴ ≪49≫を求めなさい。

⑵

| A | B |
|---|---|
| C | D |

において，Ａ＋Ｄ＝Ｂ＋Ｃとならないような数Ａを２つあげなさい。

（この問題は答えのみでよい）

⑶ ≪○≫が４の倍数とならないような２けたの数○のうち，最も小さいものを求めなさい。

⑷ ≪□≫＝2024になるような数□を求めなさい。

**5** 次の各問いに答えなさい。

⑴ 図１は立方体を４個重ねた立体Ｘです。ABの長さが６㎝のとき，立体Ｘの表面積を求めなさい。

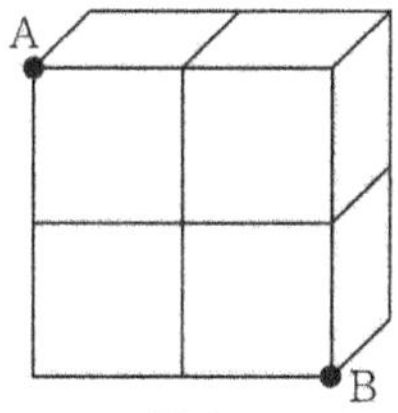


図１

⑵ 図２は⑴と異なる大きさの立方体を16個積み上げたものです。この立体をＹとするとき，次の①，②に答えなさい。

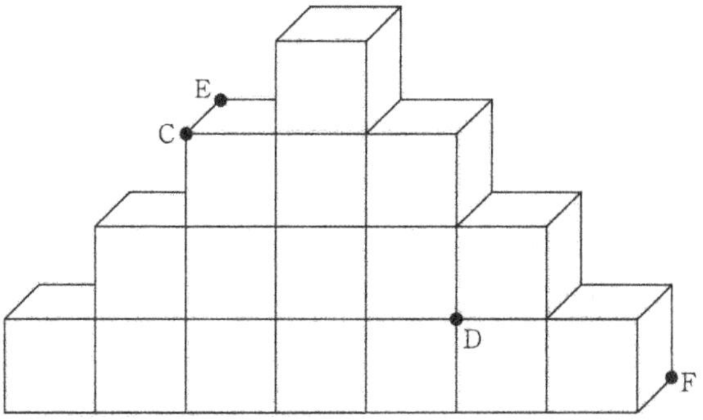


図２

① CDの長さが10㎝のとき，立体Ｙの表面積を求めなさい。

② 立体Ｙを３点Ｃ，Ｅ，Ｆを通る平面で切断したとき，切断後の２つの立体の体積の比をもっとも簡単な整数の比で答えなさい。

**【理　科】**（50分）　＜満点：100点＞

**【注意】** 1は，聞いて解く問題です。

1　この問題は聞いて解く問題です。

聞いて解く問題は全部で３題です。問題文の放送は１回のみです。メモをとっても構いません。ひとつの問題文が放送されたあと，解答用紙に記入する時間は15秒です。聞いて解く問題の解答は答えのみを書いてください。

(1)

(2)

(3)

**ア**．9時間　　**イ**．12時間　　**ウ**．16時間　　**エ**．19時間

※放送台本は非公表です。

2　次の文を読み，あとの問いに答えなさい。

もとの長さが20cmで，20ｇのおもりをつけると３cmのびるばねＡと，もとの長さが30cmで，20ｇのおもりをつけると２cmのびるばねＢ，長さ60cmの一様な変形しない棒を用いて，**〔実験１〕**～**〔実験３〕**を行いました。ただし，棒はすべて同じものを使用し，おもり以外の重さは考えないものとします。

**〔実験１〕**

**（図１）**のように，かべにとりつけたばねＡ，ばねＢと棒を一直線にとりつけたところ，全体の長さが120cmになったところで静止します。

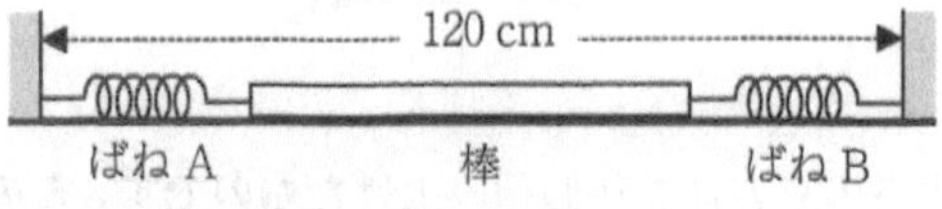


**（図１）**

**〔実験２〕**

ばねＡ，ばねＢ，２本の棒，150ｇのおもり，重さの分からないおもりＸを**（図２）**のように組み合わせたところ，ばねＡとばねＢの長さは等しくなり，２本の棒は水平につり合った。なお下側の棒において，おもりＸを取り付けた位置から糸までの距離《きょり》は45cmである。

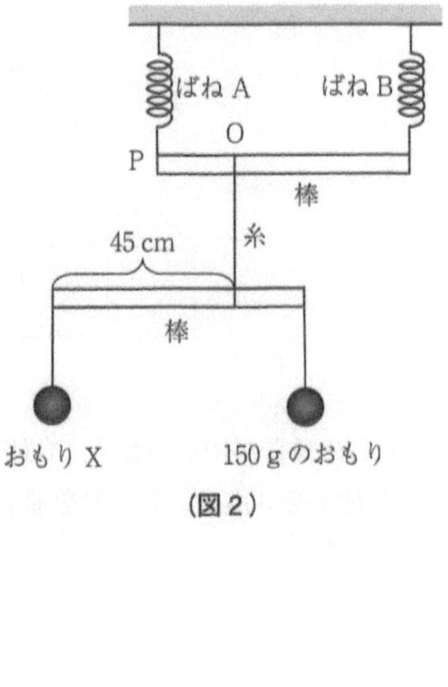


**（図２）**

〔**実験３**〕

３本のばねＡ，棒，100ｇのおもり，重さの分からないおもりＹ，おもりＺ，２つのかっ車，半径の比が２：３の輪じくを（**図３**）のように組み合わせたところ，３本のばねはすべて同じ長さになり，棒は水平につり合った。

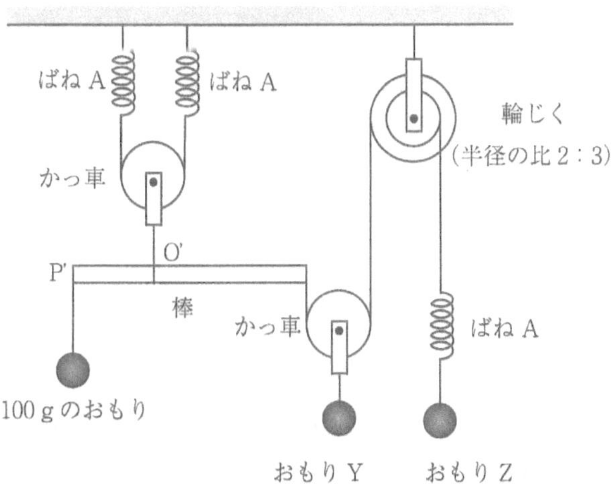


（**図３**）

⑴ 〔**実験１**〕において，ばねＡの長さは何㎝ですか。

⑵ 〔**実験２**〕において，おもりＸの重さは何ｇですか。

⑶ 〔**実験２**〕において，ばねＡ，Ｂの長さは何㎝ですか。

⑷ 〔**実験２**〕において，糸をとりつけた支点Ｏの位置は，棒の左はし（点Ｐ）から何㎝のところにありますか。

⑸ 〔**実験３**〕において，おもりＹ，Ｚの重さはそれぞれ何ｇですか。

⑹ 〔**実験３**〕において，かっ車をとりつけた支点Ｏ’の位置は，棒の左はし（点Ｐ’）から何㎝のところにありますか。

**３** 次の文は芝雄《しばお》さんと先生の会話文です。あとの問いに答えなさい。ただし，数値を答えるときは小数第１位を四捨五入して，整数で答えなさい。

芝雄さん：先生は先日胃が痛いと言って，胃腸薬を飲まれていましたよね。主成分は何ですか。
先生　：炭酸水素ナトリウムですね。
芝雄さん：炭酸水素ナトリウムって，私たちが普段《ふだん》料理のときなどに（　ａ　）とよんでいるものですよね。胃腸薬にも使われているのですね。
先生　：そうですね。ただし，（　ａ　）を料理でベーキングパウダーとして使うときと胃腸薬として使うときに起こっている変化は実は少しちがいます。
芝雄さん：ベーキングパウダーの場合は加熱する変化ですものね。
先生　：一方で，胃腸薬の場合は（　ｂ　）と反応することが目的とされています。このときに起こる反応は中和とよばれますね。

芝雄さん：医薬品って面白いですね。でも，医薬品を量産するのは大変だと聞いたことがあります。

先生　：環境《かんきょう》負荷が大きいことも問題になっています。少ない原料で多くの製品を作れることが理想です。ここで，**原料と製品の「重さの比率」**のことをアトムエコノミーと言います。

**（図１）**は原料A，B，Cから製品Dを作る経路を示したものです。40ｇの物質Aと60ｇの物質Bが反応すると50ｇの物質A’と50ｇの物質B’が生じます。さらに，50ｇの物質A’と30ｇの物質Cが反応すると52ｇの物質Dと28ｇの物質C’が生じます。

| | | | | | | | | | | | | | |
|---|---|---|---|---|---|---|---|---|---|---|---|---|---|
| A | ＋ | B | → | A’ | ＋ | B’ | | A’ | ＋ | C | → | D | ＋ | C’ |
| 原料 | | 原料 | | | | | | | | 原料 | | 製品 | | |

**（図１）**

物質A’を作るとき，アトムエコノミーは50÷(40＋60)×100＝50％だと求めることができます。製品Dを作るとき，アトムエコノミーは52÷(40＋60＋30)×100＝40％だと求めることができます。

芝雄さん：例えば原料240ｇから４段階の変化を経て180ｇ得られるなら，この場合はアトムエコノミーは（　ｃ　）％ですね。

先生　：中和の変化では変化がほぼ100％進むのでその考え方でいいのですが，多くの医薬品は有機物で，100％変化が進むことは少ないです。もし各段階の変化がすべて90％進むとしたら，アトムエコノミーはもっと小さくなります。現代ではほしい化学物質があっても，環境への負担を考えるようになりました。このような考え方をグリーンケミストリーと言います。蒸留や物質の変化のために加熱に使う燃料や，ろ過で廃棄《はいき》する物質など，すべての物質をむだなく使うことがこれからの時代では求められます。

⑴　（ａ）に適する語句は何ですか。**ア**～**エ**から選び記号で答えなさい。

**ア**．うま味調味料　　**イ**．重そう　　**ウ**．砂糖　　**エ**．片栗《くり》粉

⑵　（ｂ）に適する言葉は何ですか。**ア**～**エ**から選び記号で答えなさい。

**ア**．水酸化ナトリウム　　**イ**．水　　**ウ**．二酸化炭素　　**エ**．塩酸

⑶　（ｃ）に入る数値を答えなさい。

⑷　ベンゼンをもとに，フェノールを作るときのアトムエコノミーを求めます。<条件１>～<条件３>を満たすように変化するとき，あとの①，②について答えなさい。

78ｇのベンゼンと42ｇのプロペンを反応させクメンを得て，さらに酸素と反応させ物質Eを作る。この物質Eを分解して製品であるフェノールができる。

<条件１>ベンゼンとプロペンは13：７の重さの比で反応し，90％だけ反応が進行し，クメンができる。このときにほかの物質は生じない。

<条件２>クメンと酸素は10：３の重さの比で反応し，100％反応が進行し，物質Eができる。

このときにほかの物質は生じない。
＜条件３＞物質Ｅの分解は100％進行し，フェノールと物質Ｆが３：２の重さの比で生じる。

① 78ｇのベンゼンと42ｇのプロペンを反応させてクメンを得て，さらに酸素と反応させ物質Ｅを作るとき，反応する酸素の重さはいくらですか。
② アトムエコノミーは最大何％ですか。

(5) 芝雄さんは物質を変化させる順番がアトムエコノミーに関係あるのか気になり，次のようなモデルを考えました。

（図２）の100ｇの物質Ｘは●の部分を50ｇ，△の部分を50ｇもつ。●，△，■，☆の重さの比は１：１：１：１である。
＜操作１＞（図２）の△の部分は加熱すると☆になり，この変化は80％進行する。
＜操作２＞（図２）の●の部分は物質Ｙと反応して■になり，物質Ｙは50ｇ分の●に対して100ｇ必要であるが，この変化は50％しか進行しない。

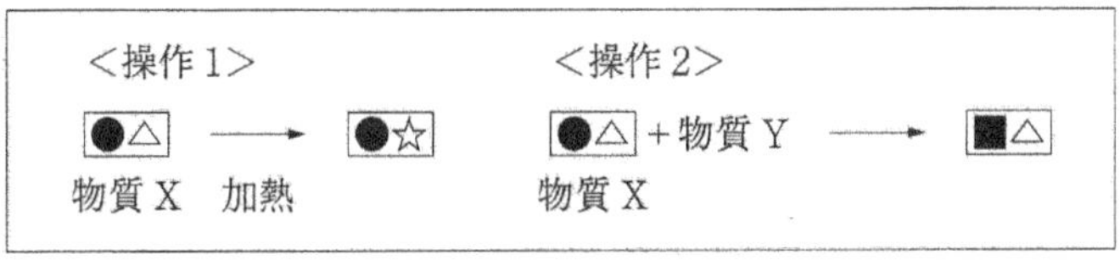


（図２）

物質Ｘ●△をもとに，物質Ｚ■☆を作る場合，（図２）の＜操作１＞，＜操作２＞の順番に反応するとアトムエコノミーは22％と求まります。＜操作２＞，＜操作１＞の順番に反応すると，アトムエコノミーは何％ですか。

**4** 次の文を読み，あとの問いに答えなさい。

① 私たちがよく知る石灰水には，多くのカルシウムがふくまれる。石灰水は，物質Ａの飽和《ほうわ》水溶液《すいようえき》である。いま，石灰水に気体Ｇを通したところ，物質Ｂが生じ，溶液が白くにごった。

② スーパーなどで売られている水や水道水は，純すいな水ではなく，マグネシウムやカルシウムなどがわずかにとけている。これらがふくまれている量によって，私たちが感じる味や，セッケンの泡《あわ》立ちなどがことなる。これは，水の硬度《こうど》がことなるためである。硬度は，日本では，水１Ｌにとけているマグネシウムの重さＸ［mg］とカルシウムの重さＹ［mg］をもとに，次の式で計算される。

（硬度）＝4.1×Ｘ＋2.5×Ｙ

(1) 気体Ｇとして正しいものはどれですか。**ア**～**エ**から選び記号で答えなさい。
**ア**．酸素　　**イ**．ちっ素
**ウ**．二酸化炭素　　**エ**．ヘリウム

⑵　物質Ａ，物質Ｂの組み合わせとして正しいものはどれですか。**ア～エ**から選び記号で答えなさい。

| | 物質Ａ | 物質Ｂ |
|---|---|---|
| **ア** | 水酸化カルシウム | 酸化カルシウム |
| **イ** | 水酸化カルシウム | 炭酸カルシウム |
| **ウ** | 塩化カルシウム | 酸化カルシウム |
| **エ** | 塩化カルシウム | 炭酸カルシウム |

⑶　物質Ａ，気体Ｇをそれぞれ水にとかした水溶液は，何性になりますか。**ア～ウ**から選び記号で答えなさい。

**ア**．酸性　　**イ**．中性　　**ウ**．アルカリ性

⑷　**(グラフ)**は，物質Ａが100ｇの水にどれだけとけるかを示したものです。25℃の水400ｇには物質Ａは何ｇとかすことができますか。ただし計算は，割り切れない場合は小数第３位を四捨五入して，小数第２位まで答えなさい。

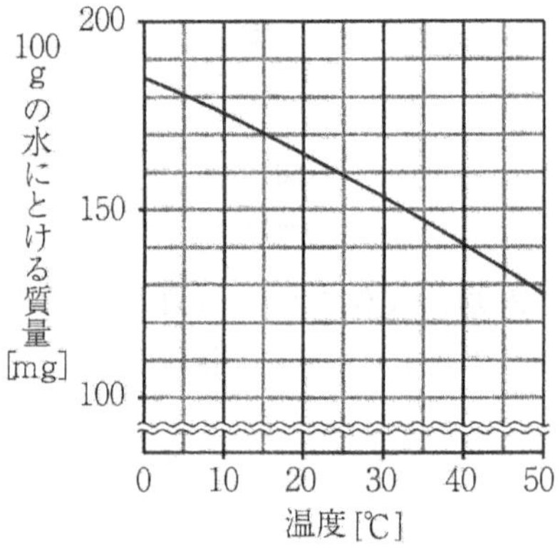


**(グラフ)**

⑸　硬度に関する次の問いに答えなさい。ただし，石灰水は純すいな水と物質Ａのみからなるものとし，物質Ａがとける前後での液体の体積変化はないものとします。また，物質Ａのうちカルシウムが占《し》める重さは54％です。なお，水１mLの重さを１ｇとします。

①　いま，水道水を200mLコップにとって硬度を調べたところ，その硬度の値は60でした。この水道水200mLに3.98mgのカルシウムがふくまれているとき，１Ｌの水道水に含まれるマグネシウムの重さは何mgですか。ただし計算は，割り切れない場合，小数第２位を四捨五入して，小数第１位まで答えなさい。

②　25℃の石灰水の硬度の値はいくらですか。十の位を四捨五入して答えなさい。

**5** 芝太郎君は夏休みに青木ヶ原樹海のガイドツアーに参加し，そこで学んだことをレポートにまとめました。次の文を読み，あとの問いに答えなさい。

青木ヶ原樹海の不思議

１．富士山の噴《ふん》火について

現在，富士山がきれいな円すい形を形作っているのは，過去に何度も噴火し，溶《よう》岩などの火山噴出物が重なったためです。そのうち，西れき864年に起こった貞観《じょうがん》噴火によって，流れ出した溶岩の上に発達したのが青木ヶ原樹海です。

２．青木ヶ原樹海のようす

（図１）は，標高約1000m付近の青木ヶ原樹海の遊歩道から撮《と》ったものです。一年を通じて，まるで海原のように木々の葉が生いしげっていることから「樹海」とよばれているそうです。

（図１）

３．青木ヶ原樹海の特ちょう

① 地面には，びっしりと様々なコケが生えている。

② 溶岩の上に発達しているため，植物の根が地面からうき上がっていて，地中に根がかくれていない。

③ 溶岩の上に発達しているため，水はけがとてもよく，川や池などの水場がほとんどない。

４．まとめ

青木ヶ原樹海には遊歩道が整備されていて，カイドウォークの前に，遊歩道を外れないようにしてくださいと注意を受けました。通常，土は長い年月をかけて岩石が風化し，生き物の死がいが分解されるなどして作られていきますが，青木ヶ原樹海はまだ若い森林のため，土が十分発達していません。そのかわりに，(あ)地面に生えているコケが土のかわりの役割を果たしているため，むやみに踏《ふ》んではいけないのだそうです。

樹海に入ってみると，日が差しているところと比べてすずしく，他の森林と比べこん虫が少なかったです。また，同じ標高の場所なのに，(い)急に植物の生えている様子が変わるところがあり，不思議だなと感じました。

⑴　芝太郎君が，青木ヶ原樹海ですずしく感じた理由のひとつは，木が直射日光をさえぎっていることです。これ以外の理由として，もっともふさわしいのはどれですか。**ア**～**エ**から選び記号で答えなさい。

**ア**．植物が光合成をしているため。

**イ**．植物が落葉するため。

**ウ**．植物が呼吸をしているため。

**エ**．植物が蒸散をしているため。

⑵　青木ヶ原樹海でみられるこん虫として，もっともふさわしいものはどれですか。**ア**～**エ**から選び記号で答えなさい。

**ア**．カ　　**イ**．バッタ　　**ウ**．ゲンゴロウ　　**エ**．カワゲラ

⑶　青木ヶ原樹海でもっとも多く生育している植物はどのような植物ですか。**ア**～**エ**から選び記号で答えなさい。

**ア**．夏に緑葉をしげらせ，冬に落葉させる落葉広葉樹

**イ**．夏に緑葉をしげらせ，冬に落葉させる落葉針葉樹

**ウ**．季節に関係なく落葉させる常緑広葉樹

**エ**．季節に関係なく落葉させる常緑針葉樹

⑷　下線部㋐の役割として，もっともふさわしいのはどれですか。**ア**～**エ**から選び記号で答えなさい。

**ア**．雨水をためこむ。

**イ**．太陽からの紫《し》外線を吸収する。

**ウ**．土じょう動物のエサになる。

**エ**．植物の根を支える。

⑸　（**図２**）は，下線部㋑の写真です。写真の左側と右側では，どちらの方が新しい火山噴火によって溶岩が流れたと考えられますか。また，その根拠《きょ》をレポートの「４．まとめ」から読み取れることを参考に，30字程度で説明しなさい。ただし，次の語句を入れて答えること。

**【　根　・　土　】**

（図２）

**6** 同じ豆電球，同じ乾《かん》電池を用いて（**図１**）～（**図４**）のような回路を作りました。これらの回路について，あとの問いに答えなさい。

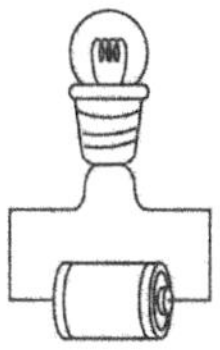

（**図１**）

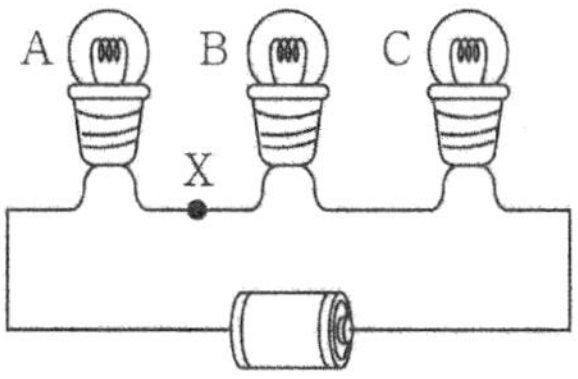


（**図２**）

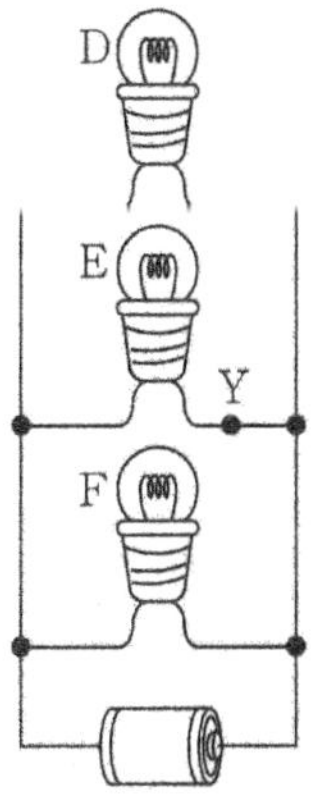


（**図３**）

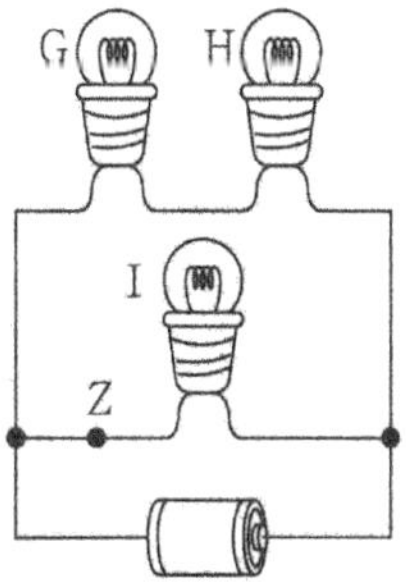


（**図４**）

⑴ （**図１**）の豆電球と同じ明るさで光る豆電球はどれですか。Ａ～Ｉからすべて選び記号で答えなさい。

⑵ （**図２**）～（**図４**）のＸ点，Ｙ点，Ｚ点には，それぞれ0.1アンペア，0.3アンペア，0.3アンペアの電流が流れています。（**図２**）～（**図４**）の乾電池にはそれぞれ何アンペアの電流が流れていますか。

⑶ （**図１**）の乾電池のかわりに手回し発電機を取りつけました。豆電球をソケットから外す前と後で手回し発電機のハンドルを回したとき，その手ごたえはどうなりますか。**ア**～**ウ**から選び記号で答えなさい。

**ア**．豆電球を外す前の方が，手ごたえがある。

**イ**．豆電球を外した後の方が，手ごたえがある。

**ウ**．豆電球を外す前と後で，手ごたえに変化はない。

⑷ （**図１**）～（**図４**）の乾電池のかわりに手回し発電機を取りつけ，１秒間に２回転の速さでハンドルを回転させました。手回し発電機のハンドルの手ごたえがもっとも軽いのはどの回路ですか。（**図１**）～（**図４**）から選びなさい。またその理由を20字以内で答えなさい。

**7** 次の文を読み，あとの問いに答えなさい。

次のページの（**図１**）は，日本のある地域の地形図で，Ａ～Ｆ地点は東西の一直線上に並んでいます。このＡ～Ｆ地点の地下がどのような岩石でできているかを調べるために，筒《つつ》状の深い穴をほって調べる作業をおこなったところ，ＡとＣの２地点については，あとの（**図２**）のような柱状図を得ることができました。

さらに調査を進めると，この地域の地層は全体を通して平行に重なっていて，その断面を見ると，東西方向には水平で，南北方向には45°の角度で北側が低くなっていることが分かりました。

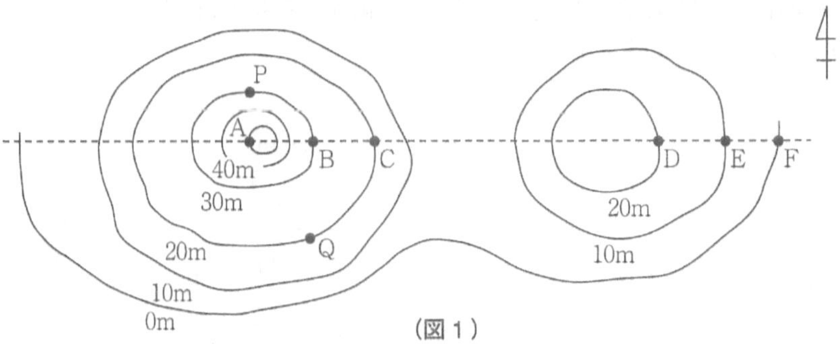


（図１）

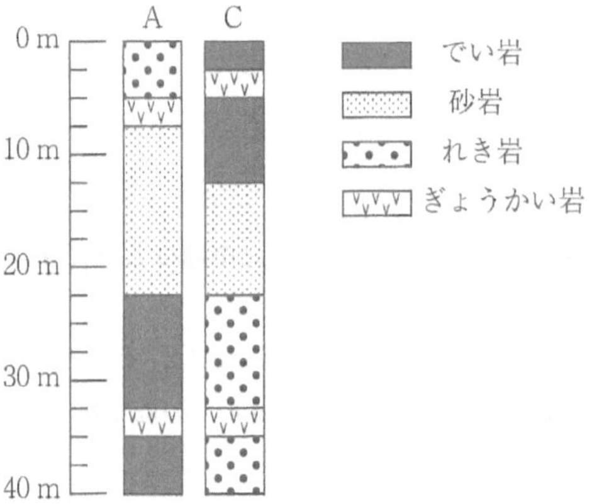


（図２）

⑴　文中の下線部のような調査を何といいますか。カタカナで答えなさい。

⑵　Ａ地点のでい岩からビカリアの化石が見つかりました。このことから，でい岩のできた地質時代はいつですか。**ア**～**エ**から選び記号で答えなさい。

**ア**．先カンブリア時代　　**イ**．古生代　　**ウ**．中生代　　**エ**．新生代

⑶　れき岩と砂岩のちがいは，それぞれを作っている粒《りゅう》子の大きさのちがいです。れき岩の粒子の大きさは何㎜以上ですか。

⑷　（**図１**）のＥ地点，Ｐ地点の柱状図はそれぞれどれですか。右の**ア**～**エ**から選び記号で答えなさい。ただし，Ｐ地点はＡ地点から北に10ｍです。

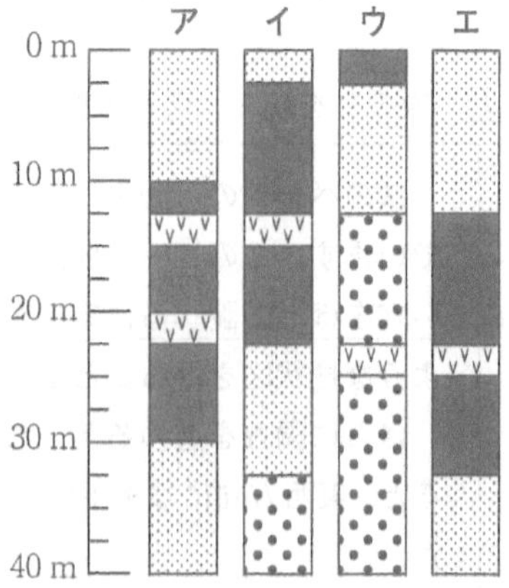

⑸　調査の結果，（**図１**）のＱ地点と同じ柱状図が得られる地点はどこですか。（**図１**）のＡ～Ｆから選び記号で答えなさい。ただし，Ｑ地点はＢ地点から南に20mです。

⑹　（**図２**）の結果から，この地域では，過去に少なくとも何回の火山噴《ふん》火がありましたか。

問二　次の語句の意味として適切なものを後のア～エの中から一つ選び、それぞれ記号で答えなさい。

１　クリエイティブ

ア　新規的　　イ　画期的

ウ　創造的　　エ　空想的

２　やきもきする

ア　いらいらして気をもむ　　イ　ゆったり落ち着く

ウ　嫉妬《しっと》で気が気でない　　エ　やけを起こして怒《おこ》る

問三　日本語として適切なものを次の中から一つ選び、記号で答えなさい。

ア　ピアノ教室の練習が延びてテレビが見れない。

イ　父の会社は約十人ほどの小さなものであった。

ウ　鬼《おに》になった私は笑いながら逃《に》げる友達を追いかけた。

エ　私はこの本を読んで主人公が勇敢《ゆうかん》だと思った。

問四　次の慣用句を使って、短い文を作りなさい。

「白羽の矢を立てる」

※慣用句の内容が具体的にわかるようにしなさい。

慣用句「足がぼうになる」の場合

（悪い例）「ぼくは、足がぼうになった。」

（良い例）「ぼくは、落とし物をしてしまい、足がぼうになるまで探し回った。」

※「動きを表す語」など、後に続く語によって形が変わる場合は、変えても良いです。

（例：「あるく」→「あるいた」）

六　――線のカタカナを漢字に直しなさい。

１　コンサートが終わってもコウフンが止まらない。

２　山で岩石をサイシュウする。

３　安いのにケッコウおいしかった。

４　チョスイチの周りを散歩した。

５　年長者をウヤマう。

となりのたんぼの親蛙たちが
ごるく　ごるく　ごるく　ごるく
げぺる　げぺる　げぺる　げぺる
③にぎやかに　うたいだした。
とのさま蛙も　すがたをみせて
いっしょに　うたったらどうだ。
朝やけのあかねいろにそまりながら……。

※　黎明……明け方。

問一　――線①「すがたをけしてしまう」とは、どういうことですか。本文中の語句を用いて二十字以上三十字以内で答えなさい。

問二　――線②「人間に話しかけたい人間の目だ」とありますが、もし「子蛙たち」が人間の言葉を話せたら、どんなことを「ぼく」に話しかけるか、あなたの考えを答えなさい。ただし、次の条件に従うこと。

A　「子蛙たち」の　匹《いっぴき》になり切って書くこと。ただし、人間の言葉を話せるものとする。

B　詩に書かれている状況《じょうきょう》をふまえて書くこと。

C　八十字以上、百二十字以内で書くこと。ただし、出だしの一マスは空けないで書くこと。

問三　――線③「にぎやかに　うたいだした」とありますが、この時の筆者の様子として適切なものを次の中から一つ選び、記号で答えなさい。

ア　子蛙を心配するように鳴き声を上げる親蛙を見たことで、人間と同じように親子の情を大切にする蛙の姿に親しみを感じている。

イ　「ぼく」が子蛙に話しかけたのに合わせたかのようなタイミングで親蛙が鳴きだしたことで、偶然《ぐうぜん》のおかしみに感動している。

ウ　四回ずつ同じ鳴き方をくり返すという親蛙の鳴き声の規則性に気付いたことで、自然のもたらす音楽的な美しさを体感している。

エ　子蛙にかけた「ぼく」の言葉に答えるように親蛙が鳴きだしたことで、蛙と心が通じ合って調和が生じたように感じている。

問四　この詩の表現上の特色として適切でないものを次の中から一つ選び、記号で答えなさい。

ア　部分的に段を下げて強調する箇所《かしょ》を設けることで、詩の背景に社会への問題意識があることを示している。

イ　蛙を擬人法《ぎじんほう》によって描写《びょうしゃ》することで、「ぼく」が自然と人間とを対等に見ていることが表現されている。

ウ　「ごるく」や「げぺる」という擬音を用いることで、何にもおびやかされずに過ごす蛙の生き生きとした様子を表している。

エ　「そめている。」や「あるく。」のように多くの文末で過去形を用いないことで、詩の臨場感を高めている。

## 五

次の各問いに答えなさい。

問一　ことわざ「のれんに腕押《うでお》し」と同じ意味のことわざを次の中から一つ選び、記号で答えなさい。

ア　打てばひびく
イ　豆腐《とうふ》にかすがい
ウ　蛙《かえる》の面に水
エ　猫《ねこ》に小判

問四　――線④「視覚障害の彼には理解できない空間経験」とありますが、これはどのような経験ですか。適切でないものを次の中から一つ選び、記号で答えなさい。

ア　教科書を読み、強調された重要な箇所《かしょ》にすぐに気づくこと。
イ　新聞を読み、順番に文字をたどって小さな記事に気づくこと。
ウ　映画の説明を聞き、情景を広い視野からとらえ整理すること。
エ　小説を読み、登場人物から離《はな》れた客観的な視点から話を把握すること。

問五　［Ａ］、［Ｂ］に入る言葉として適切なものを次の中から一つずつ選び、それぞれ記号で答えなさい。

ア　また　イ　たとえば　ウ　しかし
エ　つまり　オ　ところで

問六　――線⑤「『俯瞰する』という視点が、ピンと来ないようなのです」とありますが、目が見えない人にとって「俯瞰する」という視点を理解することが難しいのはなぜだと筆者は考えていますか。理由を五十字程度で答えなさい。

問七　次の文が入るのに適切な箇所《かしょ》を本文中の［Ⅰ］～［Ⅳ］から一つ選び、記号で答えなさい。

つまり、同じ環境《かんきょう》に住む人たちでも、受け取る感覚の違いから、異なった世界を見ていることもあるということです。

［四］　次の詩を読んで、後の問いに答えなさい。

※黎明《れいめい》の蛙《かえる》たち　　吉田瑞穂《よしだみずほ》

九州山脈の朝焼けが、
有明海も水田も
あかねいろにそめている。
ぼくは朝やけにそまりながら
たんぼのあぜみちをあるく。

不意の客に
おどろいた子蛙たちは
草むらの露《つゆ》をけちらして
水田にとびこみ
水底にもぐって土になる。

大きなとのさま蛙だけ
ゆったりと早苗《さなえ》にだきついて
①すがたをけしてしまう。

子蛙たちは、
水面にうきあがり
おちついて　ぼくをみつめる。
②人間に話しかけたい人間の目だ。
ぼくは子蛙たちに話しかける。
――公害もなく、保護色もいらない
蛙の村をつくりたいね――

少なくありません。ちなみに、こうした視点の切り替えは、夢の中でもおきています。たとえば自分が空を飛んでいる様子を、天から見下ろしているような夢を見たことはありませんか？

晴眼者が日常で頻繁《ひんぱん》に目にするシーンの切り替えは、視覚障害者の学生にとっては理解し難《がた》く、特に俯瞰的な光景をイメージすることが難しいというのです。漫画や映画を説明されて情景をイメージするときも、自分で小説を読むときも、常に登場人物と同じ視点でいるといいます。

Ⅲ　それでは、俯瞰的な視点とは、どのように得られるのでしょうか？

どんな実体験と結びついているのでしょう？　晴眼者にとっては、高いビルや小高い丘《おか》から眼下に広がる街並みを見下ろしたときなどに見た、さえぎられていたものがなく視野が広がるという、視覚的な経験にもとづいているのではないでしょうか。

一方の視覚障害の学生によれば、俯瞰的な視点は、小説で触《ふ》れたくらいで、実際に体験したことはないそうなのです。

Ⅳ　互《たが》いの語りをほんとうに理解するためには、異なることと共通することを、丁寧《ていねい》に知り合っていくことが重要なのではないでしょうか。

（山口真美『こころと身体の心理学』）

※　白杖……目の不自由な人が歩行するときに使う白い杖。

問一　――線①「印象派の画家クロード・モネ」とありますが、クロード・モネの考えは、この文章においてどのような役割を持っていると考えられますか。適切なものを次の中から一つ選び、記号で答えなさい。

ア　読者と同じ視点の考えを示すことで、読者に親近感を持たせるとともに、この後述べる筆者の考えを理解させやすくする役割。

イ　画家の考えを示すことで、目の見えない人の世界が、独特な感性を持つ画家にも想像できない世界であることを誇張《こちょう》する役割。

ウ　晴眼者の考えを示すことで、この後述べる目の見えない人の世界が、晴眼者の想像とは異なる世界であることを強調する役割。

エ　有名人による、筆者と同じ視点の考えを示すことで、その後述べる筆者の考えに説得力を持たせる役割。

問二　――線②「そんな様子」とありますが、どのような様子ですか。説明として、適切なものを次の中から一つ選び、記号で答えなさい。

ア　目の見えない人が認識《にんしき》する世界は真っ暗であるため、目の前にあるものすら、なにかわからない様子。

イ　目の見えない人が認識する世界は真っ暗であるが、目の前に広がる世界を聴覚《ちょうかく》などによってとらえている様子。

ウ　目の見えない人が認識する世界は色がないため、色について説明されてもイメージすらわかない様子。

エ　目の見えない人が認識する世界は色がないが、実は晴眼者の想像以上に世界を豊かにとらえている様子。

問三　――線③「空間については晴眼者とまったく違う、豊かな世界を持っていることがわかりました」とありますが、その空間の把握の仕方の例として適切でないものを次の中から一つ選び、記号で答えなさい。

ア　先生の話す声の響き方から、部屋の広さを把握する。

イ　友人の会話の内容から、部屋にいる人の数を把握する。

ウ　自分の足音のはね返り方から、家具の配置を把握する。

エ　杖をつく音の反射から、自分の座席までの道を把握する。

ですが実際は、②そんな様子ではなさそうです。10年ほど前、全盲《ぜんもう》の研究生と一緒《いっしょ》に視覚について考えてみたことがありました。彼《かれ》が感じる世界について話してもらうのです。聞くと驚《おどろ》くことばかり、そこには想像とはまったく異なる、豊かな世界がありました。

たとえば、色について話しかことがあります。生まれつき目が見えなかった彼は、これまで一度も色を見たことがないにもかかわらず、色には強い関心を持っていました。そして、それぞれの色に対するイメージのようなものを抱《いだ》いていました。ちょっとした会話の話題や、小説のエピソードなどから、明るくて目立つ赤や空の色の青といったように、それぞれの色がどんなものなのかを推測しているのです。

色については、欠けた情報を補って想像しているという様子ですが、③空間については晴眼者とまったく違《ちが》う、豊かな世界を持っていることがわかりました。

そもそも彼は私の研究室までは※白杖《はくじょう》をついて来るのですが、研究室に入った後は、白杖をまったく使わないで歩き回ります。そして、そのまま椅子《いす》のあるところに来て座《すわ》るのです。それはまるで、見えているかのような行動にも思えました。

目が見えないのに、どうしてテーブルと椅子のある場所まで迷わずに歩けるのかと聞いたところ、音の反射から、空間内の広がりやおおよその障害物があることがわかるというのです。彼は旅行好きで、旅先でボランティアの同行をつのっては旅に出るとのことですが、はじめて入るホテルの部屋でも、音の響《ひび》きから部屋の大きさがわかるそうです。広めの部屋では音が広がるというのです。音が吸収される方向から、ベッドの位置もわかるといいます。

[Ⅰ] つまり彼は視覚がなくても、目の前の空間は、音と空気の流れから把握《はあく》できるのです。視覚という、影響力《えいきょうりょく》の強い感覚がなかったとしても、まったく別のルートから作りあげた空間世界を共有できる。こうした違いを意識しながら、共通の世界について語らえたら、それこそがすばらしいことではないでしょうか。

[Ⅱ] しかし一方で、④視覚障害の彼には理解できない空間経験もありました。彼がボランティアに新聞記事を読みあげてもらっていたときに、片隅《かたすみ》にある小さな記事にボランティアが気づくことに驚いたというのです。

晴眼者にはごくふつうのこと、興味をもった記事であれば、小さな記事であっても気づくことができます。[A]、触覚《しょっかく》でひとつひとつ点字を順番に確かめていく目の見えない学生にとって、この一目で気づくという見方が大きな驚きだったのです。

[B]、当然のことかもしれませんが、どこからどのように見ているかという「視点」への理解は、彼には難しく感じられたようです。たとえば天から見下ろすような⑤「俯瞰《ふかん》する」という視点が、ピンと来ないようなのです。

それで気がついたのですが、私を含《ふく》めた晴眼者は、視点の切《き》り替《か》えをよくします。漫画《まんが》や映画を「視点」から見なおしてみると、気づくことができるでしょう。自分自身の視点で見ている風景と、俯瞰する視点から見る風景を、効果的に見えるように、切り替えています。

たとえば広い空間を、敵と味方が複雑に入り交じり格闘《かくとう》する戦闘《せんとう》シーンや、スパイ映画で、敵に追われてビルの上を飛び回るシーン。こうしたシーンは、天から見下ろすような「俯瞰する」視点で描《えが》かれることが

問一　＝＝線ア〜エの「ない」の中で、他とは性質の異なるものを一つ選び、記号で答えなさい。

問二　――線①「わたしは、はっとして顔を上げる」とありますが、なぜ涙子はこのような反応をしたのですか。二十字以上三十字以内で答えなさい。

問三　――線②「ちょっと呆れてしまう」とありますが、なぜ涙子は呆れてしまったのですか。三十字以上四十字以内で答えなさい。

問四　――線③「知っておいてほしいと思うこと」とは、どのようなことですか。適切なものを次の中から一つ選び、記号で答えなさい。

ア　涙は優しい気持ちになった時にも流れるものなので、「涙の子」という名前もネガティブな意味だけではないということ。

イ　涙は人を優しい気持ちにするものなので、「涙の子」という名前も他人への優しさに満ちた綺麗な名前であるということ。

ウ　涙は人の心が動いた時に流れるものなので、「涙の子」という名前には人の心を動かす力が込められているということ。

エ　涙は人間であれば誰でも流してしまうものなので、「涙の子」という名前も必ずしも悪い意味ばかりではないということ。

問五　――線④「自分を覆い隠すものを脱ぎ捨てる」とありますが、これは具体的にどのようなことですか。適切なものを次の中から一つ選び、記号で答えなさい。

ア　ためらいや恥《は》ずかしさを捨て、自分から図書室へしおり先生を訪ねられるようになること。

イ　涙に対する先入観を捨て、作品に感動した時に素直《すなお》に優しい涙を流すことができるようになること。

ウ　名前に対するコンプレックスを捨て、「涙の子」という名前の通りに生きられるようになること。

エ　自分が好きなものを人に馬鹿にされるかもしれないという不安を捨て、素直に好きと言えるようになること。

問六　しおり先生の人物像に関する説明として適切でないものを次の中から一つ選び、記号で答えなさい。

ア　生徒に対して、丁寧《ていねい》に言葉を選んで寄り添《そ》える人物。

イ　生徒に積極的に働きかけ、正しい答えに導ける人物。

ウ　生徒をよく観察し、些細《ささい》な行動の変化にも気づける人物。

エ　小説も漫画も公平に扱《あつか》う、物語への愛情が深い人物。

## 三　次の文章を読んで、後の問いに答えなさい。

身体感覚を考えるにあたり「感覚そのものがない」ことについても考えてみましょう。

感覚のなかでも、視覚は重要です。目が見える晴眼者《せいがんしゃ》にとって、世界は視覚を基礎《きそ》に作られているといっても過言ではないでしょう。そんな視覚を失ったら、つまり目が見えなかったら、真っ暗でなにもない世界となるのでしょうか？　目の前の空間がどのように広がっているのかすら、わからないのでしょうか？

心理学の観点から「美」を研究する神経生理学者セミール・ゼキによれば、①印象派の画家クロード・モネは「生まれつき目が見えない状態で生まれ、後から目が見えるようになりたい」と語ったそうです。そうすれば「目の前にあるものがなにかわからないまま、その純粋《じゅんすい》な形を見ることができる」と考えたからだといいます。

いようにわんわん泣いていたことがある……。そういう経験を積み重ねると、涙ってなんだかネガティブなイメージが付いて回るのかもしれない。けれどね、大人になって、ちょっとわかったことがあるんだ」

カップを置いて、先生が伏せていた眼を上げる。わたしを見て、にっこりと笑いながら、彼女は教えてくれる。

「大人になっても、やっぱりたくさん泣いちゃうことに変わりはないんだけれど……。けれどね、嬉しがったり、感動したりして、涙を流すことも増えてくるの。優しい気持ちに包まれて、胸が温かくなって、じんじん心が揺《ゆ》れ動いて……。そうして流す涙は、とても優しい温度をしているんだよ」

わたしは、先生の言う、その涙の感触を想像しようとしたけれど。

それは、なんだかわたしには、手の届かないもののような気がして。

けれど。

「涙って、人の優しさがかたちになった、綺麗《きれい》なものなの。先生は、今じゃそういう涙を流すことの方が多いよ。読書をして、心を動かされて、感動をして……。そうすることで積み重なった優しさは、また他の誰かを優しい気持ちにしてくれると思う」

わたしは、乾いた爪の感触を確かめる。

あのとき、彼女が触《ふ》れて走った、むずがゆい感覚のことを、思い返した。

世界が色づく魔法《まほう》を見て、込み上げてきたものを。

「いつか、優しい気持ちで流す涙で、つらい気持ちを洗い流せるときがくるといいよね。我慢《がまん》しなくてもいいの。つらいときがあったら、先生のところに来ていいからね。ここにあるたくさんの本は、つらい気持ちを忘れさせてくれる。涙の本当の意味を、きっと教えてくれるから」

だから、いつでも。

いつでも、あなたのことを、先生に話していいからね。

わたしは眼を伏せて、紅茶のカップに口をつける。熱い液体が、喉《のど》の奥《おく》へと少しずつ流れていくのを感じた。

「先生」

「うん」

「わたし……」

今は、うまく言えない。

わたし自身のことや、わたしが受けている仕打ちのことを、話すのには勇気が必要だった。

けれど、きっとわたしは、またここに来ることになるだろう。

そのとき、わたしは④自分を覆《おお》い隠すものを脱《ぬ》ぎ捨てることができるだろうか。わたしのことを知ってほしいと、そう訴《うった》えることができるだろうか。わたしの趣味、わたしの夢、わたしの名前、わたし自身のことを、誇れるときがくるだろうか。

「また、ここに来ます、から」

わたしはそうとだけ告げて、紅茶を飲み干した。

（相沢沙呼『教室に並んだ背表紙』所収「煌めきのしずくをかぶせる」）

※１　貴賤……貴《とうと》いことと、卑《いや》しいこと。

※２　乾いたひとさし指の爪……涙子が、倉田さんにネイルを塗《ぬ》ってもらった後にそのまま登校し、教員に見つかってネイルを落とされたという出来事があった。

することができた。

「小説でも、漫画でも、物語の価値は等しく、人の心を動かすから」

「でも、馬鹿にされます。くだらないものだって……」

「だからカバーをかけて読んでいるの？」

しおり先生は、そう首を傾《かし》げて言う。

思っていたより、普段《ふだん》の行動を先生に見られていたらしい。

カバーをかけていたのは、校則で漫画が禁じられているからだけれど、たとえ校則で赦《ゆる》されていたとしても、わたしはカバーをかけていただろうな、とも思う。

「なにを読んでいるかは、知られたくないです」

馬鹿にされたくない。

自分のことを知られて、嗤《わら》われたくなんて、なかった。

読んでいる本のこと、趣味《しゅみ》のこと、夢のこと。

役に立たないとか、くだらないとか、悪い影響《えいきょう》があるとか。

大好きなもののことを、否定、されたくなかった。

ちゃぶ台の陰《かげ》で、※2乾《かわ》いたひとさし指の爪《つめ》の感触《かんしょく》を、撫《な》であげるようにして確かめる。

「そうだね」

なにに関してか、先生は同意を示して、頷《うなず》いた。

「けれど、他人にどう見られようと、田中さんの想う価値は変わらないからね。それだけは、憶《おぼ》えていて」

なんて答えたらいいかわからなくて、やっぱりわたしは黙り込んでしまう。沈黙《ちんもく》の気まずさを隠《かく》すように、紅茶のカップに口をつけると、この静寂《せいじゃく》に耐《た》えられなかったのは先生も同じだったのかもしれない。彼女《かのじょ》はうんうんと頷き、饒舌《じょうぜつ》に語った。

「漫画にはね、人の心を動かす力があるんだから。先生だって、漫画を読んでいなかったら、読書の楽しみを知ることはなかったし、この仕事についてなかったとも思う。うん、漫画は人の心を動かすよ。漫画に何度泣かされたことがあるか……」

「悲しくて、ですか」

「違うよ」

それは沈黙を気まずく思っての意味のエない質問だったけれど、先生は微笑《ほほえ》んで否定した。

「嬉《うれ》しかったり、温かかったり、ほっとしたり……。そういう優しい気持ちで泣くの」

カップを両手で包み込むようにしながら、しおり先生が優しく笑う。

「先生、もしかしたら無責任だったり、見当はずれなことを言うかもしれない。けれどね、田中さんに③知っておいてほしいと思うことがあるの」

先生はそう言いながら、悩《なや》むように眉を寄せていた。わたしが人と話すとき、言葉を必死にほじくり返そうと焦《あせ》るように、先生も慎重《しんちょう》に言葉を選ぼうとしているのかもしれないと思った。

「あのね、涙の子って、なにも悪い意味ばかりじゃないんだよ」

「そう……、でしょうか」

「うん」しおり先生は眼《め》を伏《ふ》せる。ふぅ、とカップを冷ますために息を吹《ふ》きかけながら。

「先生も、子どもの頃《ころ》はたくさん泣いた。嫌《いや》なことばかりで、つらくて悲しくて、部屋に閉じこもって、枕《まくら》に顔を押《お》しつけて、誰《だれ》にも聞かれな

**【国　語】**〈六〇分〉〈満点：一二〇点〉

**【注意】** 一、[一]は聞いて解く問題です。
二、指示がない限り、句読点や記号などは一字として数えます。
三、正しく読めるように、読みがなをふったところがあります。

**[一]** この問題は聞いて解く問題です。問題文の放送は一回のみです。問題文の放送中にメモを取っても構いません。放送の指示に従って、問一から問三に答えなさい。
※放送台本は非公表です。

**[二]** 次の文章を読んで、後の問いに答えなさい。

> 自分の名前にコンプレックスを持っている中学生の田中涙子《ティアラ》（わたし）は、名前の読み方を「るいこ」と偽《いつわ》り、同級生の倉田さんと仲良くなった。ある日、倉田さんといた涙子は、他の同級生に自分の名前の本当の読み方をばらされ、倉田さんを置いてその場から逃《に》げ去ってしまう。涙子が泣きながら廊《ろう》下《か》を走っていたところ、図書室司書のしおり先生に声をかけられ、図書室へと案内される。

先生は、優《やさ》しくわたしが泣いていた理由を訊《たず》ねてきた。もちろん、わたしは答えたりしなかったけれど、先生の静かな声音《こわね》に誘《さそ》われたような気分になって、わたしは「わたしがティアラだから」とだけ呟《つぶや》いた。しおり先生は、そんな意味不明なわたしの呟きに、難しそうな表情で、涙《なみだ》の子かぁ、と呟いたのだ。

先生は少し困ったように眉《まゆ》を寄せて、優しく言う。

「名前の通りに、生きる必要なんてアないんだよ。先生も、自分の名前の通りに生きてる自信はないもの。涙の子だからって、泣く必要はないんだから」

わたしが黙《だま》り込《こ》んだせいだろう。先生は、わたしが泣いていた理由を探《さぐ》るのを諦《あきら》めたのか、ぜんぜん違《ちが》うことを言った。

「田中さんは、最近、漫画《まんが》を読んでないね。前はよく、漫画を読んでいたでしょう」

①わたしは、はっとして顔を上げる。

先生の言う通り、図書室の当番のときは漫画を読んでいた。けれど、漫画を持ち込むのは校則で禁じられているから、先生にはばれイないようにしていたつもりだった。

「どうして」

「見ればわかるよ。先生は、司書ですから」

そう言いながら胸を張り、しおり先生は誇《ほこ》らしげに言う。

「どうして、怒《おこ》らないんですか」

「ふふふ、それはね」

子どものような笑みを浮《う》かべると、秘密めかして先生は言った。

「先生も、漫画が好きだから」

若い先生だから、それに不思議はないのかもしれないけれど。

だからって、校則で禁じられていることを見過ごすなんて、先生としてはどうなのだろう。

②ちょっと呆《あき》れてしまう。

「本や物語に、※1貴賤《きせん》はウないよ」

キセン、という言葉を変換《へんかん》するのに、ほんの少し時間がかかったけれど、漫画で出てきたことのある単語だったから、なんとなく意味は理解

## 2024年度

# 芝浦工業大学附属中学校入試問題（第２回）

【算　数】（60分）　＜満点：120点＞

【注意】 1．[1]は聞いて解く問題です。

2．[3]以降は，答えだけではなく式や考え方を書いてください。式や考え方にも得点があります。

3．定《じょう》規《ぎ》とコンパスを使用してもかまいませんが，三角定規と分度器を使用してはいけません。

4．作図に用いた線は消さないでください。

5．円周率が必要な場合は，すべて3.14で計算してください。

[1] この問題は聞いて解く問題です。

聞いて解く問題は全部で⑴と⑵の２題です。⑴は１問，⑵は①と②の２問あります。問題文の放送は１回のみです。問題文が流れているときはメモを取ってもかまいません。ひとつの問題文が放送された後，計算したり，解答用紙に記入したりする時間はそれぞれ１分です。聞いて解く問題の解答は答えのみを書いてください。ただし，答えに単位が必要な場合は必ず単位をつけてください。

⑴

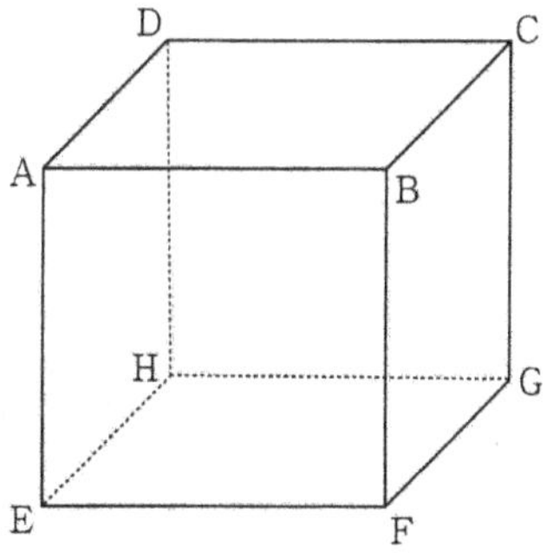


※　放送台本は非公表です。

[2] 次の各問いに答えなさい。ただし，答えのみでよい。

⑴　4048×20.24÷46－1012÷23×40.46を計算しなさい。

⑵　□にあてはまる数を求めなさい。

$$\left(1+\frac{1}{2}-\frac{1}{3}+\frac{1}{4}+\frac{1}{\square}\right)\times 12=\frac{37}{2}$$

⑶　１個40円のピーマンと１個70円の玉ねぎを合わせて12個買うと，代金は720円です。このとき，ピーマン，玉ねぎはそれぞれ何個ずつ買いますか。

⑷　右の図は，長方形の紙を折り曲げたものです。角アの大きさを求めなさい。

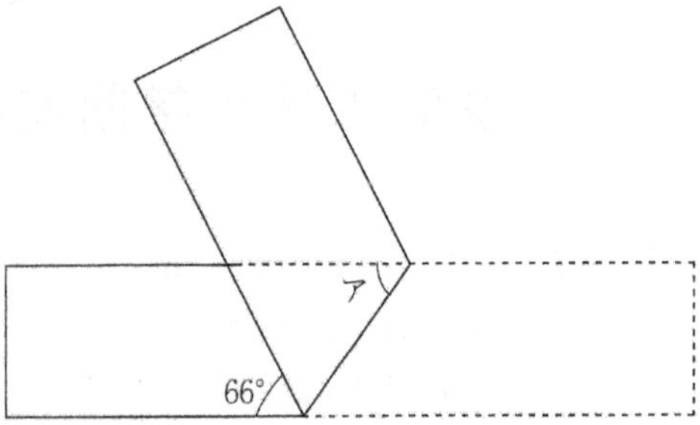


**3**　次の各問いに答えなさい。

⑴　袋《ふくろ》の中に赤玉と白玉が入っており，その個数の比は３：５です。袋の中に赤玉を12個入れたら赤玉と白玉の個数の比が11：15になりました。このとき，最初に袋に入っていた白玉の個数を求めなさい。

⑵　６個の数字０，１，２，３，４，５から異なる３個の数字を使って３けたの数をつくります。つくることができる３けたの数を小さい順に並べたとき，63番目の数を求めなさい。

⑶　A，Bはともに２けたの整数です。Aの２倍とBの３倍をたすと102になります。A，Bの数の組み合わせは何通りありますか。

⑷　下の図は円と正方形でできた図形です。斜《しゃ》線部分の面積を求めなさい。

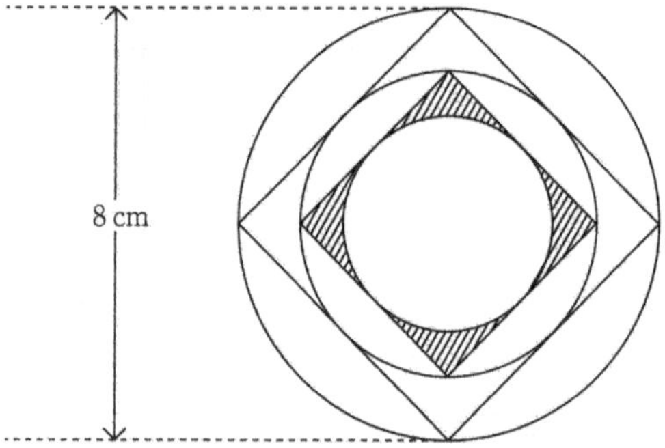


⑸　下の図のように，円すいの中に球がちょうどおさまっています。この球の半径を求めなさい。

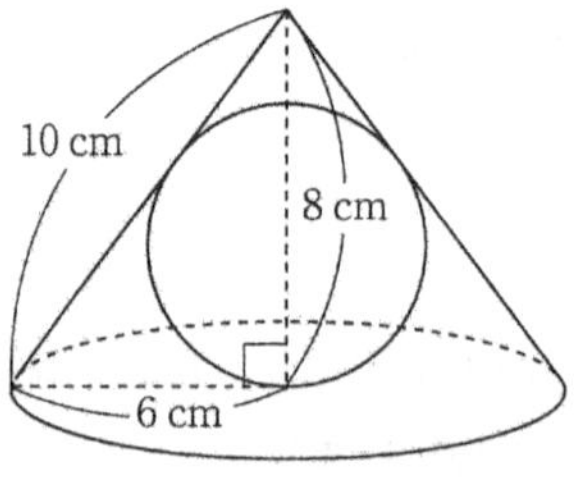

**4** 図1のように2台の穴掘《ほ》り機㋐，㋑を使用してA地点からB地点まで1本のトンネルを作ります。穴掘り機㋐はA地点から，穴掘り機㋑はB地点から同時に掘り始め，トンネルが貫《かん》通するまで掘ります。図2，3はそれぞれ穴掘り機㋐，㋑が掘り始めてから貫通するまでの時間と掘った距離の関係を表したグラフです。やわらかい土を掘る速さは固い土を掘る速さの2倍です。このとき，次の各問いに答えなさい。

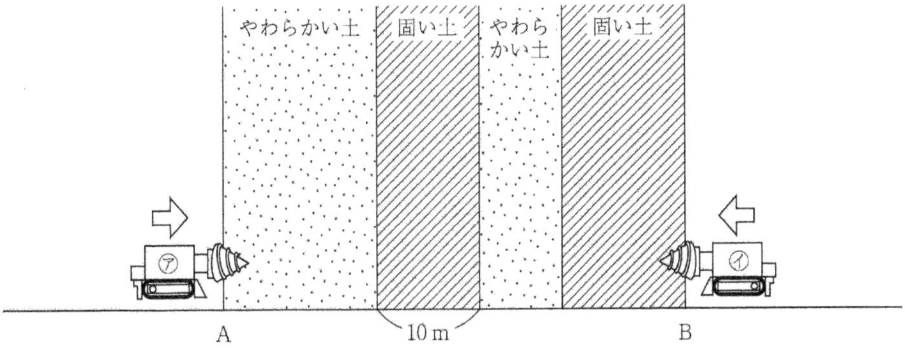


図1

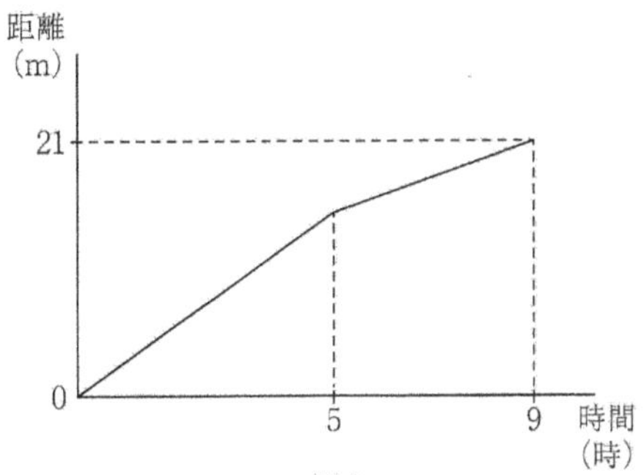


図2

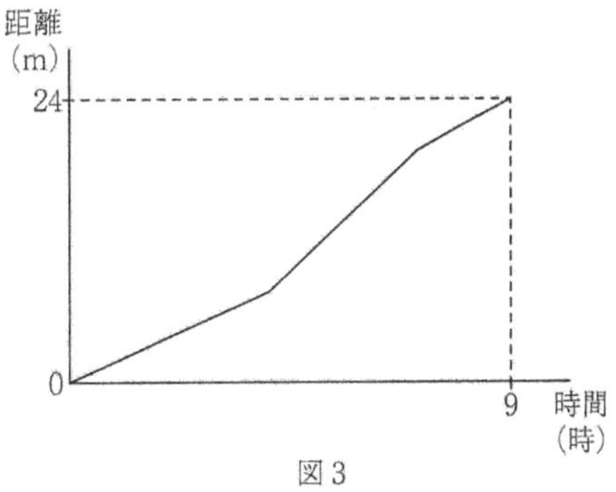


図3

(1) A地点からB地点までの距離を求めなさい。（この問題は答えのみでよい）

(2) 穴掘り機㋐のやわらかい土を掘る速さを求めなさい。

(3) 穴掘り機㋑の固い土を掘る速さを求めなさい。
ただし，穴掘り機㋑の固い土を掘る速さ（毎時メートル）は整数です。

(4) (3)のとき，2つの穴掘り機が掘り始めてからトンネルが貫通するまでの時間と穴掘り機㋐と㋑の距離の関係を表したグラフをかきなさい。必要に応じて目盛りをつけなさい。（この問題は答えのみでよい）

**5** 次のページの図1のように正方形ABCDの辺BC，CDの真ん中の点をそれぞれE，Fとします。ACとDEとBFは点Gを通ります。FGの長さが10㎝のとき，次の各問いに答えなさい。

(1) AFとDGの長さをそれぞれ求めなさい。

(2) 四角形AGFDの面積を求めなさい。

(3) 正方形ABCDの面積を求めなさい。

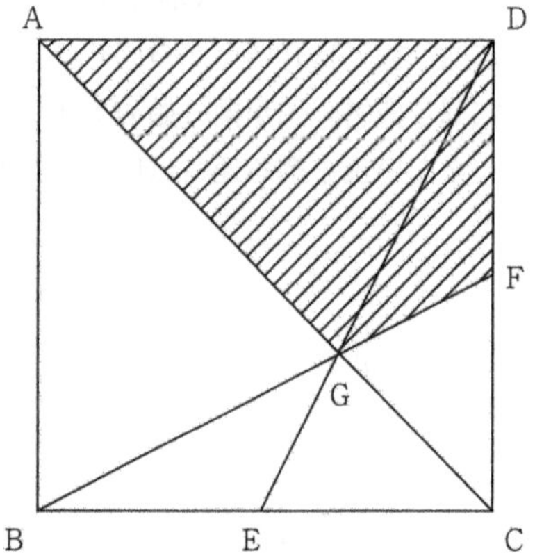


図１

⑷　図２は⑶の正方形ABCDにおいて，APとDQの長さが等しくなるように辺AD上に点P，辺DC上に点Qをとり，PCとBQの交点をRとしたものです。PRの長さとQRの長さの差が５㎝のとき，四角形PRQDの面積を求めなさい。

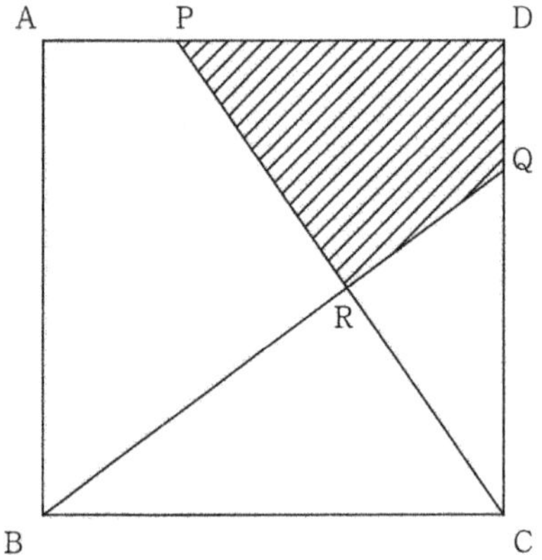


図２

**【理　科】**（50分）　＜満点：100点＞

**【注意】** 1は，聞いて解く問題です。

**1**　この問題は聞いて解く問題です。

聞いて解く問題は全部で４題です。問題文の放送は１回のみです。メモを取っても構いません。ひとつの問題文が放送されたあと，解答用紙に記入する時間は15秒です。聞いて解く問題の解答は答えのみを書いてください。

⑴

ア.

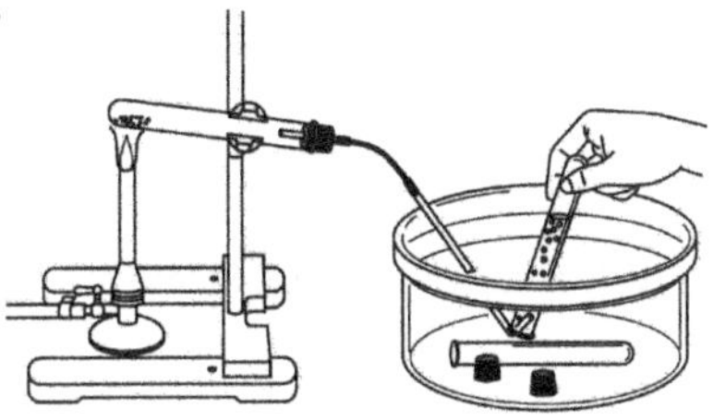

イ.

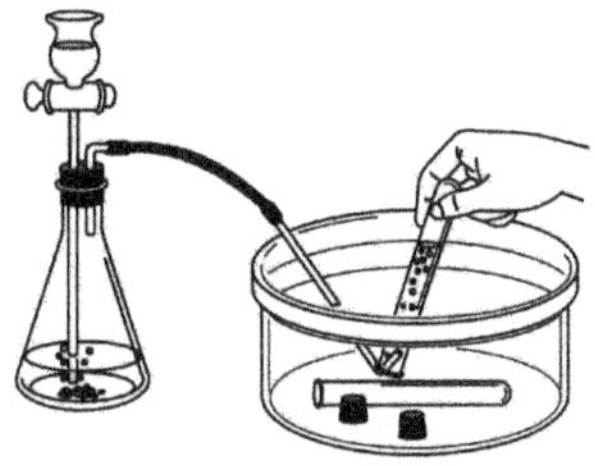

ウ.

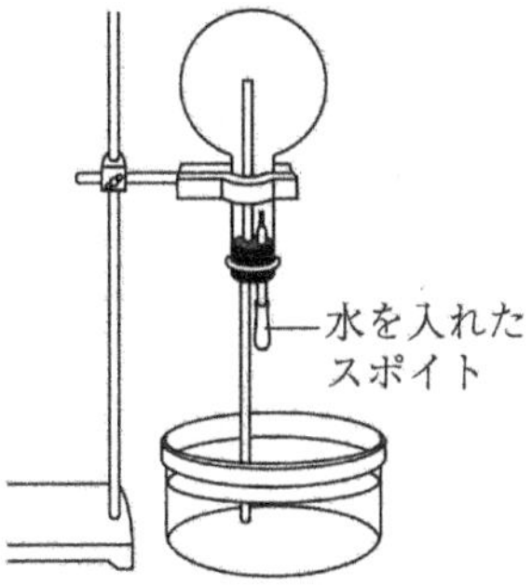


エ.

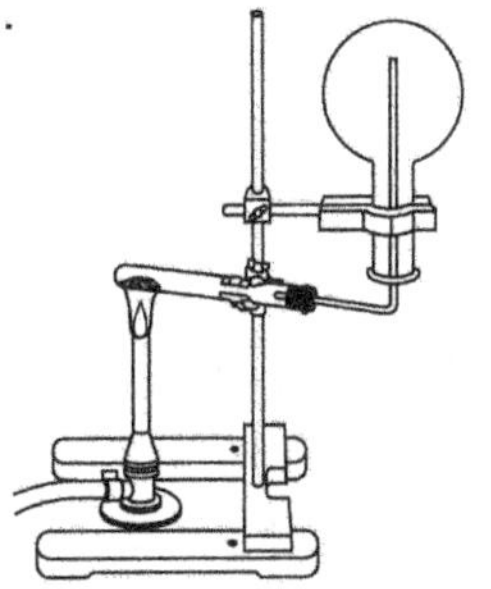

⑵　ア．黄色　　イ．緑色　　ウ．青色　　エ．赤色

⑶　ア．赤色　　イ．青色　　ウ．黄色　　エ．無色

⑷　ア．発生した気体は有毒なため。

イ．発生した気体は刺激臭《しげきしゅう》を持つため。

ウ．発生した気体は空気より軽いため。

エ．発生した気体は水にとけやすいため。

※　放送台本は非公表です。

**2**　芝美《しばみ》さんはさまざまな実験を行い，次のページのレポートにまとめました。あとの問いに答えなさい。

| 実験題目 | ビーカーの中で雪を降らせよう | | |
|---|---|---|---|
| 実験者 | 氏名　江東《こうとう》　芝美 | | |
| 実《じっ》施《し》日 | 2月2日 | 天候　くもり | 気温　18℃ |
| 目的・ねらい | ・食塩をとけるだけとかした食塩水にエタノールを加えると、雪のような結晶《しょう》ができる現象を観察する | | |

**準備**　□食塩　□200 mL ビーカー　□350 mL ペットボトル　□薬包紙　□水　□ガラス棒　□薬さじ　□エタノール（薬局で売っている無水エタノール）□温度計　□電子てんびん　□スポイト　□スライドガラス　□顕《けん》微鏡《びきょう》

**【仮説】**

食塩水にエタノールを加えると生じる結晶は、食塩水の中から生じた食塩ではないか。

**【実験】**

❶ 電子てんびんに折り目をつけた薬包紙をおき、※0gに設定したのち、こぼさないように薬さじで40gになるまで食塩をのせる。

❷ 350 mL ペットボトルに、薬包紙の食塩をこぼさないようにすべて加える。

❸ 電子てんびんに食塩の入ったペットボトルをおき、※0gに設定したのち、100gになるまで水を入れる。

❹ ❸のペットボトルにふたをしてから数分間よく振《ふ》り、さらに数分間静置し、温度計でその液体の温度を測る。

❺ 電子てんびんに空の200 mL ビーカーをおき、※0gに設定したのち、100gになるまで❹の上ずみを入れる。

❻ ❺の液体にガラス棒を伝わらせてエタノールを少しずつ加えてビーカー内を観察する。

※0gに設定：電子てんびんの表示を0gに設定すること。

**【結果】**

❹ではペットボトルを何度振っても(a)とけ残りが生じていた。また液体の温度は25℃を示していた。

❻の操作後、白く境界面がはっきり見えるようになった。境界面をガラス棒で素早くかき混ぜると、(b)雪のような結晶が底のほうへ降り積もっていくことを観察した。

**【仮説立証実験と結果】**

❹のとけ残りと【結果】の雪のような結晶を含む液体を、それぞれスポイトでスライドガラスに少量たらし、1日放置した。それらを顕微鏡で観察したところ、大きさは異なるが、同じ形の結晶が観察できた。

**【まとめ】**

とけるだけとかした食塩水にエタノールを加えると境界ができ、とけていた食塩が小さな結晶となって、雪のように降り積もることが分かった。

⑴　下線部(a)について，次の①，②に答えなさい。ただし，**（グラフ）**の値を利用すること。

①　下線部(a)は何ｇ生じますか。整数で答えなさい。

②　**【実験】**❶～❹について，食塩の代わりに40ｇのミョウバンを利用し，25℃になった場合，ミョウバンの結晶は何ｇ生じますか。もっとも近いものを**ア**～**エ**から選び記号で答えなさい。

**ア**．０ｇ　　**イ**．15ｇ

**ウ**．25ｇ　　**エ**．40ｇ

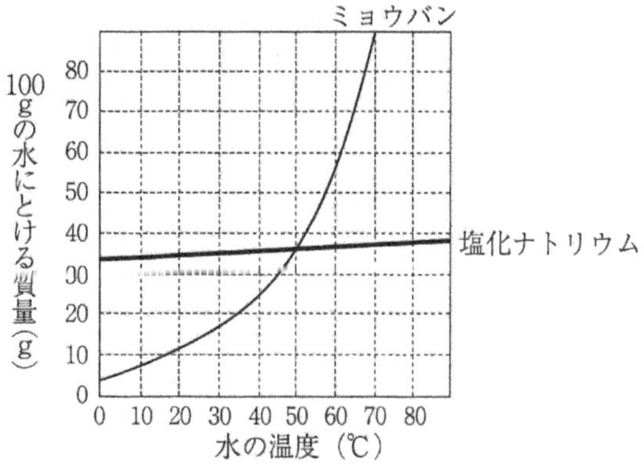

**（グラフ）**

⑵　下線部(b)について，芝美さんが顕微鏡で観察したものはどれですか。**ア**～**エ**から選び記号で答えなさい。

**ア**．
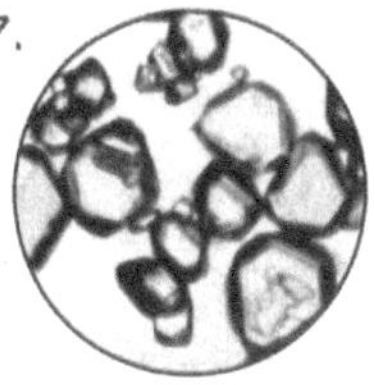
**イ**．
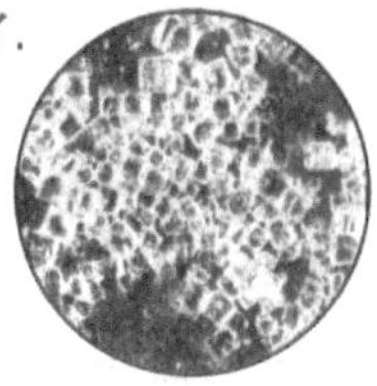
**ウ**．
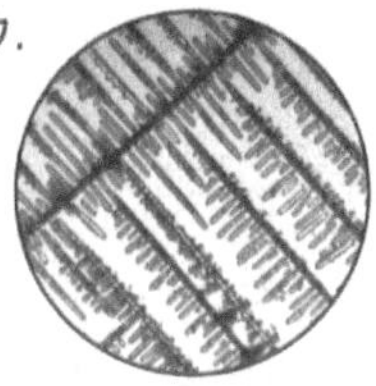
**エ**．

⑶　芝美さんは，食塩と水とエタノールの関係を調べて，**（表）**にまとめました。**（表）**を参考にして，ビーカーの中で雪が降る原理を述べているのはどれですか。**ア**～**エ**から選び記号で答えなさい。

| 液体＼とかすもの | 食塩 | エタノール | 水 |
|---|---|---|---|
| 水 | よくとける | いくらでもとける | ― |
| エタノール | ほとんどとけない | ― | いくらでもとける |

**（表）**

**ア**．エタノールは水をいくらでもとかし，食塩もよくとかすことから，食塩にうばわれていた水がエタノールにとけて食塩の結晶となって出てくる。

**イ**．食塩がエタノールにほとんどとけず，水にはよくとけることから，食塩にエタノールをうばわれて食塩の結晶となって出てくる。

**ウ**．エタノールは水をいくらでもとかし，食塩をほとんどとかさないことから，食塩をとかしていたエタノールが水にうばわれたため，食塩が結晶となって出てくる。

**エ**．エタノールは水をいくらでもとかし，食塩をほとんどとかさないことから，食塩をとかしていた水がエタノールにうばわれたため，食塩が結晶となって出てくる。

⑷　**【実験】**❻について，液温を25℃に保ったまま，エタノールを入れられるだけ入れた場合，下線部(b)は最大何ｇ生じますか。ただし，**（グラフ）**の値を利用し，割り切れない場合は小数第１位を四捨五入して，整数で答えなさい。

**3** 次の文を読み，あとの問いに答えなさい。

**（図１）**のように，円柱状の透明《とうめい》な容器の中に，ひと回り小さな円柱状の容器を入れて，水で満たしました。容器に満たした水に木材を静かに浮《う》かべると，水が小さな容器からあふれて，透明な容器にたまりました。しばらくすると水はあふれなくなり，**（図２）**のように，木材は一部が水中に沈《しず》んだ状態で静止しました。このときの木材の浮かび方と水のあふれ方の関係について調べるために，次の**〔実験〕**を行いました。

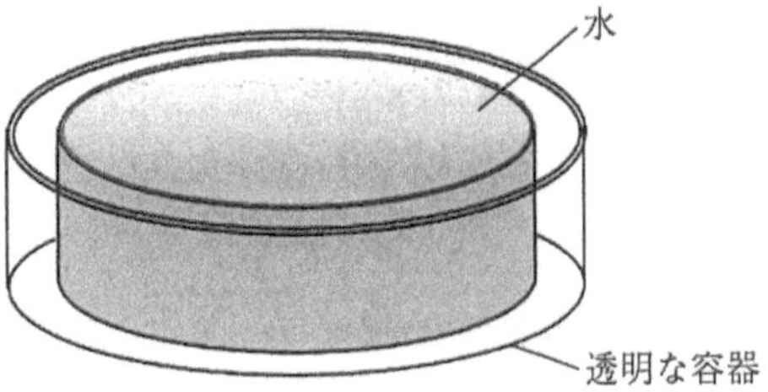

**（図１）**

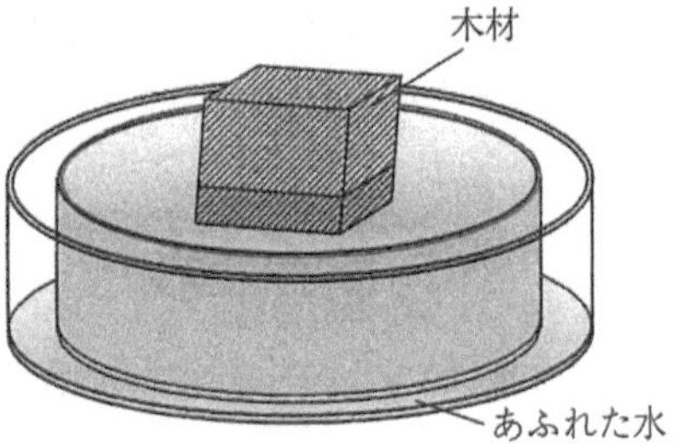

**（図２）**

**〔実験〕**

〈手順１〉 同じ木材でできた直方体Ａ～Ｃに，**（図３）**のように目印をつけ，重さ，幅《はば》，高さ，奥行《おくゆき》を測定しました。

〈手順２〉 直方体Ａ～Ｃを，**（図２）**のように，1つずつ容器に満たした水に浮かべて，水面から出ている部分の木材の高さと，あふれた水の体積を測定しました。

〈手順３〉 〈手順１〉，〈手順２〉の結果を**（表）**にまとめました。このとき，あふれた水の体積は，木材の水に沈んでいる部分の体積と同じであることがわかりました。

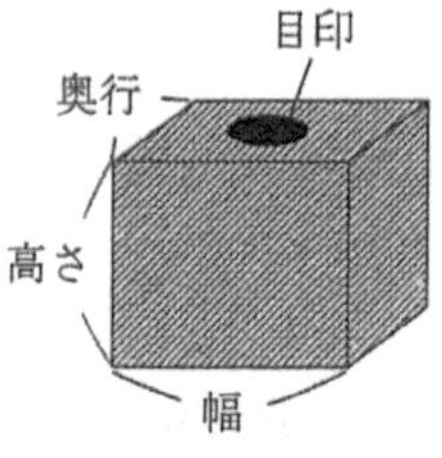

**（図３）**

| | 直方体Ａ | 直方体Ｂ | 直方体Ｃ |
|---|---|---|---|
| 重さ [g] | 576 | 400 | 384 |
| 幅 [cm] | 12 | 20 | 8 |
| 高さ [cm] | 10 | 5 | 15 |
| 奥行 [cm] | 12 | 10 | 8 |
| 水面から出ている高さ [cm] | 6 | 3 | 9 |
| あふれた水の体積 [$cm^3$] | ① | ② | ③ |

**（表）**

⑴　**（表）**の①～③に入る数値を答えなさい。

⑵　この木材の１$cm^3$あたりの重さは何ｇですか。

⑶　同じ木材でできた幅10cm，奥行15cmの直方体Ｄを用いて〔**実験**〕の〈手順２〉を行ったところ，容器からあふれた水の体積は720$cm^3$でした。直方体Ｄの高さは何cmですか。

⑷　金属でできた１辺８cmの立方体Ｅを，直方体Ａの上にのせて〔**実験**〕の〈手順２〉を行ったところ，**（図４）**のように，直方体Ａの上面がちょうど水面と同じになる状態で静止しました。立方体Ｅの１$cm^3$あたりの重さは何ｇですか。小数第２位を四捨五入して小数第１位で答えなさい。ただし，直方体Ａの底面は容器の底にふれていないものとします。

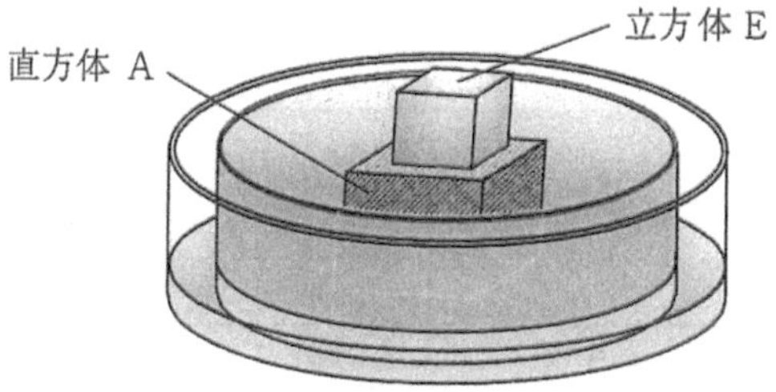


**（図４）**

⑸　**（図５）**のように，糸を用いて，⑷で用いた立方体Ｅを直方体Ａにつるして〔**実験**〕の〈手順２〉を行ったところ，**（図６）**のように，直方体Ａの上面が水面よりも上の位置で静止しました。この理由を30字程度で答えなさい。ただし，糸の重さと体積は考えないものとし，立方体Ｅの底面は容器の底にふれていないものとします。

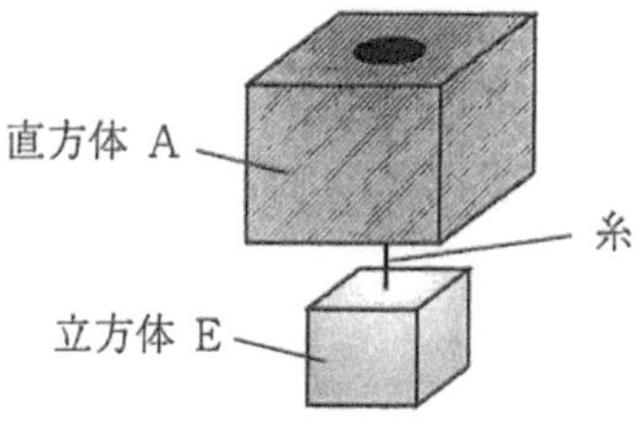


**（図５）**

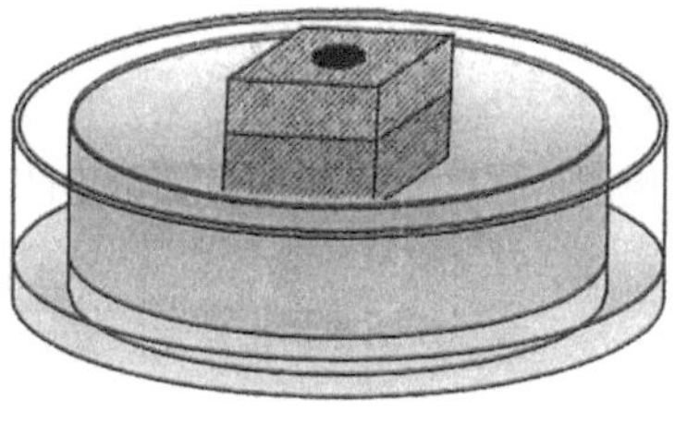

**（図６）**

**４**　次の文を読み，あとの問いに答えなさい。

ガソリンは，石油を精製して得られる燃料の１つです。車やバイク，あるいは一部の発電機の燃料として使用されます。車はガソリンを燃焼させることで動き，同時に二酸化炭素や（　ａ　）が発生します。完全に燃焼すれば，これらが主な生成物です。しかし，完全には燃えきれないこともあり，その場合は有害なガスも出ることがあるので注意が必要です。

ガソリンの燃焼によって出る二酸化炭素は，地球温暖化の原因となる温室効果ガスの一つです。私たちが車を運転するたびに，このガスが放出されています。そのため，地球温暖化を防ぐための取り組みが求められています。

石油やガソリンにふくまれる物質の性質を（**表１**）に，それぞれの物質がある重さで燃えたときに発生するエネルギーや二酸化炭素の量を（**表２**）にまとめました。

| 物質名 | 1 $cm^3$ あたりの重さ［g］ | 沸点《ふってん》［℃］ |
|---|---|---|
| プロパン | 0.002 | −42 |
| ヘキサン | 0.66 | 69 |
| オクタン | 0.70 | 126 |
| デカン | 0.73 | 174 |
| ドデカン | 0.75 | 216 |

（**表１**）

| 物質名 | 重さ［g］ | エネルギー［kJ］ | 燃焼したときの二酸化炭素の量［L］ |
|---|---|---|---|
| プロパン | 44 | 2220 | 67.2 |
| ヘキサン | 86 | 4150 | 134.4 |
| オクタン | 114 | 5500 | 179.2 |
| デカン | 142 | 6900 | 224.0 |
| ドデカン | 170 | 7510 | 268.8 |

（**表２**）

⑴　文中の（ａ）にあてはまる言葉を書きなさい。

⑵　（**表１**），（**表２**）からわかることは何ですか。**ア**～**エ**から選び記号で答えなさい。

**ア**．沸点が高くなるにつれ，１gあたりのエネルギーが大きくなっている。

**イ**．１L燃焼したときの二酸化炭素の量は，プロパンが一番多い。

**ウ**．１gあたりの体積が一番小さいのはドデカンである。

**エ**．（**表１**），（**表２**）の物質は室温（20℃）ではすべて液体である。

⑶　オクタンとドデカンを３：２の体積の割合で混ぜて１Lにしました。このとき，1$cm^3$あたりの重さは何gですか。

⑷　近年，ガソリン車だけでなく電気自動車が作られています。電気自動車は，走行中に二酸化炭素などの温室効果ガスを出しません。しかし，環境《かんきょう》に優しい車と言えるかどうかを判断するには，走行中以外のことも考える必要があり，ある観点から見ると，電気自動車も二酸化炭素を出しているといえます。電気自動車は，どのような点で二酸化炭素を出していると考えられますか。「電気自動車を」に続くように50字程度で書きなさい。

**５**　セミについて調べてまとめた次の文を読み，あとの問いに答えなさい。

①　鳴き声と鳴く時間帯について

・セミの鳴き声と鳴く時間帯について次のページの（**表**）のようにまとめました。

| セミの種類 | 鳴き声 | 鳴く時間帯 |
|---|---|---|
| A | カナカナ | 早朝と夕方（明るさが急に変化するとき） |
| B | ミーンミン | 午前中 |
| C | シャンシャン | 午前中 |
| D | ジリジリ | 午後 |
| E | ア | １日中（早朝や夕方は活発） |

**（表）**

② セミ（幼虫）のぬけがらについて調べたところ，次のことがわかりました。

・体長が26㎜以上35㎜未満のものは，「アブラゼミ・ミンミンゼミ」である。
・体長が26㎜未満のものは，「ニイニイゼミ・ヒグラシ」である。
・体長が35㎜以上のものは「クマゼミ」である。
・まるっこく泥《どろ》だらけのものは，「ニイニイゼミ」である。
・ミンミンゼミは，触角《しょっかく》の第２節と第３節がほぼ同じ長さであった。
・アブラゼミは，触角の第３節が第２節より長かった。
・ヒグラシは，触角の第４節は第３節の２倍以下である。

③ **（図１）**は，セミ（成虫）の頭部前面を示したものです。

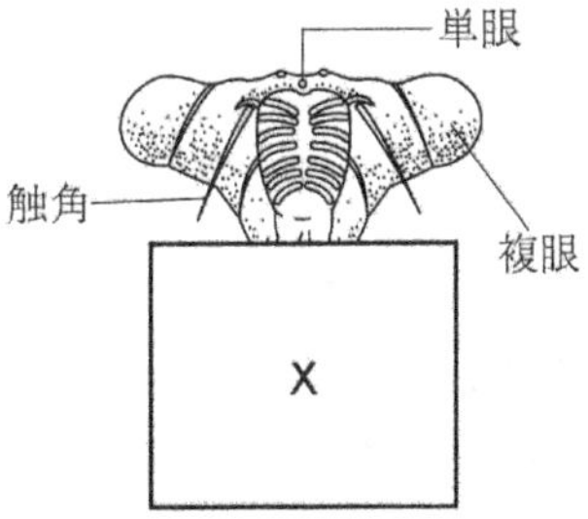

**（図１）**

④ ある地域にすむクマゼミの数を調べるため，次のような調査を行いました。

　ある地域で，虫取りあみを使ってクマゼミを100匹《ひき》つかまえた。その全てに目印をつけてその場に放した。次の日に，同じ場所と時間に，同じように虫取りあみを使って120匹のクマゼミをつかまえたところ，30匹に目印がついていた。

⑤ 生き物の仲間分け
セミの仲間について調べるために，AIチャットサービスを使い，昆《こん》虫の定義について検さくをした。

(1) **（表）**のA～Eのセミの種類として正しいものはどれですか。**ア～カ**から選び記号で答えなさい。

| | A | B | C | D | E |
|---|---|---|---|---|---|
| ア | ヒグラシ | アブラゼミ | クマゼミ | ミンミンゼミ | ニイニイゼミ |
| イ | ヒグラシ | ニイニイゼミ | ミンミンゼミ | アブラゼミ | クマゼミ |
| ウ | ヒグラシ | ミンミンゼミ | クマゼミ | アブラゼミ | ニイニイゼミ |
| エ | ミンミンゼミ | クマゼミ | ヒグラシ | ニイニイゼミ | アブラゼミ |
| オ | ニイニイゼミ | ミンミンゼミ | ヒグラシ | クマゼミ | アブラゼミ |
| カ | クマゼミ | ニイニイゼミ | ヒグラシ | ミンミンゼミ | アブラゼミ |

⑵　あるセミについて，**（図２）**はぬけがら，**（図３）**は触角を示したものです。このセミの種類はどれですか。**ア～オ**から選び記号で答えなさい。ただし，方眼紙の１マスは１㎝です。

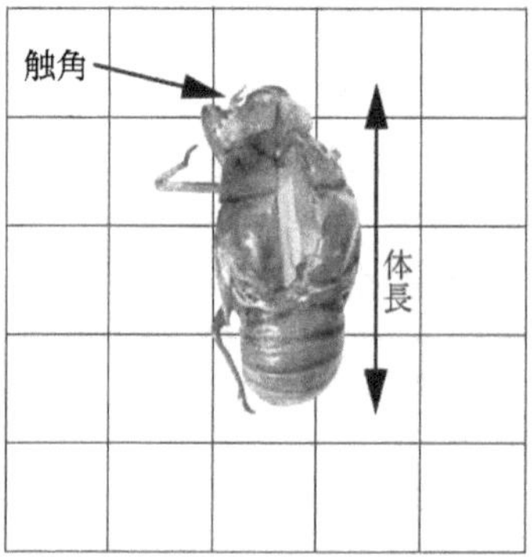

（図２）

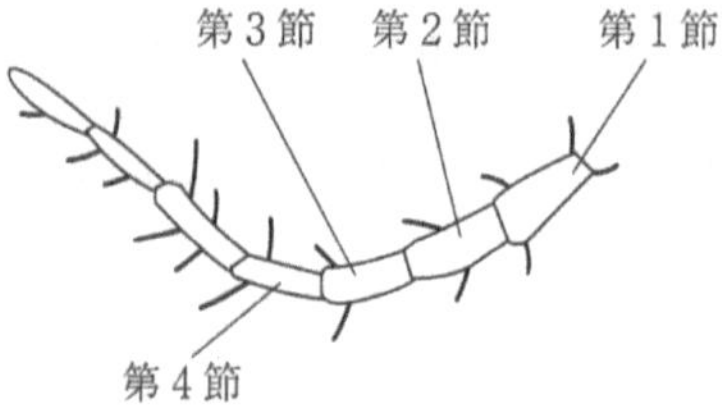

（図３）

**ア**．ヒグラシ　　**イ**．ミンミンゼミ　　**ウ**．クマゼミ
**エ**．アブラゼミ　　**オ**．ニイニイゼミ

⑶　次の文の a ， b に適する言葉を答えなさい。

> セミのたまごは，夏の間に産み付けられる。１年後に産まれた幼虫は，土の中に入り，何度も a をくり返して成長する。その後，地上に出た幼虫は，サナギにならずに木の枝や葉の裏などで羽化をして成虫になる。このような育ち方を b 変態という。

⑷　**（図１）**の**X**の部位を解答らんの図中にかきなさい。

⑸　④について，この地域のクマゼミの数を予想しなさい。ただし，この地域にはクマゼミがかたよりなく生活し，セミは再びつかまえるまでに新たに生まれたり，死んだり，地域の外に行ったりしないものとします。

⑹　⑤について，AIから次のような回答が返ってきました。理科のことがらで，誤っている部分のうち，２か所を抜き出し，正しく書き直しなさい。

> 昆虫とは，地球上にたくさんいる小さな生き物のことです。たとえば，アリやクモ，チョウやテントウムシなどが昆虫です。昆虫は，足がたくさんついていて，頭・胸・お尻《しり》の３つの部分に分かれています。頭には目や口があり，胸には足がついていて歩いたり跳《と》んだりし

ます。たくさんの昆虫は，翼《つばさ》というものを持っていて，それで空を飛ぶこともできます。
　昆虫の体は，固い皮でおおわれていて，これが骨みたいな役割をしています。でも，大きくなるときにはその皮を脱《ぬ》いで新しい皮に入れ替《か》えるんですよ。

**6**　凸《とつ》レンズを用いた光の実験について，次の文を読み，あとの問いに答えなさい。

　**（図１）**は，太陽から平行にやってくる光に対して，凸レンズを垂直に置いたとき，凸レンズを通った３本の光線について示している。**（図１）**の８本の破線（-----）は，凸レンズから平行に４㎝ごとに引いてあり，①～③の破線と凸レンズの中心Ｏを通った光線との交点をそれぞれＰ，Ｑ，Ｒとした。
　**（図２）**は，**（図１）**の①～③の破線の位置にそれぞれ白色の紙を置いたとき，紙上にできた明るさのちがいを，模様のちがいで示している。

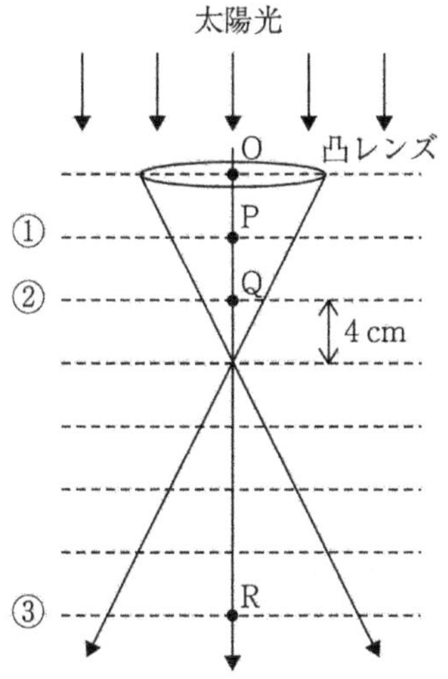


**（図１）**

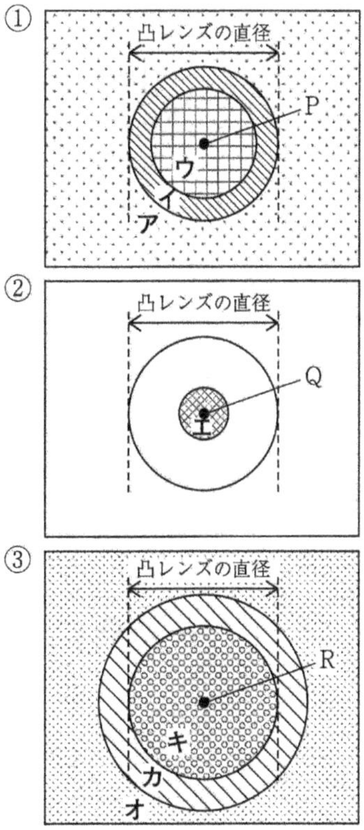


**（図２）**

⑴　**（図１）**の凸レンズの焦点距離《しょうてんきょり》は何㎝ですか。

⑵　**（図２）**①の**ア**～**ウ**の領域で，「もっとも明るい領域」と「もっとも暗い領域」はそれぞれどれですか。**ア**～**ウ**から選び記号で答えなさい。

⑶　**（図２）**③の**オ**～**キ**の領域で，「もっとも明るい領域」と「もっとも暗い領域」はそれぞれどれですか。**オ**～**キ**から選び記号で答えなさい。

⑷　**（図2）**②の**エ**の領域の明るさを「1」とするとき，①の**ウ**の領域の明るさはいくらになりますか。分数で答えなさい。

**7**　次の文を読み，あとの問いに答えなさい。

東京に住む芝吉《しばきち》君は，月が満月になったり，三日月になったりすることに興味をもちました。そこで，月を肉眼で観察し，①a～iのスケッチを残しました。黒線で囲まれた部分は光っており，点線で囲まれた部分は暗くなっています。aは新月を，ｉは満月を表しています。

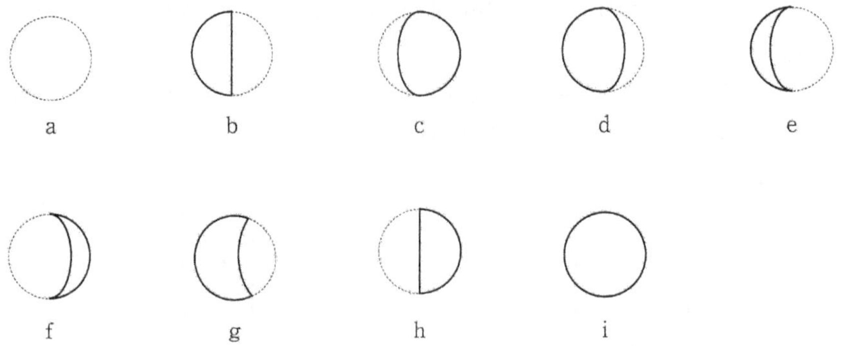


芝吉君は，金星も月と同じように満ち欠けをすることを知り，金星にも興味をもちました。金星について調べてみると，**（図）**のように，金星は地球の内側を公転していることを知りました。また，②金星の公転周期は225日で，地球の公転周期365日より短いことも知ることができました。ただし，**（図）**は北極側から見た模式図です。

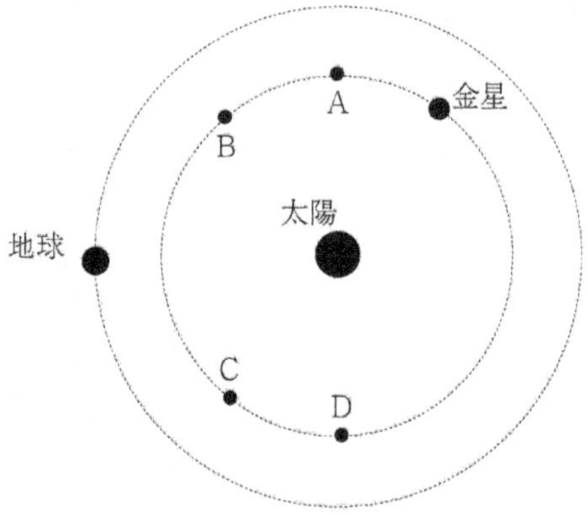


**（図）**

⑴　下線部①のうち，月食のスケッチはどれですか。b～ｉから選び記号で答えなさい。

⑵　月食のとき，地球，太陽，月が一直線上に並びます。間に入る天体はどれですか。**ア**～**ウ**から選び記号で答えなさい。

**ア**．地球　　**イ**．太陽　　**ウ**．月

(3)　下線部①について，ａから始まりｉになるまでの月の満ち欠けを，順に並べなさい。ただし，ｂ～ｈの中から必要な記号だけを用いなさい。

(4)　**(図)** のように，太陽と地球が位置しているとき，下線部①のｂのような金星が見えました。金星はどこにありますか。**(図)** のＡ～Ｄから選び記号で答えなさい。ただし，金星の満ち欠けは，肉眼で見たものとし，大きさは考えないものとします。

(5)　(4)のとき，金星が見えているのはいつですか。**ア**～**エ**から選び記号で答えなさい。

**ア**．夜　　**イ**．明け方　　**ウ**．昼　　**エ**．夕方

(6)　下線部②より，太陽，金星，地球が一直線上に並んでから，再び同じ順で一直線上に並ぶのは何日後ですか。以下の文を参考にして，小数第１位を四捨五入し，整数で答えなさい。

| |
|---|
| 地球の公転周期365日と金星の公転周期225日の差が140日。地球から見ると，１年で金星は$\frac{140}{225}$周分だけ公転しているように見える。残りの$\frac{85}{225}$周分公転する日数を求めてから，最終的な日数を計算する。 |

イ　私はキャンプで焚《た》き火や料理をするのが趣味《しゅみ》です。
ウ　想像と違った結論に彼はつむじを曲げて従わなかった。
エ　有名球団からの誘《さそ》いに彼はよもや断った。

問四　次の慣用句を使って、短い文を作りなさい。

**「後の祭り」**

※慣用句の内容が具体的にわかるようにしなさい。
慣用句の例「足がぼうになる」
（悪い例）「ぼくは、足がぼうになった。」
（良い例）「ぼくは、落とし物をしてしまい、足がぼうになるまで探し回った。」
※「動きを表す語」など、後に続く語によって形が変わる場合は、変えても良いです。

## 六

――線のカタカナを漢字に直しなさい。

1　伝統芸能がフッカツする。
2　場のおごそかな雰囲気《ふんいき》にシセイを正した。
3　物語をロウドクした。
4　桜は日本中に広くブンプしている。
5　美しい山々がツラなる。

問二　――線②「でんぱがとどいているかのように」とありますが、ヒガンバナたちはどのような情報を伝えたと考えられますか。十五字以内で答えなさい。

問三　――線③「みまもった」とありますが、「ぼく」がヒガンバナの咲いている様子をこのように表現した理由として、適切なものを次の中から一つ選び、記号で答えなさい。

ア　風で揺《ゆ》れながら咲いているヒガンバナが、まるで手招きをして「ぼくたち」が近づくのを待っていると思ったから。

イ　おはかの周りのたくさんのヒガンバナが、わざわざ山のてっぺんまで来た「ぼくたち」を祝福していると思ったから。

ウ　おはかのうしろに咲いたヒガンバナの一輪一輪が、はかに眠《ねむ》る人たち一人ひとりが立っているかのようだと思ったから。

エ　たくさんのヒガンバナが集まると一人の人の顔のように見え、おはかに入っている人の優《やさ》しげな表情になっていると思ったから。

問四　この詩の表現について説明したものとして、適切でないものを次の中から一つ選び、記号で答えなさい。

ア　具体的に情景を描写《びょうしゃ》することによって、読者の想像力をかき立てている。

イ　比喩《ひゆ》を用いることによって、「ぼくたち」の行動を生き生きと表している。

ウ　ひらがなを多用し子どもの視点で語ることで、親しみを感じさせている。

エ　擬人《ぎじん》法を効果的に用いることで、ヒガンバナの様子を印象づけている。

問五　大人になった「ぼく」が、自分の子どもを連れてこのおはかを訪《おとず》れたとします。「ぼく」は子どもに色々な話をしましたが、おはかのうしろに昔から咲いているヒガンバナたちがそれを聞いていたとしたら、どのような気持ちになったと思いますか、答えなさい。ただし、次の条件に従うこと。

A　ヒガンバナのうちの一本になったつもりで書くこと。

B　他のヒガンバナに語る口調で古くこと。

C　「ぼく」が子どもに話している内容が分かるように書くこと。

D　八十字以上、百二十字以内で書くこと。ただし、出だしの一マスは空けないで書くこと。

## 五

次の各問いに答えなさい。

問一　ことわざ「坊主《ぼうず》憎《にく》けりゃ袈裟《けさ》まで憎い」と反対の意味のことわざを次の中から一つ選び、記号で答えなさい。

ア　弘法《こうぼう》筆を選ばず　イ　医者の不養生

ウ　あばたもえくぼ　エ　好きこそ物の上手なれ

問二　次の語の類義語として適切なものを後の語群の漢字を組み合わせて作りなさい。

1　納得《なっとく》

2　同意

《語群》

| | | | | |
|---|---|---|---|---|
| 調 | 整 | 賛 | 点 | 承 |
| 成 | 合 | 認 | 変 | 定 |

問三　日本語として適切なものを次の中から一つ選び、記号で答えなさい。

ア　デザートに美味《おい》しいケーキをいただいてください。

本文中から五十字でぬき出し、初めと終わりの五字を答えなさい。

問七　――線④「偏見やステレオタイプが予言の自己実現を生み出してしまうってことには十分に気をつけておかないといけない」とありますが、気をつけることの内容として適切なものを次の中から一つ選び、記号で答えなさい。

ア　情報の正誤の判断を客観的なデータから行い、正しい情報を元に自分の行動を決めるのが良いということ。

イ　自分や周りが正しいと思い込むことで、本来の自分とは違う考え方や行動をしてしまうかもしれないこと。

ウ　血液型性格判断などは、差別や偏見のもとになっているステレオタイプにつながる考え方だということ。

エ　自分が正しいと信じていることが、経験からの思い込みでしかないかもしれないということ。

## 四

次の詩を読んで、後の問いに答えなさい。

ヒガンバナ　まど・みちお

こどものころ　ぼくはよく
はげあたまのじいちゃんと
やまのおてらにはかまいりにいった
たんぼのなかの一ぽんみちに
ずうっと①ヒガンバナがさいていた
おはかにつくと
そのヒガンバナたちからもう
②でんぱがとどいているかのように
おはかのうしろのヒガンバナたちが
一せいにぼくたちを③みまもった

まわりをそうじしたり
みずやはなをかえたり
てをあわせておがんだりするのを
はじめからおわりまでじいっと…

なにやら　ヒガンバナごで
ひそひそ　ひそひそ　しながら…

問一　――線①「ヒガンバナがさいていた」とありますが、「ぼく」がこのヒガンバナから感じ取っていることとして、適切なものを次の中から一つ選び、記号で答えなさい。

ア　田んぼの中の道に一本だけでずっと咲《さ》いているヒガンバナに、孤《こ》独《どく》でも咲き続ける力強さを感じている。

イ　道に沿って一直線にヒガンバナが咲いていることに、はかまでの道を案内されていると感じている。

ウ　田んぼの道に長い間咲き続けるヒガンバナに、自然のたくましさと人間の弱さを感じている。

エ　田んぼの道に並んで咲いているヒガンバナを、亡くなった人を弔《とむら》う線香《せんこう》のように感じている。

D 、ここで言いたかったことは、血液型性格判断に根拠《こんきょ》がないのに。たくさんの人たちが信じてしまうってことじゃなくて、③血液型性格判断を信じている人の性格が、ほんとうに血液型性格判断の通りになる場合もあるってことなんだ。このことについては、山崎賢治さんと坂元章さんという社会心理学者が研究してるんだよ（日本社会心理学会大会論文集、一九九一年、一九九二年）。

山崎さんと坂元さんは、一九七八年から八八年までの間に、血液型と性格特性との関係が強くなってきているという調査データの分析《ぶんせき》をしています。たとえばA型の人がA型の人に当てはまるとされている性格特性を持っていると自分で思っている程度、つまり血液型性格判断が「あたっている」程度が、一九七八年よりも一九八八年のほうが強くなっているということ。同じことは、別の血液型についても言えるんだよ。

ということは、みんなが血液型判断をあたっていると思い込むことで、ほんとうにそうした性格特性を知らず知らずのうちに身につけるようになってきたということなんだと考えられます。自分は何とか型だからこういうときにはこういった行動を取るんだよねと思い込んで、ほんとうにそうした行動を取るようになってしまう。また、○○ちゃんは何型だから、やっぱりこういう性格なんだねって言われ続けてると、そういう性格を身につけてしまう、ってこと。

こうしたことは血液型性格判断だけだとあんまり害はないけど、まわりからの偏見にさらされていると、ほんとうにそうした偏見に応じた考え方をしたり、行動をするようになってしまう可能性があるってことだから、④偏見やステレオタイプが予言の自己実現を生み出してしまうってことには十分に気をつけておかないといけないんだよ。

（山岸敏男『「しがらみ」を科学する』）

※ステレオタイプ……型にはまった考え方

問一　A ・ C ・ D に入る語として適切なものを次の中から一つずつ選び、それぞれ記号で答えなさい。

ア　たとえば　イ　さらに　ウ　だから
エ　さて　オ　それとも

問二　――線①「どうして統計的には存在しないはずの関係が、自分の経験だけを考えるとほんとうにあるように思ってしまうんだろう？」とありますが、これに対する答えを「情報」「経験」の語を使って五十字以内で説明しなさい。

問三　B に入る語として適切なものを次の中から一つ選び、記号で答えなさい。

ア　そんなのうそだ　イ　ほんとうかな？
ウ　きょうみないな　エ　そのとおり

問四　本文中のア～エの文を正しい順に並び変えて、並び順を記号で答えなさい。

問五　――線②「そうなんだから」の内容として適切なものを次の中から一つ選び、記号で答えなさい。

ア　血液型性格判断と一致してるんだから
イ　少しは差別意識や偏見があるんだから
ウ　ステレオタイプにあてはまるんだから
エ　あたっていると思い込んでるんだから

問六　――線③「血液型性格判断を信じている人の性格が、ほんとうに血液型性格判断の通りになる」とほぼ同じことを述べている部分を、につくよね。だけど、科学的な方法を使って調べた統計的なデータはほとんどのってない。そういうデータをちゃんと調べたら効果がないことが分かっちゃう場合にも、個人的な体験談をのせておけば、それだけで広告を見た人は納得しちゃうから。

どうして、そんなことが起こるんだろう？　①どうして統計的には存在しないはずの関係が、自分の経験だけを考えるとほんとうにあるように思ってしまうんだろう？

原因はいろいろあるんだけど、「A型の人はこういった性格の持ち主だ」という情報を読んだり聞いたりするときに、私たちはそうした情報をそのまま鵜呑《うの》みにするからだ、というわけではありません。そんなことをしてたら、世の中には矛盾《むじゅん》した情報がいっぱいあるから、頭の中がすぐにパンクしてしまう。

だから、そうした情報に接すると、まず、「　B　」と考えてみるよね。そして、ほんとうにそういった性格をもったA型の人を思い出すと、「あ、やっぱりそうなんだ」と思って、その情報を正しいものとして受け入れるんだよ。

だけど、その時に、その逆のことはしないんだ。　C　A型なのに、そういった性格ではない人を思い出そうとしたり、そういう性格なのにA型以外の血液型の人を思い出そうとしない。つまり、あたっている人だけを思い出そうとする。

ア　その結果、自分自身や自分の知っている人にあてはまるということで、血液型性格判断が正しいと思ってしまう。

イ　そうすると、血液型性格判断に書いてあるような性格特性は、誰《だれ》でも多かれ少なかれ持っているような性格特性なので、「あたってる」と思ってしまう。

ウ　世の中に、手に入れたいものや達成したい目標を持っていない人なんていないんだから。

エ　たとえば「O型の人は自分の目標を追求する」と書かれていれば、自分はO型で、自分は目標を何とか手に入れたいなーと思っているから、やっぱりあたっていると思うんだよね。

そうすると、日常生活の中でも、血液型性格判断と一致《いっち》する例を見つけるたびに、「あ、やっぱり、○○ちゃんはA型だからそんなことをするんだー」ということで、ますますあたっていると思《おも》い込《こ》むようになるんだよね。

その逆に、血液型性格判断にあてはまらない行動をしたりする人に出会っても、そうした人の行動をわざわざ血液型に結びつけて考えることはしない。だから、客観的にはあたらない場合の方が多くても、主観的には「いつも」あたっていると思ってしまうんだよ。

こうした「思い込み」は血液型についてだけじゃなくて、差別や偏見《へんけん》のもとになっている※ステレオタイプについても言えることで、日本人は何とかだとか、アメリカ人にはこういう傾向《けいこう》があるとか、黒人はなんとかだというたぐいのステレオタイプも、そう思っている本人にとっては、自分の個人的な経験からあたっていると思い込んでるんだよ。そういう人たちに、科学的な手続きを使って調べた結果を見せても、「だって自分の知ってる人は、みんな②そうなんだから」といって、考えを変えようとしないんだ。

エ　先生が話し続ける勢いに気圧《けお》される様子。

問四　――線③「その先生の声がさらに跳ねた」とありますが、このときの先生の心情を三十字程度で説明しなさい。

問五　――線④「気持ちの上では感嘆していた」とありますが、どういうことですか。適切なものを次の中から一つ選び、記号で答えなさい。

ア　予想とは大きく異なる事実を教えられたことで、月への距離《きょり》感が改まったということ。

イ　実際の距離を数値で示されることによって、月がどれほど遠いのかが明確に理解できたということ。

ウ　自分の知らない知識を与《あた》えてくれる先生に対して、今までに感じたことのない敬意を抱《いだ》いたということ。

エ　ラジオ放送でわからないと言ってしまったことによって、言葉を述べられないほど緊張したということ。

問六　――線⑤「人間って本当に自分本位に物を見る」とありますが、ここではどのようなことを指していますか。三十字程度で説明しなさい。

問七　――線⑥「その時の亜紗には本当に嬉しかった」とありますが、このときの亜紗の心情を言い換《か》えた言葉を文章中から十字以内で書きぬきなさい。

三　次の文章を読んで、後の問いに答えなさい。

筆者は、「予言の自己実現」を「人々がある期待を持って行動すると、結局その期待通りの結果が生まれてしまう」ことだと説明して、これについての具体例を本文までに四つ挙げている。

予言の自己実現がはたらいているもう一つの例に、血液型による性格判断があります。

読者のみなさんの中にも、血液型による性格判断はあたっていると思っている人がいるかもしれないね。本当はそんなことはないんだけど、それでもなぜ血液型性格判断はあたっていると思うんだろう？

ぼくはときどき、社会心理学の授業の中で学生に性格テストをやってもらって、その結果を血液型と比べることで、血液型と性格の間に関係がないことを教えています。小さなクラスだと、たまたま血液型による性格の違《ちが》いが起こってしまうことがあるけど、ある程度大きなクラスだとそうしたランダムなかたよりが起こりにくくなるので、血液型と性格には関係がないことが分かります。

だけど、実際にそうした結果を見せて、「血液型と性格には関係がないでしょ」と言っても、まだ納得《なっとく》しない学生がたくさんいます。

そういう人たちにいくら統計的な研究結果を示しても、ほとんど役に立たない。どうしてかというと、自分の個人的な経験からいってあたっている例が多いと思っているからなんです。友達とか自分自身の血液型と性格については、やっぱりあたっていると思っている。［A］、いくら統計的な結果を見せられても、自分の経験の方を重視しちゃうんですね。そういうことって、多くないですか？

ダイエットの広告を見ても、皮膚《ひふ》の若返りの広告を見ても、個人的な経験談や「ダイエット前」と「ダイエット後」を比べた写真なんかが目まあ、なんていうか、いい』

ひとりごとのような、番組の流れを気にしたわけですらなさそうな、自由な呟《つぶや》きだった。「ありがとうございました」と亜紗がお礼を言い、電話を切る。

驚《おどろ》いたのは――さらに、その日の夜だ。

亜紗が質問を送った家のパソコンのアドレスに、番組からメールが届いていた。

『今日、質問に答えた綿引先生からです』と、ある。その下に、「月がついてくる」錯覚がなぜ起こるのか、答えの補足が書かれていた。地学の先生は絵もうまいらしい。歩く女の子の絵と、夜空の月、歩く方向と、周りの家々を図解して、数コマの漫画《まんが》のようになって説明されている。

震《ふる》えるような感動が、胸の底から湧《わ》いてきた。

それは、感謝とも、少し違った。こんなに真剣《しんけん》に書いてくれたことはもちろんありがたいと思うけれど、直感のようにして、亜紗は、これはきっと自分のためじゃない、と悟《さと》っていた。亜紗のために書いたのではなくて、あの先生はきっと、説明をするのが「好き」なのだ。誰《だれ》に頼《たの》まれなくても必要とされなくても、自分が好きだから、求められたら、きっとどこまでもその相手には答えるというだけだ。

電話の向こうから聞こえた、あのはしゃいだ声を思い出すと、亜紗は感動してしまう。あの人は子どもだから大人だからとか関係なく、まだ早いとかそんなふうに思うこともなく、亜紗が理解できると考えて、この説明を書いてくれた。自分がこんなに楽しいし、おもしろいと考えていることは、きっと他の人にもそう思ってもらえると、無条件に、子どもみたいに信じている。

子どもの自分がきちんと相手をしてもらえたこと以上に、そんな子どもみたいな大人がいることがただただ、⑥その時の亜紗には本当に嬉しかった。

メールの末尾《まつび》に、先生の勤務先の高校名と、「地学科教諭」の文字があった。「地学」というのは、地球に関する学問。その言葉を胸に刻むようにして、覚えた。

（辻村深月『この夏の星を見る』）

問一　═線**ア**～**エ**の「れる」について他とは性質の異なるものを一つ選び、記号で答えなさい。

問二　――線①「チガク」とありますが、このように表記されているのはなぜですか。適切なものを次の中から一つ選び、記号で答えなさい。

ア　ここで触《ふ》れられているチガクは本来の意味とは異なるものだと示すため。

イ　ラジオという音声のみの情報に触れていることを読者に強調するため。

ウ　亜紗がチガクという言葉の意味を理解していないということを示すため。

エ　ラジオの向こうの「先生」が嬉しそうに話していることを表現するため。

問三　――線②「心の中では『はぁ』みたいな感じ」とありますが、ここから読み取れる様子として適切なものを次の中から一つ選び、記号で答えなさい。

ア　馬鹿にされているように感じ憤《いきどお》る様子。

イ　一方的に話し続ける先生に落胆《らくたん》する様子。

ウ　一挙に情報を伝えられて理解できない様子。

い星でもあるんだけど、それでも、約38万キロメートルも離れたところにあるんだ。満月の時なんかまるでつかめそうなくらいすごく近く見えるけど、それでも、おいそれと行けないくらい遠い。月に人類が到達《とうたつ》したのは、どれくらい前かわかる？』

「――アポロ十一号の、一九六九年」

興味があって、前に本を読んだから知っていた。すると、電話の向こうで、③その先生の声がさらに跳《は》ねた。

『そうそう！　じゃあ、最後に人類が月に行ったのがいつか、わかる？』

「……わかりません」

でも、今も、NASAの名前はニュースで聞くことも多いし、きっと、よく行ってるんじゃないの？　という気持ちで小五の亜紗が答えると、その先生が嬉しそうに明かした。

『なんと、一九七二年。もう四十年以上も、人類はあれだけ近そうに見える月に行っていないんだ。それくらい、月は、近くて遠い星です』

へえ！　と思った。あまりに緊張《きんちょう》していたから、声には出なかったけど、④気持ちの上では感嘆《かんたん》していた。月の遠さへのイメージが、一気に広がる。

その先生は、その後、丁寧《ていねい》に説明してくれた。月は、地球上の亜紗たちが地上でどれだけ動いても、あまりに遠くて大きいので見えている方向が変わらない。でも、夜道を歩く自分の近くにある建物や車窓から見える景色は、月と比べれば、亜紗とはぐんと近い位置にあるから、移動する速度に合わせて見える位置が変わっていく。同じ景色の中で、流れて位置を変えていくものと、変わらないものがあることで、脳が「月がついてきている」と錯覚《さっかく》を起こすのだ、と説明された。

海の塩分について調べた時と同じで、今度も複雑な説明だと思った。一度の説明で完全に理解できたわけではなかったけれど、先生が、具体例を挙げながら月の大きさや遠さを説明してくれたことで、イメージはつかみやすかった。

何より、先生の声がずっと楽しそうではしゃいでいる感じなのだ。

『早口で説明しちゃったけど、わかったかな？　亜紗さん』

「はい」

『うーん。本当かなぁ。ぼくや番組に気を遣《つか》ってそう言ってるんじゃないのかなぁ』

そう言われても、番組の生放送中なのだから、「わからない」と口にするのも憚《はばか》らエれる。

すると、『先生、そろそろ』とアナウンサーが横から口を挟《はさ》んだ。亜紗に向けて聞く。

『亜紗さん、わかりましたか？』

「はい。あの――『チガク』ってどういう意味ですか？」

自分が番組の流れを止めるわけにはいかない――と思っていたはずなのに、どうしても気になって尋《たず》ねた。電話の向こうで、ハハッと軽い笑い声がした。例の男の先生が答える。

『チガクは、地球の地に、学問の学。地球を対象とする学問です。ぼくは高校教諭《きょうゆ》だけど、高校だと、今、亜紗さんと話した月のことだとか、天文学もその範囲《はんい》になります』

高校の先生なのか――と、そこで初めて知った。

『脳の錯覚だってわかってはいても、月がついてくるって考え方は、ちょっといいよね。⑤人間って本当に自分本位に物を見るけど、そこも

【国　語】（六〇分）〈満点：一二〇点〉

【注意】一、一は聞いて解く問題です。
二、指示がない限り、句読点や記号などは一字として数えます。
三、正しく読めるように、読みがなをふったところがあります。

一　この問題は聞いて解く問題です。問題文の放送は一回のみです。問題文の放送中にメモを取っても構いません。放送の指示に従って、問一から問三に答えなさい。

※放送台本は非公表です。

二　次の文章を読んで、後の問いに答えなさい。

> 小学五年生の亜紗は、専門家の先生が子どもの悩みや質問に答えるラジオ番組である『子どもの夏、電話質問箱』を知った。「どうして月は、ずっとついてくるのですか」という質問を番組に投稿したところ、番組から亜紗のもとに電話がかかってきた。

「――はい」
『こんにちは。番組は聞いていていてくれた？』
「はい、聞いてました」
名前を聞かれ、改めて答える。離《はな》れたリビングから聞こえるラジオの声と、電話の声とが時間差で重なるように響《ひび》く。電話の向こうで、さっきの先生の声が言った。
『いやあ、この質問。嬉《うれ》しいなぁ、なぜ嬉しいかというとね、これ、僕《ぼく》も子どもの頃《ころ》にすごく不思議に思っていたことなんだよ。今ね、番組の司会のお姉さんが「①チガク」って言ったけど、厳密にはこれ、チガクとはちょっと違《ちが》うんだ。違うんだけどなぁ、うん、でも、大サービス。嬉しい質問だから、僕がこのまま答えちゃいましょう。』
「はい」
圧倒《あっとう》された。電話の向こうの「先生」は、大人なのに、子どもみたいな弾《はず》んだ声をしている。演技とか、子どもに合わせてそうしてる感じがまるでなくて、ただ「嬉しそう」なのだ。
『亜紗さんは、「星」ってわかる？　星。どんなものだと思う？』
「月とか、太陽とか、火星とか、土星とかのことですか」
「そうそう！　いいね。最近、聞くと、みんな、星って、空に見えてるあのままの大きさだと思うのか、石みたいとか、塵《ちり》とか言う子もいて、ええー、それはないでしょうって思ったりもするんだけど、月も星だと言ってくアれるのは嬉しいよねぇ。月と星って、いろんな場所で、対《つい》の言葉みたいに言わイれるせいか、小学生くらいだと、月と星は別物だって言う子までいたりするから』
「はい」
はい、と言いながら、②心の中では「はぁ」みたいな感じだった。さっきまでおとなしく控《ひか》えていたとは思えないくらい、この先生は話し出すと止まらないタイプの人のようだった。
『そう、月も星です。地球に比べれば小さいけれど、太陽系の中だと、実は冥王星《めいおうせい》よりも大きな星です』
「はい」
『亜紗さんは、月が地球とどれくらい離れているのか、知っている？　月は地球の周りを常に回っている衛星と呼ばウれる星で、地球に一番近

第1回

# 2024年度

# 解　答　と　解　説

《2024年度の配点は解答欄に掲載してあります。》

## ＜算数解答＞

[1]　(1)　50g　　(2)　①　9cm$^2$　　②　正方形　×　　差　1cm$^2$

[2]　(1)　$0.6\left[\frac{3}{5}\right]$　　(2)　3　　(3)　44通り　　(4)　43.14cm$^2$

[3]　(1)　240個　　(2)　29km　　(3)　12個　　(4)　8　　(5)　解説参照

[4]　(1)　224　　(2)　(例)　1と3　　(3)　21　　(4)　484

[5]　(1)　72cm$^2$　　(2)　①　$415\frac{5}{13}$cm$^2$　　②　21：11[11：21]

○推定配点○

各6点×20([4](2)完答)　　計120点

## ＜算数解説＞

[1]　聞いて解く問題解説省略。

[2]　**(四則計算，場合の数，数の性質，平面図形，図形や点の移動)**

(1)　$0.64\times\frac{2}{7}\times\frac{7}{4}+0.42\times\frac{2}{3}=0.32+0.28=0.6$

(2)　□＝9÷(3.3－0.3)＝3

重要　(3)　3枚とも偶数の場合

4枚の偶数から3枚を選ぶ組み合わせ…4通り

2枚の奇数と1枚の偶数の場合

5枚の奇数から2枚を選ぶ組み合わせ…5×4÷2＝10(通り)　2枚の奇数と1枚の偶数の組み合わせ…10×4＝40(通り)　したがって，全部で4＋40＝44(通り)

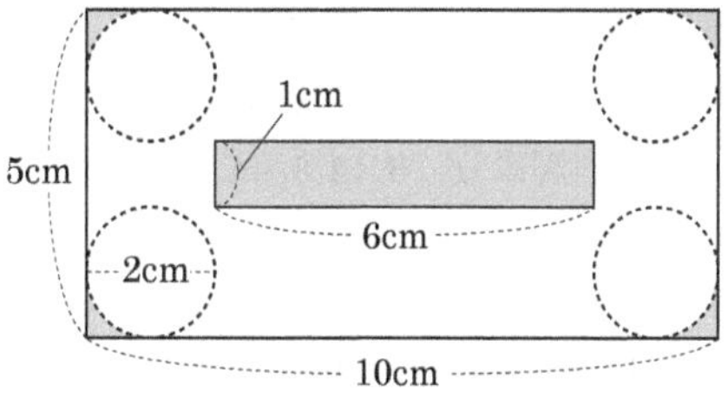


重要　(4)　円が通過しない部分の面積…2×2－1×1×3.14＋1×6＝6.86(cm$^2$)　したがって，求める面積は5×10－6.86＝43.14(cm$^2$)

[3]　**(割合と比，速さの三公式と比，旅人算，単位の換算，数の性質，立体図形，平面図形)**

重要　(1)　AとBの値段の比…120：80＝3：2　AとBの個数の比…(2÷3)：(1÷2)＝4：3　したがって，Aの個数は420÷(4＋3)×4＝240(個)

やや難　(2)　芝田くんが家から体育館へ進む時間…右図より，60×36÷40＝54(分)　田浦さんが54－10＝44(分)で歩いた距離…4.8×44÷60＝3.52(km)　田浦さんが車を降りた後，2人の間が36－3.52＝32.48(km)離れる時間…60×32.48÷(4.8＋40)＝43.5(分)

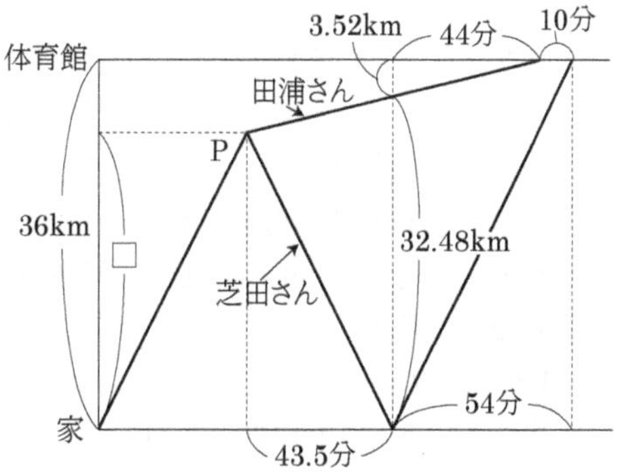

したがって，求める距離は40×43.5÷60＝29(km)

重要 (3)　5～50までの5の倍数の個数…50÷5＝10(個)　25～50までの25の倍数の個数…50÷25＝2(個)　したがって，求める個数は10＋2＝12(個)…偶数の個数は12個以上

(4)　円すいAの表面積…(5×5＋5×16)×3.14＝5×21×3.14＝105×3.14(cm$^2$)　円すいBの表面積…7×(7＋□)×3.14(cm$^2$)　□…105÷7－7＝8(cm)

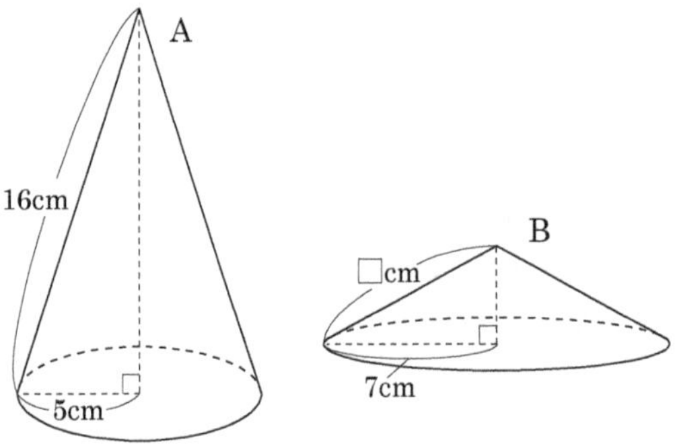


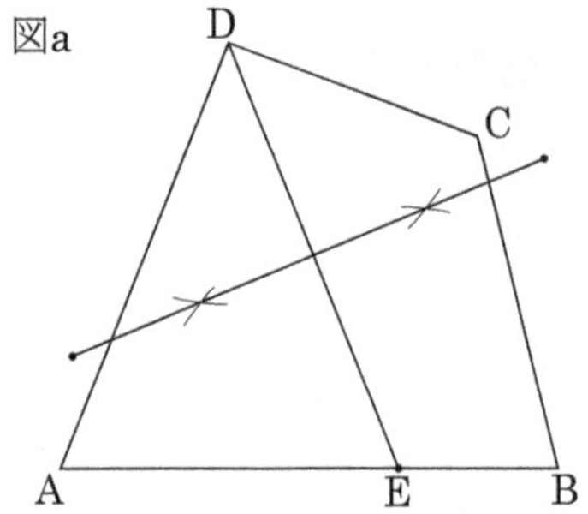


(5)　作図法(図aより)　①DとEを直線で結ぶ　②DとEのそれぞれを円の中心にして同じ半径で弧を描き，線分DEの両側に2点を定める　③これらの2点を通る直線を引きこれを折り目とする

## 4 (統計と表，数列，数の性質，平面図形)

重要 (1)　1段目の数…平方数　49…7×7の平方数

したがって，≪49≫＝49＋48＋8×8×2－1＝224

(2)　解答例　1，3，7などの2個

(3)　≪1≫，≪7≫，≪21≫…4の倍数にならない

したがって，求める数は21

| | 1列目 | 2列目 | 3列目 | 4列目 | … |
|---|---|---|---|---|---|
| 1段目 | 1 | 4 | 9 | 16 | … |
| 2段目 | 2 | 3 | 8 | 15 | … |
| 3段目 | 5 | 6 | 7 | 14 | … |
| 4段目 | 10 | 11 | 12 | 13 | … |
| ⋮ | ⋮ | ⋮ | ⋮ | ⋮ | ⋱ |

やや難 (4)　≪4≫…3×4×2　≪16≫…5×8×2　≪36≫…7×12×2

≪□≫＝2024＝1012×2＝23×44×2＝(2×11＋1)×(4×11)×2　したがって，11番目の偶数22の平方数の484

## 5 (平面図形，立体図形)

重要 (1)　立方体の1面の面積…右図より，3×1.5＝4.5(cm$^2$)　したがって，求める立体Xの表面積は4.5×4×4＝72(cm$^2$)

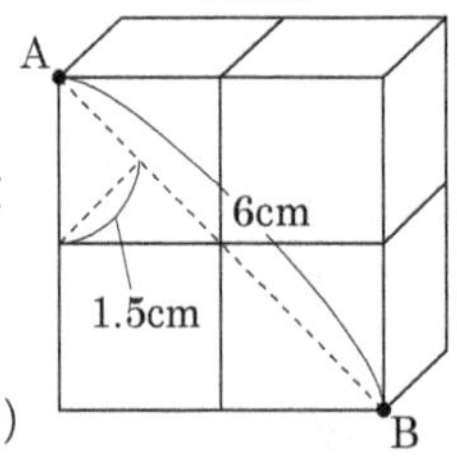


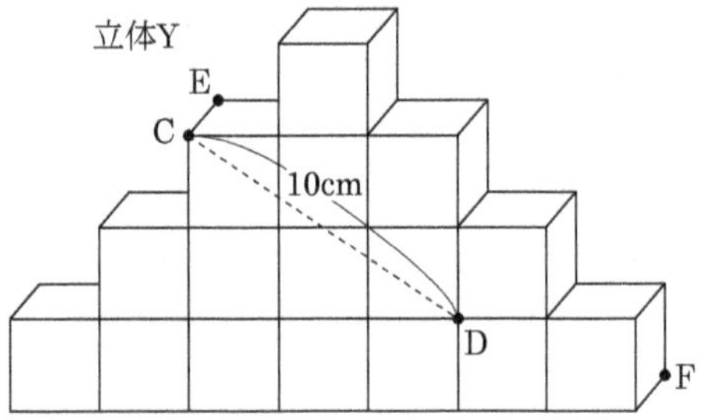


やや難 (2)　①　10×10＝100(cm$^2$)…図アより，立方体の1面の5×5－3×2×2＝13(個分)の大きさ　立体Yの表面上の立方体の1面の個数…16×2＋7×2＋8＝54(面)　したがって，表面積は100÷13×54＝$\frac{5400}{13}$(cm$^2$)

②　立方体の1面の個数…4×4＝16(個)(次ページの図イ参照)　直角三角形CHGの立方体の1面の個数…3×5÷2＝7.5(個)　直線CGの下にある部分の立方体の1面の個数…3＋7.5＝10.5(個)　したがって，求める割合は10.5：(16－10.5)＝21：11

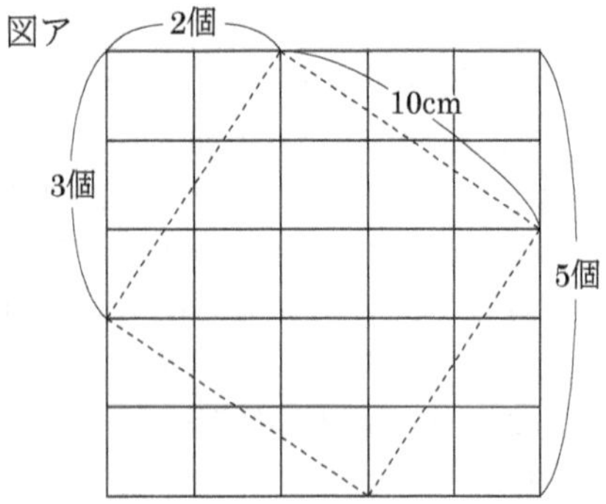

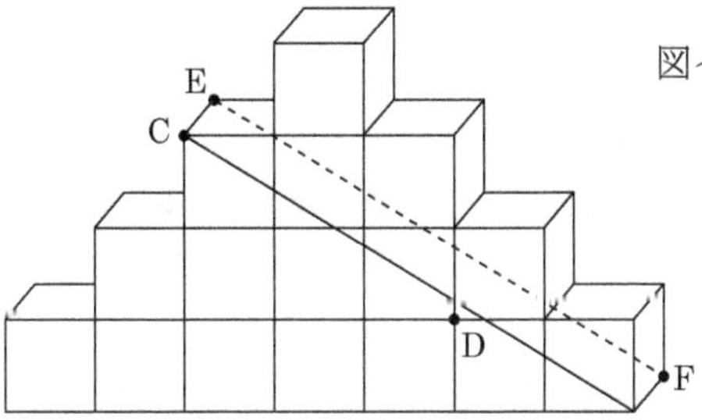


図イ

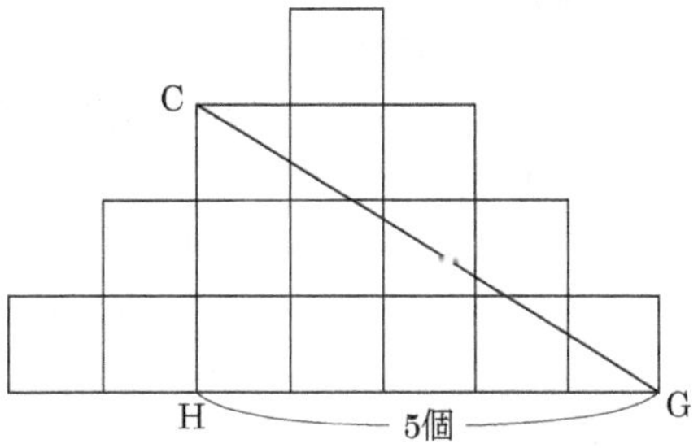

**★ワンポイントアドバイス★**

[3](2)「36kmを車と徒歩で進む」問題は，難しく時間がかかる。[4](4)≪□≫＝2024も，簡単ではない。[5](2)①「立体Yの表面積」は，「1辺が10cmの正方形」を描いてみることに気づかないと解けない。

## ＜理科解答＞

[1]　(1)　6　(2)　13時　(3)　ウ

[2]　(1)　26cm　(2)　50g　(3)　38cm　(4)　24cm　(5)　Y　100g　Z　75g
(6)　20cm

[3]　(1)　イ　(2)　エ　(3)　75％　(4)　①　32g　②　55％　(5)　20％

[4]　(1)　ウ　(2)　イ　(3)　A　ウ　B　ア　(4)　0.63～0.64g　(5)　①　2.5mg
②　2100～2200

[5]　(1)　エ　(2)　イ　(3)　エ　(4)　ア　(5)　右側，右側は左側と比べ，木の根がかくれるほど土ができていないため。

[6]　(1)　D，E，F，I　(2)　図2　0.1アンペア　図3　0.9Aアンペア　図4　0.45アンペア
(3)　ア　(4)　図2，回路に流れる電流がもっとも小さいため。

[7]　(1)　ボーリング　(2)　エ　(3)　2mm以上　(4)　E地点　ウ　P地点　エ
(5)　F　(6)　3回

○推定配点○

[1]　各2点×3　[2]　(5)　各2点×2　他　各3点×5

[3]　(4)・(5)　各3点×3　他　各2点×3　[4]　各2点×7

[5]　(5)　5点(完答)　他　各2点×4

[6]　(1)　3点(完答)　(4)　5点(完答)　他　各2点×4

[7]　(4)・(5)　各3点×3　他　各2点×4　計100点

## ＜理科解説＞

1　聞いて解く問題解説省略。

2　**(ばね，てこ・てんびん・滑車・輪軸―ばねとてんびんのつり合い)**

重要　(1)　ばねの両側に同じ大きさの力がかかり，2つのばねの合計の長さは120−60=60(cm)になる。2つのばねののびは60−50=10(cm)であり，同じ大きさの力でばねAとばねBののびの比が3：2なので，ばねAののびが$10\times\frac{3}{5}=6$(cm)となり，Aの長さは26cmになる。

重要　(2)　棒の重さは無視できる。Xの重さを□gとすると，てんびんのつり合いから□×45=150×15　□=50gである。

やや難　(3)　上側の棒には200gの重さがかかる。ばねAにかかる重さを□gとすると，ばねBにかかる重さは(200−□)gになる。2つのばねの長さが等しくなるので，$20+\frac{□}{20}\times3=30+\frac{200-□}{20}\times2$より，□=120(g)となる。ばねAの長さは$20+\frac{120}{20}\times3=38$(cm)，Bも同じ長さになる。

(4)　ばねAにかかる力が120g，ばねBにかかる力が80gなのでその比は3：2になる。よってOの両側の長さの比は左側：右側=2：3になる。これよりOPの長さは$60\times\frac{2}{5}=24$(cm)

やや難　(5)　3本のばねの長さが等しいので，ばねにかかる重さは等しい。おもりZの重さをZ(g)，おもりYの重さをY(g)とすると，棒をつるしている動滑車の両側にそれぞれZ(g)のばねの張力がかかり，動滑車には2×Z(g)の重さが下向きにかかる。これとつり合うのが100gのおもりと棒の下側の右につるされた動滑車に引く力である。動滑車は$\frac{Y}{2}$(g)の力が両側にかかる。よって，$2\times Z=100+\frac{Y}{2}$となる。さらに，輪じくの左側にかかる力$\frac{Y}{2}$と右側にかかる力Zには，輪じくの半径の比が2：3なので，$\frac{Y}{2}\times3=Z\times2$の関係が成り立つ。これらより，$\frac{Y}{2}\times3=100+\frac{Y}{2}$となりY=100(g)になる。また，$2\times Z=100+\frac{100}{2}$より，Z=75(g)になる。

(6)　棒の両側に100gと50gの重さがかかるので，O′の両側の長さの比は左側：右側=1：2になる。よって$P'O'=60\times\frac{1}{3}=20$(cm)である。

3　**(物質と変化の総合―化学反応と質量変化)**

基本　(1)　炭酸水素ナトリウムは，重そうと呼ばれる。

(2)　胃腸薬として炭酸水素ナトリウムを使うときは，胃液の塩酸を中和する目的がある。

(3)　(180÷240)×100=75(%)

やや難　(4)　①　化学反応の前後で反応する物質の質量の合計と，生成する物質の質量の合計は等しくなる。78gのベンゼンと42gのプロペンの質量比は78：42=13：7であり，これらは過不足なく反応するが，反応は90%だけ進行したので，このときできるクメンの質量は(78+42)×0.9=108gである。クメンとちょうど反応する酸素を□gとすると，108：□=10：3　□=32.4≒32(g)である。　②　この反応で生じる物質Eの質量は108+32.4=140.4(g)であり，Eの分解で生じるフェノールの質量は$140.4\times\frac{3}{5}=84.24$(g)である。よってアトムエコノミーは$\frac{84.24}{78+42+32.4}\times100=55.2≒55$(%)である。

やや難　(5)　＜操作2＞では，50gの●と反応するのにYが100g必要であるが，反応は50%しか進まないので，■△は25+25=50(g)生じる。その後＜操作1＞をおこなうと，■☆が50×0.8=40(g)生じる。このときのアトムエコノミーは，$\frac{40}{50+50+100}\times100=20$(%)である。

基本　4　**(ものの溶け方―溶解度)**

(1)　石灰水に通すと溶液が白くにごったので，この気体は二酸化炭素である。

(2)　石灰水は水酸化カルシウムの飽和水溶液のことで，二酸化炭素と反応すると炭酸カルシウムが発生する。

(3) 水酸化カルシウムの水溶液はアルカリ性であり，二酸化炭素を水に溶かすと酸性を示す。

(4) グラフより，25℃において物質Aは100gの水に159mg溶ける。400gの水には159×4＝636(mg)溶ける。答えは0.64gと答える。(ただしグラフの読み取りを158mgとした場合，0.63gとなる。ともに正解とする。)

(5) ① 1Lの水道水に含まれるマグネシウムの質量を□mgとすると，1L中のカルシウムの質量が3.98×5＝19.9(mg)なので，19.9×2.5＋□×4.1＝60　□＝2.5(mg)

② 100gの水に25℃で159mgの水酸化カルシウムが溶け，そのうち54%がカルシウムの質量なので，25℃の石灰水の硬度は159×0.54×10×2.5＝2146.5≒2100である。水酸化カルシウムの溶解度を160mgとすると硬度は2200となる。ともに正解とする。

**5** (実験・観察―自然観察)

(1) 植物は葉の気孔から水蒸気を蒸散している。液体の水が気体になるときに周りから熱を奪うので，蒸散によって気温が下がる。

(2) 樹海は水分が地面に浸透するため，水性生物よりバッタのような昆虫の方が多い。

(3) 樹海では一年を通して木々の葉が茂っている。標高が1000m付近なので，常緑針葉樹が多い。

(4) コケは雨水をため込む役割をしている。

(5) 右側の方が根がむき出しで，土に覆われていない。これは葉が腐って腐葉土になるのに，まだあまり多くの時間がたっていないことを示している。

**6** (回路と電流―回路と電流の大きさ)

基本 (1) 回路を流れる電流の大きさが同じだと，豆電球の明るさが同じになる。図3では3つの豆電球に流れる電流の大きさはすべて等しく，図1と同じ大きさになる。図4のIを流れる電流も，図1と同じになる。

基本 (2) 直列回路では回路を流れる電流の大きさはすべて等しい。よって図2で電池を流れる電流は0.1アンペアである。図3では電池を流れる電流が3等分される。よって電池を流れる電流は0.3×3＝0.9アンペアになる。図4ではG,Hを流れる電流は，Iを流れる電流の半分になる。Zを0.3アンペアの電流が流れるので，G,Hは0.15アンペアの電流が流れ，電池を流れる電流は0.45アンペアになる。

(3) 豆電球をソケットから外すと，回路に電流が流れなくなり，手回し発電機の手ごたえは軽くなる。

(4) 4つの回路のそれぞれの抵抗の合計が一番大きいものは図2である。よって流れる電流がもっとも小さく，手回し発電機の手ごたえがもっとも軽い。

**7** (流水・地層・岩石―柱状図)

基本 (1) 筒状の深い穴を掘って地質を調べる調査をボーリング調査という。

重要 (2) ビアリカは新生代に栄えた巻貝である。

基本 (3) れきは粒子の大きさが2mm以上のものをいう。粒子の直径が$\frac{1}{16}$mm以下のものを泥という。その間のものが砂である。

重要 (4) E地点はC地点より10m標高が低いので，Cの柱状図の10m地点がE地点で地表に出ている。ウに相当する。P地点はA地点の北側10mに位置し，この場所では北側が45°の角度で低くなるので，A地点より10m下がった位置にAと対応する地層がある。さらにP地点の標高が30mなので，A地点から20m下がったところがPの地表面になる。エの柱状図がP地点である。

(5) Bの地層はAの20mより下と一致する。Q地点はB地点の南20mの位置なので，対応するQ地点の地層はBより20m上側になる。さらにQ地点はB地点より標高が10m低いので，Q地点の地表面の地層は，上から2つ目の泥岩層の下10mになる。これはAから東西方向に50m標高の低いF地点の柱状図と同じになる。

(6)　Aの柱状図の下側の凝灰岩層はCの上側の凝灰岩層と同じものであるが，Cの下側の凝灰岩層は別の火山の噴火による。よって3回の火山の噴火があった。

**★ワンポイントアドバイス★**

物理・化学の計算問題に難しい問題が出題される。問題数が多い割に試験時間が短いので，解ける問題から確実に正解することがポイントである。

## <国語解答>

一　問一　午前　問二　(例)　外国のバレンタインデーの習慣　問三　1　ア　2　ア　3　ア　4　イ　5　イ

二　問一　イ　問二　(例)　内緒で漫画を読んでいることが，先生にばれていたから。
問三　(例)　しおり先生が，校則で漫画が禁じられていることを見過ごし，涙子を叱らなかったため。　問四　ア　問五　エ　問六　イ

三　問一　ウ　問二　ア　問三　イ　問四　イ　問五　A　ウ　B　ア
問六　(例)　目が見えない人は俯瞰的な視点を小説で経験する程度で，晴眼者のように視覚的な経験で得ることができないから。　問七　Ⅳ

四　問一　(例)　保護色で周囲にまぎれて姿が見えなくなるということ。　問二　(例)　最近あなたたち人間によって水を汚されたり大きな機械でこねくり回されたりして，ぼくたちのすみかが荒らされて困っています。あなたも突然ぼくたちのすみかにやってきましたが，他の人間と同じようにぼくたちに意地悪をするんですか。　問三　エ　問四　ウ

五　問一　イ　問二　1　ウ　2　ア　問三　エ　問四　(例)　クラスメイトは，自分たちの中で特にしっかりしている彼女を，学級委員になるべきだと白羽の矢を立てた。

六　1　興奮　2　採集　3　結構　4　貯水池　5　敬(う)

○推定配点○

一　問二　5点　他　各3点×6　二　問二・問三　各5点×2点　他　各3点×4
三　問六　5点　他　各3点×7　四　問一　5点　問二　6点　他　各3点×2
五　問四　5点　他　各3点×4　六　各3点×5　計120点

## <国語解説>

一　聞いて解く問題解説省略。

二　**(小説―品詞識別，心情理解，内容理解，主題，人物像)**

基本　問一　イは打ち消しの助動詞「ない」。他はどれも形容詞「ない」。

問二　涙子は図書館で漫画を読んでいることを「先生にはばれないようにしていたつもりだった」のに，しおり先生から「最近，漫画を読んでないね」と言われたので，驚いたのである。

やや難　問三　直前の「だからって，校則で禁じられていることを見過ごすなんて，先生としてはどうなん

だろう」という涙子の考えをふまえて，解答をまとめる。

問四　あとに続く，「涙」というものに対するしおり先生の言葉に注目。

重要　問五　前の「わたし自身のことや，わたしが受けている仕打ちのことを，話すのには勇気が必要だった」や，直後の「わたしのことを知ってほしいと，そう訴えることができるだろうか。わたしの趣味，わたしの夢，……誇れるときがくるだろうか」という，「わたし」の思いに注目する。

問六　しおり先生は，小説も漫画も公平に扱う人物であり，生徒である涙子のことをよく観察し丁寧な言葉を選んで寄り添っているが，涙子の悩みにくっきりと解答を与えているわけではない。よって，イは誤りである。

**三　(論説文一内容理解，空欄補充，接続語，要旨，脱文補充)**

問一　クロード・モネは晴眼者である。モネの言葉に対して筆者は，——線①の直後の段落で「ですが実際は，そんな様子ではなさそうです」と述べたうえで，目の見えない人の事情を語ろうとしている。

問二　「そんな様子」は，前の二つの段落の内容をふまえている。

問三　直後の二つの段落に注目。「音の反射から，空間内の広がりやおおよその障害物があることがわかる」「目の前の空間は，音と空気の流れから把握できる」とあり，この内容は，ア・ウ・エに合致する。イのように「会話の内容から，部屋にいる人の数を把握する」ことは，晴眼者でも行うことなので誤り。

問四　——線④の直後の段落に，「目の見えない学生」は「一目で気づくという見方」は理解が難しいと書かれているが，イのように「順番に文字をたどって小さな記事に気づく」ことが理解できないとは書かれていない。よって，イは誤り。——線④の直後の段落の「触覚でひとつひとつ点字を順番に確かめていく目の見えない学生にとって，この一目で気づくという見方が大きな驚きだった」という部分が，アに合致する。——線④の五つ後の段落の「晴眼者が日常で頻繁に目にするシーンの切り替えは，視覚障害者の学生にとっては理解し難く，……同じ視点でいるといいます」という部分が，ウ・エに合致している。

基本　問五　A　空欄の前後が逆の内容になっているので，逆接の接続語が入る。　B　空欄の前後のことがらを並べているので，並立の接続語が入る。

やや難　問六　——線③の四つあとの段落「それでは，俯瞰的な視点とは，……」と，それに続く段落「一方の視覚障害の学生によれば，……」の内容をふまえて，解答をまとめるとよい。

重要　問七　Ⅳの直前の二つの段落では「晴眼者」と「視覚障害の学生」が対比されている。この内容を，抜けている文は「つまり，……ということです」とまとめている。

**四　(詩一内容理解，作文，表現理解)**

問一　「早苗」は，稲の若苗のこと。「とのさま蛙」は「早苗にだきついて」，その緑色に自らの保護色で紛れてしまうのである。

やや難　問二　人間と蛙の立場の違いはどのようなものか，「公害」がどのようなことを表すか，などを考えて文章をまとめる。

問三　「ぼくは子蛙たちに話しかける」とあり，そのあと「親蛙たち」が歌い出していることに注目する。

重要　問四　ウの「何にもおびやかされず」という内容は，詩からは読み取れない。

**五　(ことわざ，語句の意味，言葉の用法，慣用句)**

問一　「のれんに腕押し」は，相手に対するとき，力を入れても手ごたえがなく，張合いのないことのたとえ。「豆腐にかすがい」は，意見をしても，少しの手ごたえもなく，ききめもないことのたとえ。この二つに似たことわざに，「ぬかにくぎ」もある。

問二　1　創造的な・創造力のある・独創的な，などの意味をもつ。　2　物事が思う通りに運ばず，気をもみいらだつ様子を表す

問三　アの「見れない」はいわゆる「ら抜き言葉」である。「見られない」が正しい。イは「父の会社は，社員が約十人ほどの小さなものであった。」のように，「社員」が「約十人」であることを言うべきである。ウは，「私」が「笑いながら」なのか，「笑いながら逃げる友達」なのかがはっきりわかるように直すべきである。

問四　「白羽の矢を立てる」は，多くの人の中で，これぞと思う人を特に選び定めること。

六　(漢字の書き取り)

1　感情の高まること。　2　標本や資料にするため採取して集めること。　3　何とか・まあまあ，という意味。　4　水を貯えておく人工の池。　5　「敬語」の「敬」である。

★ワンポイントアドバイス★

細かい読み取りを必要とする読解問題が出題されている。選択式にも記述式にも，文章の内容を時間内に的確にとらえる訓練が必要。ふだんから，いろいろなジャンルの本を読むことや，語句などの基礎知識をおさえておくことが大切！

第2回

# 2024年度

# 解　答　と　解　説

《2024年度の配点は解答欄に掲載してあります。》

## ＜算数解答＞

1　(1)　(切り口)　五角形　　(切り取り線)　解説参照　　(2)　①　13：30
　②　時速84km

2　(1)　0.88　　(2)　8　　(3)　ピーマン　4個，玉ねぎ　8個　　(4)　57度

3　(1)　90個　　(2)　403　　(3)　9通り　　(4)　3.44$\text{cm}^2$　　(5)　3cm

4　(1)　45m　　(2)　時速3m　　(3)　時速2m　　(4)　解説参照

5　(1)　AF　30cm，DG　20cm　　(2)　300$\text{cm}^2$　　(3)　720$\text{cm}^2$
　(4)　$173.75\left[173\frac{3}{4}\right]\text{cm}^2$

○推定配点○
　3，5　各6点×10　　他　各5点×12(2(3)完答)　　計120点

## ＜算数解説＞

1　聞いて解く問題解説省略。

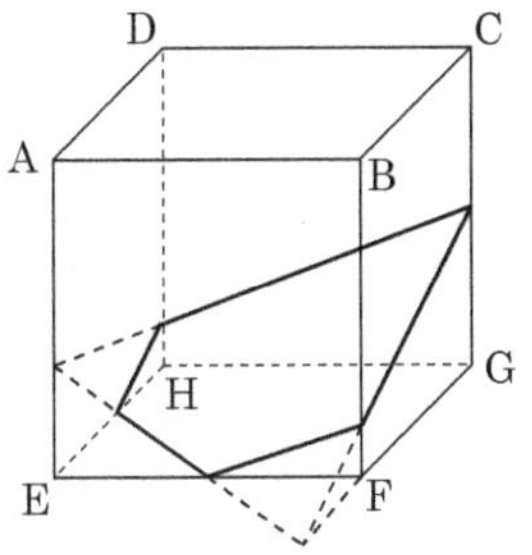


切り取り線

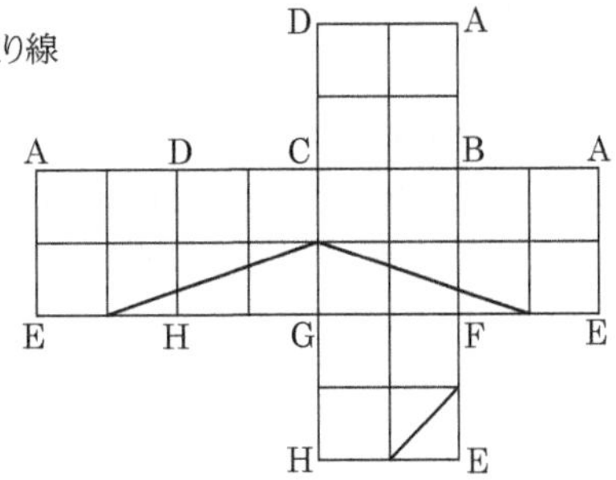


基本　2　**(四則計算，鶴亀算，平面図形)**

(1)　$88\times20.24-44\times40.46=44\times0.02=0.88$

(2)　$\frac{12}{\square}=18.5-(12+6-4+3)=1.5$　$\square=12\div1.5=8$

(3)　ピーマン…$(70\times12-720)\div(70-40)=4$(個)
　玉ねぎ…$12-4=8$(個)

(4)　角ア…$(180-66)\div2=57$(度)

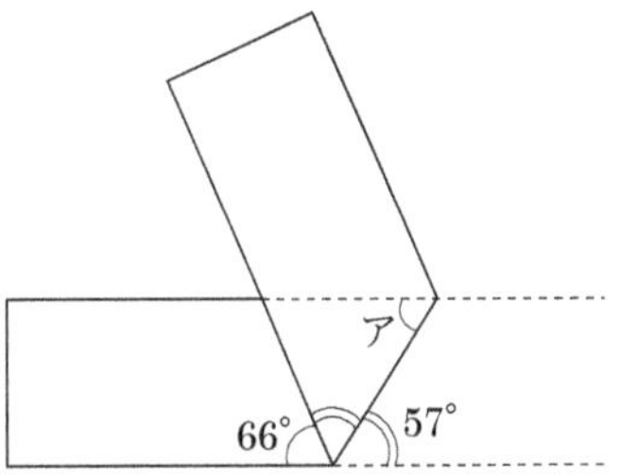


3　**(割合と比，場合の数，数の性質，平面図形，相似，立体図形)**

重要　(1)　白玉の個数は一定…3：5＝9：15　　赤玉の個数の差…12個は比の11－9＝2に相当する
　したがって，白玉は$12\div2\times15=90$(個)

(2)　6個の数字…0，1，2，3，4，5　　3ケタの数の個数…$5\times5\times4=100$(個)　　小さいほうから63番目…大きいほうから$100-63+1=38$(番目)　　500台の数…$5\times4=20$(個)　　450台，430台，420台，410台の数…$4\times4=16$(個)　　したがって，求める数は403

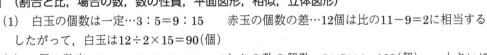

(3)　A×2…102−B×3=3×(34−B)　B=10の場合…Aは(34−10)×3÷2=36　A=10の場合…Bは34−10×2÷3=27$\frac{1}{3}$　したがって，求める組み合わせは26÷2−8÷2=9(通り)　(A, B)…(36, 10)(33, 12)～(12, 26)

**やや難**　(4)　半径ア×ア…図1より，4×4÷2=8(cm$^2$)　正方形EFGH…図2より，8×2=16(cm$^2$)　半径イ×イ…16÷4=4(cm$^2$)　したがって，求める面積は16−4×3.14=3.44(cm$^2$)

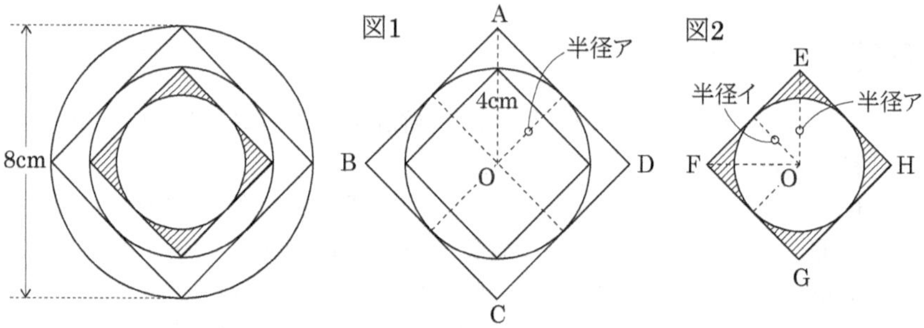


**重要**　(5)　直角三角形ABOとACD…右図より，相似な三角形　したがって，円Cの半径は6÷(8÷4)=3(cm)

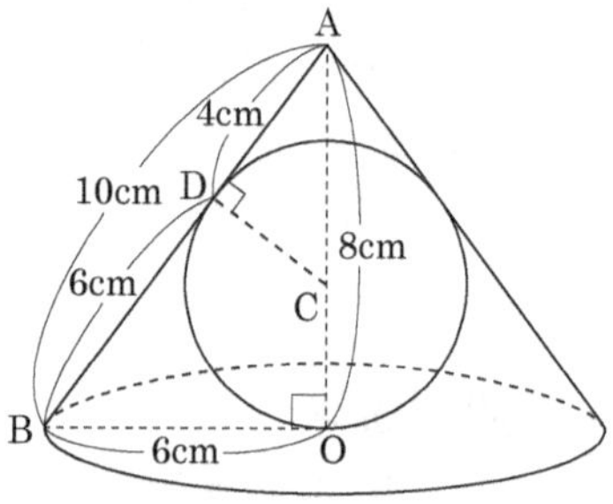


4　**(速さの三公式と比，グラフ，割合と比，数の性質)**

やわらかい土を掘り進める速さ…固い土を掘る速さの2倍

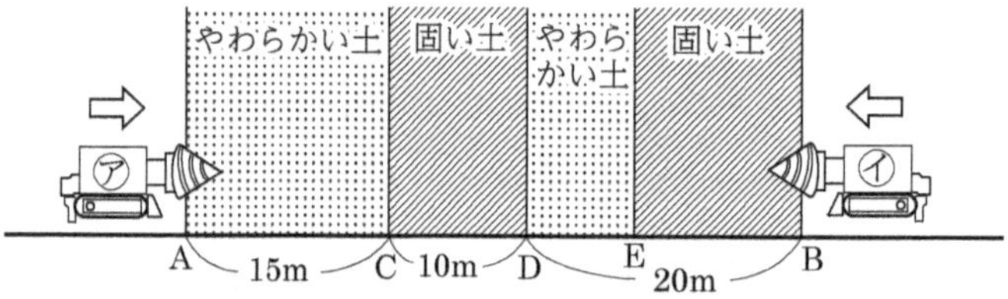


**基本**　(1)　㋐が掘り進めた距離…グラフより，21m　㋑が掘り進めた距離…グラフより，24m　したがって，A～B地点は21+24=45(m)

**重要**　(2)　㋐がやわらかい土を掘り進めた距離と固い土を掘り進めた距離の比…(2×5)：{1×(9−5)}=10：4=5：2　したがって，㋐がやわらかい土を掘り進める時速は21÷(5+2)×5÷5=3(m)

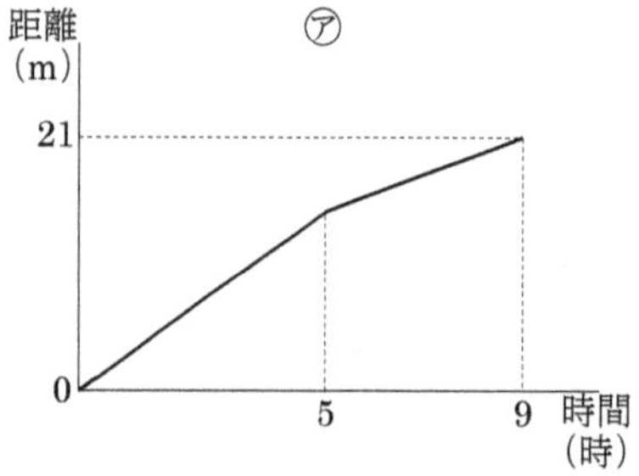


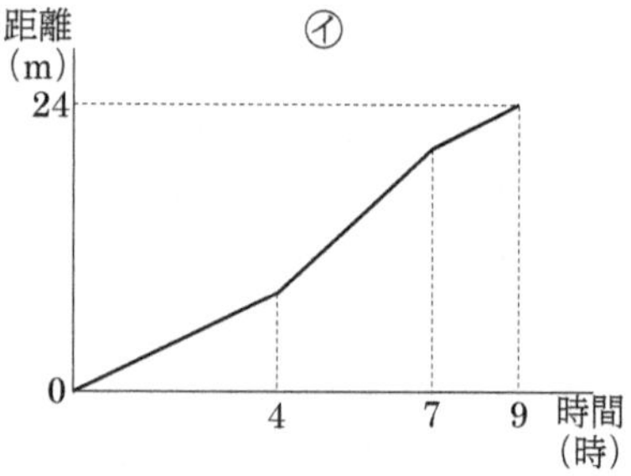


(3)　㋑がやわらかい土を掘り進める時速が6mの場合…固い土を掘り進める時速は3mであり，3×9=27(m)→不適合　㋑がやわらかい土を掘り進める時速が2mの場合…2×9=18(m)→不適合　したがって，㋑が固い土を掘り進める時速は4÷2=2(m)

**やや難**　(4)　ACの距離…(2)より，3×5=15(m)　㋐がCから先へ進んだ距離…21−15=6(m)　㋑がDから先へ進んだ時間…(10−6)÷2=2(時間)　㋑がB～Dまで進んだ時間…9−2=7(時間)　㋑がB～Dまで進んだ距離…24−4=20(m)　㋑がB～Eまで進んだ時間…(4×7−20)÷(4−

2)＝4(時間)　㋑がE～Dまで進んだ時間…7－4＝3(時間)　㋑がB～Eまで進んだ距離…2×4＝8(m)　㋑がE～Dまで進んだ距離…4×3＝12(m)　4時間後の㋐と㋑の間の距離…45－(3＋2)×4＝25(m)　5時間後の㋐と㋑の間の距離…45－(15＋8＋4)＝18(m)　4＋3＝7(時間後)の㋐と㋑の間の距離…10－1.5×2＝7(m)　したがって，グラフは右上図のようになる。

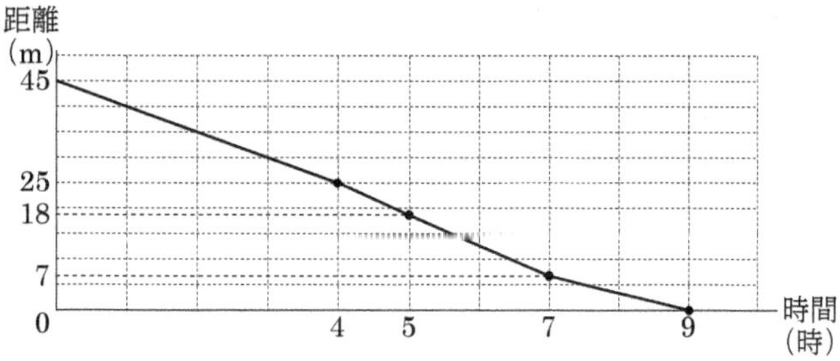


5　**(平面図形，相似，割合と比)**

重要　(1)　三角形ABGとCFG…相似比は2：1　BG…10×2＝20(cm)　AF…20＋10＝30(cm)　DG＝BG…20(cm)

(2)　線分AFとDG…右図1より，直交する。したがって，(1)より，斜線部分は30×20÷2＝300($cm^2$)

(3)　三角形GECの面積…右図2より，①　三角形ABGの面積…(1)より，①×2×2＝④　したがって，(2)より，正方形は300÷(4＋1)×6×2＝720($cm^2$)

やや難　(4)　直角三角形PSDとQRC…図アより，合同　直角三角形DSCの面積×4…(3)より，720－5×5＝695($cm^2$)　したがって，四角形PRQDは695÷4　＝173.75($cm^2$)

図1

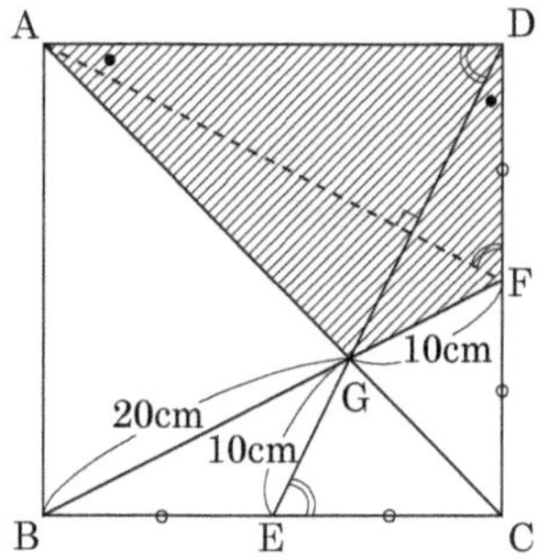


図2

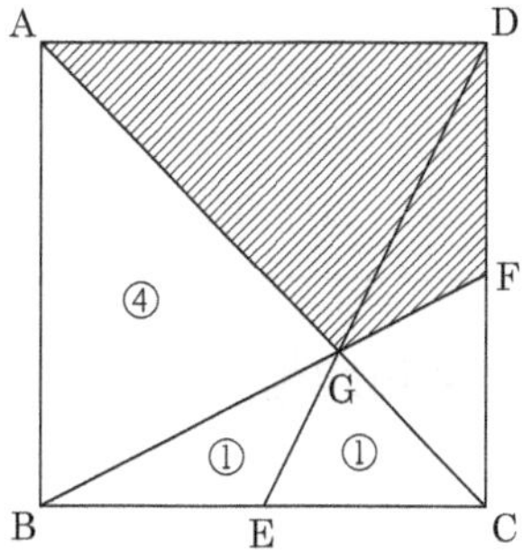


図ア

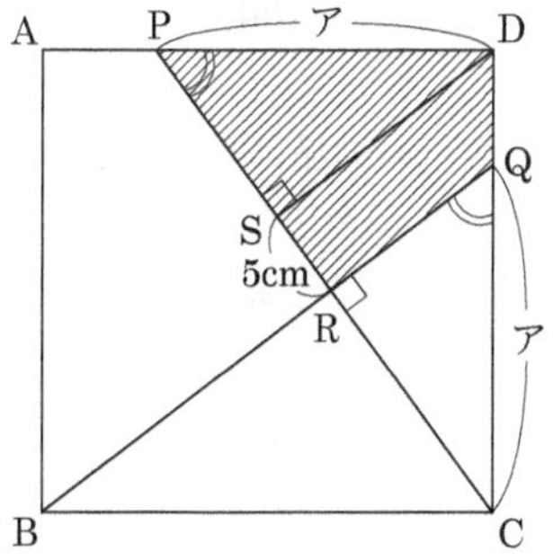


図イ

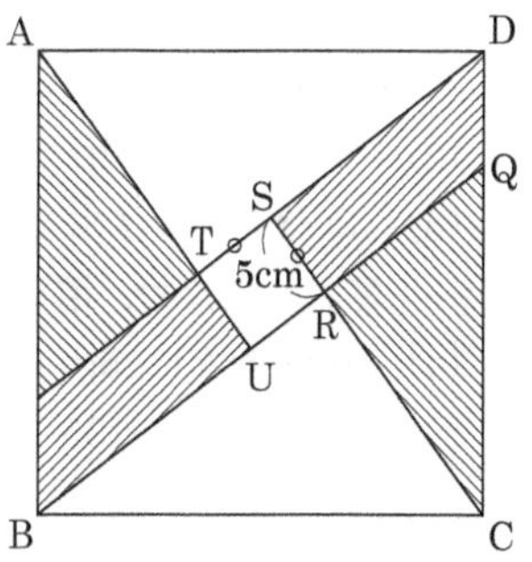

**★ワンポイントアドバイス★**

3(4)「半径」がわからず「半径×半径」を利用する問題であり，単純ではない。4(3)は，「固い土を掘る速さは整数」という条件をどう利用できるかが問題。5(4)は難しいが，時間をかけて取り組み解ける喜びを経験してみよう。

## <理科解答>

1　(1)　エ　(2)　ウ　(3)　イ　(4)　エ

2　(1)　①　5g　②　ウ　(2)　イ　(3)　エ　(4)　26g

3　(1)　①　576　②　400　③　384　(2)　0.4g　(3)　12cm　(4)　1.7g
(5)　水に沈んだ立方体Eの体積の分だけ，直方体Aが浮かぶようになるため。

4 (1) 水　(2) ウ　(3) 0.72g　(4) じゅう電するときに電気を使用する。電気を発電するために石油を燃やすので，二酸化炭素が発生するため。

5 (1) ウ　(2) イ　(3) a だっ皮　b 不完全　(4) 右図

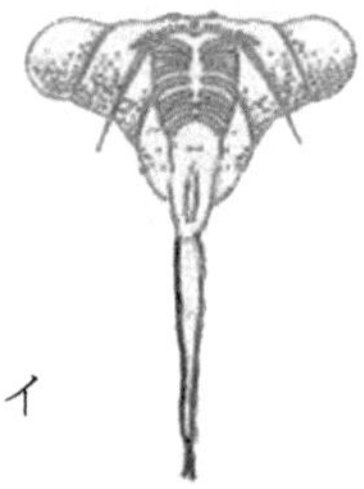

(5) 400ひき　(6) 1 誤 アリやクモ[頭・胸・お尻]　正 アリ[頭・胸・腹]　2 足がたくさんついている[翼]　正 足が6本ついている[羽]

6 (1) 12cm　(2) (もっとも明るい領域) ウ　(もっとも暗い領域) イ
(3) (もっとも明るい領域) カ　(もっとも暗い領域) キ　(4) $\frac{1}{4}$

7 (1) g　(2) ア　(3) a→f→h→c→i　(4) C　(5) イ　(6) 587日

○推定配点○

1 各2点×4　2 (4) 3点　他 各2点×4　3 (3)・(4) 各3点×2　(5) 5点　他 各2点×4　4 (3) 3点　(4) 5点　他 各2点×2
5 (5) 3点　他 各2点×7((6)各完答)　6 各3点×6
7 (3) 3点　(6) 4点　他 各2点×4　計100点

## ＜理科解説＞

1 聞いて解く問題解説省略。

2 (ものの溶け方―溶解度)

重要 (1) ① 25℃で食塩は水100gに35gまで溶けるので，溶け切れずに出てくる食塩は40－35＝5(g)である。　② ミョウバンは25℃の水100gに15gまで溶ける。結晶として出てくるミョウバンは40－15＝25(g)である。

基本 (2) 食塩の結晶が出てくる。食塩の結晶は直方体の形をしている。

(3) エタノールは水をよく溶かすが食塩は溶かさないので，食塩を溶かしていた水がエタノールに奪われたため，溶けきれなくなった食塩が結晶として出てきた。

(4) 100gの水に35gの食塩を溶かした水溶液から100gを取り分けた。この100gの食塩水中の食塩の重さは，35：135＝□：100　□＝25.9≒26(g)であり，これが出てくる。

3 (浮力と密度・圧力―物体にはたらく浮力)

基本 (1) 水の密度は1.0g/$cm^3$なので，あふれた水の体積は物体にはたらく浮力の大きさになる。物体が浮くので，物体の重さと浮力が等しくなる。よって，重さの値とあふれた水の体積の値が等しくなる。①は576，②は400，③は384である。

(2) 同じ木材なので，どれで考えても同じになる。Bで考えると，Bの体積は20×5×10＝1000($cm^3$)で重さが400gなので，1$cm^3$当たりの重さは400÷1000＝0.4(g)である。

(3) 直方体Dの高さを□cmとすると，10×15×□×0.4＝720　□＝12(cm)になる。

重要 (4) Aの体積は12×10×12＝1440($cm^3$)であり，重さは576gである。物体にはたらく浮力は1440gなので，Eの重さは1440－576＝864(g)である。立方体Eの1$cm^3$当たりの重さは，864÷(8×8×8)＝1.68≒1.7(g)

(5) AとEを合わせた重さは変わらないが，水に浸かる分の体積はEが512$cm^3$なのでAは1440－512＝928($cm^3$)になり，Aがすべて水に沈まないことがわかる。金属Eが水に浸かった分だけAが水に浮く。

4 (環境・時事―二酸化炭素の排出量)

基本 (1) ガソリンの主成分は炭素と水素であり，燃焼すると炭素は二酸化炭素に水素は水にかわる。

やや難 (2) ア× 1gあたりのエネルギーは，表2のそれぞれのエネルギーの値をその重さで割れば求まる。最も大きいのはプロパンであるが，プロパンの沸点は最も低い。 イ× プロパン44gの体積は44÷0.002＝22000($cm^3$)＝22(L)であり，1L燃焼したときに発生する二酸化炭素の量は67.2÷22＝3.1(L)である。同様にヘキサンでは，86÷0.66≒130($cm^3$)≒0.13(L) 1Lから発生する二酸化炭素は134.4÷0.13≒1034(L) プロパンは常温で気体なので，1L中のプロパンの量は大変少なく発生する二酸化炭素も少ない。このことより，試験では，計算をせずに結論を導ければ時間短縮ができる。 ウ○ 体積×密度＝質量より，同じ質量の場合，密度が大きいほど体積は小さくなる。表1より，ドデカンの密度が最も大きく1gあたりの体積がもっとも小さい。 エ× プロパンは室温で気体である。

重要 (3) 混合気体の体積が1Lなので，オクタンが600mL，ドデカンが400mLである。その質量合計は600×0.70＋400×0.75＝720(g)であり，1$cm^3$当たりの重さは720÷1000＝0.72(g)である。

(4) 電気自動車をじゅう電するときの電気は，石油や石炭を燃やして作り出しているので，このとき二酸化炭素が発生する。また，電気自動車を生産するときも電気を使うので，二酸化炭素が発生する。

## 5 (動物―昆虫・セミ)

(1) Aはヒグラシ，Bはミンミンゼミ，Cはクマゼミ，Dはアブラゼミ，Eはニイニイゼミの鳴き声である。

(2) 体長が約3cmなのでアブラゼミかミンミンゼミであり，触角の第2節と第3節の長さがほぼ同じなのでミンミンゼミである。

基本 (3) 幼虫は何度も脱皮を繰り返し，さなぎの時期を経ずに成虫になる。このような変化を不完全変態という。

(4) セミの口のかたちは，樹液をすうためにストロー状になっている。

(5) 全体の数を□とすると，そのうち100匹を捕まえて目印をつけその後120匹のうち30匹に目印があったので□：100＝120：30 □＝400 400匹と推定できる。

基本 (6) 1 クモは昆虫の仲間ではない。体が頭胸部と腹部の2つに分かれ，足が4対8本ある。 2 昆虫の足は3対6本である。体は頭部，胸部，腹部の3つからなる。昆虫の背中には翼ではなく羽根が生えている。

## 6 (光の性質―レンズによる屈折)

基本 (1) 図1の，レンズを通った光が1カ所に集まる点が焦点である。焦点距離は4×3＝12(cm)である。

(2) ①の「もっとも明るい領域」は，レンズによって屈折した光がレンズの断面積より狭い部分に集まるのでウの部分である。「もっとも暗い領域」は屈折された光が届かないイの部分である。アの部分は直進する光が当たる。

(3) ③の「もっとも明るい領域」は，レンズによって屈折した光の一部と，直進する光の両方が当たるカの部分である。「もっとも暗い領域」は，屈折された光がレンズの断面積より広い部分に当たるので光が分散され暗くなるキの部分である。オの部分は直進する光が当たる。この部分はキより単位面積当たりの光の量が多いので明るい。

(4) ②のエの部分の面積：①のウの部分の面積＝1：4になる。光の量は同じなので同じ面積で比較すると，②のエの領域の明るさを1としたときウの領域は$\frac{1}{4}$になる。

## 7 (地球と太陽・月―月の動き・金星の会合周期)

基本 (1) 月食は月に地球の影が映る現象であり，gが月食のスケッチで，月の右側が地球の影である。

基本 (2) 月食は，太陽－地球―月の順に並んだ時に起きる。

基本　(3)　新月から満月までの月の満ち方は，向かって右手側から明るい部分が広がっていく。よって a→f→h→c→iの順に満ちる。

重要　(4)　金星の左側半分が光っているので，金星の位置はCである。

基本　(5)　Cに位置に金星が見えるのは明け方の時間であり，「明けの明星」と呼ばれる。

やや難　(6)　1年で地球は太陽の周りを1周するが，その間に金星は太陽の周りを1周と$\frac{140}{225}$周する。地球上からは金星が1年間に$\frac{140}{225}$周するように見える。残りの$\frac{85}{225}$周するのにかかる日数は，$\frac{140}{225}:\frac{85}{225}=365:\square$　$\square=\frac{85}{140}\times365$日である。すでに1年経過しているので，次に再び一直線上に並ぶまでの日数は$365+\frac{85}{140}\times365=586.6\fallingdotseq587$(日)である。

**★ワンポイントアドバイス★**

標準～やや難のレベルの問題が出題される。計算問題も多く，試験時間が短いので，解ける問題から確実に正解することがポイントである。

## ＜国語解答＞

一　問一　由来　　問二　(例)　食べて食あたりをすることがめったにないこと。　(例)　色が白いこと。　問三　1　ア　　2　イ　　3　イ　　4　ア

二　問一　ア　　問二　ウ　　問三　エ　　問四　(例)　亜紗が自分と同様に天体に関心を寄せていると確信し喜んでいる。　問五　ア　　問六　(例)　月が人間を意識して行動しているかのように捉えているということ。　問七　震えるような感動

三　問一　A　ウ　　C　ア　　D　エ　　問二　(例)　自分の経験のうち，与えられた情報と一致するものだけを意識し，一致しないものを意識しないから。　問三　イ
問四　イ，エ，ウ，ア　　問五　ウ　　問六　血液型判断(～)身につける　　問七　イ

四　問一　イ　　問二　(例)　子孫がはかまいりに来たこと。　問三　ウ　　問四　イ
問五　(例)　あの子が親になって自分の子どもを連れてきたんだ。あの子のじいちゃんが話していたように，自分の子どもにも先祖への感謝を忘れないこととおはかを守り続けることを伝えていたことに，私は感激したんだよ。今後もずっと子孫を守っていこうと思うんだ。

五　問一　ウ　　問二　1　合点　　2　賛成　　問三　ウ　　問四　(例)　願書の提出期限は昨日までであった。今更悔やんでも後の祭りだ。

六　1　復活　　2　姿勢　　3　朗読　　4　分布　　5　連(なる)

○推定配点○

一　各3点×7　　二　問四・問六　各5点×2　　他　各3点×5
三　問二　5点　　他　各3点×8(問四・問六各完答)
四　問二・問五　各5点×2　　他　各3点×3　　五　問四　3点　　他　各2点×4
六　各3点×5　　計120点

## ＜国語解説＞

一　聞いて解く問題解説省略。

二　**(小説―品詞識別，表現理解，内容理解，心情理解，主題)**

基本　問一　ア　「れる」は補助動詞「くれる」の一部で，「言って／くれる」という補助の関係の連文節を作っている。その他の「れる」はどれも助動詞。

問二　この場で亜紗は，「地学」という言葉を理解していないので，「チガク」という音だけが聞こえているのである。

問三　電話の相手の「先生」に亜紗は「圧倒された」とあり，「この先生は話し出すと止まらないタイプの人のようだった」と，亜紗は「先生」の人柄を冷静に分析している。

やや難　問四　――線③の前後の，「月に人類が到達した」ことについての亜紗と「先生」のやりとりをふまえて，解答をまとめる。

重要　問五　人類は今でも月に「よく行ってる」のではないかと予想していた亜紗は，「最後に人類が月に行った」のは「一九七二年」であると知って，意外な思いでいる。

問六　ここでは，「脳が『月がついてきている』と錯覚を起こす」ことを，「人間」が「自分本位に物を見る」ことであると言っている。

問七　番組から来たメールの「答えの補足」を見たとき，亜紗は「震えるような感動」を感じている。

三　**(論説文―空欄補充，接続語，内容理解，文の整序，要旨)**

基本　問一　A　空欄の前が原因，あとが結果になっているので，順接の接続語が入る。　C　空欄の前の内容の具体例を空欄のあとで挙げているので，「たとえば」が入る。　D　空欄の前後で話題を変えているので，転換の接続語が入る。

やや難　問二　直後の段落からの，「血液型」を具体例にして述べられている内容をとらえる。

問三　人が新しい情報に接して「まず」抱くのは，「ほんとうかな？」という疑問である。

問四　各文の冒頭の言葉「その結果」「そうすると」「たとえば」などに注目して，文脈を考える。

問五　――線②を含む段落全体の内容をふまえて考える。

問六　二つあとの段落に，――線③と同様の内容を述べている部分がある。

重要　問七　――線④の前で述べられているのは，「偏見やステレオタイプ」によって，自分の本来の考え方や行動が変質してしまうことがある，という危険である。

四　**(詩―内容理解，表現理解，作文)**

問一　――線①の直前の「ずうっと」は，「ヒガンバナ」が「一ぽんみち」に沿って一直線に咲いている様子である。

問二　「ぼく」と「じいちゃん」が，先祖の「はかまいり」に来ている場面であることに注意する。

問三　「ぼく」は「ヒガンバナ」を人であるかのように感じている。

重要　問四　「ぼく」たちの行動を表す比喩は用いられていないので，イは誤り。

やや難　問五　大人になった「ぼく」は，かつての「じいちゃん」のことを話すかもしれない，など想像して，文章をまとめるとよい。

五　**(ことわざ，語句の意味，言葉の用法，慣用句)**

問一　「坊主憎けりゃ袈裟まで憎い」は，その人を憎むあまりに，その人に関係のある事物すべてが憎くなること。ウ「あばたもえくぼ」は，愛すれば欠点まで好ましく見えること。

問二　1　「納得」「合点」はどちらも，承知すること。　2　「同意」「賛成」はどちらも，他人と意見を同じくすること。

問三　アの「いただいてください」は「めしあがってください」が正しい。イ「私は……趣味です」というつながりがおかしいので，「私は……好きです」「私の趣味は……ことです」のように直すべきである。エの「よもや」は呼応の副詞(陳述の副詞)で，「よもや……ない」「よもや……まい」のように用いる。

問四　「後の祭り」は，時機におくれてどうにも仕様のないこと。「手おくれ」と同様の意味である。

**六 (漢字の書き取り)**

1　よみがえること。　2　からだの構えや，事にあたる態度のこと。　3　声高く読み上げること。　4　動植物や特定の事物が地理的・時間的なある範囲に存在していること。　5　送り仮名が「なる」であることに注意する。

**★ワンポイントアドバイス★**

読解問題は細かい読み取りを必要とする。記述問題も複数出題されているので，文章の内容を的確にとらえ，簡潔にまとめる力が求められる。漢字や語句，文法などの基礎知識をおさえておくことも大切だ！

# 2023年度

★★★★★★★★★★★★★★★★★★★★★★★★

# 入　試　問　題

## 2023年度

# 芝浦工業大学附属中学校入試問題（第１回）

**【算　数】**（60分）　＜満点：120点＞

**【注意】** １．[1]は聞いて解く問題です。

２．[3]以降は，答えだけではなく式や考え方を書いてください。式や考え方にも得点があります。

３．定規《じょうぎ》とコンパスを使用してもかまいませんが，三角定規と分度器を使用してはいけません。

４．作図に用いた線は消さないでください。

５．円周率が必要な場合は，すべて3.14で計算してください。

[1]　この問題は聞いて解く問題です。

聞いて解く問題は全部で⑴と⑵の２題です。⑴は１問，⑵は①と②の２問あります。問題文の放送は１回のみです。問題文が流れているときはメモを取ってもかまいません。ひとつの問題文が放送された後，計算したり，解答用紙に記入したりする時間はそれぞれ１分です。聞いて解く問題の解答は答えのみを書いてください。ただし，答えに単位が必要な場合は必ず単位をつけてください。

⑵

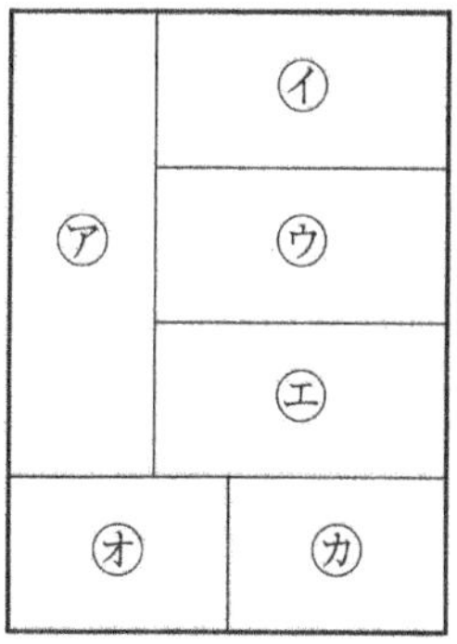


※放送台本は非公表です。

[2]　次の各問いに答えなさい。ただし，答えのみでよい。

⑴　$\left(0.2+5\frac{2}{3}\right)\div\left\{6\div\left(2\frac{1}{2}+2\right)\right\}$ を計算しなさい。

⑵　□にあてはまる数を求めなさい。

$$4\frac{2}{3}\times\left(\frac{\square}{8}+0.25\right)-\frac{3}{4}=1$$

⑶　５％の食塩水100ｇに10％の食塩水を加えて８％の食塩水を作りました。加えた10％の食塩水は何ｇですか。

⑷　右の図は，すべての辺の長さが５㎝の三角柱です。この三角柱を３点A，E，Fを通る平面で切断し，２つの立体に分けるとき，点Cを含《ふく》む立体の表面積と点Dを含む立体の表面積の差を求めなさい。

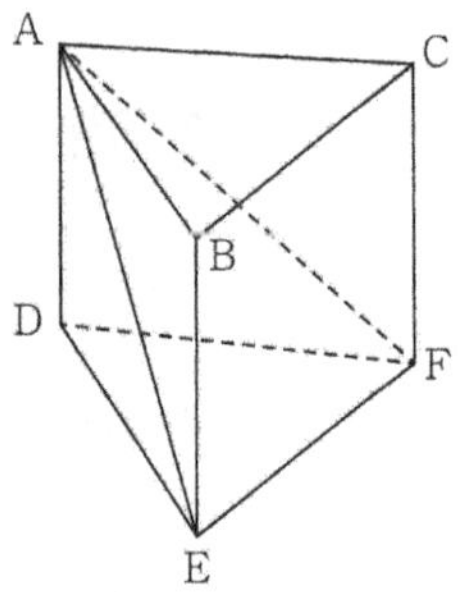


**3**　次の各問いに答えなさい。

⑴　１本120円のカーネーションと１本150円のバラを合わせて15本買い，250円のラッピングをします。合計代金が2200円以下でバラがなるべく多くなるように買います。このとき，カーネーションとバラをそれぞれ何本買いますか。

⑵　１ｇ，３ｇ，５ｇの分銅がたくさんあります。これらの分銅を使って13ｇの重さをつくる方法は何通りありますか。ただし，使わない重さの分銅があってもよいものとします。

⑶　今の時刻は７時です。今から１時間後の８時までに，短針と長針の作る角度がちょうど90°になるのは２回あります。その時刻は７時何分か求めなさい。

⑷　右の図のような一辺の長さが１㎝の立方体があります。この立方体を辺GCを軸《じく》として１回転させたとき，側面ADHEが通過してできる立体の体積を求めなさい。

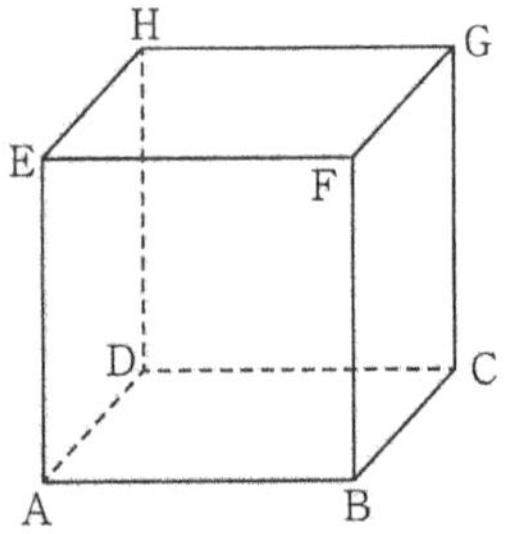


⑸　下の図は五角形ABCDEです。五角形ABCDEと三角形ABFの面積が同じになるような点Fを作図しなさい。（この問題は答えのみでよい）

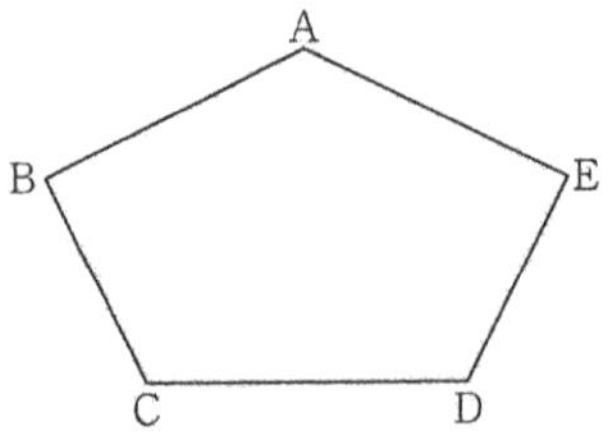

**4** 右の図のような同じ直方体の容器Ａ，Ｂと給水量の違う給水管ａ，ｂがあります。給水管ａ，ｂから一定の割合でそれぞれ容器Ａ，Ｂが満杯になるまで水を注入しました。

容器への水の注入方法は以下に示した①～④の順で１回行いました。

注入方法
①容器Ａ，Ｂともに水を注入した
②容器Ａに注入するのを止め，容器Ｂのみに注入した
③容器Ｂに注入するのを止め，容器Ａのみに３分間注入した
④容器Ａ，Ｂともに注入した

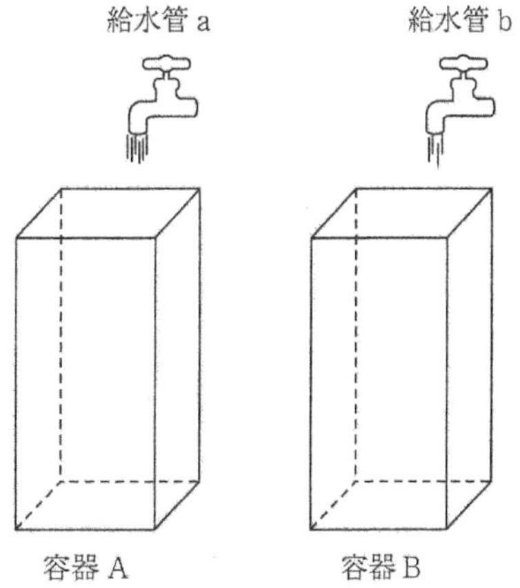


下のグラフは水を注入してからの時間と容器Ａと容器Ｂの水面の高さの差の関係を表しています。この差は水面の高さの高い方から低い方を引いたものを表します。このとき，次の各問いに答えなさい。

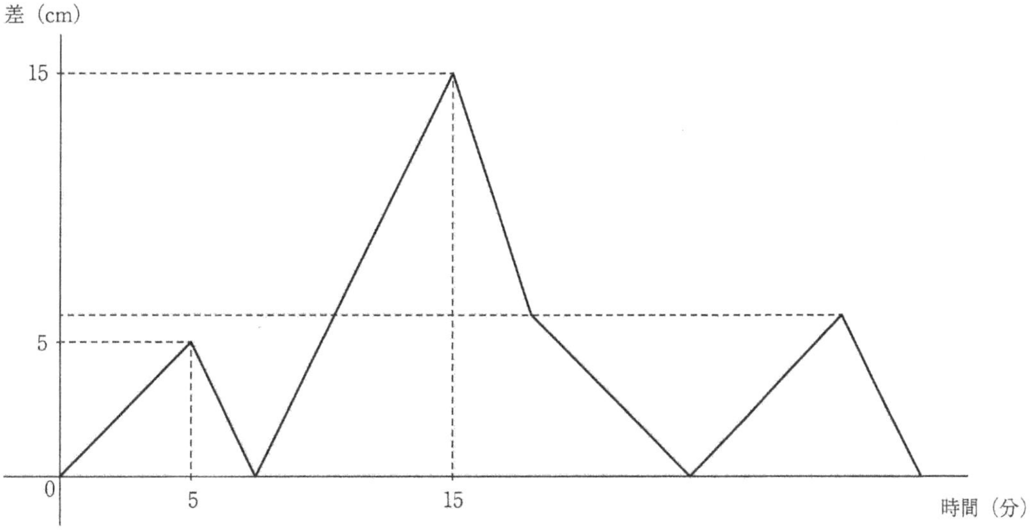


⑴ 給水中，容器Ｂの水面の上昇《しょう》する速さは毎分何㎝ですか。

⑵ 給水中，容器Ａの水面の上昇する速さは毎分何㎝ですか。

⑶ 容器Ａ，Ｂの高さを求めなさい。

⑷ 容器Ａ，Ｂについて，水を注入してからの時間と水面の高さの関係のグラフをかきなさい。また，必要に応じてメモリを記しなさい。（この問題は答えのみでよい）

**5** 次のページの図１は直方体の形をした容器で，容器の中には水が14400㎤入っていて，水の中に３つの立体が沈《しず》んでいます。３つの立体は底面の形がそれぞれ図２のようにＳ，Ｉ，Ｔで，高さがそれぞれ等しい柱体です。次のページの図２は方眼紙で，ます目は一辺が２㎝です。水面の高さが

52.71㎝のとき，次の各問いに答えなさい。ただし，底面の形がＳの曲線部分は円の弧《こ》です。

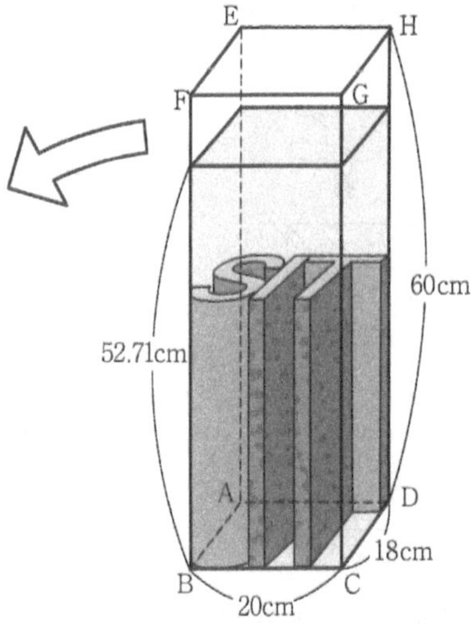


図１

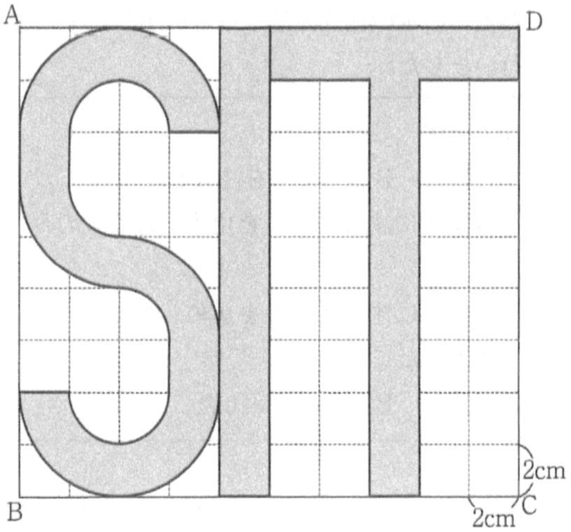


図２

⑴　３つの立体の底面積の合計を求めなさい。

⑵　３つの立体の高さを求めなさい。

以下，底面の形がＳ，Ｔの立体を容器から取り除きます。

⑶　水面の高さを求めなさい。

⑷　辺ABを固定して図１の矢印の方向に容器を傾けて水をこぼします。水を何㎤以上こぼすと底面の形がＩの立体は水面から出ますか。ただし，容器を傾けたときに底面の形がＩの立体は容器の中で動かないものとします。

【理　科】（50分）　＜満点：100点＞

【注意】 1は，聞いて解く問題です。

1　この問題は聞いて解く問題です。

聞いて解く問題は全部で３題です。問題文の放送は１回のみです。問題文の放送中にメモを取っても構いません。ひとつの問題文が放送されたあと，解答用紙に記入する時間は15秒です。聞いて解く問題の解答は，答えのみを書いてください。

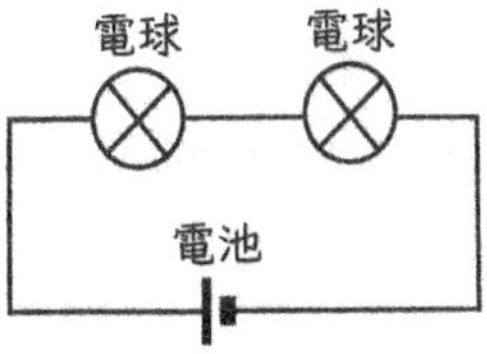

（図１）

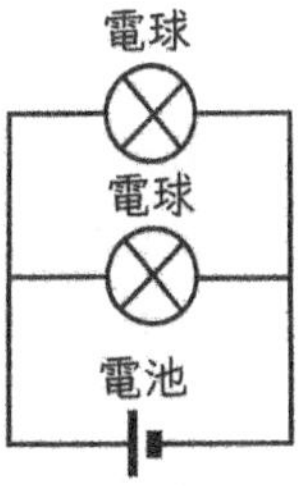

（図２）

(1)

ア．回路全体の抵抗《ていこう》の値が大きくなるので，電流は大きくなる。

イ．回路全体の抵抗の値が大きくなるので，電流は小さくなる。

ウ．回路全体の抵抗の値が小さくなるので，電流は大きくなる。

エ．回路全体の抵抗の値が小さくなるので，電流は小さくなる。

(2)

(3)

※放送台本は非公表です。

2　次の文を読み，あとの問いに答えなさい。

理科実験で用いる薬品は，薬品庫という倉庫の中で試薬びんに入れて厳重に保管します。試薬びんには必ずラベルをはり，後で中身が分からないということが起こらないようにします。中身が分からない場合，様々な手法で中身を特定します。それでも中身が分からない場合，処分には非常に高い費用がかかります。

理科部の芝雄さんは薬品庫で中身不明の水溶《よう》液Ａ～Ｅの５本の試薬びんを見つけました。先輩《ぱい》から中身は塩酸，石灰水，砂糖水，食塩水，塩素水溶液，アンモニア水，濃《こ》いアルコール水溶液のいずれかであり，すべてちがう水溶液であると言われました。

芝雄さんは試薬びんの中身を調べるために，〔**実験１**〕～〔**実験５**〕を行いました。

〔**実験１**〕

水溶液のにおいを確認したところ，Ｂ，Ｃ，Ｄはにおいがあることがわかりました。

〔**実験２**〕

水溶液Ａ～Ｅをそれぞれ試験管にとり，炭酸水を加えたところ，水溶液Ａのみ白色の沈殿《ちんでん》が生じました。

〔**実験３**〕

水溶液Ａ～Ｅをそれぞれ蒸発皿にとり，おだやかに加熱したところ，水溶液Ａ，Ｅのみから白い固体が得られましたが，それ以上加熱しても色の変化がありませんでした。そのほかの水溶液は何も残りませんでした。

〔**実験４**〕

水溶液Ａ～Ｅをそれぞれ試験管にとり，フェノールフタレイン溶液が入った水酸化ナトリウム水溶液を加えたところ，水溶液Ｂ，Ｃのみが無色に変化しました。

〔**実験５**〕

緑色のBTB溶液を水溶液Ｃに加えると，黄色に変化したのち，無色になりました。

⑴　水溶液Ａ，Ｂ，Ｃ，Ｅはそれぞれ何ですか。**ア**～**キ**から選び記号で答えなさい。

**ア**．塩酸　**イ**．石灰水　**ウ**．砂糖水　**エ**．食塩水

**オ**．塩素水溶液　**カ**．アンモニア水　**キ**．濃いアルコール水溶液

⑵　水酸化ナトリウム水溶液のとりあつかいについて，正しいものはどれですか。**ア**～**エ**から選び記号で答えなさい。

**ア**．キャップのついているアルミ製の缶《かん》に入れて，密封《みっぷう》して保管する。

**イ**．使用する１週間前にはかり取り，風通しの良いところに保管する。

**ウ**．手についた場合，うすい塩酸で洗う。

**エ**．余った水酸化ナトリウム水溶液は，食酢《す》とまぜて流しに捨てる。

⑶　５つの実験の結果から水溶液Ｄは２つの候補が考えられます。その候補は何ですか。⑴の**ア**～**キ**から２つ選び記号で答えなさい。また，水溶液Ｄを特定するにはどのような実験を行えばよいですか。次の【実験器具】から少なくとも１つ用いて，実験方法を説明しなさい。ただし，〔**実験１**〕～〔**実験５**〕と同じ実験はできないものとします。

【実験器具】

ビーカー，三角フラスコ，蒸発皿，マッチ，ガスバーナー，ピンセット，ろ紙

**3**　次の文を読み，あとの問いに答えなさい。

芝雄さんは，雑貨屋のそうじコーナーに行くと，お母さんが必ず月に一度は買っていた「過炭酸ナトリウム」が気になっていたので調べることにしました。この粉末をお湯に入れると，

出てくるあわが洗濯槽《せんたくそう》をきれいにしてくれるため，不思議に思ったからです。

次に，そうじコーナーにあった他の粉末も気になったので購入《こうにゅう》することにしました。お父さんによると，ポットの水あかやトイレの尿《にょう》石をとるときは「クエン酸」，キッチンまわりをきれいにするときは「重そう」や「セスキ」の粉末を利用するそうです。

これらの粉末を利用して次の**〔実験1〕**～**〔実験4〕**を行い，結果をそれぞれ**（表1）**～**（表4）**にまとめました。

**〔実験1〕**

**（図1）**のように40℃のお湯300cm$^3$の入った三角フラスコに「過炭酸ナトリウム」の粉末を20g入れたところ，フラスコ内はすぐに白くにごり，たくさんの細かいあわが発生しました。発生した気体を水槽《そう》の水の中にしずめてある30cm$^3$試験管に次々と集めました。集めた気体に，火のついた線香を近づけた結果を**（表1）**にまとめました。

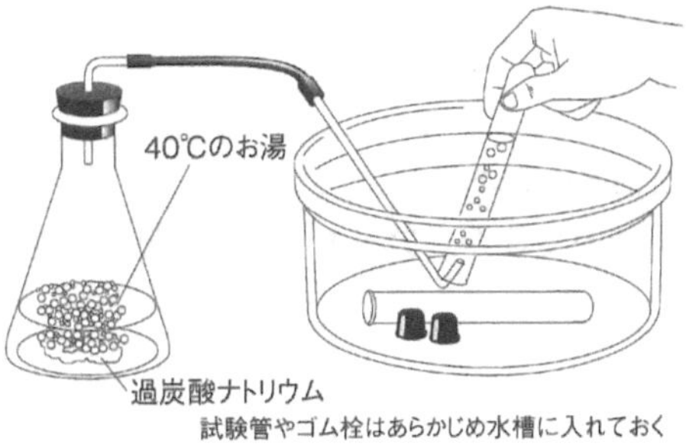


**（図1）**

| 集めた気体（試験管～本目） | 1 | 2 | 3 | 4 | 5 | 6 | 7 | 8 | 9 |
|---|---|---|---|---|---|---|---|---|---|
| 火のついた線香を近づける | － | － | － | － | △ | ○ | ○ | ○ | ○ |

－：変化なし　△：ほのおが少し大きくなった

○：ほのおが大きくなり明るくなった

**（表1）**

**〔実験2〕**

**（図2）**のように40℃のお湯300cm$^3$の入った三角フラスコに「クエン酸」の粉末10gと「重そう」の粉末を10gずつ入れたところ，フラスコ内ではいっきに大きなあわが発生しました。発生した気体を水槽《そう》の水の中にしずめてある30cm$^3$試験管に次々と集めました。集めた気体に，火のついた線香を近づけた結果を**（表2）**にまとめました。

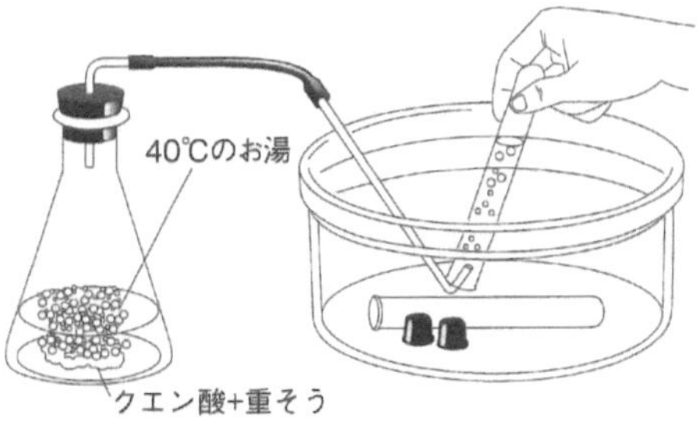


**（図2）**

| 集めた気体（試験管～本目） | 1 | 2 | 3 | 4 | 5 | 6 | 7 | 8 | 9 |
|---|---|---|---|---|---|---|---|---|---|
| 火のついた線香を近づける | － | － | － | － | ▽ | ● | ● | ● | ● |

－：変化なし　▽：ほのおが少し小さくなった

●：ほのおが消えた

**（表2）**

〔**実験３**〕

（**図３**）のように，試験管に「セスキ」の粉末４ g を入れて加熱しました。加熱をしていくとゆっくりとあわが出ました。発生した気体を水槽《そう》の水の中にしずめてある30cm$^3$試験管に次々と集めました。また，加熱部以外の試験管の内側がくもり，少し液体がついていることを観察できました。集めた気体に，火のついた線香を近づけた結果を（**表３**）にまとめました。

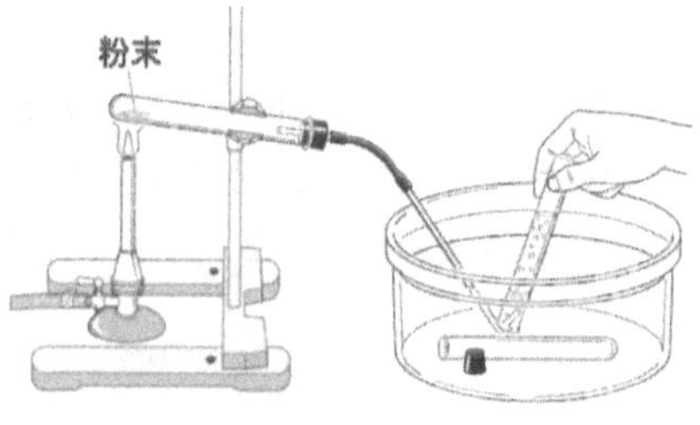


（**図３**）

| 集めた気体（試験管〜本目） | 1 | 2 | 3 | 4 | 5 | 6 | 7 | 8 | 9 |
|---|---|---|---|---|---|---|---|---|---|
| 火のついた線香を近づける | − | ▽ | ● | ● | ● | ● | ● | ● | × |

−：変化なし　▽：ほのおが少し小さくなった

●：ほのおが消えた　×：気体が集められなかった

（**表３**）

⑴ 〔**実験１**〕〜〔**実験３**〕で発生した気体の集め方を何といいますか。

⑵ 〔**実験１**〕で発生した気体について，正しいものはどれですか。**ア**〜**エ**から選び記号で答えなさい。

**ア**．空気より軽くて燃えやすい。

**イ**．空気中に含《ふく》まれていて，呼吸をすると増える。

**ウ**．二酸化マンガンに塩酸を加えて加熱すると生じる。

**エ**．レバー（肝《かん》臓）にオキシドールをかけると生じる。

⑶ 〔**実験２**〕や〔**実験３**〕で発生した気体は同じでした。この気体について，誤っているものはどれですか。**ア**〜**エ**から選び記号で答えなさい。

**ア**．空気より重くて燃えない。　　**イ**．空気中に含まれていて，呼吸をすると減る。

**ウ**．塩酸に貝がらを入れると生じる。　　**エ**．わりばしを燃やすと生じる。

⑷ 〔**実験３**〕の下線部の物質を調べる方法と結果が正しいものはどれですか。**ア**〜**エ**から選び記号で答えなさい。

**ア**．塩化コバルト紙が青色からうすい赤い色に変わることで，水であることが分かる。

**イ**．赤色リトマス紙が青色に変わることで，アンモニア水であることが分かる。

**ウ**．火をつけると，赤いほのおができることで，アルコールであることが分かる。

**エ**．塩化コバルト紙がうすい赤色から青色に変わることで，アンモニア水であることが分かる。

芝雄さんは，お父さんから油汚れを落とすためには水溶《よう》液がアルカリ性であるほど効果が高いことを教えてもらいました。〔**実験２**〕で使用後の溶液はアルカリ性ではないことが分かったので，さらに実験を行うことにしました。

〔**実験４**〕

〔**実験２**〕のあとに残った三角フラスコ内の溶液にフェノールフタレイン溶液を数滴《てき》加えました。さらに重そうを１ g ずつとかしていきました。このときの溶液の色の変化とフラスコ内のようすを（**表４**）にまとめました。

| 〔**実験２**〕のあとに加えた重そう［g］ | 1 | 2 | 3 | 4 | 5 | 6 | 7 | 8 | 9 |
|---|---|---|---|---|---|---|---|---|---|
| 溶液の色 | 無 | 無 | 無 | 赤 | 赤 | 赤 | 赤 | 赤 | 赤 |
| フラスコ内のようす | ↑ | ↑ | ↑ | − | − | − | − | − | − |

−：変化なし　↑：あわが発生した

（**表４**）

⑸ 〔**実験４**〕の結果から，クエン酸と重そうを何ｇずつにすればアルカリ性の水溶液になりますか。右の**ア**～**エ**から選び記号で答えなさい。

| | クエン酸［g］ | 重そう［g］ |
|---|---|---|
| **ア** | 20 | 8 |
| **イ** | 29 | 37 |
| **ウ** | 23 | 25 |
| **エ** | 21 | 30 |

⑹ 〔**実験１**〕や〔**実験２**〕では，集めた気体に火のついた線香を近づけると「変化なし」となった試験管の本数が〔**実験３**〕に比べて多かった理由を「試験管よりも三角フラスコ」に続くように答えなさい。また，これを減らすためにもっとも適した方法はどれですか。**ア**～**エ**から選び記号で答えなさい。

**ア**．40℃のお湯を80℃にする。　**イ**．加える粉末の量を多くする。

**ウ**．お湯の量を増やす。　**エ**．ゴム管の長さを長くする。

**4** 次の文を読み，あとの問いに答えなさい。

電子レンジなどの家電製品では，電気をどれくらい消費するのかを表す目安として，W(ワット) という単位が用いられます。一般《ぱん》的な家庭用電子レンジでは，食材の解凍《とう》や温めなどといった目的に応じて，200W～700Wの範《はん》囲から，適切なワット数を選んで使用することができます。

電子レンジのワット数による温度の上がり方のちがいを調べるために，20℃の水120mLを耐《たい》熱容器に入れて，ワット数と時間を変えながら電子レンジで加熱しました。(**表**) は，それぞれのワット数における加熱時間と水の温度の関係をまとめたものです。

| 経過時間〔秒〕 | 0 | 10 | 20 | 30 | 40 | 50 | 60 |
|---|---|---|---|---|---|---|---|
| 水の温度〔℃〕(200 W) | 20 | 24 | 28 | 32 | 36 | 40 | 44 |
| 水の温度〔℃〕(500 W) | 20 | 30 | 40 | 50 | 60 | 70 | 80 |
| 水の温度〔℃〕(600 W) | 20 | 32 | 44 | 56 | 68 | 80 | 92 |

(**表**)

⑴　電子レンジと，同じ「モノの温め方」をする家電製品はどれですか。**ア**～**エ**から選び記号で答えなさい。

**ア**．ドライヤー

**イ**．アイロン

**ウ**．エアコン

**エ**．電気ストーブ（カーボンヒーター）

⑵　200Wで20℃の水120mLを80℃にするために必要な加熱時間は何秒ですか。

⑶　20℃の水の量を240mLに増やして同様の実験を行ったところ，いずれのワット数においても，同じ温度まで加熱するために必要な時間は２倍に増加しました。20℃の水240mLを600Wで，20℃の水120mLを500Wで温めます。このとき，同じ温度まで温めるためには，600Wの電子レンジは500Wの電子レンジに比べて何倍の時間が必要になりますか。小数第２位を四捨五入して小数第１位まで答えなさい。

⑷　コンビニエンスストアなどに置かれている業務用電子レンジは，家庭用電子レンジよりも高いワット数でものを温めることができます。例えば，同じお弁当を温めるとき，600Wでは５分かかっていたものが，業務用電子レンジでは２分で温め終わります。この場合，業務用電子レンジのワット数はいくらですか。

**5**　次の文を読み，あとの問いに答えなさい。

**（図１）**のように，天井《てんじょう》に取りつけたばねＡにおもりをつり下げ，ばねの長さを測定しました。

次に，**（図２）**のように直列に接続したばねＡとばねＢにおもりをつり下げ，ばね全体の長さを測定しました。それぞれの測定結果を**（グラフ）**に示しました。次の問いに答えなさい。ただし，ばねの重さは考えないものとします。

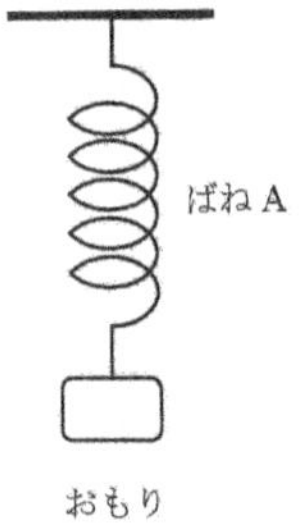


**（図１）**

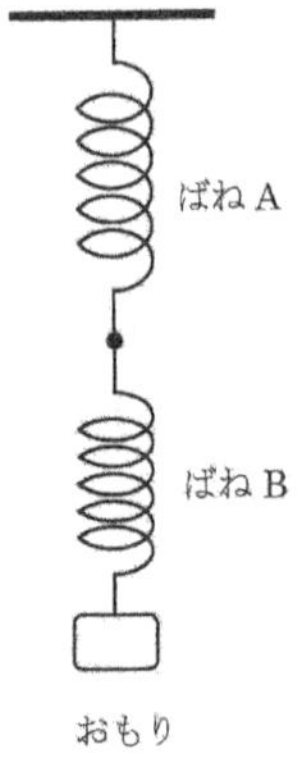


**（図２）**

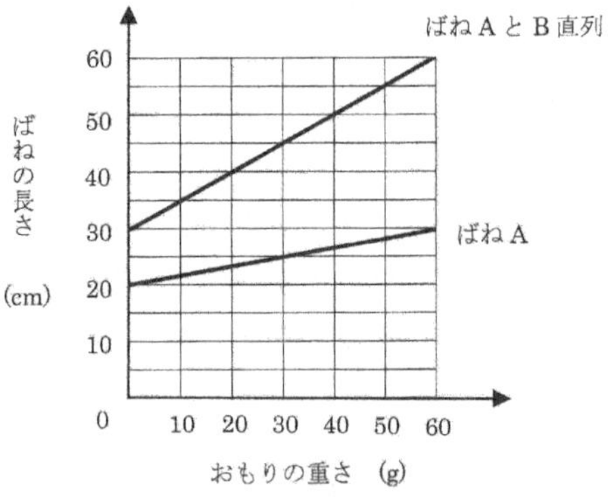


**（グラフ）**

⑴　**（図１）**と同じようにして，ばねＢに90ｇのおもりをつり下げたときのばねＢの長さは何㎝になりますか。

⑵　**（図２）**のとき，ばねＡとばねＢの長さが同じ長さになるのは何ｇのおもりをつり下げたときですか。

⑶　**（図３）**のように，ばねＡとばねＢを棒でつなぎ，ある重さのおもりを棒の適当な位置につるしたところ，ばねＡとばねＢはおなじ長さ35㎝になりました。このときつるしたおもりの重さは何ｇですか。ただし，ばねはつるした棒に垂直にのびており，棒の重さは考えないものとします。

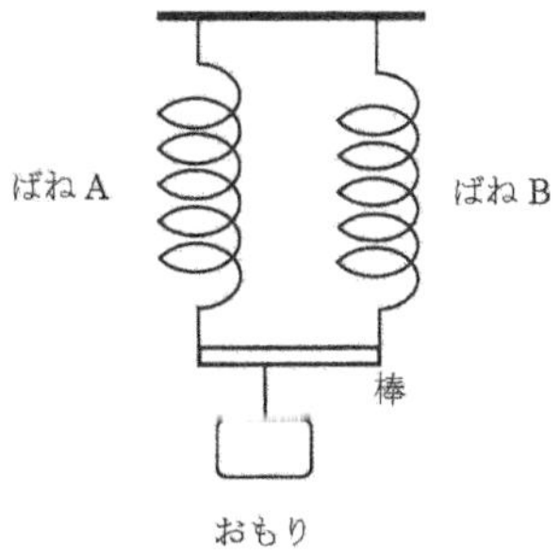

**（図３）**

⑷　２本のばねＡ，ばねＢと30ｇ，60ｇのおもりをそれぞれ１個ずつ直列につなげました。ばねののびの合計がもっとも長い組み合わせはどれですか。**ア～エ**から選び記号で答えなさい。またそのときのばねののびの合計の長さは何㎝ですか。

**ア.**

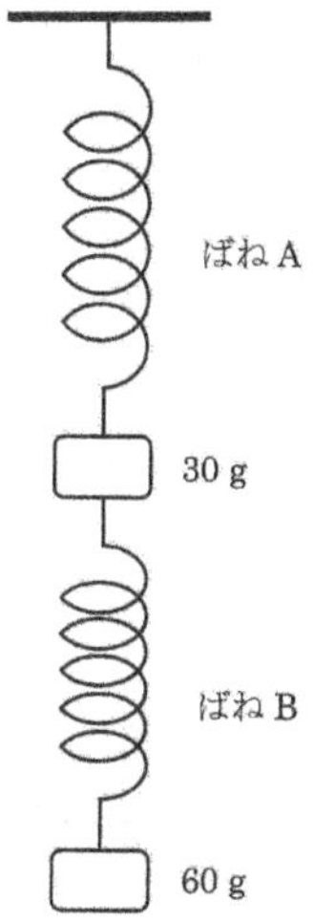


**イ.**

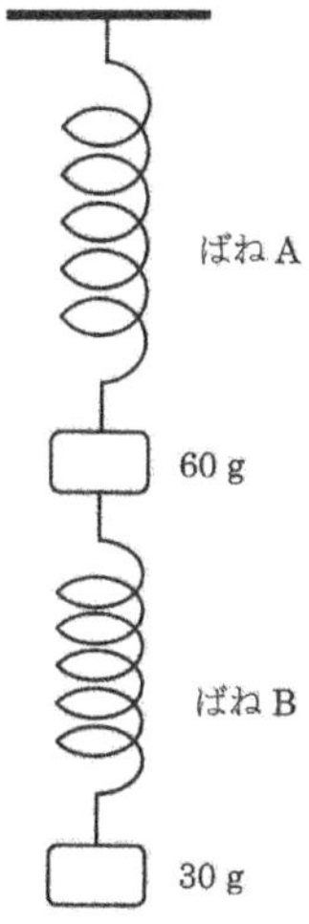


**ウ.**

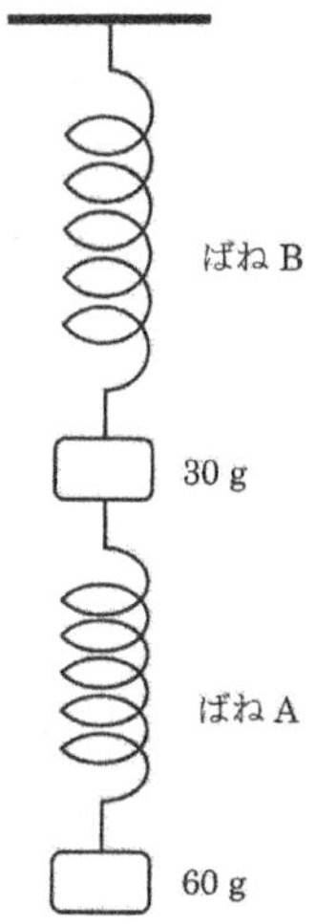


**エ.**

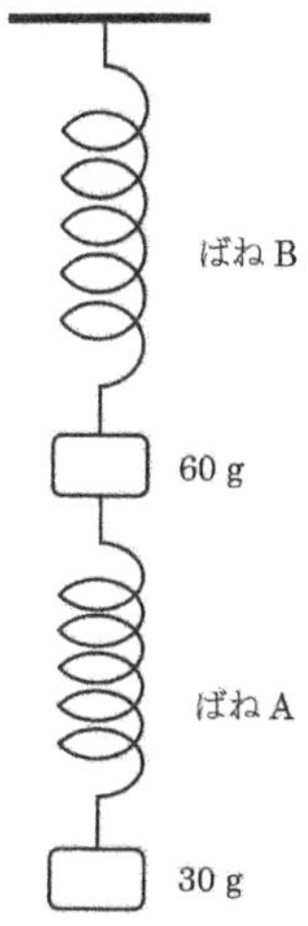


**6**　次の文を読み，あとの問いに答えなさい。

本校では「探究」の授業が数多く行われています。ある授業で，次のように体のはたらきを理解する授業を行いました。

・ふせんを使ってそれぞれの項《こう》目に関係する言葉を出し合いました。次のページの**（図１）**はその結果です。

| 体のはたらきを理解する | | | | | |
|---|---|---|---|---|---|
| 器官 | | 特徴《ちょう》（キーワード） | | はたらき | |
| ① 胃 | ⑥ かん臓 | ⑪ ペプシン | ⑯ かべのひだ | ㉑ しぼうの分解 | ㉖ 水分の吸収 |
| ② 肺 | ⑦ 鼻 | ⑫ グリコーゲン | ⑰ 汗《かん》せん | ㉒ 解毒 | ㉗ タンパク質の分解 |
| ③ じん臓 | ⑧ 心臓 | ⑬ ソラマメ型 | ⑱ 刺《し》激 | ㉓ 消化・吸収 | ㉘ 不要物のはい出 |
| ④ 大腸 | ⑨ 体表面の皮膚《ふ》 | ⑭ 十二指腸 | ⑲ ４つの部屋 | ㉔ 気体の交かん | ㉙ 血液を送る |
| ⑤ 小腸 | ⑩ すい臓 | ⑮ 毛細血管 | ⑳ 便 | ㉕ 熱さを感じる | ㉚ においを感じる |

（図１）

・調べた内容について発表するためにスライドをつくってまとめました。〔**まとめ**〕は，スライドのある１ページです。

〔**まとめ**〕

栄養吸収についてさらに探究するため小腸の内側の表面積について考察した。**（図２）**のように小腸の長さを６ｍ，直径（内側）を５㎝の円柱状の管として小腸の内側の表面積を計算したところ［ X ］$m^2$となった。

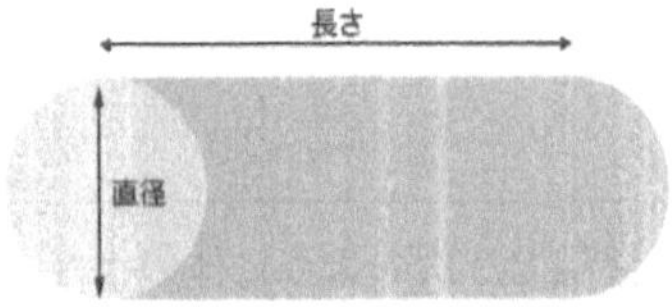


**（図２）**

〔考察〕 小腸の実際の表面積をインターネットで調べたところ「テニスコート１面分」とわかった。計算した値は，それよりもかなり小さかった。それは，［ Y ］と考えられる。

⑴ **（図１）**の「器官」の中で「消化･吸収」に関するものとして正しいものはどれですか。**ア～エ**から選び記号で答えなさい。

**ア**．① ③ ④ ⑤ ⑥　　**イ**．① ④ ⑤ ⑥ ⑨ ⑩

**ウ**．① ④ ⑤ ⑥ ⑩　　**エ**．① ③ ④ ⑤ ⑥ ⑩

⑵ **（図１）**の「器官」「特徴《ちょう》（キーワード）」「はたらき」のつながりとして正しいものはどれですか。次のページの**ア～オ**からすべて選び記号で答えなさい。

| | 器官 | 特徴 | はたらき |
|---|---|---|---|
| **ア** | ① | ⑪ | ㉗ |
| **イ** | ③ | ⑬ | ㉘ |
| **ウ** | ⑤ | ⑯ | ㉔ |
| **エ** | ⑥ | ⑫ | ㉖ |
| **オ** | ⑦ | ⑱ | ㉚ |

⑶ **（図３）**は，かん臓，すい臓，胃を示した模式図ですが，たんのうがかかれていません。たんのうを解答らんの図中にかきなさい。

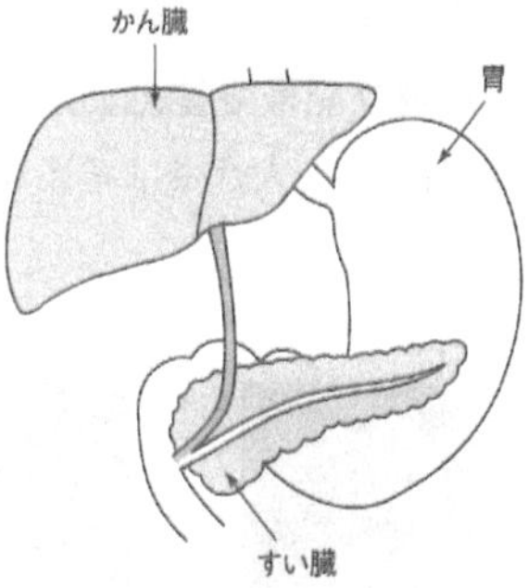

**（図３）**

⑷ **〔まとめ〕**の X にあてはまる数値を答えなさい。円周率は3.14とし，小数第３位を四捨五入して小数第２位まで答えなさい。

⑸ **〔まとめ〕**の Y に適する理由を30字以内で答えなさい。

**7** 次の文を読み，あとの問いに答えなさい。

太陽系の惑《わく》星について調べたところ，地球には誕生直後から生命が誕生し存在するための1液体の水や2大気が存在したことや，金星を望遠鏡で継《けい》続して観測すると月のように満ち欠けをすることがわかりました。また，各惑星の天体に関する数値を**（表）**にまとめました。

ただし，**（表）**の太陽からの距離《きょり》は太陽と地球間を１とし，直径および質量は地球を１としたときの値で，密度は物質１$cm^3$あたりの質量（ｇ）を表しています。

| | 太陽からの距離 | 直径 | 質量 | 密度 | 公転周期［年］ |
|---|---|---|---|---|---|
| ① | 0.39 | 0.38 | 0.06 | 5.43 | 0.24 |
| 金星 | 0.72 | 0.95 | 0.82 | 5.24 | 0.62 |
| 地球 | 1.00 | 1.00 | 1.00 | 5.51 | 1.00 |
| ② | 1.52 | 0.53 | 0.11 | 3.93 | 1.88 |
| ③ | 5.20 | 11.21 | 317.83 | 1.33 | 11.86 |
| ④ | 9.55 | 9.45 | 95.16 | 0.69 | 29.46 |
| ⑤ | 19.22 | 4.01 | 14.54 | 1.27 | 84.02 |
| ⑥ | 30.11 | 3.88 | 17.15 | 1.64 | 164.77 |

**（表）**

⑴ **（表）**の８つの惑星について正しく述べているのはどれですか。**ア～エ**から選び記号で答えなさい。

**ア**．直径が大きいほど，質量が大きい。

**イ**．直径が大きいほど，密度が小さい。

**ウ**．太陽からの距離が大きいほど，直径が大きい。

**エ**．太陽からの距離が大きいほど，公転周期が長い。

⑵「惑星の表面は赤かっ色の砂や岩石でおおわれており，火山や水が流れたあと」が見られる惑星はどれですか。惑星の名前を書き，**（表）**の①～⑥から選び数字で答えなさい。

⑶ **（図１）**は，ある日の北極側から見た太陽，金星，地球の位置関係を表しています。このとき地球の北半球から見た金星の満ち欠けのようすはどれですか。**ア～エ**から選び記号で答えなさい。ただし，満ち欠けの向きは肉眼で見た場合とし，大きさは考えないものとします。

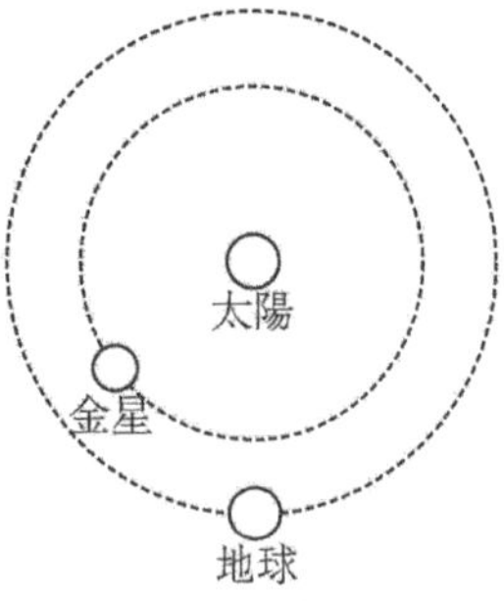


**（図１）**

ア．

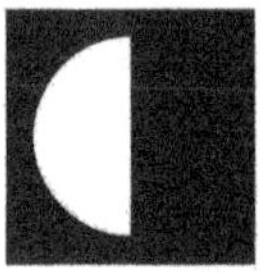

イ．

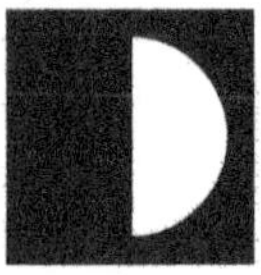

ウ．

エ．

⑷ **（表）**の距離をもとに金星と地球の公転軌《き》道のようすを表しました。ある日**（図２）**のように太陽－金星－地球が一直線上に並んだとする（○の位置）と，この日から１ヶ月後（●の位置）の金星と地球の位置関係を表したものはどれですか。あとの**ア～エ**から選び記号で答えなさい。ただし，**（図２）**は北極側から見たものとします。

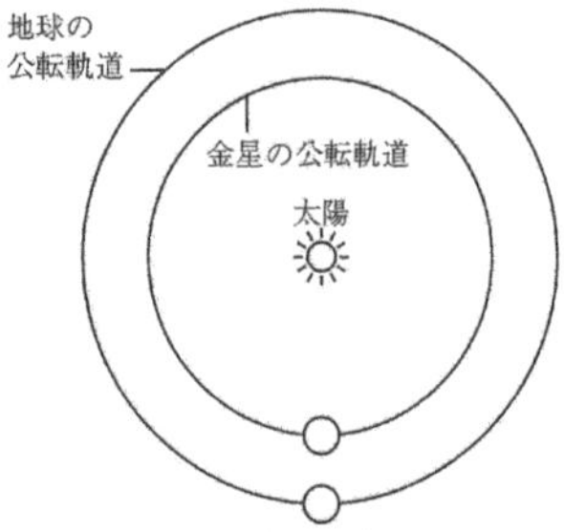


**（図２）**

ア．

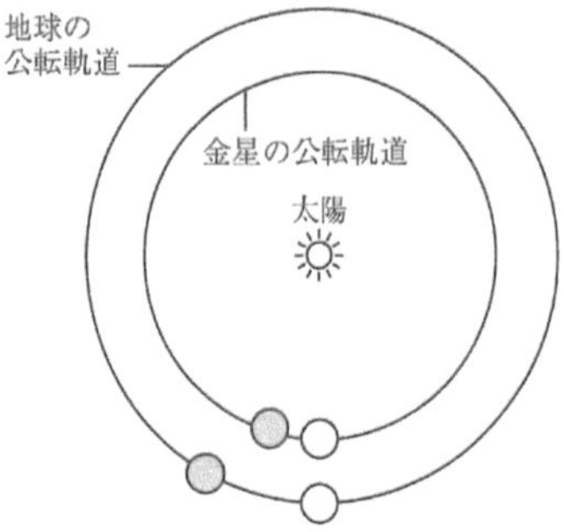


イ．

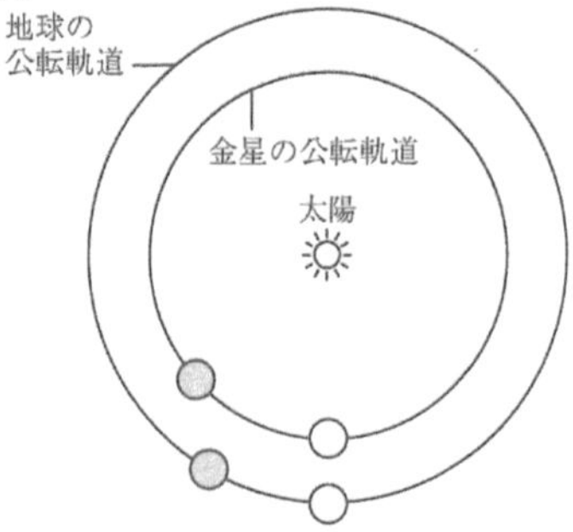

ウ.

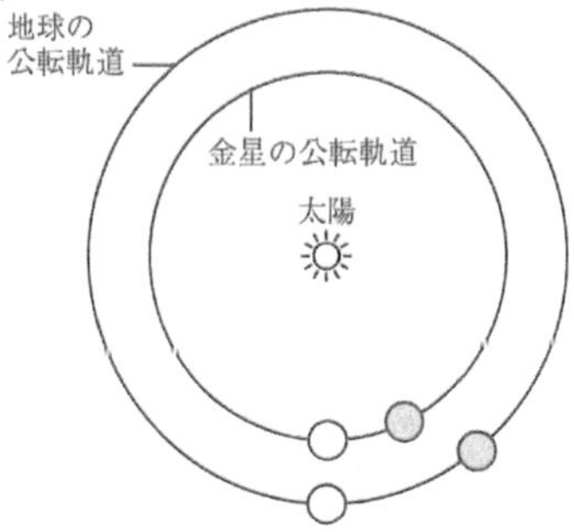


エ.

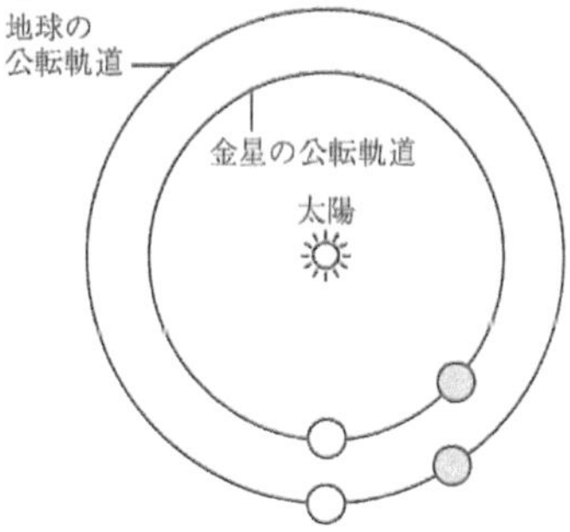


⑸　下線部１，２が，それぞれ存在するための条件としてもっとも関係が深いものはどれですか。**ア**～**エ**からそれぞれ１つずつ選び記号で答えなさい。

**ア**．太陽からの距離　　**イ**．直径　　**ウ**．質量　　**エ**．公転周期

**8**　次の問いに答えなさい。

⑴　1970年代初めに高吸水性高分子が開発されました。**（図１）**は高吸水性高分子の性質を利用した商品です。高吸水性高分子の性質を「水」ということばを用いて，２つそれぞれ15字以内で書きなさい。

紙おむつ　　冷却シート

**（図１）**

⑵　**（図２）**は，トウモロコシの種子の模式図です。この種子のはい乳にふくまれる養分が発芽に使われることを調べたいと思います。あなたなら，どのような実験をしますか。50字以内で答えなさい。

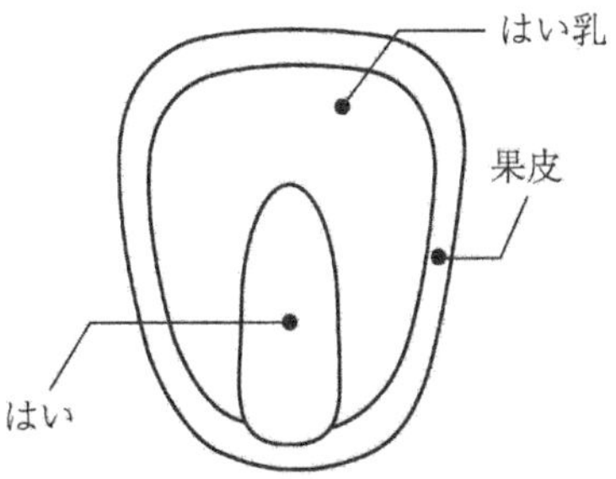


**（図２）**

（悪い例）「ぼくは、足がぼうになった。」
（良い例）「ぼくは、落とし物をしてしまい、足がぼうになるまで探し回った。」
※「動きを表す語」など、後に続く語によって形が変わる場合は、変えても構いません。
（例：「あるく」→「あるいた」）

**六** ――線部のカタカナを漢字に直しなさい。

1　広い宇宙にカンシンをもつ。
2　兄は銀行にシュウショクした。
3　コクモツをたくわえる倉庫を作った。
4　キボの大きな開発が始まった。
5　風がハゲしくふく。

として表現している。

エ　途中《とちゅう》に言い切りの形を用いないことで、山鳩の行動を一続きのものとして表している。

問三　**A** に入る語句として適切なものを次の中から一つ選び、記号で答えなさい。

ア　やっぱりね　　イ　あぁそうか

ウ　まさかね　　エ　それはない

問四　――線②「寂しかったのは／わたしの方だったんだね」とありますが、このときの作者の思いとしてふさわしくないものを次の中から一つ選び、記号で答えなさい。

ア　寂しく見える自分を心配して、山鳩が自分を見守ってくれていたのだと感じた。

イ　山鳩が自分の様子をうかがっていたことで、自分が寂しいことに気づけた。

ウ　山鳩に見守られていることに気づいたので、自分は寂しい気分になった。

エ　山鳩に見つめられていると感じたのは、自分が寂しいからだとわかった。

問五　この詩の状況を「山鳩」の視点に立って書きなおしなさい。ただし、次の条件に従うこと。

A　山鳩も心と言葉を持っているとする。

B　詩に書かれている状況をふまえて書くこと。

C　行替《が》えをしないで文章で書くこと。

D　八十字以上、百二十字以内で書くこと。ただし、出だしの一マスは空けないで書くこと。

**五**　次の各問いに答えなさい。

問一　――線部の四字熟語の使い方が適切でないものを次の中から一つ選び、記号で答えなさい。

ア　彼《かれ》の今回の入院では、病状が一進一退を繰《く》り返《かえ》していた。

イ　彼の演技は役が変わるごとに、一期一会《いちごいちえ》の成長を見せた。

ウ　実用化を考えると、彼の発明には一長一短がある。

エ　彼の実力は一朝一夕《いっちょういっせき》で身についたものではない。

問二　次の二つの文の「慣用句」の（　）の中には、共通する言葉が入ります。その言葉を平仮名で答えなさい。

・中学のテストの数の多さに目が（　　　　）った。

・方々に手を（　　　　）して部品を調達した。

問三　日本語として適切なものを次の中から一つ選び、記号で答えなさい。

ア　私はこのコーヒーは苦すぎる。

イ　きれいな新宿《しんじゅく》の高層ビルをながめた。

ウ　このクラスの目標はみんなで仲良くしたい。

エ　学校で楽しめる画期的なゲームを教えます。

問四　次の「慣用句」を使って、短い文を作りなさい。

「かぶとを脱《ぬ》ぐ」

※慣用句の内容が具体的にわかるようにしなさい。

慣用句「足がぼうになる」の場合

とありますが、それはなぜですか。理由が分かる最も適切な一文を本文中からぬき出し、初めの五字を答えなさい。

問六　――線⑤「つまらない雑草」とありますが、筆者は「カタバミ」のどのようなところを「つまらない」としていますか。次の中から当てはまるものをすべて選び、記号で答えなさい。

ア　抜いても抜いてもなくならないところ。
イ　めでたい植物とは言えないところ。
ウ　草丈や花が小さいところ。
エ　美しい花とは言えないところ。
オ　ありふれた植物であるところ。
カ　そこら中に種子をばらまいて広がるところ。

問七　次の一文は、本文中のある段落とある段落の間からぬき出したものです。この一文が入る箇所《かしょ》の直後の五字を本文中から書きぬきなさい。

**しかし、不思議なことがある。**

四　次の詩を読んで、後の問いに答えなさい。

山鳩《やまばと》　原田亘子

①どういうわけか　山鳩が
ベランダの手すりをいったりきたり
妙《みょう》にきどって首を傾《かし》げたり
そして　ツィッと
アメリカ楓《かえで》の樹《き》にいってみたり
しばらくして　またもどって
ちょっとこちらをうかがったり

A

②寂《さび》しかったのは
わたしの方だったんだね

山鳩に　ありがとうの
礼をした

問一　――線①「どういうわけか」からわかる作者の思いとして適切なものを次の中から一つ選び、記号で答えなさい。

ア　山鳩が自分を監視《かんし》していると いう気がして不安を感じている。
イ　山鳩が自分をからかっているようで、腹立たしく感じている。
ウ　自分を気にしているような山鳩の行動を不思議に感じている。
エ　自分を楽しませるかのような山鳩の行動をほほえましく感じている。

問二　第一連の表現に関する説明として適切なものを次の中から一つ選び、記号で答えなさい。

ア　「たり」という言葉を繰《く》り返《かえ》すことで、山鳩の行動に警戒心《けいかいしん》がないことを示している。
イ　「妙にきどって」など擬人法《ぎじんほう》を用いることで、山鳩の行動の不審《ふしん》さをより強調している。
ウ　擬音語《ぎおんご》や擬態語《ぎたいご》を多用することで、状況《じょうきょう》をより臨場感のあるものいくことにあった。

どこにでも生えているカタバミは、じつにしつこい雑草である。抜《ぬ》いても抜いてもなくならないし、そこら中に種子をばらまいて広がっていく。戦国武将たちは、この小さな雑草のしぶとさに、自らの子子孫孫までの家の繁栄を重ねたのである。

カタバミは、けっして強そうな植物には見えない。[B]、戦国武将たちは、そのカタバミの強さを知っていたのである。

日本では「雑草魂」や「雑草軍団」という言い方をする。やっかいな邪魔者《じゃまもの》である雑草を、ほめ言葉に使うのは日本人くらいのものである。日本人は雑草を観察し、雑草の強さを見ていたのである。

カタバミに限らず、日本の家紋は植物をモチーフにしたものが多い。虎《とら》や龍《りゅう》など、強そうな生き物はいくらでもある中で、植物をシンボル※4として選んでいるのである。

見るからに強そうな生き物ではなく、何事にも動じず静かに凛《りん》と立つ植物に日本人は強さを感じた。私たちの祖先は「本当の強さとは何か」を知っていたのかも知れない。

（稲垣栄洋『植物はなぜ動かないのか　弱くて強い植物のはなし』）

※1　テリトリー……領域。なわばり。
2　ライフサイクル……生活の周期。
3　モチーフ……主題。題材。
4　シンボル……しるし。記号。象徴《しょうちょう》。

問一　[A]・[B]に入る言葉として適切なものを次の中から一つずつ選び、それぞれ記号で答えなさい。ただし、同じ記号を二度用いることはできません。

ア　しかし　　イ　つまり　　ウ　さらに
エ　しかも　　オ　そこで　　カ　または

問二　――線①「『中間型戦略』」とありますが、その説明として適切なものを次の中から一つ選び、記号で答えなさい。

ア　ライバルがいないうちに横へ広がり競争力を高め、ライバルが現れると上へ伸びてテリトリーを拡大するという戦略。
イ　ライバルがいないうちに上へ伸びて陣地を獲得《かくとく》し、ライバルが出現すると横に伸びて競争を避《さ》けるという戦略。
ウ　競争相手がいない状況では横に陣地を広げ、競争相手がいる状況では上へ伸びて競争力を高めるという戦略。
エ　横にテリトリーを広げることで競争相手の出現を防止すると同時に、上へ伸びて競争力を高めておくという戦略。

問三　――線②「植物は動物に比べて可塑性が大きい」について、次の問いに答えなさい。

（１）「可塑性」を言い換《か》えた言葉を本文中から五字で書きぬきなさい。
（２）「可塑性が大きい」のはなぜですか。理由を四十字以上五十字以内で答えなさい。

問四　――線③「雑草は踏まれたら立ち上がらない」とありますが、それはなぜですか。理由を説明した次の文の[Ⅰ]・[Ⅱ]に入る言葉をそれぞれ答えなさい。ただし、[Ⅰ]は本文中から五字で書きぬき、[Ⅱ]は本文中の言葉を用いて十五字以内で答えなさい。

**雑草にとって重要なのは、立ち上がることではなく[Ⅰ]ことであり、立ち上がることに[Ⅱ]から。**

問五　――線④「かたばみ紋は、特に、戦国武将が好んで用いていた」

しかない。だから、植物は動物に比べて「変化する力」が大きいのである。

植物の中でも雑草は可塑性が大きく、自由自在に変化することができる。この「変化する力」にとって、もっとも重要なことは何だろうか。

それは「変化しないことである」と私は思う。

植物にとって重要なことは、花を咲《さ》かせて種子を残すことにある。ここはぶれることはない。種子を生産するという目的は明確だから、目的までの行き方は自由に選ぶことができる。だからこそ雑草は、サイズを変化させたり、ライフサイクル※2を変化させたり、伸び方も変化させることができるのである。

つまり、生きていく上で「変えてよいもの」と「変えてはいけないもの」がある。

環境は変化していくのであれば、雑草はまた変化し続けなければならない。しかし、変化しなければならないとすれば、それだけ「変化しないもの」が大切になるのである。

踏《ふ》まれても踏まれても立ち上がる。

これが、多くの人が雑草に対して抱《いだ》く一般《いっぱん》的なイメージだろう。人々は、踏まれても負けずに立ち上がる雑草の生き方に、自らの人生を重ね合わせて、勇気付けられる。

しかし、実際には違《ちが》う。③雑草は踏まれたら立ち上がらない。確かに一度や二度、踏まれたくらいなら、雑草は立ちあがってくるが、何度も踏まれれば、雑草はやがて立ち上がらなくなるのである。

雑草魂《だましい》というには、あまりにも情けないと思うかも知れないが、そうではない。

そもそも、どうして立ち上がらなければならないのだろうか。

雑草にとって、もっとも重要なことは何だろうか。それは、花を咲かせて種子を残すことにある。そうであるとすれば、踏まれても踏まれても立ち上がるという無駄《むだ》なことにエネルギーを使うよりも、踏まれながらどうやって種子を残そうかと考える方が、ずっと合理的である。だから、雑草は踏まれながらも、最大限のエネルギーを使って、花を咲かせ、確実に種子を残すのである。まさに「変えてはいけないもの」がわかっているのだろう。努力の方向を間違えることはないのだ。

踏まれても踏まれても立ち上がるという根性《こんじょう》論よりも、雑草の生き方はずっとしたたかなのである。

日本の家には、代々続く「家紋《かもん》」と呼ばれるものがある。

古くから人気の高い家紋で、日本の五大紋の一つにも数えられているものに「かたばみ紋」と呼ばれるものがある。④かたばみ紋は、特に、戦国武将が好んで用いて※3いた。

かたばみ紋のモチーフとなったカタバミは、けっして珍《めずら》しい植物ではない。道ばたや畑など、どこにでもあるありふれた雑草である。しかも草丈《くさたけ》は一〇センチにも満たないような小さな雑草であるし、花も直径三センチほどのほんの小さな花である。御世辞《おせじ》にも美しい花とは言えないし、松竹梅のようにめでたい植物とも言えない。

どうして、こんなにも⑤つまらない雑草が、武家が好むような立派な家紋として利用されたのだろうか。

戦国武将にとって、大切なことは、家を絶やすことなく、繁栄《はんえい》させてだけが特別扱いされることへの悔しさのほうが大きいのではないかということ。

問七　――線⑦「ほかの学科の先生から女子が出たほうが学校のＰＲになるから、私が選ばれるやろうって、言われた」とありますが、この出来事を聞いた祖母の様子として適切なものを次の中から一つ選び、記号で答えなさい。

ア　心の思いを踏《ふ》みにじる「ほかの学科の先生」に過度に憤《いきどお》ってみせることで心の怒りを鎮《しず》めたうえで、ものづくりには性別は関係ないという事実を示して、落ち込む心を立ち直らせようとしている。

イ　「ほかの学科の先生」の本心を推測して切り捨てることで心の気持ちを切り替《か》えさせたうえで、かつて自分が同じようなことで悩んでいた時に祖父から聞いた言葉を伝えて、心を励《はげ》まそうとしている。

ウ　わざと「ゼラシー」と言葉を間違えて笑わせることで心の気持ちを軽くしたうえで、優《すぐ》れた技術者であった祖父がものづくりに性別は関係ないと考えていたことを教えて、心の弱気をたしなめている。

エ　女に負ける悔しさをごまかす言動だと自分の経験から見ぬいて指摘することで心を安心させたうえで、かつて自分も同じような悩みを抱《かか》えていたことを打ち明けて、心の悩みに寄りそっている。

## 三

次の文章を読んで、後の問いに答えなさい。

雑草の空間の利用の仕方は、大きく「陣地《じんち》拡大型戦略」と「陣地強化型戦略」の二つがあると言われている。

「陣地拡大型」は、横へ横へと生育しながら自分の占有《せんゆう》するテリトリー※1を広げていく戦略である。一方の「陣地強化型」は、テリトリーを顕示《けんじ》して他の植物の侵入《しんにゅう》を防ぐ戦略である。

雑草の種類によって、横に茎《くき》を這《は》わせていく陣地拡大型と、上へ上へと伸《の》びて競争力を高める陣地強化型とに分けられる。それでは、陣地拡大型と陣地強化型は、どちらが有利なのだろうか。

じつは、メヒシバやツユクサなど、しつこいとされる雑草の中には①「中間型戦略」と呼ばれる戦略を取っている。陣地拡大型と陣地強化型がどちらが有利かは、状況《じょうきょう》によって異なる。　A　、中間型戦略の雑草は、二つの戦略を使い分けるのである。

中間型の雑草は、ライバルがいない条件では陣地拡大型を選択《せんたく》し、地面を這って横に伸びながらテリトリーを次々に拡大していく。しかし、競争相手が現れるとなると、一転して立ち上がり、上へと伸びながらテリトリーでの競争力を高める陣地強化型を選択するのだ。

陣地を広げるか、それとも守るか。状況に対応して使い分けることが、中間型の雑草をしつこい雑草たらしめているのである。

②植物は動物に比べて可塑性《かそせい》が大きい。それは、どうしてだろうか。

動物は自由に動くことができるので、エサやねぐらを求めて移動することができる。しかし、植物は、動くことができない。そのため、生息する環境《かんきょう》を選ぶことができないのだ。その環境が生存や生育に適さないとしても文句を言うこともできないし、逃《に》げることもできない。その環境を受け入れるしかないのだ。

そして、環境が変えられないとすれば、どうすれば良いのだろうか。

環境が変えられないのであれば、環境に合わせて、自分自身が変化する撮影《さつえい》された六十代半ばのものだ。どこか照れくさそうではあるものの、確固たる自信が感じられるよい笑顔だと心はいつも思う。

（まはら三桃『鉄のしぶきがはねる』）

※１　中原先生……ものづくり研究部の顧問《こもん》を務める教員。
２　原口……ものづくり研究部の三年生。高い加工技術を持っている。
３　心ちゃんの手を治してくれて……心は半年ほど前に、部活動で旋盤の練習をしていて、指をけがしていた。
４　吉田……ものづくり研究部の二年生。

問一　――線①「冷ややかな空気」とありますが、これと最も近い意味の言葉を次の中から一つ選び、記号で答えなさい。

ア　警戒感《けいかいかん》　イ　孤独感《こどくかん》　ウ　緊張感《きんちょうかん》　エ　危機感

問二　――線②「心の胸に芽生えたまっすぐな思い」とは、どんな思いですか。解答欄《らん》に合わせて、二十字以上二十五字以内で説明しなさい。

問三　――線③「中からぬっとなじみのない顔が出てきた」の文法的な説明として適切でないものを次の中から一つ選び、記号で答えなさい。

ア　「中から」と「ぬっと」はどちらも「出てきた」に係る。
イ　「なじみのない」の「の」は、「が」に置きかえることができる。
ウ　ここでの主語は「顔」である。
エ　ここには名詞が二つ用いられている。

問四　――線④「ざらざらとした気持ち悪さが広がって、心は胸を押さえた」とありますが、この時の心の気持ちを、「努力」という語を用いて四十五字以上五十五字以内で説明しなさい。

問五　――線⑤「心ちゃん、男子の中でちょっと気おくれしとるんやないんかね」とありますが、周囲が男子ばかりという環境《かんきょう》に対する心の姿勢として適切なものを次の中から一つ選び、記号で答えなさい。

ア　初めから分かっていたことであり、かえって気楽な面もあるが、努めて気にしないように心がけている。
イ　入学前から覚悟していたことであり、孤独感も感じるが、大切に扱われるありがたさも感じている。
ウ　分かり切っていたことであり、気にしてもどうすることもできないので、あきらめて受け入れている。
エ　入学の前提だったことであり、心自身が女子の中でも力や度胸があるほうなので、少しも気にならないでいる。

問六　――線⑥「持っていないというハンディと、もらうというハンディがあるけれど、もしかしたら、もらうハンディのほうが大きいんじゃないか」とありますが、この時の心の気持ちの説明として適切なものを次の中から一つ選び、記号で答えなさい。

ア　校内にいる数少ない女子であるという孤独感よりも、希少な存在として尊重される優越感のほうが大きいのではないかということ。
イ　男子たちから少し丁重《ていちょう》に扱われるありがたさよりも、親切にされることで成長の機会を奪《うば》われる歯がゆさのほうが強いのではないかということ。
ウ　男子たちのパワーやエネルギーに対する劣等感よりも、少数派として勝手に特別扱いされることへの不満感のほうが強いのではないかということ。
エ　力や度胸で男子に負けているという悔しさよりも、部内でも自分そもそも男ばかりなのは大前提の覚悟《かくご》で入学を決めたのだし、むしろのびのびできる部分もある。実際、全裸《ぜんら》の男子を目撃《もくげき》しようが、隣《となり》でパンツ一丁になられようが、そんなことは気にならない。

「あたしはやっぱり気になったけどね。ほら、ばあちゃん、昔は職人に交じって旋盤回しよったでしょ。男の職人にはどうしても勝てんところがあってねえ。心ちゃんも男の中でコンテストを目指すのはつらいところもあるやろう」

祖母は言う。

確かに工業高校で男子と同じように実習をやっていくのは、ハンディがある。体力がいるし、危険物を扱《あつか》ううえで度胸もいる。力も度胸もあるほうの心でも、男子ほどには備わっていないと感じることが多い。でも。

「つらいっていうよりも……」

言わないでおこうと思っていたが、やっぱり口に出してしまったのは、仏壇《ぶつだん》の前だからだろうか。

「特別扱いされることのほうが、嫌《いや》なんよ」

男子との明確なちがいを気にする一方で、機械科に通う女子はたったひとりだという現実がある。希少価値の分だけ、自分へのあたりは柔《やわ》らかいと感じることもある。

⑥持っていないというハンディと、もらうというハンディがあるけれど、もしかしたら、もらうハンディのほうが大きいんじゃないか。

本意とするところではなかったが、それに気づいた時には、もう心は抜き差しならないところにきていた。旋盤に夢中になっていたのだ。硬《かた》い鋼《はがね》の形を自在に変える工作機械の魅力《みりょく》に取りつかれていた。あのあらがえないような鉄のパワーを受け止め、形に返す旋盤の魅力に。

ありがたいことに、そんな心のがんばりが自然と周りに浸透《しんとう》していったのか、部活の中では特別な扱いを受けると感じることもない。

けれど、外部の人にはやはりまだ女子は特別だという思いがあるようだ。

「コンテストには校内選考で勝たんと出られんのやけど、⑦ほかの学科の先生から女子が出たほうが学校のＰＲになるから、私が選ばれるやろうって、言われた」

あたりまえだと言わんばかりの軽々《かるがる》しい口調だったので、余計にこたえた。自分のがんばりをせせら笑われたような気分だった。

思い出して、心はまた暗い顔になる。

「それは男のゼラシーやね」

「ジェラシー？」

「その男は女に負けるのが悔《くや》しいけん、そんな理由をつけるんやろ。気にせんでいい」

ちょっと意地悪な顔になって言う。ふっと力が抜けて、笑ってしまった。祖母も少し笑ったけれど、すぐに真顔になった。

「心ちゃん、ものをつくるのに男も女もないよ。昔じいちゃんが言ってくれたんよ。あたしがへたくそで悩《なや》んどった時ね。『女には旋盤できんのやろか』ってきいたら、『ものをつくるのに男も女もあるか』っち怒《おこ》られたよ」

「そうよね」

いくぶん軽くなった気がする首を動かして、心は仏壇に目を移す。遺《い》影《えい》の祖父は記憶《きおく》よりも少し若い。福岡県《ふくおかけん》の卓越《たくえつ》技術者に選ばれた時に

「え？」

　つながりがよくわからなくて、心は瞬《まばた》きをした。

「女子が旋盤やるなんて珍《めずら》しいけんね。それだけで新聞やらテレビやらも来るやろう。そしたら学校のPRにもなるやんね。そういう役割も背負っとるんやから、きみにはがんばってもらわんと。自動車整備のほうも女子がおるとよかったんやけどね」

　それだけ言うと宮田先生は、ぽかんとする心の脇《わき》をすり抜《ぬ》けて職員室を出ていった。

　④ざらざらとした気持ち悪さが広がって、心は胸を押《お》さえた。

　ちーん。

※3「心ちゃんの手を治してくれて、本当にありがとうございました」

　抜糸《ばっし》以来、お線香《せんこう》をあげるたび祖母は開口いちばんにお礼を言う。心がけがをした時、のんきな反応をしたように見えた家族は、じつはとても心配していたらしい。

「正直、部活をやめさせようかと思った」

と、ついこの間、父からきいた。機械の現場で働いてきた父は、機械の怖《こわ》さをよく知っているのだ。けれど、それを実行しないでいてくれたことに、心は感謝している。

　祖母はお礼を言ったあと、さらに深く頭《こうべ》を垂れた。

「おじいちゃん。心ちゃんはがんばっとるよ。どうぞ旋盤のコンテストに出られますように」

　心も手を合わせた。心が〈ものコン〉を目指すと決めた時、いちばん喜んだ祖母は、何かにつけて心をサポートしてくれる。春休みには、年度末で経理のパートが忙《いそが》しい母に代わって、お弁当づくりも引き受けてくれた。父は練習で帰りが遅《おそ》い日や雨の日は、仕事の都合がつく範囲《はんい》で迎《むか》えにきてくれる。

「どうしたんね、心ちゃん。なんかしょぼくれとるね」

　祖母はくるりと心を振《ふ》り返った。暗い顔をしていたのがわかったのだろう。

「うまくいかんことが多い」

　心はぽつんと言った。

「ほかの部員はみんなすごいと。どんどん上達しとる。それに比べて、私は毎日同じことを指摘《してき》される。進歩がないん」

　それは春休みの強化訓練の時から感じていたことだ。男子たちの、ここいちばんのパワーはすごかった。朝、工場に入ってくる時から、目に見えるような力のベールをまとってくる。そして、そのパワーを旋盤の上で集中力に変え、細かくて正確な仕事をするのだ。特に※4吉田《よしだ》など、春休みのたった二週間の練習で見ちがえるほど腕《うで》を上げた。

　それに比べて、自分の力はうまく旋盤に乗っていない。知らない間に体からもれているのではという気がするほどだ。

　祖母は少し笑ったようだった。

「⑤心ちゃん、男子の中でちょっと気おくれしとるんやないんかね」

「それはないと、思う」

　自分の心を探《さぐ》ってから、心は慎重《しんちょう》に答えた。

　工業高校に通う心にとって、男女の区別というのは不思議なポジションにあった。自分以外は、みんな男。気にしてしまうと、とめどがなくなるし、気にしたところでどうすることもできないことのほうが多い。

【国　語】（六〇分）〈満点：一二〇点〉

【注意】一、[一]は聞いて解く問題です。
二、指示がない限り、句読点や記号などは一字として数えます。
三、正しく読めるように、読みがなをふったところがあります。

[一] この問題は聞いて解く問題です。問題文の放送は一回のみです。問題文の放送中にメモを取っても構いません。放送の指示に従って、問一から問三に答えなさい。

※放送台本は非公表です。

[二] 次の文章を読んで、後の問いに答えなさい。

工業高校の電子機械科に通う高校二年生の三郷心《しん》は、ものづくり研究部に所属し、高校生ものづくりコンテスト旋盤《せんばん》部門の出場を目指している。旋盤とは、工作機械の一つで、回転させた物体に刃物《はもの》を当てて、形を削《けず》り出すものである。

「それから」

※1中原先生は声を引き締《し》めた。

「校内選考は、例年どおり六月初めだ。中間テスト明けでもあるけど、あわせてがんばってくれ」

すっと①冷ややかな空気が流れた。校内選考。選ばれるのはひとり。か、ふたり。下腹にぐっと力が入った。自分でも意外なほどの思いが込《こ》み上げてきた。ひとりは※2原口に決まっているにしても、もうひと枠《わく》可能性が残っている。

出たい。

混じりけのない、ただまっすぐな思いだった。突然《とつぜん》、途方《とほう》もないような道が目の前に開けたみたいな気になる。

地区大会、九州大会、全国大会。意味なんかいらない。とにかく行けるところまで行ってみたい。見えているところには行ってみたい、それだけだ。ストレートな思いが、つき上げるように心の胸に湧《わ》いてきた。

数時間後、②心の胸に芽生えたまっすぐな思いは思わぬ力にゆがんでしまうことになる。その日の練習を終え、工場の鍵《かぎ》を職員室に返しに行った時だった。

「二年三組、三郷心入ります」

大きな声で挨拶《あいさつ》をして入ると、③中からぬっとなじみのない顔が出てきた。首からネームプレートを下げていて、自動車科教諭《きょうゆ》　宮田雅治《まさはる》と書いてある。心は会釈《えしゃく》をした。

「おお、きみが三郷心くんか」

学科がちがうと接点はほとんどないが、相手は心を知っているらしかった。

「はい」

うなずくと、宮田先生はほくほくと笑って、

「〈ものコン〉に出るんやろ。がんばれよ」

心の肩《かた》をどーんとたたいた。

「まだ決まったわけじゃな……」

言いかけた言葉を宮田先生は意味不明な言葉でさえぎった。

「決まったも同然よ。せっかく女子が旋盤やっとるんやから」

MEMO

大切なことはメモしておこうネ！

## 2023年度

# 芝浦工業大学附属中学校入試問題（第２回）

【算　数】（60分）　＜満点：120点＞

【注意】　1．1は聞いて解く問題です。

2．3以降は，答えだけではなく式や考え方を書いてください。式や考え方にも得点があります。

3．定規《じょうぎ》とコンパスを使用してもかまいませんが，三角定規と分度器を使用してはいけません。

4．作図に用いた線は消さないでください。

5．円周率が必要な場合は，すべて3.14で計算してください。

1　この問題は聞いて解く問題です。

聞いて解く問題は全部で⑴と⑵の２題です。⑴は１問，⑵は①と②の２問あります。問題文の放送は１回のみです。問題文が流れているときはメモを取ってもかまいません。ひとつの問題文が放送された後，計算したり，解答用紙に記入したりする時間はそれぞれ１分です。聞いて解く問題の解答は答えのみを書いてください。ただし，答えに単位が必要な場合は必ず単位をつけてください。

※放送台本は非公表です。

2　次の各問いに答えなさい。ただし，答えのみでよい。

⑴　$4\frac{2}{5}\div\left(0.25+\frac{17}{20}\right)-3.9\times\frac{5}{13}$　を計算しなさい。

⑵　□にあてはまる数を求めなさい。

$14.5\times 6-2\times\left(2.8\times\square+37\times\frac{3}{10}\right)=48$

⑶　右の図は，さいころの展開図です。さいころの向かい合う面の目の数をたすと７になります。このとき，Aにあてはまる目の数はいくつですか。

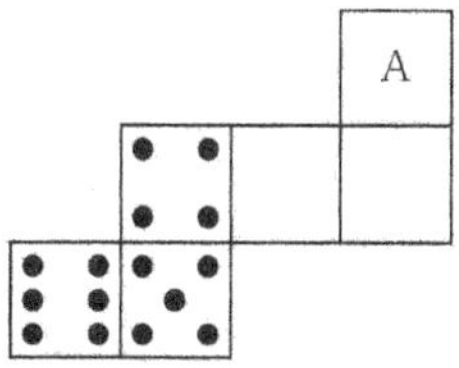


⑷　右の図のように，２種類の三角定規を重ねました。このとき，角アと角イの大きさを求めなさい。

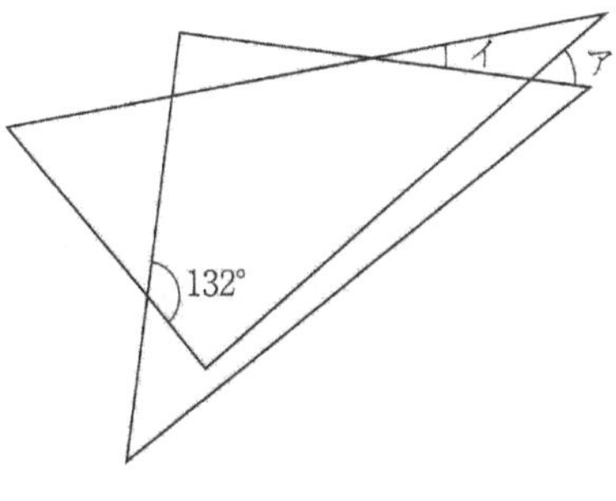

**3** 次の各問いに答えなさい。

⑴ 次の表のように，ある規則にしたがって式が並んでいます。式の計算結果がはじめて500より大きくなるのははじめから何番目ですか。

| １番目 | ２番目 | ３番目 | ４番目 | … |
|---|---|---|---|---|
| 1 | 1＋2 | 1＋2＋3 | 1＋2＋3＋4 | … |

⑵ 芝田くんは，自転車で家から公園まで行きます。家から公園までの道のりの$\frac{9}{16}$のところにある店まで行き，さらに店から公園までの道のりの$\frac{17}{35}$を進むと，残りの道のりは1.08㎞になります。家から公園までの道のりは何㎞ですか。

⑶ 芝田くんは，$1\frac{1}{8}$ $\mathrm{m}^2$の庭を５分間かけて草取りをします。田浦さんは，芝田くんが50分間かけて草取りをすることができる広さの庭の半分を15分間かけて草取りをします。12.9$\mathrm{m}^2$の庭の草取りを２人が同時にはじめたら，何分何秒かかりますか。

⑷ 図１のような，たて９㎝，横10㎝，高さ６㎝の直方体を，図２のように３つ重ね，３点Ｐ，Ｑ，Ｒを通る平面で切断し，６つの立体に分けます。体積の異なる立体は全部で何種類ありますか。また，その種類のうち，体積が１番小さい立体の体積を求めなさい。

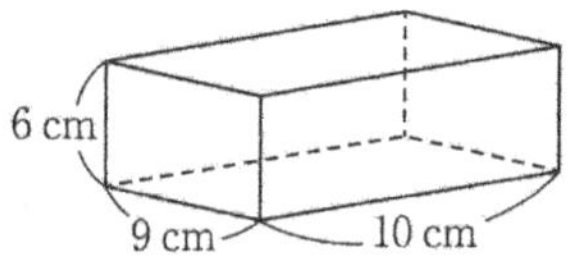


図１

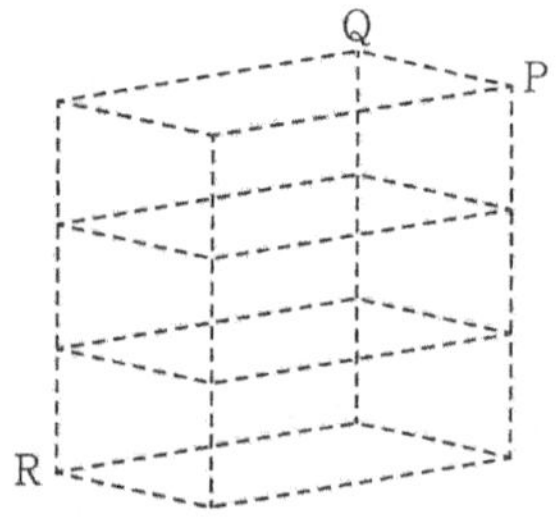


図２

⑸ 下の図のように，たて２㎝，横４㎝の長方形が直線ℓ上をすべらずに時計回りに転がります。辺ABが直線ℓと重なるまで転がるとき，辺ADが通過した部分を作図し，斜《しゃ》線で示しなさい。ただし，解答欄は方眼紙で，ます目は一辺が１㎝です。（この問題は答えのみでよい）

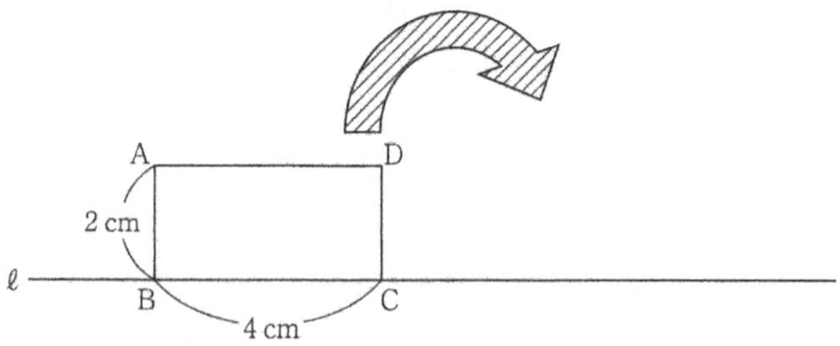


**4** 公園に集合してキャンプ場に行く計画を立てました。自動車を使う場合は，すべて一般道を走ります。バスを使う場合は途《と》中で高速道路を走りますが，公園から高速道路の入口までと高速道路の出口からキャンプ場までは一般道を走ります。自動車とバスは，一般道を走るときは同じ速さで，キャンプ場には同時に到着します。次のページの図は，自動車とバスの時刻ごとの動きで，実

線は走っている状態を表します。また，自動車とバスの動き方は，次の通りです。

【自動車】 ①　８：00に公園を出発する

②　公園を出発してからキャンプ場に到着するまでの道のりは170㎞である

③　休憩《けい》は，１回目が10：00からの15分間と，２回目が12：00から30分間の合計２回である

④　公園から２回目の休憩場所までの道のりは112.5㎞である

【バ　ス】 ①　10：45に公園を出発する

②　11：41から13：55まで高速道路を走る

③　休憩時間は12：11から44分間で，公園から休憩場所までの道のりは77㎞である

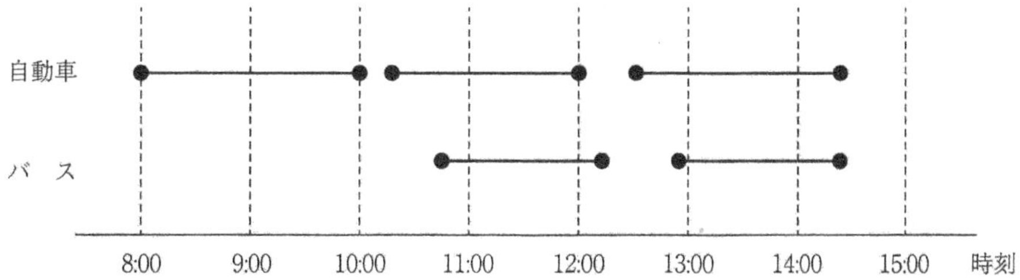


このとき次の各問いに答えなさい。

(1)　自動車とバスの一般道での時速とバスの高速道路での時速を求めなさい。

(2)　自動車とバスがキャンプ場に到着する時刻を求めなさい。

(3)　解答用紙の図は，自動車とバスが公園を出発し，キャンプ場に到着するまでの時刻と道のりの関係を表すグラフの一部です。自動車とバスのグラフをそれぞれ完成させなさい。（この問題は答えのみでよい）

(4)　ある時刻で，バスの走った距離と自動車の走った距離は同じになります。その時刻を求めなさい。

**5**　右の図のように，一辺の長さが４㎝の立方体ABCD－EFGHがあります。点Ｐ，Ｑはそれぞれ辺AB，ADの真ん中の点です。次の各問いに答えなさい。

(1)　点Ｅ，Ｐ，Ｑを通る面で立方体を切ったとき，点Ａを含《ふく》む立体をＸとする。立体Ｘの体積を求めなさい。ただし，(三角すいの体積)＝(底面の面積)×(高さ)÷３です。

(2)　三角形EPQの面積を求めなさい。

(3)　(1)の立体Ｘの中に，すべての面に接するような球を入れるとき，この球の半径を求めなさい。

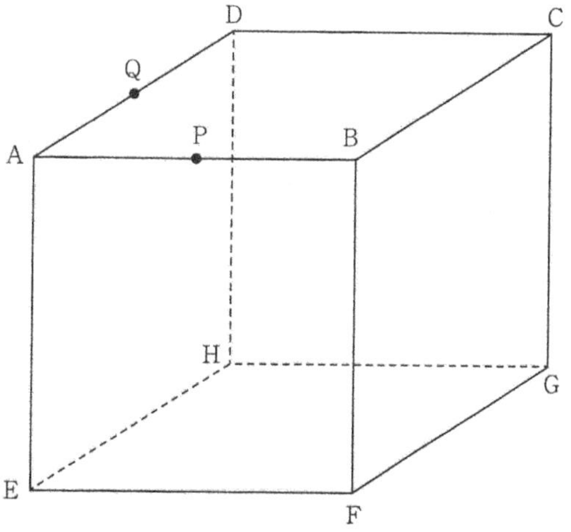

**【理　科】**（50分）　＜満点：100点＞

**【注意】** ①は，聞いて解く問題です。

**1**　この問題は聞いて解く問題です。

聞いて解く問題は全部で３題です。問題文の放送は１回のみです。問題文の放送中にメモを取っても構いません。ひとつの問題文が放送された後，解答用紙に記入する時間は15秒です。聞いて解く問題の解答は答えのみを書いてください。

(1)

ア．酸素と反応しやすいため。　イ．酸素と反応しにくいため。

ウ．酸素がつくと重くなるため。　エ．酸素がつくと軽くなるため。

(2)

ア．　イ．　ウ．　エ．

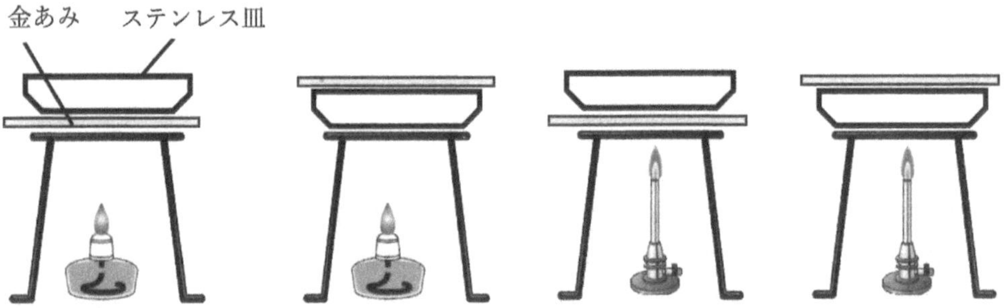


(3)

ア．25%　イ．33%　ウ．50%　エ．100%

※放送台本は非公表です。

**2**　次の文を読み，あとの問いに答えなさい。

〔実験１〕

（図１）のように，筒《つつ》にコイルを巻いたものに鉄の棒を差し入れ，電池につないだところ，コイルに電流が流れて電磁石となった。

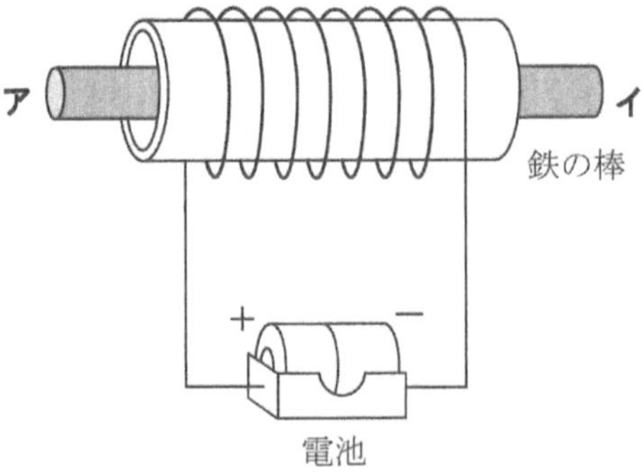


（図１）

〔**実験２**〕

鉄製のくぎの頭部と棒磁石のＮ極を（**図２**）のようにくっつけたあと，くぎを棒磁石から静かにはなした。このくぎを長方形に切った発泡《はっぽう》スチロール板にセロハンテープで貼《は》り付けて，（**図３**）のように水そうの真ん中に浮《う》かべたところ，発泡スチロール板は回転して，くぎの頭部がある方角を向いたまま静止した。その後，水そうの側面から棒磁石のＮ極を近づけたところ，くぎは（**図４**）のように向きを変えた。

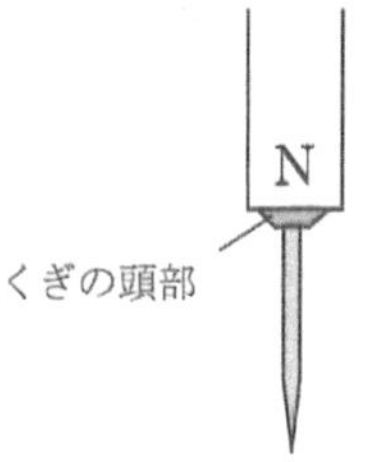

（**図２**）

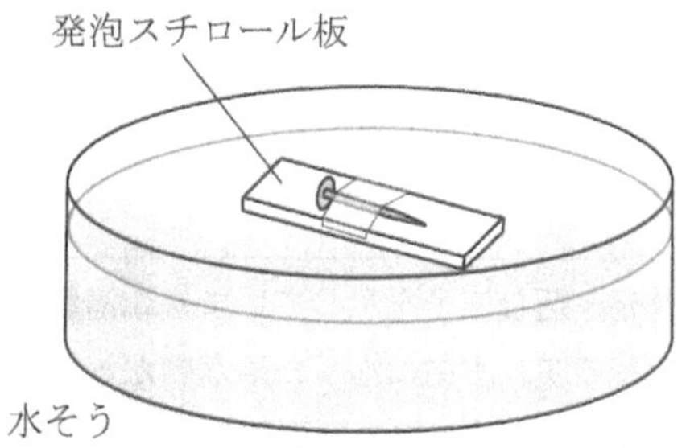

（**図３**）

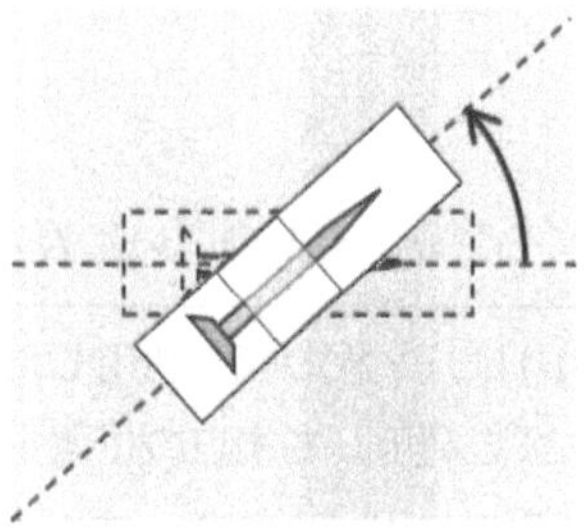
（**図４**）

⑴　（**図１**）において，電磁石のＮ極になっているのは，**ア**，**イ**のどちらですか。記号で答えなさい。

⑵　電磁石にクリップを近づけたところ，クリップは鉄の棒に２つだけくっつきました。そこで，鉄の棒にくっつくクリップの数を増やすために，次の操作を行いました。空らん［あ］～［う］に当てはまる言葉の組み合わせとしてもっとも適当なものはどれですか。**ア**～**ク**から選び記号で答えなさい。

〔操作Ａ〕　コイルの巻き数を［　あ　］。

〔操作Ｂ〕　鉄の棒を［　い　］した。

〔操作Ｃ〕　電池を２個，［　う　］につないだ。

| | あ | い | う |
|---|---|---|---|
| **ア** | 増やした | 細く | 直列 |
| **イ** | 増やした | 細く | 並列 |
| **ウ** | 増やした | 太く | 直列 |
| **エ** | 増やした | 太く | 並列 |
| **オ** | 減らした | 細く | 直列 |
| **カ** | 減らした | 細く | 並列 |
| **キ** | 減らした | 太く | 直列 |
| **ク** | 減らした | 太く | 並列 |

⑶　くぎを，〔**実験２**〕で棒磁石にくっつける前の状態にもどす方法として，もっとも適当なものはどれですか。**ア**～**エ**から選び記号で答えなさい。

**ア**．くぎの頭部を棒磁石のＳ極にしばらくくっつける。

**イ**．くぎの頭部を棒磁石の真ん中にしばらくくっつける。

**ウ**．くぎを冷蔵庫に入れて冷やす。

**エ**．くぎを缶《かん》の中に入れて，しばらくふる。

⑷ **（図４）**のようになるとき，棒磁石の近づけ方として適当なものはどれですか。**ア～エ**からすべて選び記号で答えなさい。

ア．

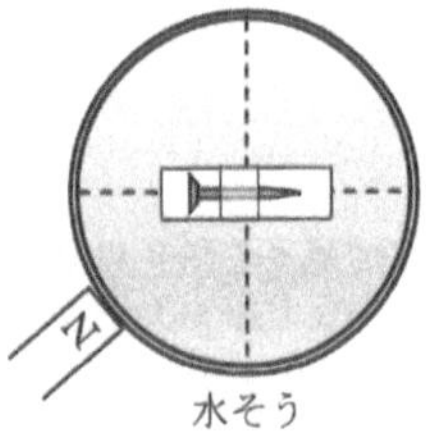


イ．

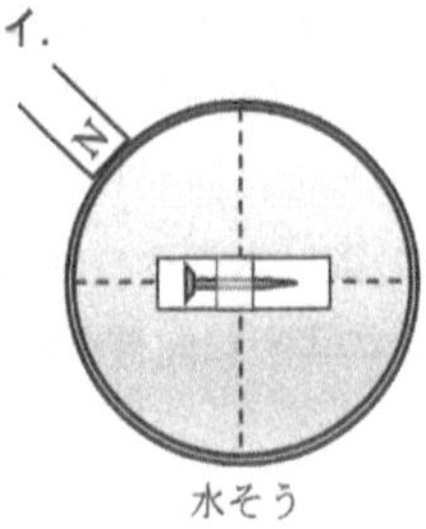


ウ．

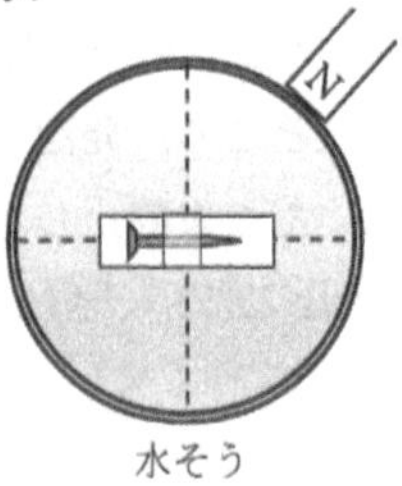


エ．

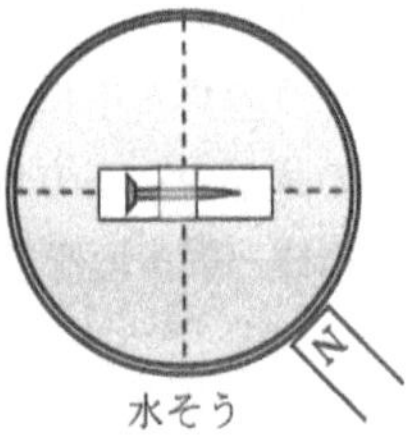


**3** 次の文を読み，あとの問いに答えなさい。

**（図１）**は，２枚の鏡を利用した潜《せん》望鏡を人がのぞき込む様子を示しています。潜望鏡とは鏡やレンズを利用して視点の位置を変える装置のことです。水中に潜《もぐ》った潜水艦《かん》が水上の様子を観察するのに用いられていました。**（図２）**は**（図１）**の潜望鏡の断面図を表しています。太い斜《なな》めの線は鏡を表しています。矢印のついた直線は光の進む向きを示しており，上の窓から入った光が２つの鏡で反射され，下の窓から出ていく様子が示されています。**（図３）**，**（図４）**は**（図１）**と同じように鏡だけを用いた潜望鏡で，のぞきこむ向きを変えたものです。

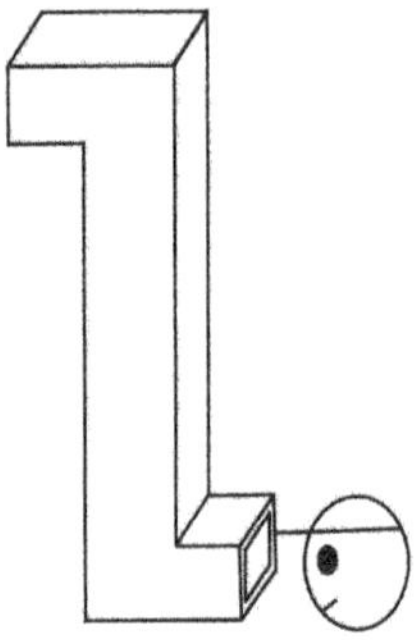

**（図１）**

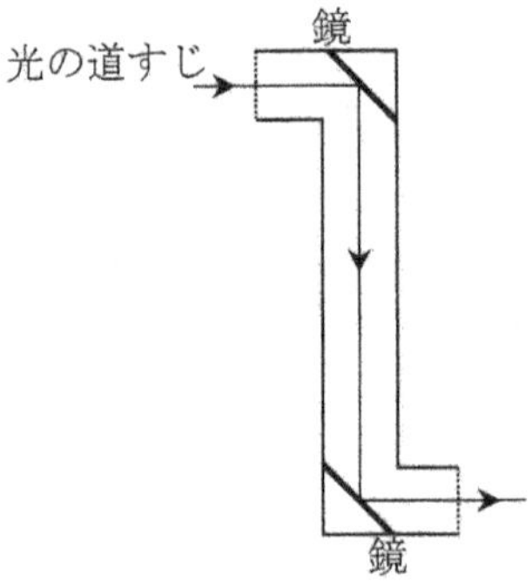


**（図２）**

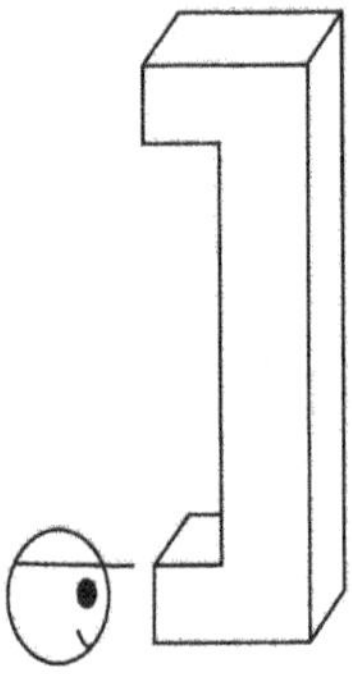

**（図３）**

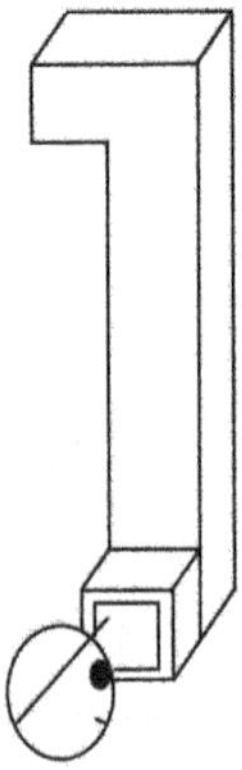

**（図４）**

⑴　**（図１）**の潜望鏡の上の窓の下半分を黒い紙でおおうと，潜望鏡を通して見える景色はどうなりますか。**ア**～**オ**から選び記号で答えなさい。

**ア**．上半分が見えない

**イ**．下半分が見えない

**ウ**．右半分が見えない

**エ**．左半分が見えない

**オ**．全体が暗くなる

⑵　**（図２）**では，鏡によって光の進行方向は90°変わっています。**（図２）**と同じ条件で，**（図５）**のように光の進行方向を変えました。鏡をかたむけた角度Xは何度ですか。

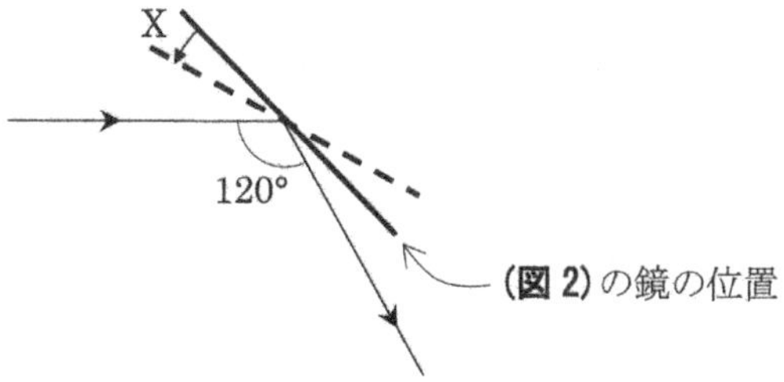


**（図５）**

⑶　**（図３）**，**（図４）**の潜望鏡を通して見える景色は実際の景色と比べ，それぞれどのように見えますか。**ア**～**ク**から選び記号で答えなさい。

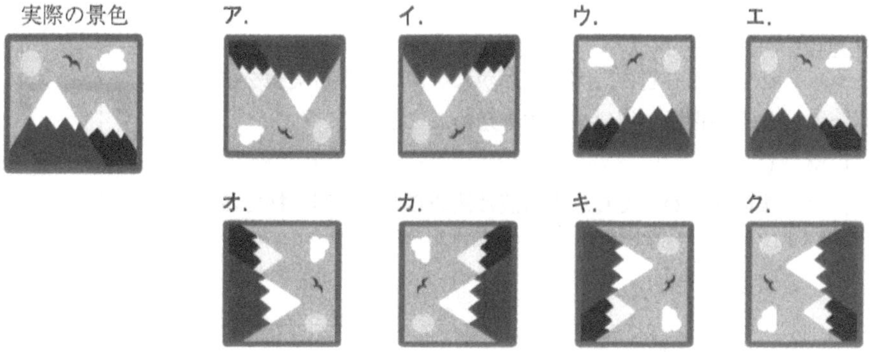


⑷　実際の潜望鏡にはレンズが使われ，望遠鏡のような役割をしていました。望遠鏡は，半径の大きな対物レンズと半径の小さな接眼レンズで作られているものがあります。接眼レンズは虫眼鏡のような役割をしています。**（図６）**のように，潜望鏡で使われている対物レンズの中心部を黒い紙でおおうと，潜望鏡を通して見える景色はどうなりますか。簡単に答えなさい。

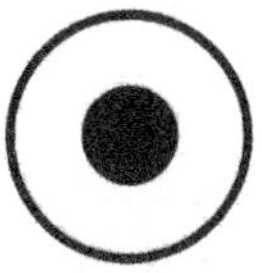

**（図６）**

**4** 芝浦君は，理科の授業で金属と水溶《よう》液の反応の実験を行い，レポートにまとめました。あとの問いに答えなさい。

2022年７月１日（金）晴れ　29℃
６年２組（12）芝浦　太朗

第５回　理科　実験レポート　**金属と水溶液の反応**

○金属Ａ～Ｃに水溶液を加えると，それぞれどのような反応をするか実験・観察をしましょう。
金属Ａ～Ｃはそれぞれ１ｇのアルミニウム，マグネシウム，銅のいずれかです。

**〔実験１〕**
①金属Ａ～Ｃの入った試験管の中にうすい塩酸30㎤を加える。それぞれの金属でどのような変化が起こるかを調べる。
②実験後，残った金属があれば重さをはかる。

**〔実験２〕**
**〔実験１〕**と同様に水酸化ナトリウム水溶液を30㎤加える。

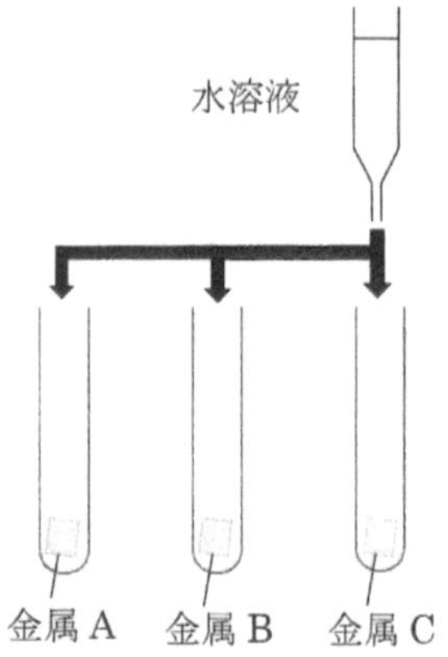


注意点
1．必ず白衣を着て，実験用めがねをかけてから実験をすること。
2．先生の指示に従い，実験を進めること。
3．（　　　　　　　　　　　　　　　　　　）
4．実験が終わったら，水溶液は決められた容器に捨てること。

**〔結果〕**

| | 金属Ａ | 金属Ｂ | 金属Ｃ |
|---|---|---|---|
| **〔実験１〕** | 激しく気体Ｘを出して溶《と》けた。反応後、0.2ｇ残った。 | 気体Ｘを出して溶けた。反応後、0.32ｇ残った。 | 反応しなかった。 |
| **〔実験２〕** | 反応しなかった。 | 気体Ｘを出して溶けた。 | 反応しなかった。 |

(1) **〔結果〕**より金属Ａ～Ｃの正しい組み合わせはどれですか。**ア**～**エ**から選び記号で答えなさい。

| | 金属Ａ | 金属Ｂ | 金属Ｃ |
|---|---|---|---|
| **ア** | マグネシウム | 銅 | アルミニウム |
| **イ** | 銅 | アルミニウム | マグネシウム |
| **ウ** | アルミニウム | マグネシウム | 銅 |
| **エ** | マグネシウム | アルミニウム | 銅 |

⑵　レポートの注意点３にあてはまるものはどれですか。**ア**～**エ**から選び記号で答えなさい。

**ア**．気体Ｘは毒性が高いので，においをかぐときは手であおぐこと。

**イ**．気体Ｘは引火するので，火を近づけないこと。

**ウ**．気体Ｘは刺激臭《しげきしゅう》なので，風通しの良いところで実験を行うこと。

**エ**．気体Ｘは有色なので，白い板を置いて色の観察を行うこと。

⑶　**〔実験１〕**では金属Ａと金属Ｄが溶け残りました。これらの金属をすべて溶かすのに塩酸はそれぞれあと何cm$^3$必要ですか。小数第２位を四捨五入して小数第１位で答えなさい。

⑷　**〔実験１〕**と同じ濃《こ》さの塩酸24cm$^3$に対して金属Ａを0.32ｇ入れたところ，金属Ａは全て反応し溶けました。そこに金属Ｂを0.23ｇ入れたところ，金属Ｂも同様に全て反応し溶けました。この溶液にさらに金属Ｂをあと何ｇ溶かすことができますか。小数第３位を四捨五入して小数第２位で答えなさい。

**5**　さまざまな気体を混ぜて燃やす実験を行いました。あとの問いに答えなさい。

**（図１）**のようにガス缶《かん》Ａ～Ｆを用意しました。ガス缶Ａ～Ｃは燃えない気体のちっ素，酸素，二酸化炭素のいずれかが入っています。また，ガス缶Ｄ～Ｆは燃える気体の水素，メタン，プロパンのいずれかが入っています。**（表１）**は，これらの気体の数値をまとめたものです。

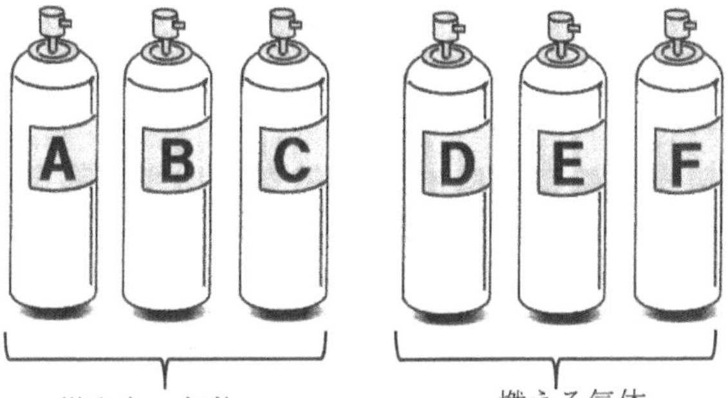


**（図１）**

| 燃えない気体 | 気体１Ｌの重さ［g］ |
| --- | --- |
| ちっ素 | 1.37 |
| 酸素 | 1.56 |
| 二酸化炭素 | 2.14 |

| 燃える気体 | 気体１Ｌの重さ［g］ | １Ｌ燃やすのに必要な酸素［L］ | １Ｌ燃やして生じる二酸化炭素［L］ |
| --- | --- | --- | --- |
| 水素 | 0.10 | 0.5 | 0 |
| メタン | 0.78 | 2.0 | 1 |
| プロパン | 2.15 | 5.0 | 3 |

**（表１）**

〔**実験１**〕

**（図２）**のように，石灰水の入った水そうの中で石灰水を満たした目盛つきプラスチックの筒《つつ》に，ガス缶Ａの気体を50mL注入しました。そのときのガス缶の重さの変化とそのようすを調べました。同様に，ガス缶Ｂ，Ｃも調べました。**（表２）**はその結果をまとめたものです。

| ガス缶 | 重さの変化［g］ | 変化のようす |
|---|---|---|
| A | 0.078 | 特になし |
| B | 0.069 | 特になし |
| C | 0.107 | 石灰水が白くにごり、筒の中の気体がどんどん減っていき、やがて無くなった。 |

**（表２）**

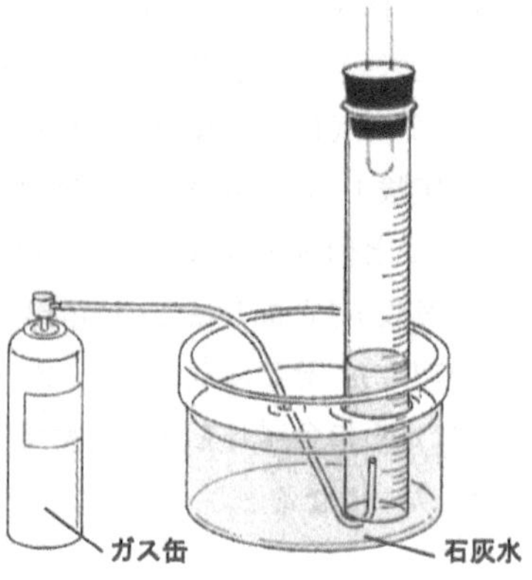


**（図２）**

〔**実験２**〕

〔**実験１**〕と同様に，**（図３）**の装置を用いて，ガス缶Ｄ～Ｆのいずれか25mLと酸素缶25mLを注入しました。その後，点火装置を使って燃焼させました。十分に時間がたった後に，残った気体の体積を調べました。**（表３）**はその結果をまとめたものです。

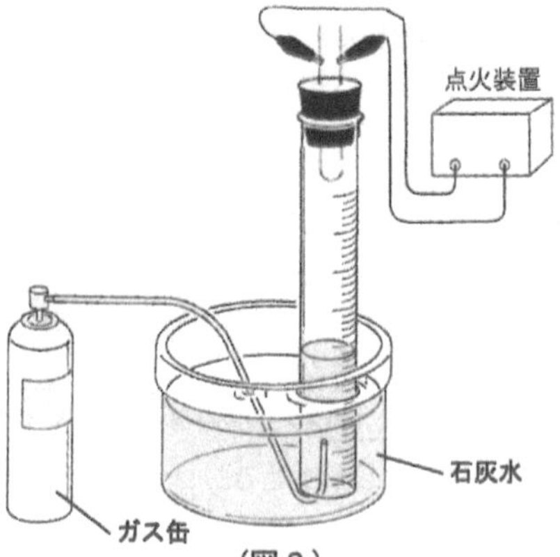


**（図３）**

| ガス缶 | 燃焼後の気体の体積［mL］ | 変化のようす |
|---|---|---|
| D | 20.0 | 石灰水が白くにごった |
| E | 12.5 | 特になし |
| F | 12.5 | 石灰水が白くにごった |

**（表３）**

⑴ 〔**実験１**〕において，酸素缶はどれですか。Ａ～Ｃから選び記号で答えなさい。

⑵ 〔**実験２**〕において，ガス缶の重さの変化がもっとも大きなものはどれですか。気体の名前を答えなさい。

⑶ 〔**実験２**〕において，Ｅの燃焼後に残る気体は何ですか。

⑷ 〔**実験２**〕において，燃焼後に残る気体の重さがもっとも小さいものはどれですか。Ｄ～Ｆから選び記号で答えなさい。

⑸ 〔**実験２**〕において，ガス缶Ｄ～Ｆのうち，燃焼後に発生した二酸化炭素の量がもっとも多いのはどれですか。またその体積は何mLですか。

**6** さまざまな生物の，生活する場所と呼吸を行う器官について調べ，**（表）**にまとめました。あとの問いに答えなさい。

| | 生活する場所 | 呼吸を行う器官 |
|---|---|---|
| ネズミ | 陸上 | 肺《はい》 |
| イモリ | 水辺 | エラ、肺、① |
| フナ | たん水中 | エラ |
| ハマグリ | 海水中 | エラ |
| バッタ | 陸上 | ② |
| クモ | 陸上 | 書肺、② |
| アサガオ | 陸上 | 根、くき、葉など |

**（表）**

⑴　ネズミが呼吸を行うときの，空気に含《ふく》まれる酸素の通り方について，正しいものはどれですか。**ア**～**エ**から選び記号で答えなさい。

**ア**．気管　→　気管支　→　肺胞　→　毛細血管
**イ**．気管支　→　気管　→　肺胞　→　毛細血管
**ウ**．気管　→　気管支　→　毛細血管　→　肺胞
**エ**．気管支　→　気管　→　毛細血管　→　肺胞

⑵　**（表）**の①，②に適する語句を答えなさい。

⑶　**（図１）**は，解ぼうしたハマグリの模式図です。ハマグリのエラはどれですか。**ア**～**オ**から選び記号で答えなさい。

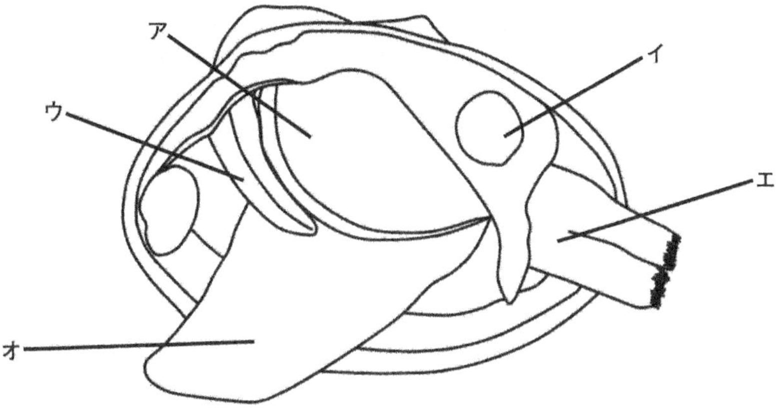


**（図１）**

⑷　フナは酸素を含んだ水を吸いこみ，エラで呼吸をします。次のページの**（図２）**は，イモリが酸素を含んだ空気を口から吸いこんで，口から出している様子を示しています。**（図２）**に従って，フナが呼吸のために吸いこむ水とはい出する水の流れを，解答用紙の図にそれぞれ矢印で書き加えなさい。

**（図２）**

⑸　とう明で密閉できる箱を複数用意し，**（表）**のうち陸上で生活する生物をそれぞれの箱に入れ，明るい部屋でじゅうぶん呼吸をさせました。その後，その箱の中の空気を同じ量取り出して石灰水にとおしたところ，他と比べて石灰水が白くにごらなかったものがありました。石灰水が白くにごらなかった理由を，その生物の活動に着目して答えなさい。ただし，箱はそれぞれの生物のからだがちょうど入るくらいの大きさとします。

7　次の文を読み，次のページの問いに答えなさい。

夏休みに旅行したときに，河原で見かけの異なる３種類の岩石Ａ，Ｂ，Ｃを採集し，家に持ち帰ったあと，表面を歯ブラシでこすって洗いきれいにした。次にそれぞれの岩石を手にもってルーペで観察した。その結果，岩石Ａ，Ｂは火成岩，岩石Ｃはたい積岩であることがわかった。**（図）**はそれらのスケッチで，観察の結果を**（表）**にまとめた。

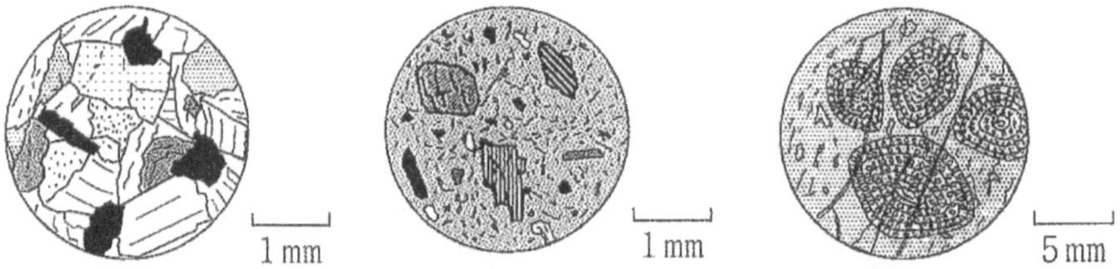


岩石Ａ　岩石Ｂ　岩石Ｃ

**（図）**

| | 岩石の特徴《ちょう》 |
|---|---|
| 岩石Ａ | ・色は全体に白っぽい。<br>・ごま塩状に見えた。<br>・一つ一つの鉱物の粒《つぶ》が大きく、ほぼ同じ大きさのものが多かった。 |
| 岩石Ｂ | ・色は全体に黒っぽい。<br>・形がわからないほど小さな粒の間に比かく的大きな鉱物が散らばっていた。 |
| 岩石Ｃ | ・色は全体に暗い灰色をしていた。<br>・岩石の中に白い米粒のようなものが見られ、それがフズリナの化石であることがわかった。 |

**（表）**

⑴　観察で使用したルーペの使い方について正しく説明したものはどれですか。**ア**～**エ**から選び記号で答えなさい。

**ア**．ルーペを岩石に近づけてもち，ルーペだけを前後に動かす。

**イ**．ルーペを目からはなしてもち，ルーペと岩石を同時に動かす。

**ウ**．ルーペを岩石に近づけてもち，頭だけを前後に動かす。

**エ**．ルーペを目に近づけてもち，岩石だけを前後に動かす。

⑵　岩石Ａのでき方を説明したものはどれですか。**ア**～**エ**から選び記号で答えなさい。

**ア**．マグマが地表あるいは地表近くで長い時間をかけて冷えて固まってできた。

**イ**．マグマが地表あるいは地表近くで短い間に冷えて固まってできた。

**ウ**．マグマが地下深いところで長い時間をかけて冷えて固まってできた。

**エ**．マグマが地下深いところで短い間に冷えて固まってできた。

⑶　岩石Ｂに関する次の文の（①）と（②）にあてはまる語句の組み合わせはどれですか。**ア**～**エ**から選び記号で答えなさい。

> 岩石Ｂのもとになったマグマのねばりけは（　①　）と考えられる。ねばりけが（　①　）マグマによって作られる火山の形は（　②　）である。

| | ① | ② |
|---|---|---|
| **ア** | 弱い | おわんをふせたようなドーム状 |
| **イ** | 弱い | けいしゃのゆるやかなたて状 |
| **ウ** | 強い | おわんをふせたようなドーム状 |
| **エ** | 強い | けいしゃのゆるやかなたて状 |

⑷　岩石Ｃにふくまれていたフズリナは示準化石として知られています。フズリナが栄えた地質年代と分布地域について説明したものはどれですか。**ア**～**エ**から選び記号で答えなさい。

**ア**．古生代の海で，広い地域に分布していた。

**イ**．古生代の海で，限られたせまい地域に分布していた。

**ウ**．中生代の海で，広い地域に分布していた。

**エ**．中生代の海で，限られたせまい地域に分布していた。

⑸　岩石Ｃは，フズリナが化石としてふくまれていることから石灰岩と考えましたが，それ以外に岩石Ｃが石灰岩であることを確かめる方法について説明しなさい。

**8**　次の問いに答えなさい。

⑴　純粋《すい》な鉄の粉は空気中に落下させるだけで燃焼します。スチールウール（非常に細い鉄線のかたまり）は落下させても燃焼しませんが，ライターで火をつけると燃焼します。しかし，鉄製のくぎはライターで火をつけても燃焼しません。鉄製のくぎが燃焼しない理由を「空気」という言葉を用いて30字以内で答えなさい。

⑵　人間の活動によって，世界の平均気温は，産業革命以前（1850～1900年を基準とする）から約1.1℃上昇《しょう》しています。現在の割合で温暖化が進行すれば，それによってもたらされる環境《かんきょう》への影《えい》響《きょう》は大きくなると考えられています。このまま気温上昇が続くと，その原因の１つである大気中

の二酸化炭素の量が連鎖《さ》的に増え，気温の上昇が止められなくなると考えられています。（グラフ）は，１Ｌの水にとける二酸化炭素の量とそのときの水温の関係を示したものです。（グラフ）を参考にして下線部の理由を55字以内で答えなさい。

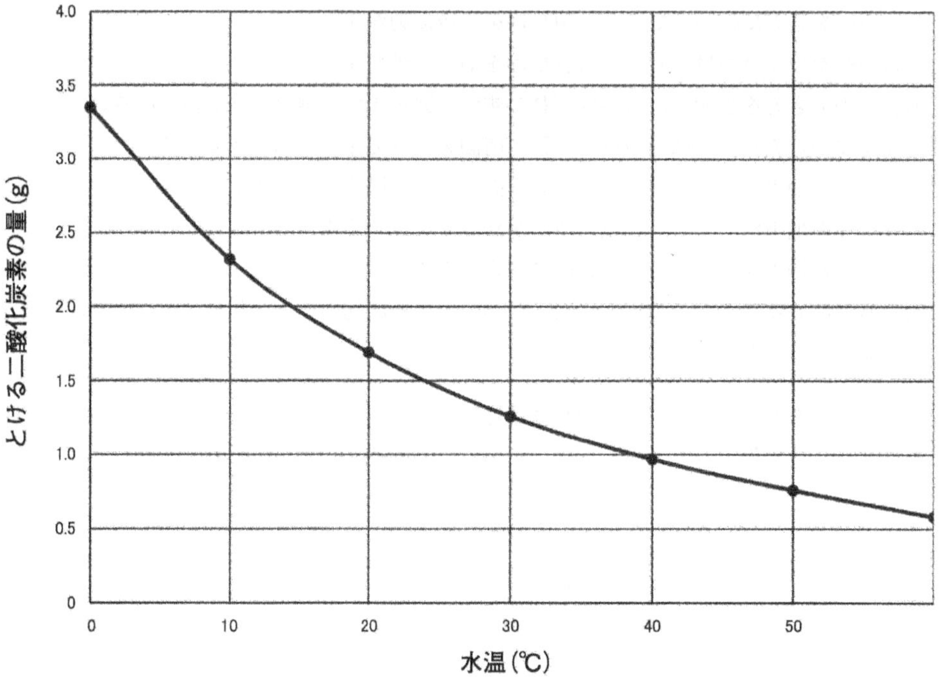


（グラフ）

のアドバイスの一部を想像して書きなさい。ただし、次の条件に従って書くこと。

Ａ　アドバイスを二つ書くこと。

Ｂ　最初に詠んだ句と作り直した句の違いに注目すること。

Ｃ　変える理由も含めること。

Ｄ　先生が生徒に話す言葉で書くこと。

Ｅ　八十字以上、百二十字以内で書くこと。ただし、出だしの一マスは空けないで書くこと。

## 五　次の各問いに答えなさい。

問一　――線部の四字熟語の使い方が適切でないものを次の中から一つ選び、記号で答えなさい。

ア　彼《かれ》らの意見は、対立しているようにみえるが大同小異である。

イ　彼らの議論は同じように聞こえているが、同工異曲で違《ちが》っている。

ウ　彼女《かのじょ》のプログラミングチームは日進月歩の成長をとげている。

エ　彼らの発言は首尾一貫《しゅびいっかん》していて分かりやすい。

問二　次の二つの文の「慣用句」の（　）の中には、共通する言葉が入ります。その言葉を平仮名で答えなさい。

・彼は骨董品《こっとうひん》の鑑定《かんてい》の時に目が（　　　）ので、とても重宝されている。

・よく来ているこの店には顔が（　　　）ので、ちょっとくらいなら無理を聞いてくれる。

問三　日本語として適切でないものを次の中から一つ選び、記号で答えなさい。

ア　これは先生がいただく食事です。

イ　先生がおっしゃった言葉の意味が今わかりました。

ウ　母は仕事に出ております。

エ　その件は担当者に尋《たず》ねてください。

問四　次の「慣用句」を使って、短い文を作りなさい。

**「狐《きつね》につままれる」**

※慣用句の内容が具体的にわかるようにしなさい。

慣用句「足がぼうになる」の場合

（悪い例）「ぼくは、足がぼうになった。」

（良い例）「ぼくは、落とし物をしてしまい、足がぼうになるまで探し回った。」

※「動きを表す語」など、後に続く語によって形が変わる場合は、変えても構いません。

（例：「あるく」→「あるいた」）

## 六　――線部のカタカナを漢字に直しなさい。

1　エンゲキ部に入部する。

2　オクガイの気温は氷点下になった。

3　『奥《おく》の細道』はキコウ文です。

4　ユウビン局に手紙を出しに行った。

5　文化祭のチラシをスる。

づ《ズ》かづ《ズ》かと来て踊子《おどりこ》にささやける　　高野素十《すじゅう》

**生徒**　踊子の女性に、親しい関係の男性が近づいて来て何かをささやいている場面を想像しました。おそらく踊《おど》っている最中の出来事なのではないでしょうか。背景には、何か恋愛《れんあい》のドラマがありそうです。

**先生**　俳句の中の「踊」は盆踊《ぼんおど》りのことで、秋の季語になっています。どのような人がどのような話をささやいたのか気になり、想像がふくらみますね。「づかづか」という擬態語《ぎたいご》が、［Ｃ］様子を効果的に表していて、何やら深刻な言葉をささやいているように思われます。

七夕の一粒《ひとつぶ》の雨ふりにけり　　山口青邨《せいそん》

**生徒**　七夕の日に一粒の雨が降ったという、非常にシンプルな内容の句です。七夕は、夏ではなく秋の季語なのですね。この句の良さはどのようなところにあるのでしょうか。

**先生**　昔の暦《こよみ》によって季節が決まっているので、今の感覚とズレがありますね。この句には、①季語の力が強く発揮されていると思います。一粒の雨が降ったというだけでは平凡《へいぼん》な内容なのですが、それが「七夕」であることで、世界が一気に広がりますね。細かいところですが、「七夕に」ではなく「七夕の」となっていることによって、一粒の雨が七夕の世界を含《ふく》む特別な雨に感じられます。「に」だと説明的でありきたりの表現になってしまいます。俳句は、たった一文字の違《ちが》いでまったく変わるのです。

（ここまでの俳句は『合本俳句歳時記第五版』より引用・一部表記を変更）

問一　［Ａ］に入る言葉として適切なものを次の中から一つ選び、記号で答えなさい。

ア　意外性　　イ　滑稽《こっけい》さ　　ウ　余韻《よいん》　　エ　季節感

問二　［Ｂ］に入る最も適切な言葉を漢字二字で答えなさい。

問三　［Ｃ］に入る言葉として適切なものを次の中から一つ選び、記号で答えなさい。

ア　緊迫《きんぱく》した　　イ　困惑《こんわく》した　　ウ　落胆《らくたん》した　　エ　歓喜《かんき》した

問四　――線①「季語の力」とありますが、この句における「季語の力」の説明として適切なものを次の中から一つ選び、記号で答えなさい。

ア　豊かな自然に囲まれて生きていることの喜びを実感させる力。
イ　日常の暮らしの中で大切にされてきたものを後世に伝える力。
ウ　季節の移ろいを感じながら生きていく繊細《せんさい》な心を養う力。
エ　人々の共通認識《にんしき》としてある文化的な伝統を連想させる力。

問五　高校生の芝《しば》君は、俳句部に所属し、日々俳句を詠んでいます。ある日、自分が詠んだ句をより良いものにするため、先生からアドバイス（助言）をもらうことにしました。次の句は、芝君が最初に詠んだ句と、先生からのアドバイスをもとに作り直した句です。

【最初に詠んだ句】
　手を伸ばし硬《かた》くて柔《やわ》き木《き》の芽かな

【作り直した句】
　しなやかに引き締《し》まりたる桜の芽

先生は芝君にどのようなアドバイスをしたと考えられますか。先生で答えなさい。

ア　安易

イ　正直

ウ　特別

エ　正確

問四　――線②「相手に対するそういう拒絶」とありますが、どのような拒絶ですか。適切なものを次の中から一つ選び、記号で答えなさい。

ア　話し相手を意図的に傷つけるような拒絶

イ　話し相手の異質性への嫌悪感《けんおかん》を示す拒絶

ウ　話し相手へ自分の感情を早急に表す拒絶

エ　話し相手の非を責めるような拒絶

問五　――線③「彼女の内面で確実に何かが変ったのだと思います」とありますが、どのようなことができるようになったと考えられますか。三十字以上、四十字以内で答えなさい。

問六　次の文が入るのに適切な箇所《かしょ》を本文中のⅠ～Ⅳから一つ選び、記号で答えなさい。

**だから人とのつながりを少しずつ丁寧《ていねい》に築こうと思ったとき、これらの言葉はなおさら非常に問題を孕《はら》んだ言葉になるのです。**

問七　この文章にタイトルをつけるとすればどのようなものが良いですか。適切なものを次の中から一つ選び、記号で答えなさい。

ア　他者との付き合い方と「受身の立場」

イ　「受身の立場」から考える「言語的ツール」

ウ　関係が深まらない「コミュニケーション阻害語」

エ　「コミュニケーション阻害語」から学ぶ言葉の変化

## 四　俳句についての会話文を読んで、後の問いに答えなさい。

永き日や欠伸《あくび》うつして別れ行く　　夏目漱石《そうせき》

**生徒**　あの有名な夏目漱石も俳句を詠《よ》んでいたのですね。この句には、日常の何気ない様子が描《えが》かれています。のんびりとした気分が感じられる句だと思います。

**先生**　Ａ も昔から俳句の重要な要素の一つとされてきました。この句では「欠伸うつして」ですね。「永き日」という春の季語もうまく効いていると思います。春分を過ぎると夜よりも昼の時間が長くなり始め、何となく気持ちがのびやかになります。暖かな春の空気に包まれて、二人の人物の間にゆったりとした時間が流れているようです。

紅梅や枝々は空奪《うば》ひ《イ》あひ《イ》　　鷹羽狩行《たかはしゅぎょう》

**生徒**　私は青空をイメージしましたが、広い空を背景に梅の紅《あか》い花がきれいに咲《さ》いていて、色彩《しきさい》の美しい景色ですね。「枝々」に着目しているところが、この句ならではの特徴《とくちょう》だと思います。

**先生**　たくさんの枝が空に向かって勢いよく広がっている様子を、擬《ぎ》人法《じんほう》によって効果的に表現しています。紅梅の枝が他の枝に負けまいと、まるで意志をもって伸《の》びているようです。紅梅の Ｂ 力が感じられる句です。最後を「奪ひ《イ》あふ《ウ》」と言い切らずに、「奪ひ《イ》あひ《イ》」としたことで、のびのびとした感じが出ています。

いろな阻害要因が発生します。他者は自分とは異質なものなのですから、当然です。じっくり話せば理解し合えたとしても、すぐには気持ちが伝わらないということもあります。そうした他者との関係の中にある異質性を、ちょっと我慢《がまん》して自分の中になじませる努力を最初から放棄《ほうき》しているわけです。

つまり「うざい」とか「ムカツク」と口に出したとたんに、これまで私が幸福を築くうえで大切だよと述べてきた、異質性を受け入れた形での親密性、親しさの形成、親しさを作り上げていくという可能性は、ほとんど根こそぎゼロになってしまうのです。これではコミュニケーション能力が高まっていくはずがありません。

もっとも、流行語になるずっと以前から、「むかつく」とか、「うざったい」という言葉はありました。でもあまり日常語として頻繁《ひんぱん》に現れるということはありませんでした。なぜかといえば、現在の状況のように、すぐに「ムカツク」とか「うぜー」と表現することを許すような、場の雰囲気《ふんいき》というものがなかったのです。でも今はあります。Ⅲ

「ムカツク」「うざい」が頻繁に使われる以前はどうしていたのでしょうか。私たちの世代でも今の若い人たちと同じように、ムカついたり、うざいという感情を持つことはあったはずです。でもそれを社会的に表現するには、それだけの理由、②相手に対するそういう拒絶を表現してもいいのだという根拠を与《あた》える理由がないと言えないという雰囲気があったわけです。

それが今は、主観的な心情を簡単に※4発露《はつろ》できてしまうほど、社会のルール性がゆるくなってしまったのだと思います。昔は、そんな言葉はきちんとした正当性がない限り、言ってはいけないという暗黙《あんもく》の了解《りょうかい》がありました。だから、いくらムカついてもグッと言葉を飲《の》み込《こ》んでおくことによって、ある種の※5耐性《たいせい》がうまく作られていったと思うのです。Ⅳ

さて、ここで私の娘の話に戻《もど》るのですが、こうした言葉を言わなくなってから人に対する彼女《かのじょ》の態度がハッキリ変わりました。自分が気に入らない状況やまるごと肯定《こうてい》してはくれない他者に対してある程度耐性が出来上がったようなのです。それは単に年齢《ねんれい》が上になったからとか、少し大人になったからといった自然成長的な変化ではありません。③彼女の内面で確実に何かが変ったのだと思います。

友だちとのコミュニケーションを深くじっくり味わうためにも、自分の内面の耐性を鍛えるためにも、「ムカツク」「うざい」という言葉はやはり使わないほうがいいでしょう。

（菅野仁『友だち幻想　人と人の〈つながり〉を考える』）

※1　レスポンス……応答。反応。
2　交感……心が通い合って、お互《たが》いに相手の気持ちがわかること。
3　まなざす……ものを見ること。
4　発露《はつろ》……外にあらわれ出ること。
5　耐性《たいせい》……困難などに耐《た》えることのできる性質。

問一　Ａ、Ｂに入る言葉として適切なものを次の中から一つずつ選び、それぞれ記号で答えなさい。
ア　つまり　イ　しかし　ウ　たとえば
エ　しかも　オ　なぜなら

問二　――線①「きちんとした受身のレスポンスをとること」とありますが、どのようなことですか。三十字以内で答えなさい。

問三　Ｘに入る言葉として適切なものを次の中から一つ選び、記号なざしがどうもよくない、友だちをマイナスの面から見ることが多くなり、家族やまわりの人たちへのギスギスした態度が目についてきました。そこで、そうした言葉を使わないようにとアドバイスしてみました。その言葉にはいくつかあって、私はそれらをとりわけ子どもたちにとっての「コミュニケーション阻害語」と名づけて、気にかけるようになりました。

その理由は次のとおりです。

子どもから大人になるプロセスにある十代は、その人が他者とコミュニケーションを取《と》り交《か》わす作法を学び取る大切な時期です。私たちは他者である相手と言葉を交わすことによって、情報内容の伝達だけではなく、思いや感情といった情緒的《じょうちょてき》側面の交感[※2]をも重ねます。そうしたコミュニケーションの過程のなかで、自分から相手をまなざす[※3]と同時に、相手から自分に向けられるまなざしを受け止めながら、〈いま・ここ〉の自分のあり方を振《ふ》り返《かえ》り、とらえ直す作法を学び取ります。

しかしこれから検討していく言葉群、私が「コミュニケーション阻害語」と名づけた一連の言葉は、そうした自分と相手の双方向《そうほうこう》のまなざしが自分自身のなかで交差することを、著《いちじる》しく阻害する危険性があると思うのです。自分から相手を一方的にまなざすばかりで、相手からのまなざしを回避《かいひ》してしまう道具としての性格を、こうした言葉はいつのまにか帯びてしまっているというのが、私の考えです。[Ⅰ]

もちろん私は、「こうした言葉を用いることを一律に禁止せよ」、といっているわけではありません。大人になって、状況《じょうきょう》判断や相手との間合いの取り方などに長けてくれば、時と場合によっては、冗談《じょうだん》半分で使うこともあるでしょう。でも他者とのコミュニケーションの作法をこれから学び取り、状況に応じた相手との距離《きょり》の感覚やきちんとした向き合い方を身につけていかなければならない十代の若者たちにとって、これから取り上げる言葉群は、異質な他者ときちんと向き合うことから自分を遠ざける、いわば〈逃《に》げのアイテム〉としての機能をもち、そうした言葉を多用することによって、知らず知らずのうちに他者が帯びる異質性に最初から背を向けてしまうような身体性を作ってしまう危険性があることを、私は指摘《してき》したいと思うのです。

阻害語の代表的なものが、「ムカツク」と「うざい」という二つの言葉です。

この言葉は、このところ若者を中心にあっという間に定着してしまった感のある言葉です。「ムカツク」とか「うざい」というのはどういう言葉かというと、自分の中に少しでも不快感が生じたときに、そうした感情をすぐに言語化できる、非常に便利な言語的ツールなのです。

[B]、自分にとって少しでも異質だと感じたり、これは苦い感じだなと思ったときに、すぐさま「おれは不快だ」と表現して、異質なものと折り合おうとする意欲を即座《そくざ》に遮断《しゃだん》してしまう言葉です。しかもそれは他者に対しての攻撃《こうげき》の言葉としても使えます。「おれはこいつが気に入らない、嫌《きら》いだ」ということを根拠《こんきょ》もなく感情のままに言えるということです。ふつうは、「嫌いだ」と言うときには、「こういう理由で」という根拠を添《そ》えなければなりませんが、「うざい」の一言で済んでしまうわけです。自分にとって異質なものに対して端的《たんてき》な拒否《きょひ》をすぐ表明できる、[X]で便利な言語的ツールなわけですね。[Ⅱ]

どんなに身近にいても、他者との関係というものはいつも百パーセントうまくいくものではありません。関係を構築していく中で、常にいろ

エ 「エゴを飛ばす」という言葉を理解はできないが、なんとなく気がかりで忘れられないということ。

問五 Ａ に入る言葉として適切なものを次の中から一つ選び、記号で答えなさい。

ア いらいら　イ うずうず　ウ どきどき　エ はらはら

問六 ――線⑤「涙がじんわり滲んだ」とありますが、このときの悟の心情を説明したものとして適切なものを次の中から一つ選び、記号で答えなさい。

ア 小さな体で壮大《そうだい》な大地や海を飛んでいく鳩の姿を見て、自分も鳩のように、過酷な道に挫折《ざせつ》することなく力強く生きようと固く誓《ちか》っている。

イ 飛ぶべき方向を自ら判断して旅立つ鳩の姿を見て、生き物が生まれながらに備えている本能のすごさ、またそれに従い困難に力強く立ち向かう生き物の美しさに感動している。

ウ 過酷な旅と知りながら旅立つことを決意した鳩の姿を見て、自分を信じて鳩を飛ばすことを決意した自分の判断が間違《まちが》っていなかったと確信している。

エ 本能に従いひたすら家を目指す鳩の姿を見て、鳩が備えている本能のすごさに感動するとともに、すべての鳩たちが無事に家につくことを心から願っている。

問七 この文章の表現に関する説明として適切なものを次の中から一つ選び、記号で答えなさい。

ア おしっこの出や湯気の様子の描写《びょうしゃ》によって、悟と父の会話の中でのそれぞれの心情の変化を表現している。

イ 悟の会話文中に用いられる「……」は、悟が父の発言に対してどのように答えようか迷っている様子を表現している。

ウ 「緑の大地」や「青い海」という表現は、色を用いることで悟が北海道の自然に感動していることを表現している。

エ 鳩が飛び立つ姿を色や空気の様子で描くことによって、鳩が激しく力強く羽ばたいていく様子を表現している。

三 次の文章を読んで、後の問いに答えなさい。

他者との関係を深めるにあたって、自分が他者に対して「受身の立場」をとれるということも大事です。

受身の立場とは何かというと、相手が自分に働きかけてくれることに対して、それなりにきちんと※1レスポンスできるということです。

それは、決して百パーセント相手に合わせることではないし、百パーセント丸ごと受容できないからといって親しさがないということではありません。違《ちが》うところは違ってもいいのです。

でも、なるべくいろいろな人の言葉に耳を傾《かたむ》けるということが、関係作りのバランスを鍛《きた》えるいいトレーニングになると思います。

Ａ 、読者の皆《みな》さん、とりわけ若い皆さんがふだん何気なく使っている言葉（しかも使用頻度《ひんど》がかなり高いと思われる。）に、①きちんとした受身のレスポンスをとることをいつのまにか阻害《そがい》する働きをしてしまう言葉があります。

そのことに気づいたのにはこんなきっかけがありました。私の娘《むすめ》が小学校の中学年ぐらいになったときに、ムカツクとかうざいといったたぐいの言葉をよく使うようになりました。そのあたりから、友だちへのまふと、おれは考えた。人間もなにかの本能に従って生きているんだろうか。過酷《かこく》な旅とわかっていながら旅立っていく鳩のように、その先は大変だとわかっていても、突き進むことを人間もするんだろうか。本能に突き動かされて。

北海道の緑の大地を、横断していく鳩たちの姿を想像した。彼《かれ》らはやがて力強く青い海を渡《わた》っていく。なんて健気《けなげ》で美しい姿なんだろう。⑤涙《なみだ》がじんわり滲《にじ》んだ。

「おうちで会おうね！」

ユリカが飛び去る鳩たちに向かって叫《さけ》んだ。おれもみなとも叫んだ。

「おうちで会おうね！」

「おうちで会おうね！」

みなとが満面の笑みで話しかけてくる。

「ライツィハーに会いに、ぼくらも帰ろうよ」

「そうだな」

おれは涙を気づかれないように首をひねって答えた。そのとき、両手を組み合わせ、目をつぶって祈《いの》るユリカの姿が目に入った。高台のここからは海が見える。朝日に輝《かがや》く海を背に祈る彼女は、まるで美しい乙女《おとめ》の銅像みたいだった。

（関口尚『はとの神様』）

※　悟君ちの鳩……悟の父が飛ばした鳩のこと。ライツィハーとは別の鳩。

問一　――線①「の」と文法的に同じものを次の中から一つ選び、記号で答えなさい。

ア　母は本を読むのが好きだ。

イ　妹の描《か》いた絵が金賞をとった。

ウ　学校の友達と話しながら帰る。

エ　体調が悪いので学校を休む。

問二　――線②「鳩レースが大好きで夢中な父ちゃんに、レースに批判的な言葉を言う」とありますが、鳩を飛ばすことについて悟と父はそれぞれどのように考えていますか。六十字以上八十字以内で説明しなさい。

問三　――線③「父ちゃんは苦笑いした」とありますが、このときの父の様子として適切なものを次の中から一つ選び、記号で答えなさい。

ア　自分で言っておきながら、十分に理解していないことを恥《は》ずかしく思い、それをごまかす様子。

イ　想像もしていなかった悟の突飛《とっぴ》な質問に困惑《こんわく》しているのを必死で隠《かく》す様子。

ウ　「エゴを飛ばす」という言葉の意味を理解できない悟のまぬけさにあきれている様子。

エ　自分ですら理解が足りていない言葉であるが、いつか悟が理解できることを確信している様子。

問四　――線④「耳にざらざらと残る言葉だった」とありますが、これはどういうことですか。適切なものを次の中から一つ選び、記号で答えなさい。

ア　「エゴを飛ばす」という言葉に心を打たれ、自分の行動に迷いがなくなったということ。

イ　「エゴを飛ばす」という言葉の意味を理解できない自分を、腹立たしく思っているということ。

ウ　「エゴを飛ばす」という言葉になんとなく納得《なっとく》いかず、受け入れられずにいるということ。

耳をすます。父ちゃんは夏のあいだ草原となっているスキー場を見渡《みわた》しながら言った。

「悟よ、よく聞け。鳩レースはいいか悪いかじゃないんだよ。たしかに鳩レースは人間の勝手ばかりだ。より強い鳩を作出するために、いい血統の鳩同士を交配させて、いいレース結果が出ればまるで神様気取りになる。けどな、いいか悪いかじゃなくて、それを超《こ》えたところでやってるんだよ」

「いいか悪いかを超えたところ……」

「おれたちが飛ばす鳩ってやつは、飛ばす人間の名誉欲《めいよよく》とかお金とか執念《しゅうねん》とかそういったものの塊《かたまり》なんだ。いわば、おれたちはエゴを飛ばしてるんだ。だからこそ、それに引っついてくる悲しみや心の痛みはみんな自分で引き受けなきゃいけない。飛ばすからには全部引き受けるんだ」

「エゴってなに？」

③父ちゃんは苦笑いした。

「実はおれもよくわかってねえ。だけど、いつか悟ならわかるときが来るんじゃねえかな」

エゴを飛ばす。飛ばすからには全部引き受ける。意味はぜんぜんわからないけれど、④耳にざらざらと残る言葉だった。

スタートはちょうど朝の五時だった。スキー場には、ぎっしりと鳩を積んだ六台のトラックが停まっていた。鳩を運ぶ専用の放鳩車だ。その放鳩車のコンテナの扉《とびら》が、いっせいに開いた。

明けたばかりの青い空に八千羽《わ》の鳩が飛び出していく。空が一瞬《いっしゅん》にしてかき曇《くも》り、羽の音が空気を震《ふる》わせる。

鳩の一群は上空に駆《か》けのぼると、方向判定のために輪を描《えが》くようにして飛んだ。おれたちがいる場所までその一群が近づいてくる。まるで海鳴りがものすごい速さで近づいてくるような怖《こわ》さがあった。

籠《かご》の中でライツィハーが羽をはばたかせた。自分と同じ鳩たちが旅立っていくのを感じ、飛びたくて［Ａ］しているのだろうか。

父ちゃんと目が合う。飛ばせ、ということらしい。

「よし、こっちもスタートだ！」

おれが叫《さけ》ぶと、ユリカは自分の人差し指の先にキスをして、そのキスした部分をライツィハーの嘴《くちばし》に近づけた。ライツィハーがつつく。痛いだろうにユリカは微笑《ほほえ》んだ。間接キス。そうなんだと気づいたとき、彼《かの》女《じょ》は籠を開けた。

「いってらっしゃい、ライちゃん！」

ライツィハーは矢のように飛んでいった。羽の外側は灰色、内側は白。激しくはばたくと灰色と白が交互《こうご》に見えた。

空中で旋回《せんかい》するレース鳩の一群に、やがてライツィハーは合流した。いままでずっといっしょだったのに、八千羽の中に交ざってしまうと、もうどこにいるのかさっぱりわからない。

「※悟君ちの鳩たちといっしょになれればいいね」

みなとが言う。おれもユリカも大きくうなずいた。

方向判定が終わったのだろう。鳩たちはいっせいに南の方角へと向かい始めた。ちゃんとみんな飛ぶべき方角がわかるのだ。すごい。本能ってすごい。そして、その本能に従ってひたすら家を目指す鳩たちもすごい。

【国　語】〈六〇分〉〈満点：一二〇点〉

【注意】一、一は聞いて解く問題です。
二、指示がない限り、句読点や記号などは一字として数えます。
三、正しく読めるように、読みがなをふったところがあります。

一　これから聞いて解く問題を始めます。問題の放送は一回のみです。問題文の放送中にメモを取っても構いません。放送の指示に従って、問一から問三に答えなさい。

※放送台本は非公表です。

二　次の文章を読んで、後の問いに答えなさい。

小学五年生の「悟《さとる》」は同級生の「ユリカ」「みなと」とともに拾《ひろ》い鳩《ばと》であるライツィハーを鳩《はと》レースに参加させるため、北海道の稚内《わっかない》を目指す。鳩レースとは、スタート地点である放鳩地《ほうきゅうち》からゴールである自分の家の鳩舎《きゅうしゃ》まで、どれくらいの「速さ」で飛んだかを競う競技である。次の話は、悟がみなと、ユリカとともに、放鳩地である稚内まで父にトラックで送ってもらったあとの場面である。

トラックのドアが閉まった音で目が覚めた。父ちゃんが外に出ていったようだ。空はまだ暗くて星が見えた。

おしっこがしたくなって、助手席のドアを開けて出る。トラックはスキー場のロッジのそばに停《と》められている。今回のレースの放鳩地点がスキー場であるためだ。放鳩するのには見晴らし①のいい場所のほうがいいし、鉄塔《てっとう》や送電線がないほうがいいし、高い建物もないほうがいい。それで今回はスキー場が選ばれたらしい。

トラックの後方に回ったら、父ちゃんが先におしっこをしていた。

「おお、悟か。おはよう」

「おはよう」

父ちゃんと並んでおしっこをする。北海道の五月の朝はまだまだとても寒くて、おしっこをしたら白い湯気が立った。

「なあ、父ちゃん」

「なんだ」

「父ちゃんはさ、放鳩するときは鳩が心配になったり、鳩に悪いことしてるなって悩《なや》むことはある？　せっかく育てた鳩を遠いところまで連れていって飛ばすのは、人間の勝手だと思う？」

ユリカに突《つ》きつけられた質問が、胸の中にずっと残っていた。父ちゃんはおしっこが終わったのか、黙《だま》ったままズボンのチャックを上げた。

返事がないのでさらに尋《たず》ねた。ユリカからの質問で考えるようになったことだ。

「レースをするためだけに生まれてくる鳩たちって、なんかかわいそうじゃないかな。人間がそんなふうに命を勝手に操《あやつ》っていいのかな。レースって絶対に帰ってこられる保証はないわけでしょ？　帰《き》還率《かんりつ》百パーセントのレースなんてないもんね。帰ってこられなかった鳩たちは、死んでしまったか、どこかで苦労して暮らしているかしてるはずだもん。そんな目にあわせる人間ってひどいんじゃないかな。死ぬこともあるのに飛ばすなんて、ひどいことしてるんじゃないかな」

②鳩レースが大好きで夢中な父ちゃんに、レースに批判的な言葉を言う。緊張《きんちょう》しておしっこの出が悪くなった。父ちゃんの答えが気になって

MEMO

大切なことはメモしておこうネ！

第1回

# 2023年度

# 解　答　と　解　説

《2023年度の配点は解答欄に掲載してあります。》

## ＜算数解答＞

1　(1)　7500m　(2)　①　㋔が1通り決まる　(理由)　㋐と㋕が同じ色の場合があるから
[㋐と㋕が同じ色の場合は2通りになるから]　②　16通り

2　(1)　4.4$\left[4\frac{2}{5},\ \frac{22}{5}\right]$　(2)　1　(3)　150g　(4)　25cm$^2$

3　(1)　カーネーション10本・バラ5本　(2)　10通り　(3)　$21\frac{9}{11}$分・$54\frac{6}{11}$分
(4)　3.14cm$^3$　(5)　解説参照

4　(1)　毎分2cm　(2)　毎分3cm　(3)　60cm
(4)　容器A　解説参照　容器B　解説参照

5　(1)　152.52cm$^2$　(2)　30cm　(3)　43cm　(4)　4680cm$^3$

○推定配点○
3, 4　各6点×10(3(1)・(3)各完答)　他　各5点×12　計120点

## ＜算数解説＞

1　聞いて解く問題解説省略。

重要　2　**(四則計算，割合と比，平面図形，立体図形)**

(1)　$5\frac{13}{15}\div(6\div4.5)=\frac{88}{15}\times\frac{3}{4}=4.4$

(2)　$\frac{\square}{8}=\frac{7}{4}\times\frac{3}{14}-0.25=\frac{1}{8}$

(3)　右図1より，色がついた部分の面積が等しく，求める重さは$(8-5)\times100\div(10-8)=150$(g)

(4)　右図2より，立体イとアの表面積の差は$5\times5=25$(cm$^2$)

図1

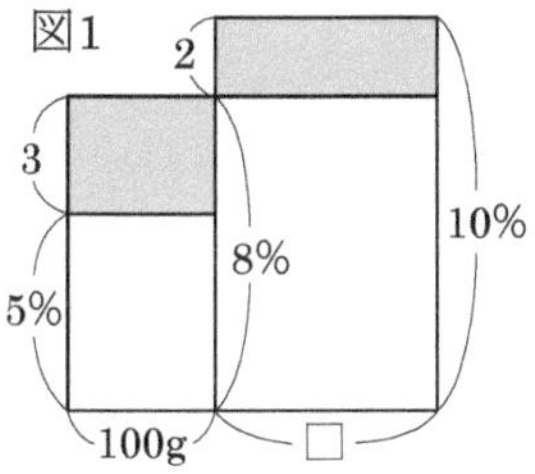


図2

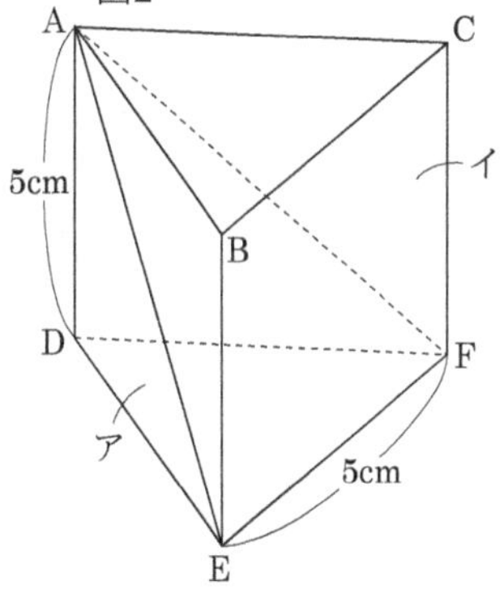


3　**(割合と比，つるかめ算，場合の数，速さの三公式と比，時計算，平面図形，立体図形，図形や点の移動)**

重要　(1)　$(2200-250-120\times15)\div(150-120)=5$(本)

やや難　(2)　1gの分銅…$1\times13$より，1通り　1gと3gの分銅…$1\times10+3\times1\sim1\times1+3\times4$より，4通り　1gと5gの分銅…$1\times8+5\times1$，$1\times3+5\times2$より，2通り　3gと5gの分銅…$3\times1+5\times2$より，1通り　1gと3gと5gの分銅…$1\times5+3\times1+5\times1$，$1\times2+3\times2+5\times1$より，2通り　したがって，全部で$4+2\times2+1\times2=10$(通り)

基本　(3)　$(30\times7-90)\div(6-0.5)=\frac{240}{11}=21\frac{9}{11}$(分)　$(30\times7+90)\div(6-0.5)=\frac{600}{11}=54\frac{6}{11}$(分)

重要　(4)　次ページ図1より，計算する。半径×半径の面積…$1\times1\times2=2$(cm$^2$)　色がついた部分の面積…$(2-1)\times3.14=3.14$(cm$^2$)　したがって，回転体の体積は$3.14\times1=3.14$(cm$^3$)

やや難　(5)　作図法の例(次ページ図2)は，以下のようになる。　①　Cを中心にして半径BDの弧を描く。

図1

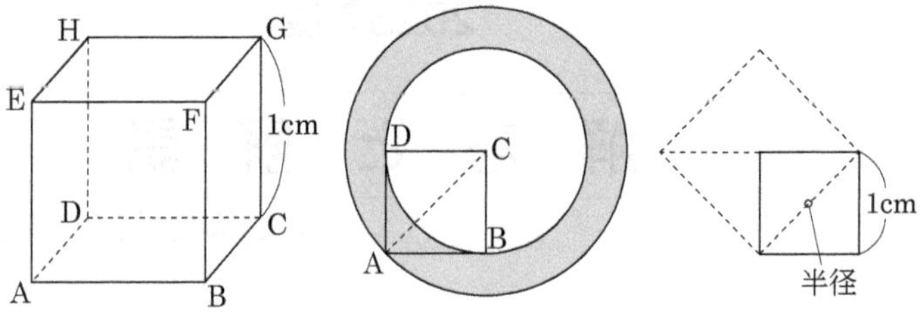


② Dを中心にして半径BCの弧を描き，①の弧と交わる点をPとする。 ③ Eを中心にして半径ADの弧を描く。 ④ Dを中心にして半径AEの弧を描き，③の弧と交わる点をQとする。 ⑤ CPの延長線とEQの延長線が交わる点をFとする。このとき，四角形BCPD，ADQEはそれぞれ平行四辺形であり，三角形BCDとBFD，三角形ADEとADFのそれぞれについて面積が等しい。

図2

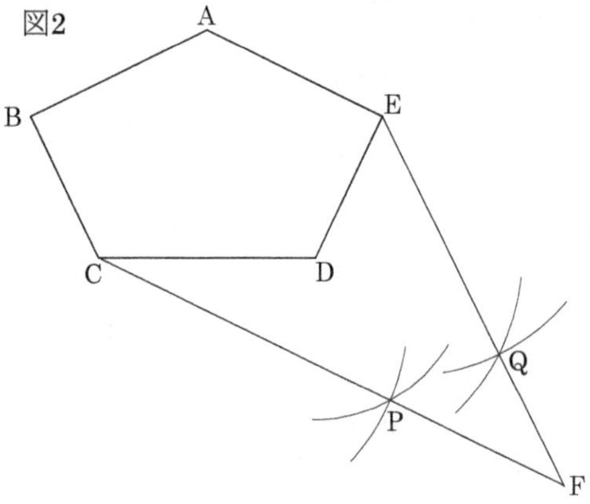


**重要 4 (割合と比，速さの三公式と比，グラフ)**

2つの容器…同じ直方体

(1) グラフ㋐より，Bの水面は5分から15分までに$5+15=20$(cm)上昇する。したがって，毎分$20\div10=2$(cm)上昇する。

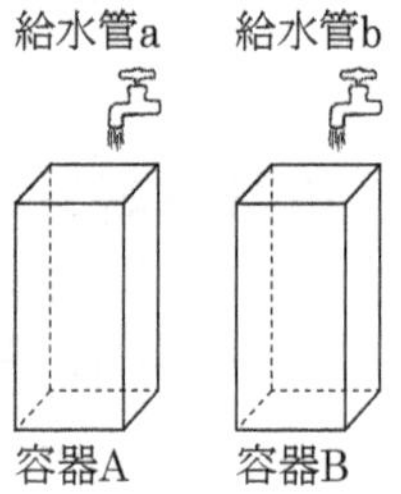


(2) (1)とグラフ㋐より，
$2+5\div5=3$(cm)

注入方法
① 容器A,Bともに水を注入した
② 容器Aに注入するのを止め,容器Bのみ注入した
③ 容器Bに注入するのを止め,容器Aのみに3分間注入した
④ 容器A,Bともに注入した

(3) 18分のとき…グラフ㋐より，BとAの水面の高さ

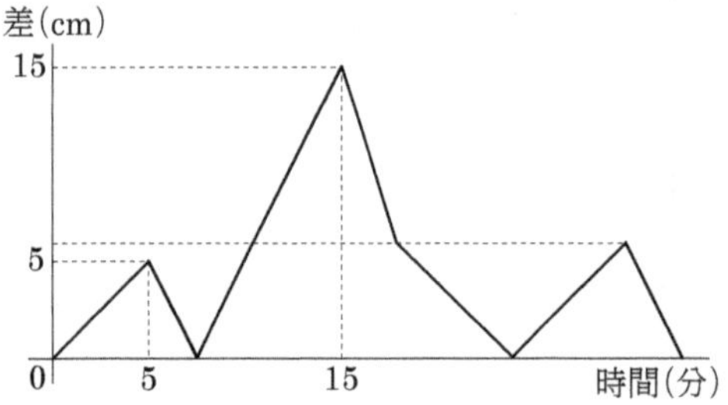


の差は$2\times15-\{15+3\times(18-15)\}=6$(cm)
この後，BとAの水面の高さが等しくなるとき…$18+6\div(3-2)=18+6=24$(分)　Aが満水になる時刻…$24+6=30$(分)　したがって，容器の高さは$3\times\{30-(15-5)\}=60$(cm)

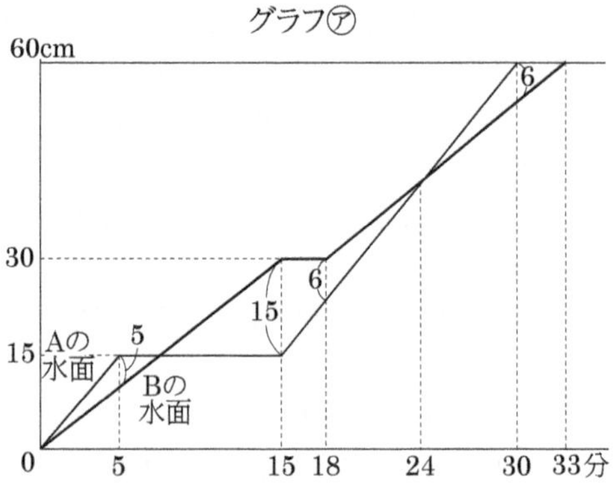


(4) A，Bに関するグラフはそれぞれ右のようになる。

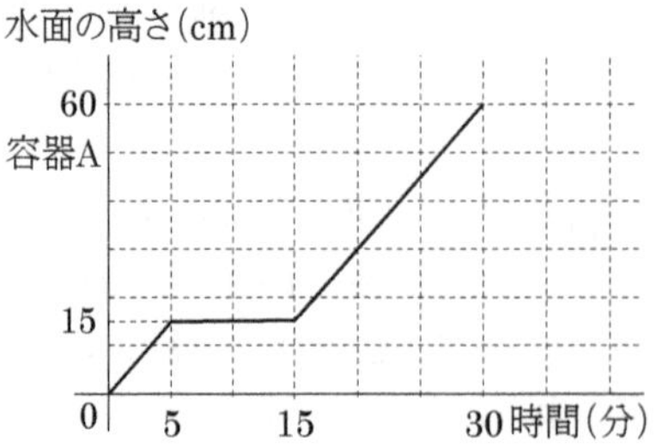


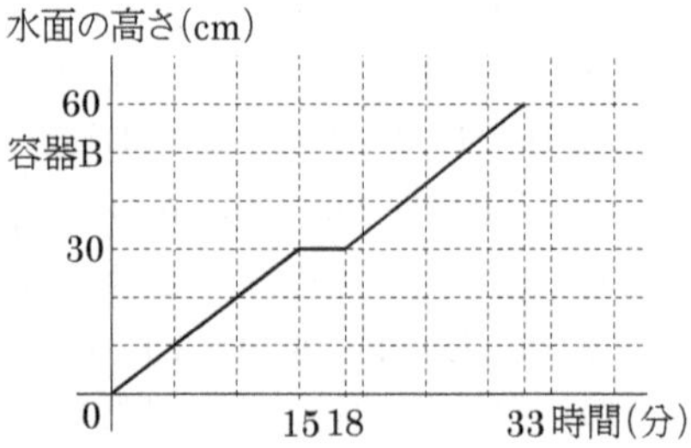

重要 5 (平面図形，立体図形)

(1) 図2より，$(4\times4-2\times2)\times3.14\times1.5+2\times2\times2+18\times4+2\times8=18\times3.14+96=152.52(\text{cm}^2)$

(2) $(18\times20\times52.71-14400)\div152.52=30(\text{cm})$

(3) 立体S・Tの体積…(1)・(2)より，$(152.52-18\times2)\times30=3495.6(\text{cm}^3)$
したがって，水面の高さは$52.71-3495.6\div(18\times20)=43(\text{cm})$

(4) 残っている水の体積…右図より，$20\times60\div2\times18-30\times2\times18=540\times18=9720(\text{cm}^3)$　したがって，こぼれる水は$14400-9720=4680(\text{cm}^3)$

図1

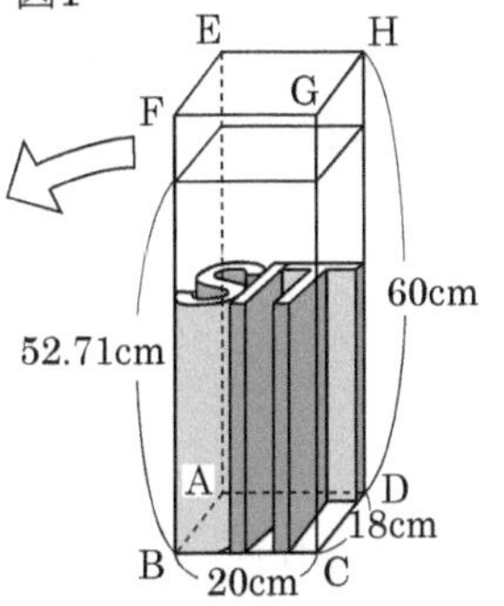


図2

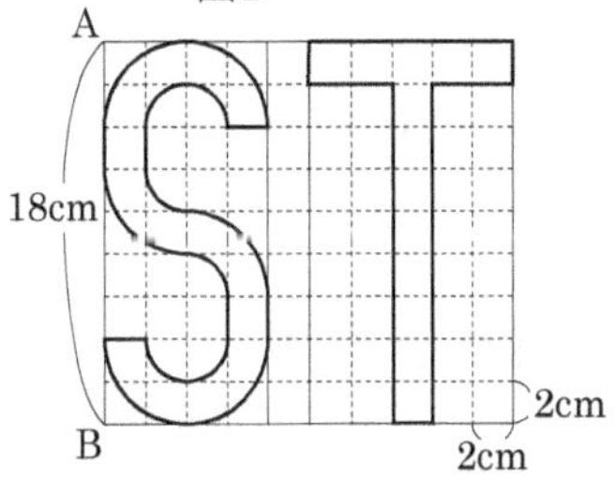


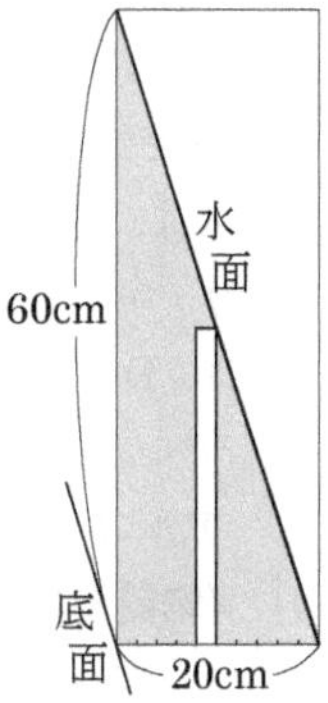


★ワンポイントアドバイス★

3(2)「分銅を組み合わせて13gにする方法」は，ミスが出やすく注意する必要があり，(4)「立方体の回転」も簡単ではなく，(5)「等積変形の作図法」も容易ではない。
4，5のうちでは，5のほうが得点しやすい。

## <理科解答>

1 (1) イ　(2) 0.5Ω　(3) ウ

2 (1) A イ　B ア　C オ　E エ　(2) エ　(3) (候補) カ，キ
(実験方法) 蒸発皿にとり，火のついたマッチを近づける。

3 (1) 水上置換法　(2) エ　(3) イ　(4) ア　(5) エ　(6) (試験管よりも三角フラスコ)の方が押し出される空気が多いから　(記号) ウ

4 (1) エ　(2) 150秒　(3) 1.7倍　(4) 1500W

5 (1) 40cm　(2) 60g　(3) 165g　(4) (記号) ウ　(のびの合計の長さ) 40cm

6 (1) ウ　(2) ア・イ・オ　(3) 右図　(4) $0.94\text{m}^2$
(5) 小腸の内側のじゅう毛の表面積を考えなければならないから

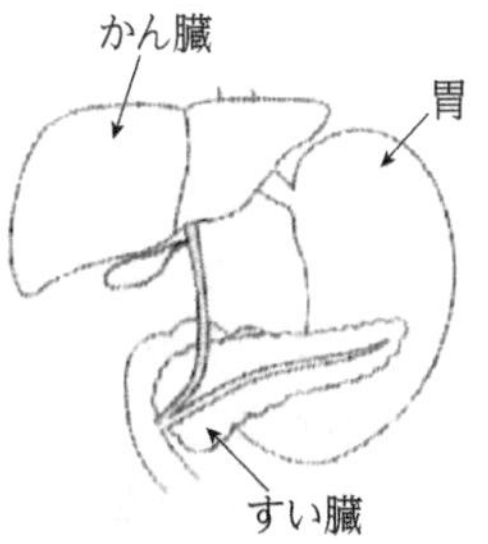


7 (1) エ　(2) (名前) 火星　(数字) ②　(3) イ
(4) エ　(5) (下線部1) ア　(下線部2) ウ

8 (1) 多くの水を吸収する。水を少しずつ蒸発させる。
(2) 2つの種子を用意し，片方の種子のはい乳を一部切りとってから，同じ条件で育てて比かくする。

○推定配点○

1 各2点×3　2 (3) 各3点×2　他 各2点×5

3 (6)理由 3点　他 各2点×6　4 各3点×4　5 各3点×5

6 (1)・(2) 各2点×2　他 各3点×3　7 各2点×7　8 各3点×3　計100点

## ＜理科解説＞

1 聞いて解く問題解説省略。

2 (物質と変化－水溶液の性質)

重要 (1) Aは炭酸水を加えると白くにごるので，石灰水である。B，Cはにおいがあり，実験4から酸性であるとわかる。また，実験5からCは塩素水溶液であることがわかるので，Bは塩酸である。Eは，加熱すると白い固体が出てくるので，食塩水である。

(2) 余った水酸化ナトリウム水溶液は，食酢と混ぜて中和させ，流しに捨てる。

基本 (3) Dはにおいがあることから，アンモニア水か，濃いアルコール水溶液であることがわかる。アルコールの気体は燃えるので，蒸発皿にとり，火のついたマッチを近づけた際，燃えたら濃いアルコール水，燃えなかったらアンモニア水とわかる。

重要 3 (物質と変化－気体の発生)

(1) 図1～3の気体の集め方を，水上置換法という。

(2) 過炭酸ナトリウムをお湯に入れると酸素が発生する。選択肢の中で酸素が発生するのは，エである。

(3) 実験2，3で発生する気体は二酸化炭素である。選択肢の中で二酸化炭素の性質で間違っているのは，イである。

(4) 図3で現れる液体は水なので，アが正解である。

やや難 (5) 表4からクエン酸10gと重そう14gでアルカリ性になっている。その比は5：7なので，クエン酸が5のとき，重そうが7以上であればアルカリ性となる。アはクエン酸を5とすると，重そうは2なので違う。イはクエン酸を5とすると，重そうは6.3…なので違う。ウはクエン酸を5とすると，重そうは5.4…なので違う。エはクエン酸を5とすると，重そうは7.1…なので，エが正解である。

やや難 (6) 最初のころに試験管に集まった気体は三角フラスコ内の空気である。変化なしの試験管を減らすには，三角フラスコ内の空気を減らせばよいので，お湯の量を増やせばよい。

4 (電流－電流のはたらき)

(1) 電子レンジと同じモノの温め方をするのは，電気ストーブである。

基本 (2) 200wで120mLの水は10秒で4℃水温が上昇している。よって，200wで120mLの水を60℃上昇させるには，$10(秒)\times\frac{60(℃)}{4(℃)}=150(秒)$必要である。

やや難 (3) 20℃240mLの水は600wで温めると，20秒で12℃上昇する。20℃120mLの水は500wで10秒温めると10℃上昇することから，12℃上昇させるには，$10(秒)\times\frac{12(℃)}{10(℃)}=12(秒)$かかる。よって，同じ温度まで温めるには600wの電子レンジは500wの電子レンジに比べて20(秒)÷12(秒)＝1.6…より，1.7倍の時間が必要となる。

基本 (4) ワット数と時間は反比例の関係になる。よって，600wで5分かかるものが2分ですむ場合，業務用電子レンジのワット数は，600(w)×5(分)÷2(分)＝1500(w)である。

基本 5 (力のはたらき－ばね)

(1) Aのばねは元の長さが20cm，30gで5cmのびるばねである。A＋Bのばねは元の長さが30cm，

30gで15cmのびるので，Bは元の長さが10cm，30gで10cmのびるばねである。よって，ばねBに90gのおもりをつり下げると，$10(\mathrm{cm})+10(\mathrm{cm})\times\frac{90(\mathrm{g})}{30(\mathrm{g})}=40(\mathrm{cm})$となる。

(2)　バネAとばねBの元の長さの差は10cmで，30gで5cmばねBの方がばねAよりも伸びるので，60gのおもりをつりさげるとばねAとBは同じ長さになる。

(3)　ばねAにかかる力の大きさは，ばねののびが35(cm)－20(cm)＝15(cm)となるので，90gである。ばねBにかかる力の大きさは，ばねののびが35(cm)－10(cm)＝25(cm)となるので，75gである。よって，おもりの重さは90(g)＋75(g)＝165(g)である。

(4)　おもりの重さの合計は90gなので，ばねBに90g，ばねAに60gの力がかかるウが最もばねののびが長い。ばねBは，(1)より30cmのび，ばねAはグラフより10cmのびるので，その合計は40cmとなる。

## 6 (生物－人体)

重要　(1)　器官の中で，消化・吸収に関するものは，胃，大腸，小腸，肝臓，すい臓である。

基本　(2)　胃はペプシンという消化酵素を出し，タンパク質を分解するので，アは正しい。腎臓はソラマメ型で，不要物の排出を行うので，イは正しい。小腸はかべのひだで，消化・吸収を行うので，ウは間違いである。肝臓は，ブドウ糖をグルコースにするので，エは間違いである。鼻はにおいを感じる刺激を受け取るので，オは正しい。

重要　(3)　たんのうは肝臓の下にある。

基本　(4)　$0.05(\mathrm{m})\times3.14\times6(\mathrm{m})=0.942(\mathrm{m}^2)$より，$0.94\mathrm{m}^2$である。

基本　(5)　小腸の内側にはじゅう毛というひだがたくさんあり，その表面積も考慮しなくてはならない。

## 基本 7 (天体－地球と太陽)

(1)　惑星は太陽からの距離が大きいほど，公転周期は長くなる。

重要　(2)　かつて水が流れた痕跡がある惑星は火星である。火星は地球の半分ほどの大きさで，地球の次に太陽に近い惑星なので②である。

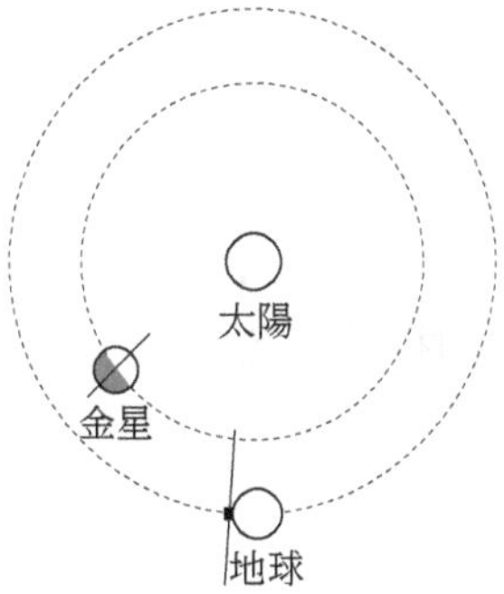


(3)　右図のように地球から見ると，金星は上弦の月のように見える。

(4)　公転の向きは反時計回りで，金星の方が地球より公転周期が短いので，エとなる。

(5)　液体の水が存在するには，太陽からの距離が関係している。大気の存在は，その惑星が持つ質量が関係している。

## 基本 8 (小問集合)

(1)　紙おむつのヒントから，高吸収性高分子は多くの水を吸収することがわかる。冷却シートのヒントから，高吸収性高分子は水を少しずつ蒸発させることがわかる。

(2)　はい乳にふくまれる養分が発芽に使われているかどうかを調べたいので，はい乳の一部を取った種子と，そのまま細工をしない種子を同じ条件で育てて比かくすればよい。

**★ワンポイントアドバイス★**

問題の意味を素早く正確に読み取る読解力を身につけよう。

## ＜国語解答＞

一 問一　同音異義語　問二　洋食　問三　1　イ　2　ア　3　ア　4　イ　5　イ

二 問一　ウ　問二　(例)　大会に出てどこまでいけるか自分の力を試したい　問三　エ
問四　(例)　女子だからというだけでコンテストに出られると決めつけられて，自分の努力を軽視された気がして傷ついている。　問五　ア　問六　ウ　問七　イ

三 問一　A　オ　B　ア　問二　ウ　問三　(1)　変化する力　(2)　(例)　植物は動くことができないため，生息する環境に合わせて自分自身が変化するしかないから。
問四　Ⅰ　種子を残す　Ⅱ　エネルギーを使うのは無駄だ　問五　戦国武将たち
問六　イ・ウ・エ・オ　問七　かたばみ紋

四 問一　ウ　問二　エ　問三　イ　問四　ウ　問五　(例)　私がえさを探していると家の中で人間が寂しそうな表情をしているのが見えた。いったんそこから離れたが彼女のことが気になる。何度も窓辺を行き来して様子を見ているうちに，私に気づいたのか彼女はほほ笑んで，私に礼をした。元気になったようだ。良かった。

五 問一　イ　問二　まわ　問三　エ　問四　(例)　一生懸命に説得する君の熱意にはかぶとを脱ぐよ。

六 1　関心　2　就職　3　穀物　4　規模　5　激

○推定配点○

一 各2点×7　二 問二　5点　問四　6点　他　各3点×5　三 問一　各2点×2
問三(1)・問四・問六・問七　各4点×5　問三(2)　5点　他　各3点×2
四 問五　10点　他　各3点×4　五 問四　4点　他　各3点×3
六 各2点×5　計120点

## ＜国語解説＞

一 聞いて解く問題解説省略。

**二 (物語ー心情・情景，細部の読み取り，ことばの用法，記述力)**

基本　問一　ものづくりコンテストに出たいという素直な思いがあったのだ。原口はまちがいなく校内選考に合格するが，あと一人の中に入りたいという思いが，先生の通告を聞いて「緊張感」を感じたのである。

やや難　問二　問一で考えたように，この段階では男女の区別などまったく考えず，「とにかく行けるところまで行ってみたい」という気持ちだ。単にコンテストに出たいという華々しい世界に行きたいということだけではない。

重要　問三　「適切ではないもの」という条件に注意する。ア・イ・ウの説明は選択肢の内容通りである。が，エにある「名詞」は「中」・「なじみ」・「顔」なので適切ではない。

やや難　問四　問二で考えたように，ものづくりコンテストに出たいというのは純粋に技術で選ばれたいという思いだった。しかし，宮田先生から女子であれば，その珍しさでコンテストに出られると決めつけられたことで，実力で出るのではない，自分の「努力」などはどうでもいいことのように思えて傷ついてしまったのである。

問五　「それはないと思う」という返事以降に着目する。「大前提の覚悟で入学を決めた」・「むしろのびのびできる部分もある」ということからアを選択する。

問六　「持っていないというハンディ」とは，自分にはない力ということだ。「もらうというハン

ディ」は，自分が持っているために，その部分で大目に見てもらうということだ。この場合ではたった一人の女子ということで特別扱いを受けるということになるので，ウ。

問七　イとエにしぼられるだろう。が，祖母自身が経験したのは，自分自身が女だからダメなのだろうかと悩んだとき，夫である祖父に怒られたということなので，エの冒頭部分は適切ではないのでイ。

**三　(論説文－論理展開・段落構成，細部の読み取り，接続語の問題，空欄補充，記述力)**

基本　問一　A　前部分は，陣地拡大型と陣地強化型のどちらが有利かは状況によって異なるとしていて，後部分は，両方の戦略を使い分けるとしているのだから「そこで」が入る。　B　前部分は，決して強そうな植物には見えないと述べていて，後部分は，戦国武将たちは強さを知っていたというのだから「しかし」を入れる。

重要　問二　「中間型の雑草は～」で始まる段落に着目する。アとウで迷うところだが，ここで筆者が注目しているのは，ライバルがいるかいないかではなく，「空間の状況による」だ。「その場」の状況に合わせて変化するということなのでウである。

やや難　問三　(1)「可塑性」の「可塑」は，やわらかくて形を変えやすいこと、整形しやすいことという意味だが，この文章では，「動物は自由に～」で始まる段落以降の説明に着目する。「～雑草は可塑性が大きく，自由自在に変化することができる」ことを「可塑性」と呼んでいるので，五字指定を考えて「変化する力」と解答する。　(2)　(1)の着目点と同じか所が着目点だ。自分が変わらなければならないのは，自分が動いて環境を変えることができないからだ。ポイントは「植物は動くことができない」という点を解答に入れることだ。

問四　Ⅰ　「そもそも，どうして～」で始まる段落に着目する。雑草にとって最も重要なことは「種子を残す」ことである。　Ⅱ　踏まれて立ち上がるにはエネルギーを使う。そのような「エネルギーを使うことは無駄だ」から立ち上がらないのである。

問五　カタバミはどこにでもある雑草であるということは，やはり種子を残すことを第一として生きている植物だ。種子を残すこと，人間の世界で言えば「自らの子々孫々までの家の繁栄」ということになる。この内容がある一文として「戦国武将たちは～」で始まる一文をぬき出す。

問六　筆者は本気で「つまらない雑草」と思っているわけではない。「ありふれている」・「草丈や花が小さい」・「美しいとは言えない」・「めでたい植物とも言えない」などの点を挙げて，主に，どこにでも見られるということを中心に「つまらない」としているのだ。上記の点を述べている選択肢はイ・ウ・エ・オということになる。アは雑草一般に言えることで，カタバミについての説明ではない。

やや難　問七　問六で考えたようにカタバミはありふれた植物だ。戦国武将なら強そうな虎や龍などを紋に使えばいいのに，戦国武将が好むことを「不思議」としているので，「かたばみ紋のモチーフ」の直前に入れる。

**四　(詩－心情・情景，細部の読み取り，空欄補充，記述力)**

基本　問一　「どういうわけか」が傍線部なのだから，「なんだろう？あの山鳩」ということでウ。

問二　「そして，ツイッと」で切る形にすることで，第一連目の前半の山鳩の動きと，後半の動きが引き続いている印象になるのでエ。

問三　問一で考えたように，第一連での山鳩の動きは不思議に感じていたのだ。第二連からは「そうだったのか」という自分自身の解釈になるので「あぁそうか」だ。

問四　「ふさわしくないもの」という条件に注意する。山鳩の動きを「自分が解釈した」のだ。山鳩は見守っていたのではないのでふさわしくないものはウ。

やや難　問五　A～Dの条件に合うように書くことは大前提だ。Aの条件で「心と言葉がある」というのだから，問四で考えたように，実際は山鳩が，作者の寂しさを察知しているわけではないが，ここでは詩全体を考え，山鳩が「寂しそうだな」と感じていることを書こう。

五 (慣用句，四字熟語，ことばの意味)

重要 問一 「一期一会」とは，もともと茶道の心得で，一生に一度だけの機会，生涯に一度限りであること，生涯に一回しかないと考えて、そのことに専念するという意味の言葉なのでイが適切ではない。

基本 問二 とても忙しいということで「目が回る」。手段をめぐらせて，手をつくして探すことを「手を回す」というので「まわ」である。

やや難 問三 イとエで迷うところだ。が，「ながめる」というのは，広く全体を見渡すことを意味する表現，または，見つめること、何もせずに様子を見ていることなどを意味する表現である。「高層ビルを」という特定のものをきれいだと思いながら見るのだから「ながめる」という表現は適切ではない。

問四 「かぶとを脱ぐ」は，相手の力を認めて降参するということだ。相手に感心する場面を想定して書く。

六 (漢字の書き取り)

重要 1 「感心」と混同しないように気をつける。 2 「就」の11画目は曲がりで10画目に接していなくてもよい。 3 「穀」は全15画の漢字。1画目は3画目よりやや長めに書く。 4 「模」は全14画の漢字。14画目は止めでもよい。 5 「激」は全16画の漢字。14・15画を続けて書かない。

★ワンポイントアドバイス★

放送問題から詩歌，文法と設問が幅広いので，時間配分に気を配ろう。

第2回

# 2023年度

# 解　答　と　解　説

《2023年度の配点は解答欄に掲載してあります。》

## ＜算数解答＞

1　(1)　8回　(2)　①　解説参照　②　9.42cm

2　(1)　2.5$\left[2\frac{1}{2}\right]$　(2)　3　(3)　2　(4)　ア　48度　イ　18度

3　(1)　32番目　(2)　4.8km　(3)　21分30秒　(4)　3種類，90$cm^3$　(5)　解説参照

4　(1)　(一般道)　時速30km　(高速道路)　時速98km　(2)　14時25分　(3)　解説参照

(4)　13時37$\frac{6}{17}$分

5　(1)　$2\frac{2}{3}cm^3$　(2)　$6cm^2$　(3)　0.5$\left[\frac{1}{2}\right]$cm

○推定配点○

2, 4　各6点×10(4(3)完答)　他　各5点×12　計120点

## ＜算数解説＞

1(2)①

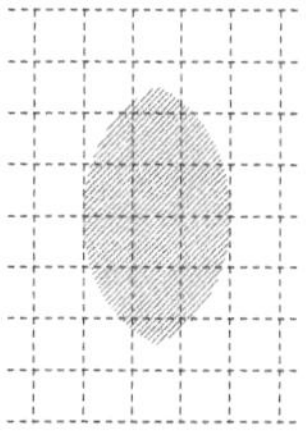

1　聞いて解く問題解説省略。

2　(四則計算，平面図形，立体図形)

(1)　4.4÷1.1−1.5＝2.5

(2)　□＝{(87−48)÷2−11.1}÷2.8＝84÷28＝3

基本　(3)　右図1より，Aの目は2

図1

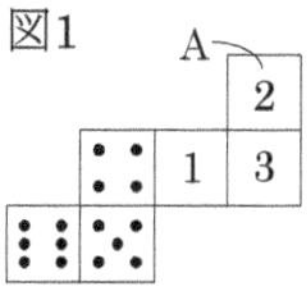


重要　(4)　角BCA…右図2より，132−60＝72(度)　角イ…90−72＝18(度)　角ア…18＋30＝48(度)

図2

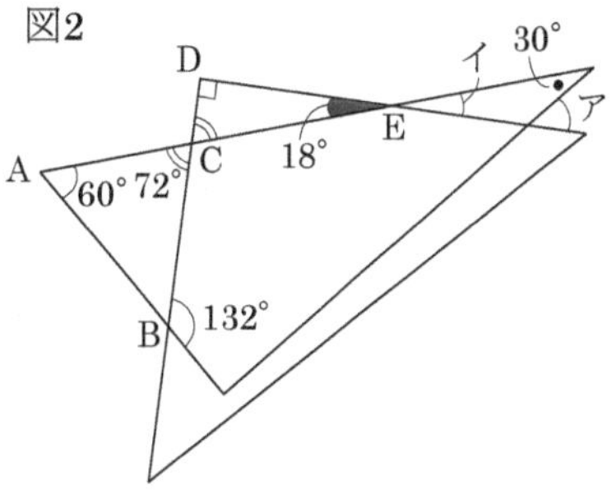


重要　3　(規則性，速さの三公式と比，割合と比，仕事算，平面図形，相似，単位の換算)

(1)　1から□までの整数の和…(1＋□)×□÷2

(1＋□)×□＝□×□＋□が500×2＝1000より大きいときを求める。31×31＋31＝32×31＝992，32×32＋32＝33×32＝1056　したがって，32番目の式の和は500より大きい。

(2)　右図より，求める道のりは1.08÷18×35÷7×16＝4.8(km)

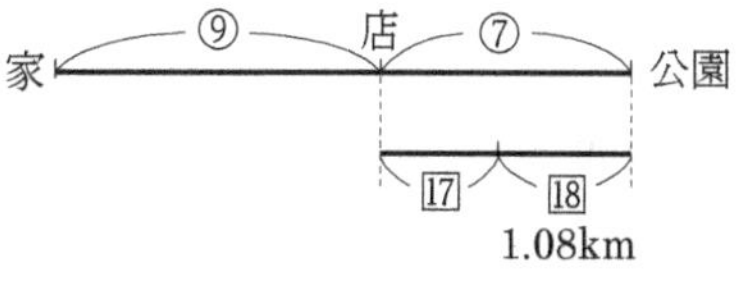


(3)　芝田くんが1分で草取りをする面積…$\frac{9}{8}\div5=\frac{9}{40}$($m^2$)

田浦くんが1分で草取りをする面積…$\frac{9}{40}\times50\div2\div15=\frac{3}{8}$($m^2$)　したがって，求める時間は

$12.9\div\left(\frac{9}{40}+\frac{3}{8}\right)=129\div6=21.5$(分)すなわち，21分30秒

(4)　体積が異なる立体…次ページ図1〜3より，3種類　最小の立体アの体積…$\frac{10}{3}\times6\div2\times9=90$($cm^3$)

(5)　辺ADが通過する部分は下図のようになる。

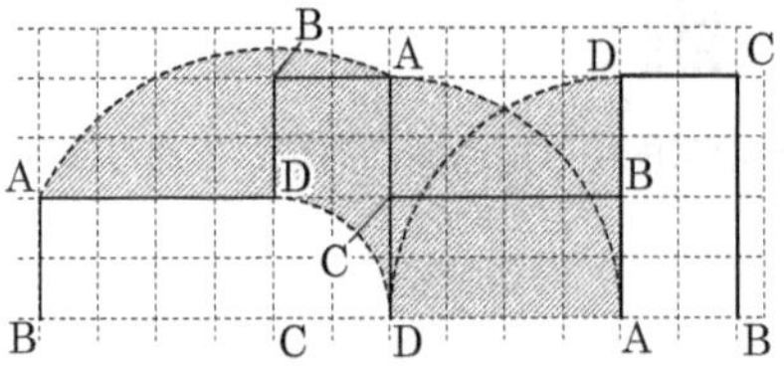


図1

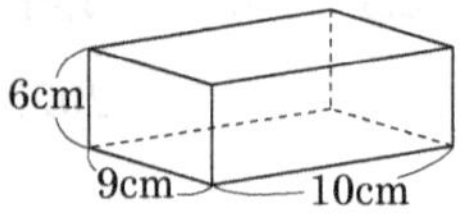


図2

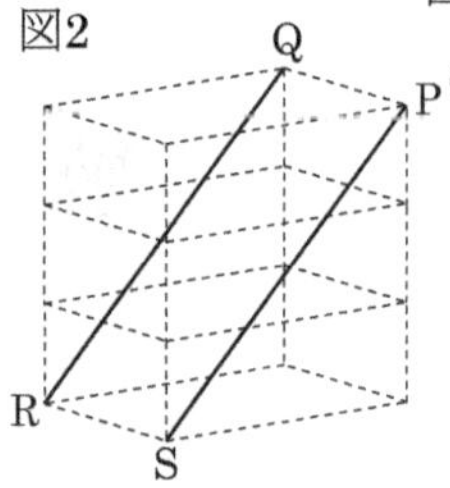


図3

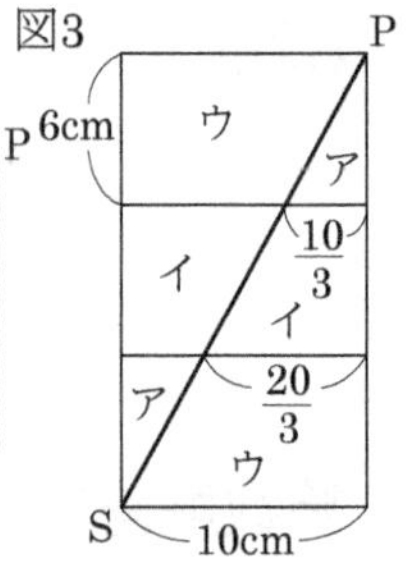


**重要 4　(速さの三公式と比，旅人算，割合と比，単位の換算)**

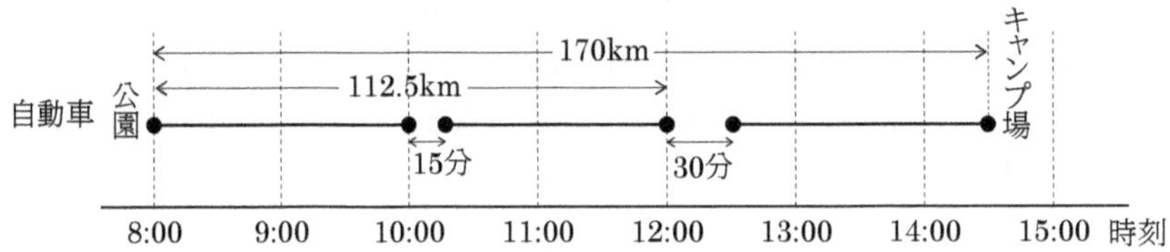


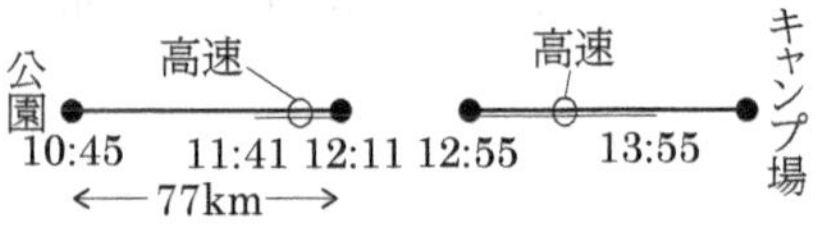


(1)　一般道の時速…自動車は4時間－15分＝3時間45分＝$3\frac{3}{4}$時間で112.5km進むので，時速は$112.5\div\frac{15}{4}=30$(km)　　バスの高速道路の時速…12時11分－11時41分＝30分＝0.5時間で77－30÷60×(41＋60－45)＝49(km)進むので，時速は49÷0.5＝98(km)

(2)　12：30から自動車がキャンプ場まで走る距離…170－112.5＝57.5(km)　　したがって，(1)より，自動車がキャンプ場に着くのは57.5÷30＝$1\frac{11}{12}$(時間後)つまり1時間55分後の12時30分＋1時間55分＝14時25分

(3)　自動車…8：00から10：00まで2時間で60kmの位置まで進み，10：00から10：15まで水平に線が延び10：15以後12：00までに112.5kmの位置まで進む。12：00から12：30まで水平に線が延び，12：30以後14：25までに170kmの位置まで進む。

バス…12：55から13：55まで1時間で77＋98＝175(km)の位置まで進み，13：55以後14：25に175＋30÷2＝190(km)の位置まで進む。

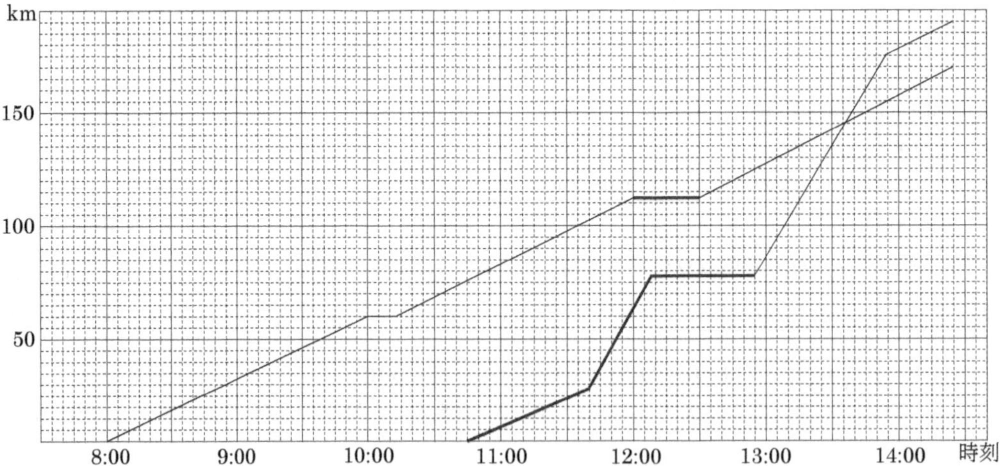

(4)　14：25までにバスと自動車が走った距離の差…(3)より，$190-170=20$(km)　13：55までにバスと自動車が走った距離の差…20km　バスと自動車の分速の差…$(98-30)\div60=\frac{17}{15}$(km)　したがって，バスと自動車が走った距離が等しくなるのは13：55から$20\div\frac{17}{15}=\frac{300}{17}=17\frac{11}{17}$(分前)すなわち13時$37\frac{6}{17}$分

5 (平面図形，立体図形)

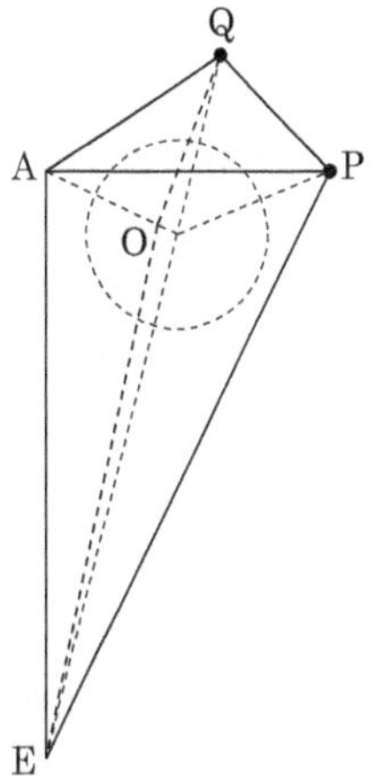


基本　(1)　立体Xの体積…$2\times2\div2\times4\div3=\frac{8}{3}=2\frac{2}{3}$(cm$^3$)

重要　(2)　三角形EPQ…下図より，$4\times4-(2\times2\div2+2\times4)=6$(cm$^2$)

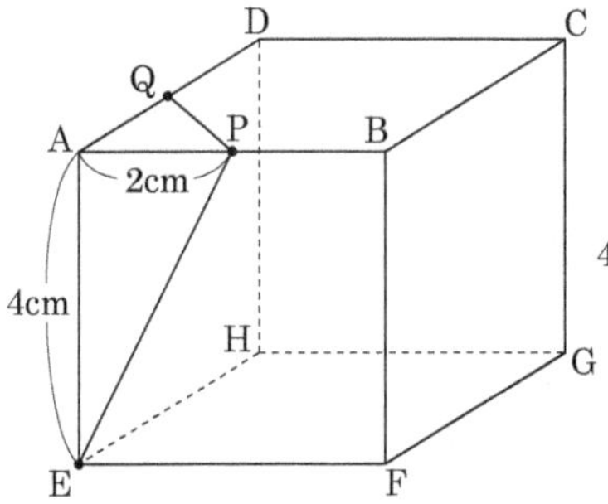


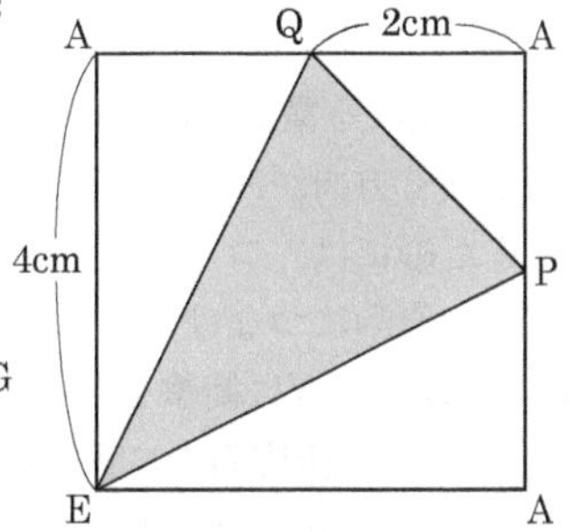


やや難　(3)　立体Xの表面積…(2)より，$4\times4=16$(cm$^2$)　三角すいO−AEQ，O−AEP，O−PQE，O−APQの体積の和…三角形AEQ，AEP，PQE，APQの面積の和×円の半径÷3に等しい　したがって，円の半径は$\frac{8}{3}\times3\div16=0.5$(cm)(右上図)

★ワンポイントアドバイス★

4「キャンプ場まで行く計画」，この問題は内容自体は難しくなく要領よく計算する点が課題。5「立方体」の問題は(1)・(2)はさておき，(3)が難しく，三角形の面積と内接円の関係から三角すいの体積と内接球の関係が類推できるか。

## <理科解答>

1 (1)　イ　(2)　エ　(3)　ウ

2 (1)　イ　(2)　ウ　(3)　エ　(4)　ア・エ

3 (1)　イ　(2)　15度　(3)　図3　ア　図4　カ　(4)　全体が暗くなる

4 (1)　エ　(2)　イ　(3)　(金属A)　7.5cm$^3$　(金属B)　14.1cm$^3$　(4)　0.04g

5 (1)　A　(2)　プロパン　(3)　酸素　(4)　F　(5)　(記号)　D　(体積)　15mL

6 (1)　ア　(2)　①　皮ふ　②　気管[気門]　(3)　ア
(4)　右図　(5)　アサガオは，呼吸と同時に光合成をするから。

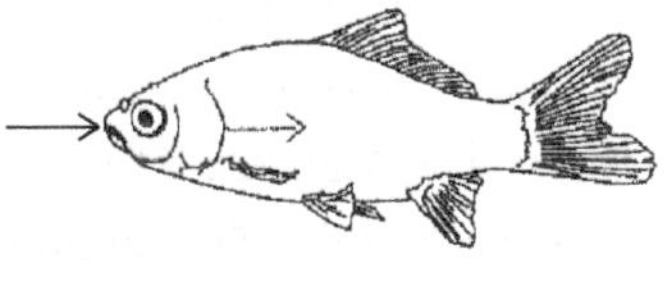

7 (1)　エ　(2)　ウ　(3)　イ　(4)　ア
(5)　うすい塩酸をかけると泡を生じる。

8 (1)　鉄がかたまりになることで，空気とふれる面積が小さくなるから。
(2)　気温の上しょうが続くと海水温も上しょうし，海水にとける二酸化炭素の量も減り，

それが大気中にたまっていくから。

○推定配点○

1 各2点×3　2 (4) 3点(完答)　他 各2点×3　3 各3点×5

4 (1)・(2) 各2点×2　他 各3点×3　5 各3点×6　6 各3点×6

7 各3点×5　8 各3点×2　計100点

## ＜理科解説＞

1 聞いて解く問題解説省略。

重要 2 (電流―電磁石)

(1) 右図のように，コイルに流れる電流の向きに，右手の4本の指を向けたとき，親指が向く方向がN極となる。

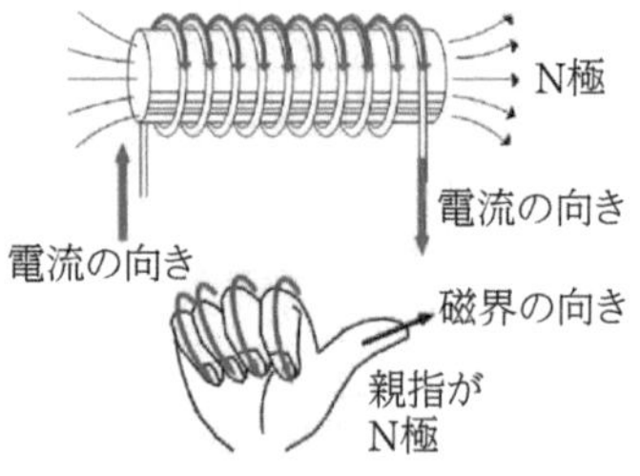


右手の法則

(2) 電磁石の力を強くするためには，コイルの巻き数を増やし，鉄の棒を太くし，電池を直列につなげばよい。

(3) くぎの磁力を取り除くには，くぎに衝撃を与えればよい。

基本 (4) くぎの頭部はS極になるので，棒磁石のN極を左下からあてると棒磁石のN極とくぎの頭部が引きよせあうので，図4のようになる。(ア) くぎの先端はN極になるので，棒磁石のN極を右下にあてると棒磁石のN極とくぎの先端はしりぞけあうので，図4のようになる。(エ)

3 (光―光の性質)

重要 (1) 潜望鏡の上の窓の下半分を黒い紙でおおうと，下半分の景色は鏡にうつらないので，下半分は見えなくなる。

基本 (2) 光の進行方向を30度大きくしたので，Xは15度となる。

基本 (3) 図3では，上の鏡で景色が左右逆にうつり，下の鏡で上下が逆になるので，実際の景色を180度回転させたアとなる。図4では，上の鏡で景色が左右逆にうつり，下の鏡で山の頂上が左側に，ふもとが右側に，白い雲は上にうつるので，実際の景色を左に90度回転させたカとなる。

重要 (4) 対物レンズの中心部を黒い紙でおおうと，レンズを通過する光が少なくなるので，全体が暗く見える。

4 (物質と変化－気体の発生・性質)

重要 (1) 金属Cは塩酸にも水酸化ナトリウム水溶液にも反応しないので，銅である。金属Bは塩酸にも水酸化ナトリウム水溶液にも反応するので，アルミニウムである。よって，金属Aはマグネシウムである。

重要 (2) 気体Xは水素である。水素は可燃性の気体なので，火を近づけないことが大切である。

基本 (3) 金属A 塩酸30$cm^3$に0.8g溶けることが，実験1からわかるので，0.2g溶かすには，30($cm^3$)：0.8(g)＝□($cm^3$)：0.2(g)より，塩酸が7.5$cm^3$必要であることがわかる。

金属B 塩酸30$cm^3$に0.68g溶けることが，実験1からわかるので，0.32g溶かすには，30($cm^3$)：0.68(g)＝□($cm^3$)：0.32(g)より，塩酸が14.11…より，14.1$cm^3$必要であることがわかる。

やや難 (4) 金属Aを0.32g溶かすのに必要な塩酸量は，30($cm^3$)：0.8(g)＝□($cm^3$)：0.32(g)より，12$cm^3$である。残りの塩酸12$cm^3$で溶かすことのできる金属Bは，30($cm^3$)：0.68(g)＝12($cm^3$)：□(g)より，0.272gなので，金属Bはあと0.272(g)－0.23(g)＝0.042(g)溶かすことができる。よって，答えは0.04gとなる。

5 (物質と変化─気体の性質)

重要 (1) 気体1Lの重さがちっ素が1.37g，酸素が1.56g，二酸化炭素が2.14gなので，同じ体積で比べると，二酸化炭素，酸素，窒素の順に重い。よって，酸素缶はAである。

基本 (2) 気体1Lの重さを比べると，プロパンが最も重いので，実験2でガス缶の重さの変化が最も大きいのは，プロパンである。

基本 (3) 水素1Lを燃やすのに必要な酸素は0.5Lなので，その比は2：1となる。水素25mLと酸素25mLを混ぜ点火すると，水素25mLは酸素12.5mLと反応し，酸素が12.5mLあまる。また，水素は燃えても二酸化炭素は発生しないので，水素缶はEである。

やや難 (4) 水素缶Eの燃焼後の重さは，酸素1L(1000mL)の重さが1.56gなので，1000(mL)：1.56(g)＝12.5(mL)：□gより，0.0195gである。メタン1Lを燃やすのに必要な酸素は2.0Lなので，その比は1：2となる。メタン25mLと酸素25mLを混ぜ点火すると，メタンが12.5mLあまる。よって，メタン缶はFである。メタン1Lの重さは0.78gなので，メタン12.5mLの重さは，1000(mL)：0.78(g)＝12.5(mL)：□(g)より，0.00975gである。プロパン1Lを燃やすのに必要な酸素は5.0Lなので，その比は1：5となる。プロパン25mLと酸素25mLを混ぜ点火すると，プロパンが20.0mLあまる。よって，プロパン缶はDである。プロパン1Lの重さは2.15gなので，プロパン20.0mLの重さは，1000(mL)：2.15(g)＝20.0(mL)：□(g)より，0.043gである。よって，実験2において燃焼後に残る気体の重さが最も小さいのはFである。

やや難 (5) 表1からメタン1Lを燃やして生じる二酸化炭素は1L，プロパン1Lを燃やして生じる二酸化炭素は3Lとある。実験2においてメタンは12.5mL，プロパンは5.0mL燃焼したので，燃焼後に発生した二酸化炭素量はメタンが1000(mL)：1000(mL)＝12.5(mL)：□(mL)より，12.5mL，プロパンが，1000(mL)：3000(mL)＝5.0(mL)：□(mL)より，15mLとなる。よって，燃焼後に発生した二酸化炭素量が最も多いのはプロパン(D)で，その体積は15mLである。

6 (生物─動物)

重要 (1) ほ乳類の酸素の取り入れ方は，気管→気管支→肺胞→毛細血管の順となる。

重要 (2) ① イモリなどの両生類は，子のときはエラで呼吸し，成体になると，肺と皮ふで呼吸する。 ② バッタなどの昆虫は気管(気門)で呼吸する。

(3) ハマグリのエラはアの部分である。

重要 (4) フナは口から水を取り入れ，エラから水を排出する。

基本 (5) アサガオなどの植物は呼吸と同時に光合成を行い，呼吸で発生した二酸化炭素を光合成で吸収する。

重要 7 (地形─岩石)

(1) ルーペは目に近づけて持ち，岩石を前後に動かして観察する。

(2) 岩石Aでは等粒状組織が観察できるので，岩石Aはマグマが地下深くでゆっくり固まってできたものだとわかる。

(3) 岩石Bでは斑状組織が観察できるので，岩石Bを形成したマグマの粘り気は弱く，このようなマグマで作られる火山は盾状火山であることがわかる。

(4) フズリナは古生代に，広い範囲で繁栄した生物である。

(5) 石灰岩は塩酸と反応すると二酸化炭素が発生するため，石灰岩にうすい塩酸をかけると岩石の表面から泡が発生する。

8 (小問集合)

やや難 (1) スチールウールは酸素に触れる表面積が大きいため，ライターで火をつけることができるが，鉄くぎは酸素に触れる表面積が小さいため，ライターで火をつけることができない。

基本 (2) 気温の上昇が続くと，海水温も高くなっていく。海水温が上昇すると，水に溶ける二酸化炭素量が減るので，その分が大気に放出され，温暖化が進む。

★ワンポイントアドバイス★

難しい計算問題は後回しにして，できるところから解いていこう。

## ＜国語解答＞

一 問一 観光牧場 問二 ウ 問三 1 イ 2 イ 3 ア

二 問一 イ 問二 (例) 悟は鳩レースを人間の勝手で鳩の命を左右するひどいことではないかと考えているが，父はそれも含めて，苦しみを引き受けて行うのが鳩レースであると考えている。 問三 ア 問四 エ 問五 イ 問六 イ 問七 エ

三 問一 A イ B ア 問二 (例) なるべくいろいろな人の言葉に耳を傾けて応答すること。 問三 ア 問四 イ 問五 (例) 他者との関係にある異質性や自分が気に入らない状況を我慢し，受け入れること。 問六 Ⅱ 問七 ウ

四 問一 イ 問二 生命 問三 ア 問四 エ 問五 (例) 実際に触った「桜」の名前を出すと，桜の花の特徴を含む豊かな表現になって，より具体的なイメージが伝わりますよ。また，芽の感触の特徴がもっとはっきり伝わるように，硬さと柔らかさがどのような感じだったのか，もう一度考えてみましょう。

五 問一 イ 問二 きく 問三 ア 問四 (例) オーディションを通った彼女は狐につままれたような顔をした。

六 1 演劇 2 屋外 3 紀行 4 郵便 5 刷(る)

○推定配点○

一 各2点×5 二 問二 6点 他 各4点×6

三 問一 各2点×2 問二・問五 各6点×2 他 各4点×4

四 問五 12点 他 各3点×4 五 問四 5点 他 各3点×3 六 各2点×5

計120点

## ＜国語解説＞

一 聞いて解く問題解説省略。

二 (物語ー心情・情景，細部の読み取り，ことばの用法，記述力

問一 「見晴らしのいい」の「の」は，「見晴らし『が』いい」のように，「が」に換えることができる「の」だ。選択肢の中では「妹が描いた～」とできるイと文法的に同じである。

やや難 問二 悟の考えは「レースをする～」の発言からまとめられる。ポイントは「鳩レースは人間の勝手」という点と，悟の考えに多くの字数を使わないことだ。父親に関しては，「おれたちが飛ばす～」で始まる言葉に着目する。「悲しみや心の痛みは全部自分が引き受ける」という点は外さずに書けると思うが，悟の意見と対立して反論しているのではなく，悟の考えを「そうだ」と肯定している点を加えることが必要だ。また，何の説明もなく唐突に「エゴを飛ばしている」表記

は意味がとれないあいまいな解答になってしまう可能性が高い。

基本 問三　アとエで迷うかもしれないが，「苦笑い」とは，にがにがしく思いながらも仕方なく笑うことという意味の言葉だ。いつか悟にもわかると確信して苦笑いはしないのでア。

問四　「ざらざらと」という擬態語は明るい方向性を表すものではない。意味そのものはわからないが，スルッと受け流すことができない言葉として残ったということだからエである。

基本 問五　他の鳩が飛び立っていくのを籠の中で感じ取っているので，自分も早く飛び立ちたいという様子を見せているということで「うずうず」しているだ。

問六　「～すべての鳩～心から願っている」という，だれでも願ってしまうような選択肢に引き込まれないように気をつけよう。「方向判定が～」で始まる段落から以降にあるように，鳩の本能に驚いているのだ。さらに，⑤直前にあるように，力強く，海を渡っていく姿を美しいと思い見守っているのだから，イである。

問七　ア　おしっこの出や湯気の様子は書かれているが，それが心情を表す描写とはなっていない。　イ　「……」は，自問していることが読み取れるので，迷いではない。　ウ　感動しているのは北海道の自然に対してではない。　エ　問六でも考えたように，感動を覚えるのは鳩の姿なのでエを選択する。

**三　(論説文－論理展開・段落構成，細部の読み取り，接続語の問題，記述力)**

重要 問一　A　前部分は相手にきちんとレスポンスできるようにすること，いろいろな人の言葉に耳を傾けることの大切さを述べていて，後部分は，レスポンスを阻害する言葉が若い世代の人のなかでよく使われているということなので「しかし」が入る。　B　ムカツクやうざいという言葉が少しでも不快感を感じるとすぐ言語化できる「便利な」ツールであるというような説明をしている前部分で，後部分は，前部分で述べたことを相手を遮断してしまう言葉として説明し直しているので「つまり」を入れる。

やや難 問二　「どのようなこと」と問われている。「受け身の立場とは～」で始まる段落に――線①と同じ「きちんとレスポンスをとる」という内容があるので，ここに着目する。相手に合わせるということでも，受容できないからといって親しさがないというわけではないというただし書きをした上で「でも，『なるべくいろいろな人の言葉に耳を傾ける』ということが～」と勧めている。つまり，これが「きちんとレスポンスをとる」ということになる。

問三　言葉上は「非常に便利」としているが，筆者は本当に便利で有効な言葉だとして述べているわけではない。根拠も添えず，不快感を感じたら即座に遮断するという態度はコミュニケーションの上では「安易」なものだという考えだ。

問四　イとウで迷うところだ。問三で考えたように，「不快感を感じたら即座に」で考えると，ウも当てはまりそうだが，ウは「相手への感情」とあるだけで，不快感とはしていない。また，「どんなに身近～」で始まる段落にあるように，問題なのは「他者との関係において」「異質性」を感じると我慢もせずに「うざい」「ムカツク」としてしまうことを危ぶんでいるのだからイである。

やや難 問五　直前にある「自分が気に入らない状況やまるごと肯定してはくれない相手に対してある程度『耐性』が出来上がった」が解答の中心になる内容だが，このままぬき出しに近い形で書くと字数がオーバーしてしまう。「自分が～くれない相手」ということが，問四で考えたキーワードにもなる「他者との関係の中にある異質性」と言い換えることができる。

問六　入れる文の冒頭が「だから」であることを確認する。前部分には，相手を遮断する言葉が問題を孕んでしまう理由のような内容があるということになる。Ⅱの直前が端的な拒否をすぐに表明できる「便利」なツールとしている。便利だからすぐ使ってしまうから問題だという流れになるのでⅡに入れられる。

やや難 問七　イとウで大変迷うところだ。が，文章の冒頭で「受け身の立場」ということを説明し，その中で「うざい」「ムカツク」の言葉を例にして説明している文章であった。確かにイで言っているようにコミュニケーション阻害語ばかり使用していれば関係は深まらないことは事実だろうが，文中で筆者は「深めるため」だけに必要だと述べているわけではない。あくまでも「それなりにきちんとしたレスポンスができる」という「受け身の立場」を説明したいのでウを選択する。

**四** **(俳句－細部の読み取り，空欄補充，記述力)**

問一　「欠伸がうつる」という表現のことを言っている。俳句と考えると「季節感」としたくなるが，二人の人物のどちらかの欠伸が片方の人物にうつったような様子というのは特に季節感に関係はない。くすっと笑いたくなるような様子ということで「滑稽さ」である。

問二　「空に向かって勢いよく広がっている」・「意志を持って伸びている」ということから考える。ぐんぐんと生長していく様子なので「生命」がふさわしい。

問三　「深刻な言葉をささやいている」から考える。深刻な言葉を伝えようと「づかづか」と来たのだから「緊迫した」が適切だ。

やや難 問四　先生の言っている，「一粒の雨が降るだけでは平凡な内容だが『七夕』であることで一気に広がる」から考える。なぜ「七夕」の一言で世界が広がるのかといえば，七夕の日は，織姫と彦星が一年に一度出会う日で，雨が降ってしまうと，それがかなわないという伝説をみんなが知っているからだ。それだけ「七夕の雨」ということには特別な意味を持っているということだ。これが「文化的伝統」ということなのでエである。

やや難 問五　条件に，「アドバイスを二つ」とあるので，最初の句と作り直した句を比べ，その違いを2点探すという方法をとる。まず目に付くのが，「木の芽」だけだった表現が「桜の芽」と具体的になっていることだ。次に，「硬い・柔らかい」という言葉がなくなり「しなやか・引き締まり」と変化していることがわかる。この2点をアドバイスとしてまとめることになるが，前者は「桜」の名前を具体的にしたほうがいいというアドバイスは比較的容易に書けそうだが，言葉のアドバイスが難しそうだ。「硬い，柔らかいなどと使わないように」などとしてしまうと，そういう言葉を使ってはいけないかのようなアドバイスになってしまい適切なアドバイスにならないので「どんな感じか」というように，「硬い・柔らかい」という言葉が「しなやか・引き締まる」に変化したことをどのように表現するかを考えよう。

**五** **(慣用句，四字熟語，敬語，記述力)**

重要 問一　「適切でないもの」という条件に注意する。イの「同工異曲」が見慣れない四字熟語かもしれない。音楽や詩などで，その手法は同じであっても作品が異なるなどのためにおもむきが違って見えることが転じて，見かけは異なっているように見えて，中身はほとんど同じであることという意味だ。結局は「ほとんど同じ」なのだから「違っている」となっているイが適切ではない。

問二　一文目には「目がこえている」「目が高い」「目がきく」などが入る。二文目は「顔がきく」が適切なので「きく」である。

問三　「適切でないもの」が条件だ。先生が食べると言う場合は，尊敬語を使い「召し上がる」とするべきなのでアが不適切だ。

問四　「狐につままれる」は，意外な事が起こって何が何だかわからず，ぽかんとする様子のこと。(悪い例)のようにならないように，あまりにも意外なことが起きたという内容をうまく組み込もう。

**六** **(漢字の書き取り)**

重要 1　「劇」は全15画の漢字。4画目の終わりは内側にはねる。　2　「屋」は全9画の漢字。9画目は7

画目より長く書く。　3 「記」と混同しないように気をつける。　4 「郵」は全11画の漢字。8画目の上にもう1画加えて全12画の漢字にしてしまわないように気をつけよう。　5 「スる」は「印刷する」ということ。「刷」は全8画の漢字。6画目の最後はとめる。

**★ワンポイントアドバイス★**

比較的長い記述が1題出題される可能性が高い。知識問題での失点をできるだけ少なくするように，時間配分には十分注意しよう。

MEMO

大切なことはメモしておこうネ！

# 2022年度

# 入試問題

2022年度

## 2022年度

# 芝浦工業大学附属中学校入試問題（第１回）

【算　数】（60分）　＜満点：120点＞

【注意】 1．[1]は聞いて解く問題です。

2．[3]以降は，答えだけではなく式や考え方を書いてください。
式や考え方にも得点があります。

3．定規《じょうぎ》とコンパスを使用してもかまいませんが，三角定規と分度器を使用してはいけません。

4．作図に用いた線は消さないでください。

5．円周率が必要な場合は，すべて3.14で計算してください。

[1] この問題は聞いて解く問題です。

聞いて解く問題は全部で(1)と(2)の２題です。(1)は１問，(2)は①と②の２問があります。問題文の放送は１回のみです。問題文が流れているときはメモを取ってもかまいません。ひとつの問題文が放送された後，計算したり，解答用紙に記入したりする時間は１分です。聞いて解く問題の解答は答えのみを書いてください。ただし，答えに単位が必要な場合は必ず単位をつけてください。

※放送台本は非公表です。

[2] 次の各問いに答えなさい。ただし，答えのみでよい。

(1) $\frac{1}{7}\times\left(\frac{11}{5}-\frac{11}{12}\right)+0.85\div\frac{1}{3}-2\frac{1}{3}$ を計算しなさい。

(2) □にあてはまる数を求めなさい。

$$\left(\frac{1}{10\times11}+\frac{1}{11\times12}\right)=\square\times\frac{3}{20}-1\frac{1}{3}$$

(3) ある列車は長さ150mのホームを通過するのに25秒かかります。また，ホームに立っている人を通過するのに10秒かかります。このとき，列車は時速何kmですか。

(4) 右の図のように，半径４cmの円が３つあります。真ん中の円の中心で左右の２つの円が１点で交わっています。このとき，斜《しゃ》線部分の周の長さを求めなさい。

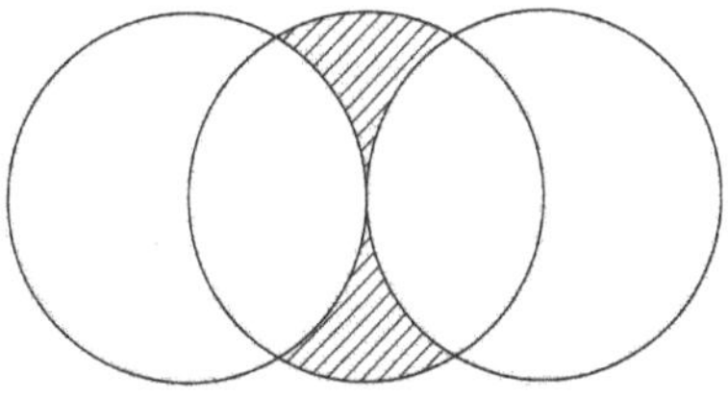

[3] 次の各問いに答えなさい。

(1) １から５までの５つの数字を使って４桁《けた》の暗証番号を作るとき，２つの数字をそれぞれ２回ずつ使うような暗証番号は何通りできますか。

(2) ある本を１日目に全体の$\frac{1}{6}$より10ページ多く読み，２日目は１日目の半分を読みました。

３日目は２日目よりも１ページ少なく読んだところ，残りのページは全体の$\frac{3}{5}$でした。この本は全部で何ページですか。

(3)　全校生徒1000人で生徒会長を１人決めます。この選挙にＡ，Ｂ，Ｃの３人が立候補しました。開票率が48％の時点で，Ｂさんは開票された票のうち40％の票を獲得し，Ａさんの票数からＣさんの票数を引くと30票であることが分かりました。この後，Ｃさんが確実に当選するために必要な票数は最低あと何票ですか。

(4)　右の図において，直角三角形ＡＢＣを直線ℓを軸《じく》として１回転させたときにできる立体の体積を求めなさい。
ただし，（円すいの体積）＝（底面の面積）×（高さ）÷３です。

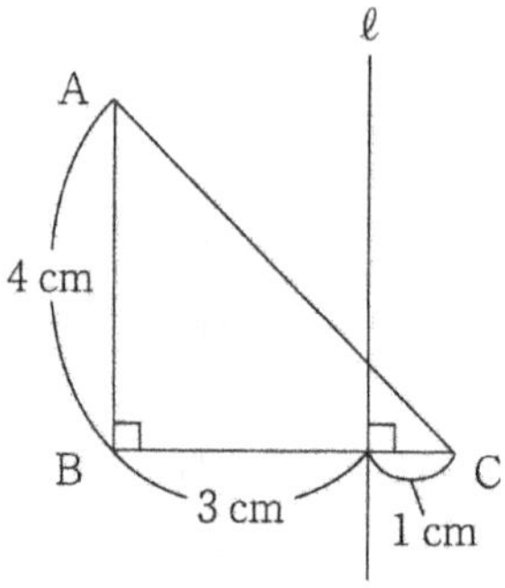


(5)　右の図は辺の長さが等しい２つの正方形です。正方形ＡＢＣＤがもう一方の正方形の周りを矢印の方向にすべることなくもとの位置まで転がります。辺ＡＢの通過した部分を作図しなさい。
（この問題は答えのみでよい）

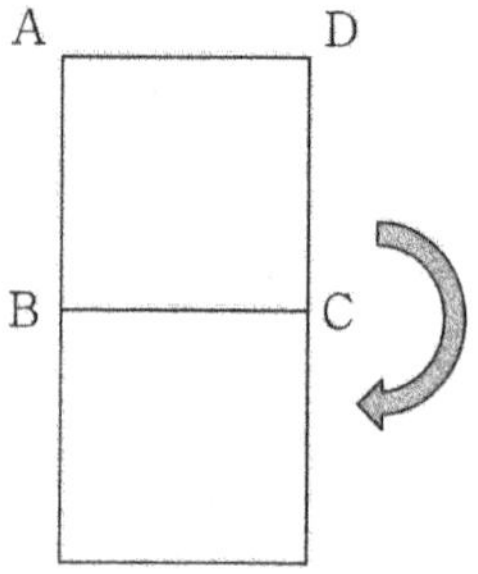


**4**　下の図のように，ＡからＢまでの道があり，ＣからＤには橋がかかっています。図の距離は正確ではありません。この橋を渡るには２つのルールがあります。

| | |
|---|---|
| ルール① | 橋は１人しか渡れません。誰かが橋を渡っているときに橋に到着したら渡っている人が渡りきるまでその場で待機します。 |
| ルール② | 橋を渡っているときの速さは道を歩く速さの半分になります。 |

芝田くんはＡを，田浦さんはＢをそれぞれ同時に出発します。芝田くんはＢまで行き，Ａに戻ってきます。田浦さんはＡまで行き，Ｂに戻ってきます。次のページのグラフは田浦さんのＢからの距離と出発してからの時間の関係を表しています。芝田くんの歩く速さが田浦さんより速いとき，あとの各問いに答えなさい。

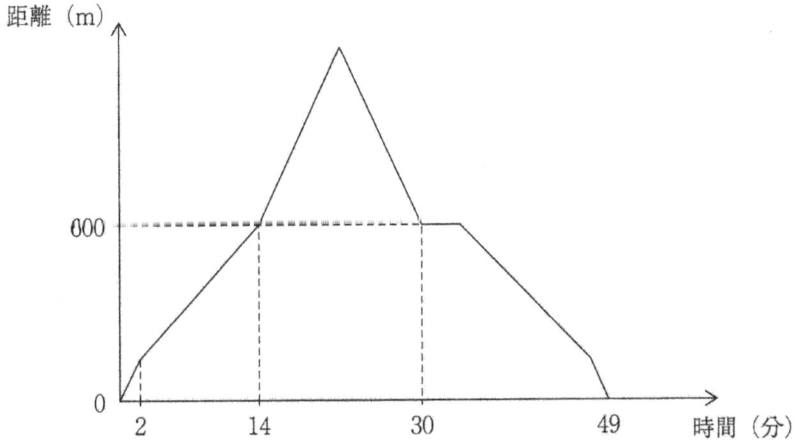


(1) 田浦さんの橋を歩く速さは分速何mですか。

(2) AC間の道，BD間の道，橋の長さをそれぞれ求めなさい。

(3) 芝田くんの橋を歩く速さは分速何mですか。

(4) 芝田くんのAからの距離と出発してからの時間の関係をグラフに表しなさい。必要に応じてメモリを記しなさい。

**5** 図1の一辺の長さが6㎝の立方体の中に，一辺の長さが2㎝の立方体を積み上げて立体㋐を作りました。立体㋐を図1の真上から見たときに，それぞれの場所に積まれた立方体の個数を表1に表します。例えば，次のページの図2の立体のときは表2となります。このとき，次のページの各問いに答えなさい。

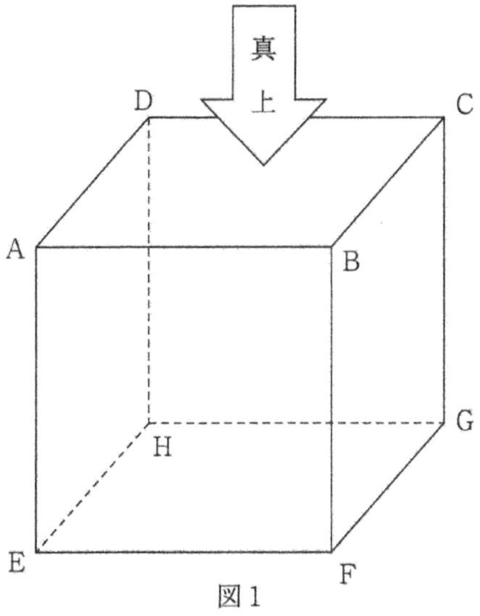


図1

表1

| | | | | |
|---|---|---|---|---|
| D (H) | 3 | 1 | 3 | C (G) |
| | 2 | 2 | 1 | |
| | 0 | 1 | 2 | |
| A (E) | | | | B (F) |

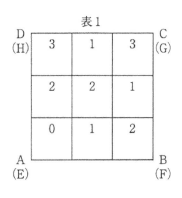

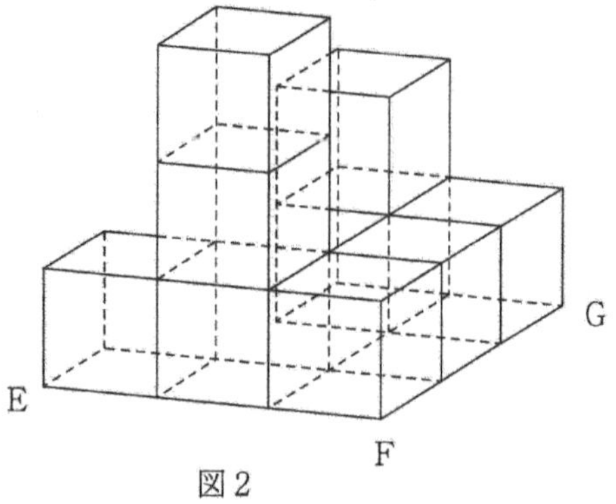


図２

表２

| D<br>(H) | | | | C<br>(G) |
|---|---|---|---|---|
| | 0 | 2 | 1 | |
| | 0 | 0 | 1 | |
| | 1 | 3 | 1 | |
| A<br>(E) | | | | B<br>(F) |

(1)　立体㋐の表面積を求めなさい。

(2)　立体㋐を３点Ｂ，Ｃ，Ｅを通る平面で切断したとき，大きい方の立体の体積を求めなさい。

(3)　(2)で体積を求めた立体をさらに，３点Ｂ，Ｆ，Ｈを通る平面で切断したとき，大きい方の立体の体積を求めなさい。ただし，(三角すいや四角すいの体積)＝(底面の面積)×(高さ)÷３です。

【理　科】（50分）　＜満点：100点＞

【注意】 1は，聞いて解く問題です。

1　この問題は聞いて解く問題です。

聞いて解く問題は全部で３題です。問題文の放送中にメモを取っても構いません。ひとつの問題文が放送された後，解答用紙に記入する時間は15秒です。聞いて解く問題の解答は答えのみを書いてください。

(1)　実験に関する説明を聞き，あとの問いに答えなさい。

ア．電池の消耗《もう》が激しくなるから。

イ．導線がすぐに熱くなり，やけどをしてしまうから。

ウ．電池と導線がくっついて，離《はな》れなくなってしまうから。

(2)　**（図）**の電池，豆電球Ｘ～Ｚ，スイッチ，電流計を用いて回路をつくります。回路のつくり方の説明を聞き，①，②の問いに答えなさい。ただし，豆電球Ｘ～Ｚはすべて同じものを使用します。

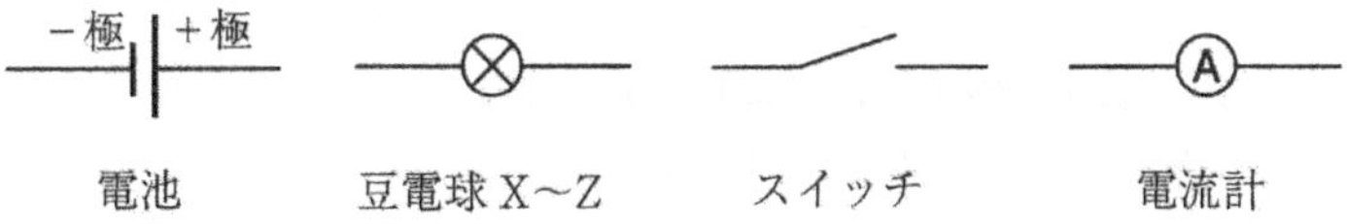


**（図）**

①

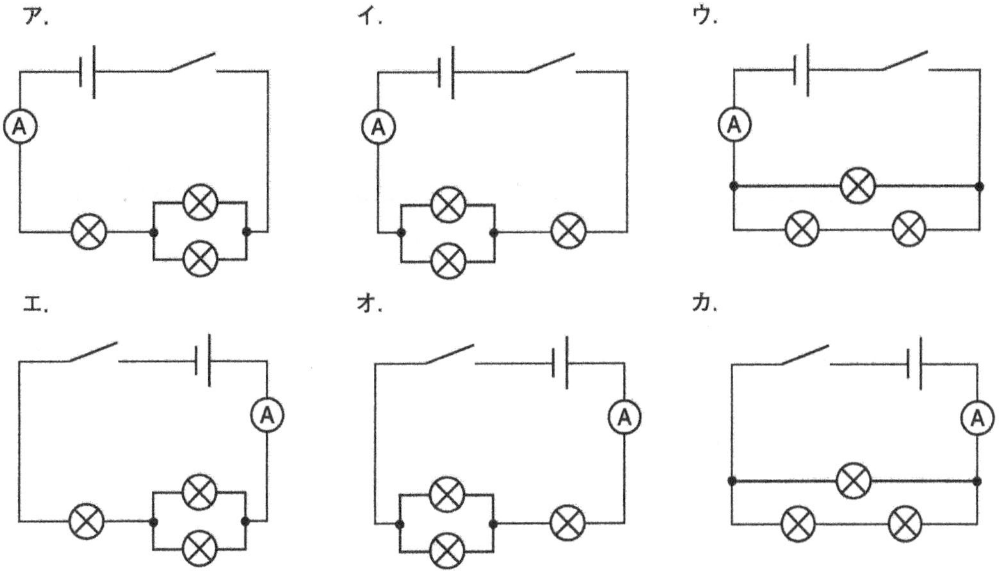


②　ア．明るい　　イ．変わらない　　ウ．暗い

※放送台本は非公表です。

2　次の文を読み，あとの問いに答えなさい。

（図１）のように，自動車の運転手が危険に気づいた地点から，ブレーキを踏《ふ》み，止まるまでの距離《きょり》を停止距離といいます。停止距離は空走距離と制動距離の和で求めることができます。空走距離とは，運転手が危険に気づいてから，ブレーキを踏み，ブレーキがきき始めるまでの間に車が走る距離のことです。制動距離とは，ブレーキがきき始めてから車が止まるまでに走る距離です。

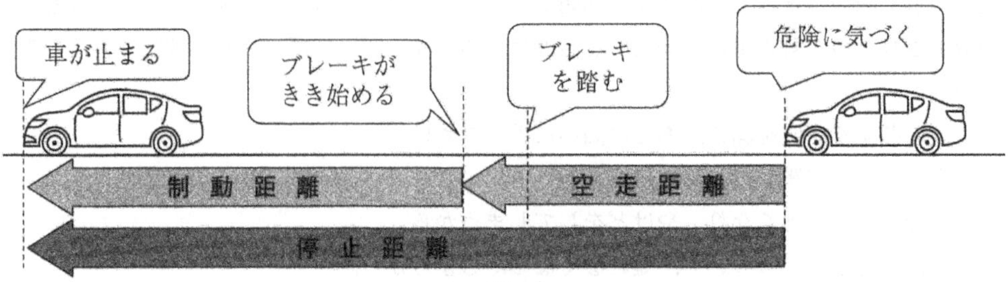


**（図１）**

今，乗用車が速さＶで走行しています。この速さでの制動距離は８ｍ，停止距離は23ｍです。空走距離を走っている時間は，車の速さに関係なく1.5秒とし，空走距離を走っている間の車の速さは一定とします。**（図２）**のように，乗用車が走行している車線の前方高さ５ｍのところに信号機があります。信号機の３ｍ手前に停止線があり，赤信号のときはその停止線より手前で止まる必要があります。走行する乗用車の前には高さ３ｍの大型トラックが走っています。乗用車の運転手の目は，地面から１ｍの高さにあり，乗用車の先端《せんたん》から２ｍのところにあります。

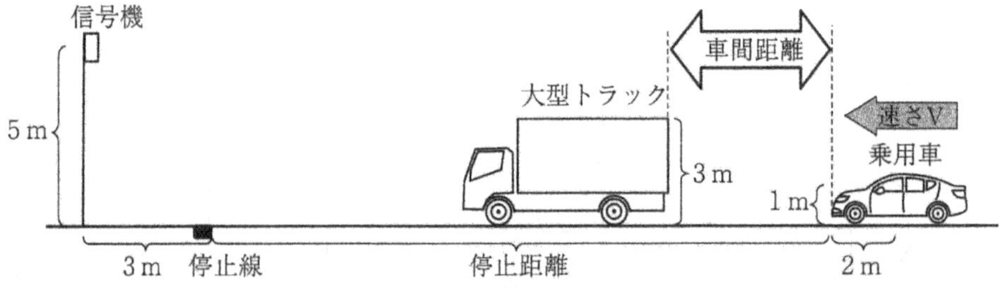


**（図２）**

(1)　乗用車が速さＶで走行し，危険に気づいて停止しようとしたとき，次の①，②に答えなさい。

①　空走距離は何ｍですか。

②　乗用車の速さＶは毎秒何ｍですか。

(2)　速さＶで走行している乗用車に乗る運転手が，黄色信号に気づきブレーキをかけたところ，車の前面が停止線の位置に止まりました。次の①，②に答えなさい。ただし，前方を走る大型トラックは信号機を通過するものとします。

①　運転手が黄色信号に気づいたとき，運転手の目から信号機までの地面と平行な距離は何ｍ必要ですか。

②　運転手が黄色信号に気づいたとき，大型トラックと乗用車との車間距離は何ｍ以上あいていましたか。

(3)　実際の道路では，乗用車の前に大型トラックが走っていても信号機が見えるように工夫がされています。信号機を設置する上で，どのような工夫がされていますか。20字以内で答えなさい。

**3** 家庭用エアコンでの冷房《ぼう》運転のしくみについて次の文を読み，あとの問いに答えなさい。

① エアコンは「室内機」と「室外機」の２つで構成されている。

② 室内機と室外機を結ぶパイプの中には，冷媒《れいばい》と呼ばれる物質が移動している。

③ 冷媒は圧縮機を通ると，圧縮されることで温度がとても高くなる。また同様に，減圧機を通ると，膨張《ぼうちょう》されることで温度がとても低くなる。

④ 低温の冷媒によって冷やされた室内機の中にある熱交換《かん》機で，室内の空気から熱がうばわれることで冷風が作られる。

⑤ ①～④の内容をまとめて示したのが **（図）** である。

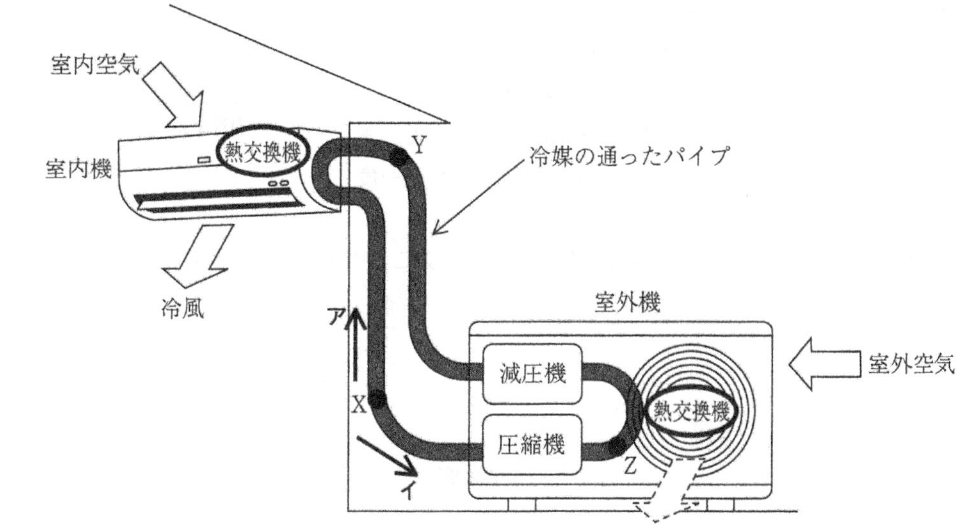


**（図）**

(1) **（図）** のＸ点を移動する冷媒の向きはどちらですか。**（図）** の**ア**，**イ**から選び記号で答えなさい。

(2) 文中の下線部にあてはまる現象はどれですか。**ア**～**ウ**から選び記号で答えなさい。

**ア**．注射を打つ前に，腕《うで》をアルコールで消毒するとヒンヤリした。

**イ**．地表付近の空気が上昇《しょう》気流によって上昇し，雲ができた。

**ウ**．氷水を入れた金属製のコップの表面に水てきがついた。

(3) **（図）** のＸ点に比べて，Ｙ点とＺ点のそれぞれの温度が高いか低いかを正しく示しているのはどれですか。**ア**～**エ**から選び記号で答えなさい。

| | Ｙ点 | Ｚ点 |
|---|---|---|
| **ア** | 高い | 高い |
| **イ** | 低い | 低い |
| **ウ** | 高い | 低い |
| **エ** | 低い | 高い |

(4) 室外機の熱交換機に取り込まれた室外空気について，正しいものはどれですか。**ア**～**ウ**から選び記号で答えなさい。

**ア**．熱が奪われて，冷風として放出される。

**イ**．熱を受け取って，温風として放出される。

**ウ**．パイプ内の冷媒に取り込まれて室内へ移動するので，室外機からは放出されない。

(5)　30年以上前，エアコンや冷蔵庫の主な冷媒には「フロンガス」が使用されていました。しかし，フロンガスを使用する問題点が指摘《てき》されて以降は，段階を経ながら新たな物質が開発され，使用されてきました。フロンガスの問題点とは何ですか。20字以内で答えなさい。

**4**　次の文を読み，あとの問いに答えなさい。

**〔実験準備〕**

**（図１）**のように電子てんびんにビーカーを置いてから「０表示」ボタンを押した。その後，**（図２）**のようにビーカーに水を50.00ｇになるまで加えた。

次に**（図３）**のようにスタンドのクランプに，金属で目の細かい茶こしと温度計を固定して，**（図４）**のように茶こしの目印が水面に来るまでクランプをゆっくり下げた。またその際に気泡《きほう》が入らないように気をつけた。もう一度「０表示」ボタンを押した。

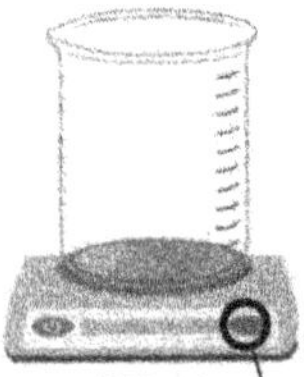
**（図１）**

**（図２）**

０表示ボタン

**（図５）**のように再びクランプを持ち上げて，茶こしの中に結晶《けっしょう》を入れた。

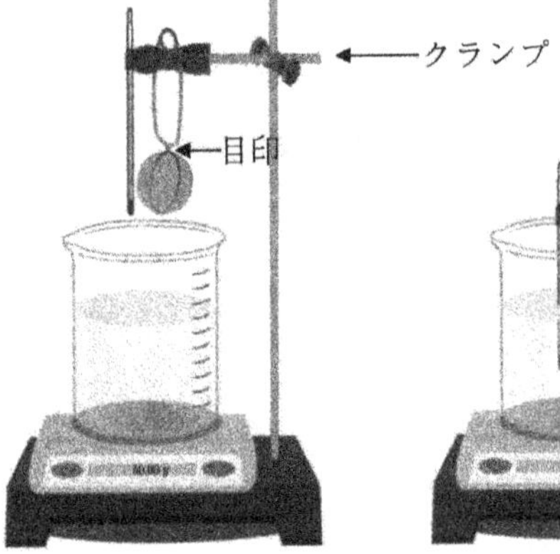

**（図３）**

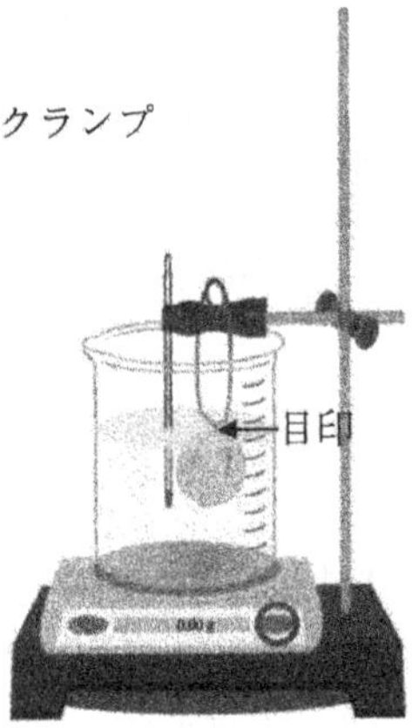

**（図４）**

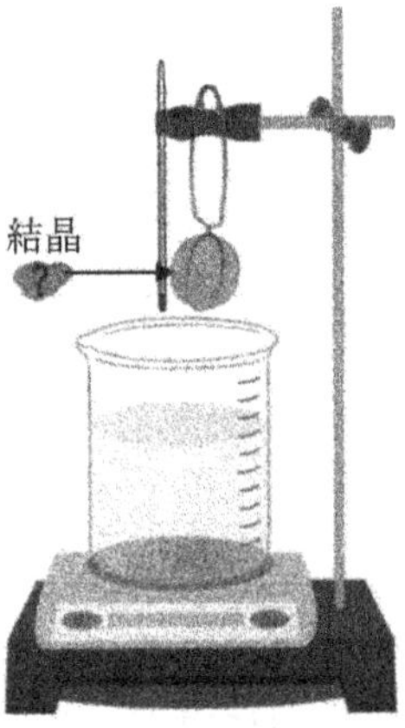

**（図５）**

**〔実験１〕**

**（図６）**のように，結晶を茶こしに入れて，目印が水面に来るまでクランプをゆっくり下げた。**（グラフ）**は，そのときからの時間（ｈ），

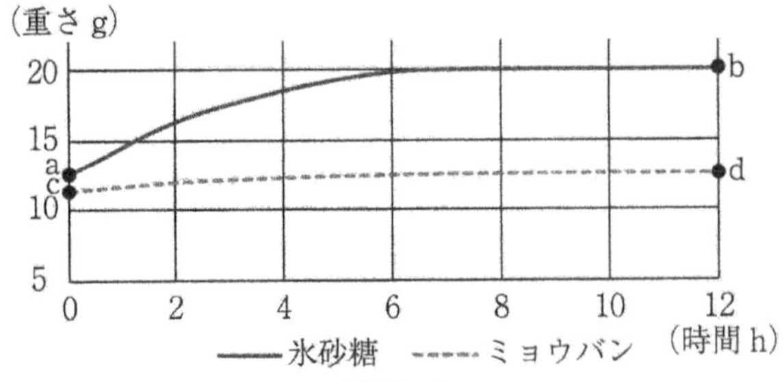

**（グラフ）**

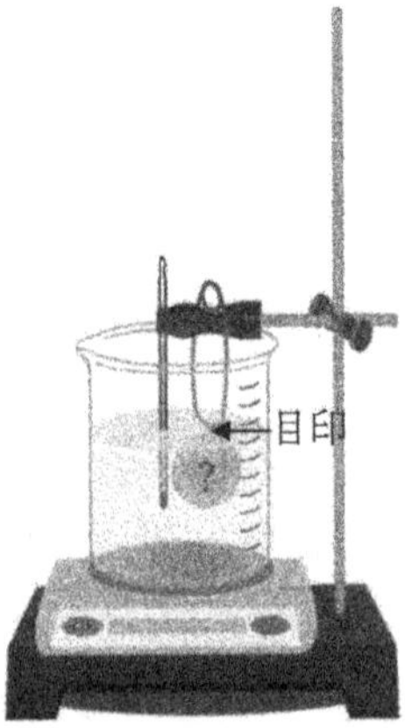

**（図６）**

電子てんびんの値（g）を示した。電子てんびんの値が２時間以上変化しなくなったところで，測定を終わりにした。結晶は氷砂糖，ミョウバンをそれぞれ20.00ｇはかり取ったものを用いた。ただし，これらの結晶の大きさは茶こしの目より十分大きく，とけ残りは茶こしに残るものとする。また温度はいずれも20℃で，水の蒸発は考えないものとする。

**〔実験２〕**

**〔実験１〕**と同じ種類の結晶の重さをはかり，**（図７）**のように20℃の水の入ったメスシリンダーに，結晶を入れてすぐの体積変化を調べた。その結果を**（表）**にまとめた。ただし，水も水よう液も１mLは１ｇとする。

| 結晶 | 重さ（g） | 体積変化（mL） |
|---|---|---|
| 氷砂糖 | 15.87 | 10.00 |
| ミョウバン | 17.05 | 9.69 |

**（表）**

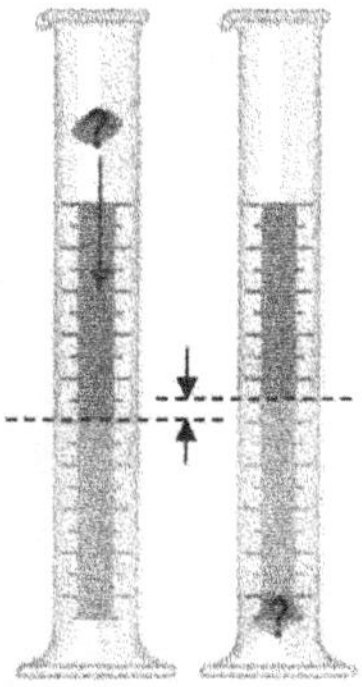

**（図７）**

(1)　下線部の理由は何ですか。**ア～ウ**から選び記号で答えなさい。

**ア**．ビーカーの重さをはかるため。　**イ**．水の重さをはかるため。

**ウ**．ビーカーと水の重さをはかるため。

(2)　**〔実験２〕**の**（表）**の値を利用して，**（グラフ）**のａの値を求めなさい。ただし，計算は小数第２位を四捨五入して小数第１位で答えなさい。

(3)　**〔実験２〕**の**（表）**の値を利用して，**（グラフ）**のｃ，ｄの値を求めなさい。ただし，ミョウバンは20℃の水100ｇあたり5.9ｇまでとけます。また計算は小数第２位を四捨五入して小数第１位で答えなさい。

(4)　**〔実験１〕**で温度を70℃に保つことのできる恒温《こうおん》装置の中で氷砂糖をとかした場合，どのようなグラフになりますか。解答用紙に氷砂糖20℃のときの**（グラフ）**に重ねて答えなさい。ただし，氷砂糖は**〔実験１〕**のときと同じ大きさ，形状のものとします。また70℃の水100ｇに320ｇまでとけます。

**5**　ヒマワリを用いて，次のような実験を行いました。

キク科の植物であるヒマワリの種子を，１つの鉢《はち》に１つぶずつ，６つの鉢に植えた。それぞれの鉢を，屋外の同じ場所で同じ条件で３週間育て，それぞれ鉢Ａ～Ｆとした。

**〔実験１〕**

鉢Ａからヒマワリをぬき，土をていねいにはらい落として，からだのつくりを調べた。

**〔実験２〕**

鉢Ｂのヒマワリの葉の表と裏に，それぞれ塩化コバルト紙をテープではり付けた。すると，葉の裏側にはった塩化コバルト紙の方がはやく色が変化した。

〔**実験３**〕

鉢CとDの重さを測定した後，鉢Cをそのまま屋外で，鉢Dを光を通さない箱の中に置いてさらに３日間育てた。光が当たる，当たらない以外の条件を同じにしておいたところ，3日後の重さは鉢Cで増え，鉢Dでは減った。

〔**実験４**〕

**(図)** のように，鉢Ｅを穴の開いた箱の中に立てて入れて屋外で育て，鉢Ｆを箱の中で横にたおして屋外で育てた。すると，鉢Ｅのヒマワリは穴の方に向かってのび，鉢Ｆのヒマワリは地面と反対の方へのびた。

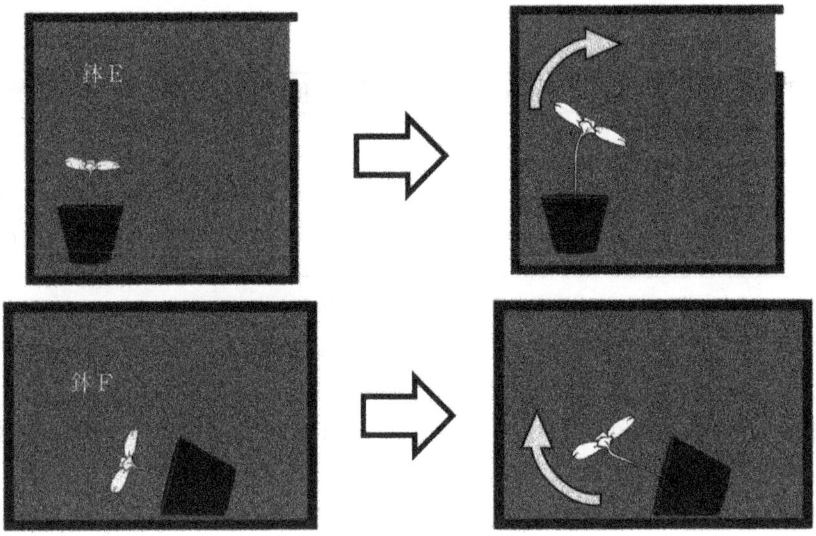


**(図)**

(1) 〔**実験１**〕で，３週間育てたヒマワリを観察してわかることは何ですか。**ア**～**エ**から選び記号で答えなさい。

**ア**．双子葉類である。　**イ**．裸《ら》子植物である。　**ウ**．離弁花がさく。　**エ**．ひげ根をもつ。

(2) 〔**実験２**〕で，葉の裏にはった塩化コバルト紙の方が早く変化が見られたのは，葉の裏側の方がある現象が盛んであるためです。その現象とは何ですか。

(3) 〔**実験３**〕で，鉢Cと鉢Dの重さの変化が起こった理由はどれですか。それぞれ**ア**～**エ**から選び記号で答えなさい。

**ア**．光合成と呼吸をしたから。　**イ**．光合成をして，呼吸をしなかったから。

**ウ**．光合成をせず，呼吸をしたから。　**エ**．呼吸も光合成もしなかったから。

(4) 〔**実験４**〕のように，植物の体の一部が外からの刺《し》激によって一定の方向に曲がる性質を何といいますか。

(5) 鉢Ｅと鉢Ｆの茎が図のように曲がったのは，どのような刺激によるものですか。それぞれ**ア**～**エ**から選び記号で答えなさい。

**ア**．光　**イ**．空気　**ウ**．重力　**エ**．水分

6　地震《しん》に関して次の文を読み，あとの問いに答えなさい。

いろいろな地震を観測してみると，最初に小さなゆれを感じ，続いて大きなゆれを感じます。このようにゆれを引き起こす地震波は２種類あり，前者は（　①　）波，後者は（　②　）波によって引き起こされます。また，この観測結果から（　③　）波の方が伝わる速さが速いこともわかります。

**（図１）**は，関東地方で発生したある地震の，観測地点Ⅰ，Ⅱ，Ⅲで，それぞれの地震計に記録された，ゆれのようすを表したものです。

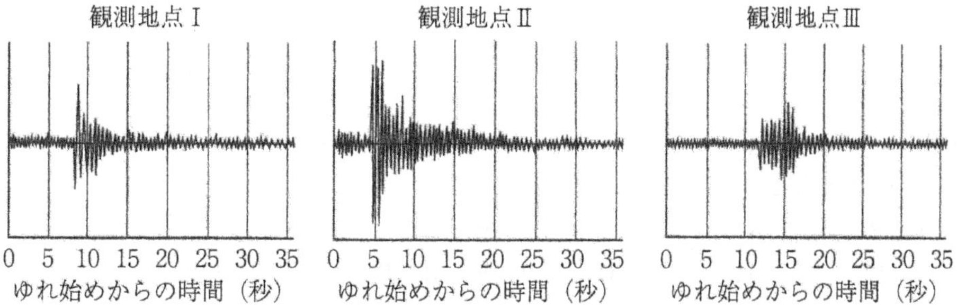


**（図１）**

地球の表面は，十数枚のプレートと呼ばれる厚さ約100kmの板状の岩石におおわれています。その中で日本列島付近を見てみると，４枚のプレートが存在し，それぞれがゆっくりと運動をしています。その結果，プレートの境目周辺では大きな力がはたらき，その付近の岩石が変形し，その岩石が変形にたえきれずに破壊《はかい》されると地震が発生します。

(1)　文中の（①）～（③）にあてはまる記号の組み合わせはどれですか。**ア～エ**から選び記号で答えなさい。

| | ① | ② | ③ |
|---|---|---|---|
| **ア** | S | P | S |
| **イ** | S | P | P |
| **ウ** | P | S | S |
| **エ** | P | S | P |

(2)　**（図２）**で，この地震の震央（震源の真上の地表の地点）の位置（×印）を示したものはどれですか。**ア～オ**から選び記号で答えなさい。ただし，この地震は地表近くで発生し，地下のつくりはどこも一様であるものとします。

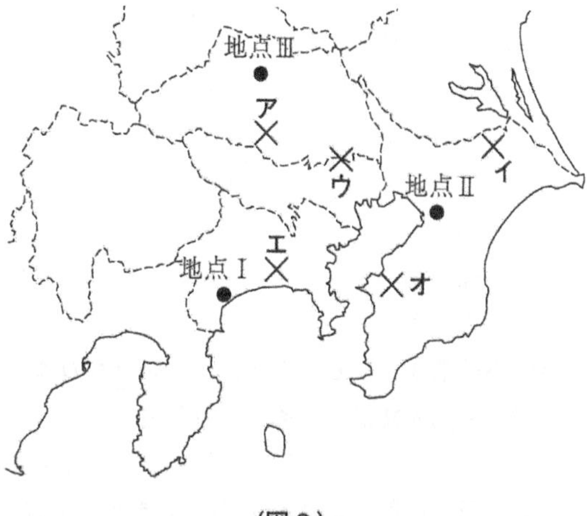


**（図２）**

(3) **（図３）**の**Ａ～Ｄ**は，日本付近のプレートを示しています。地点Ｘと地点Ｙでのプレートの移動する方向を組み合わせたものはどれですか。**ア～エ**から選び記号で答えなさい。

| | 地点Ｘ | 地点Ｙ |
|---|---|---|
| **ア** | a | c |
| **イ** | a | d |
| **ウ** | b | c |
| **エ** | b | d |

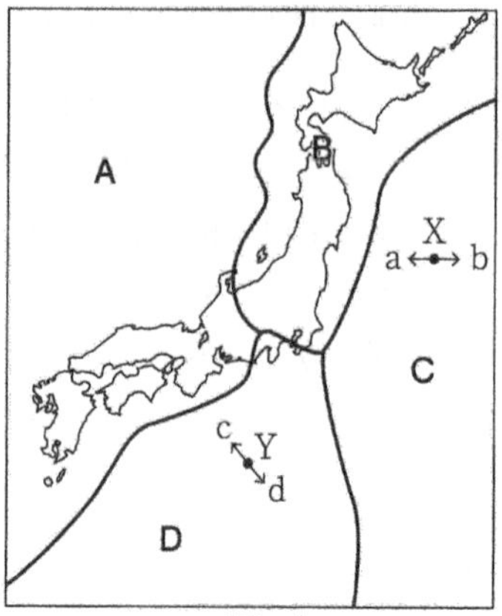

**（図３）**

(4) **（図３）**の４つのプレートの中で，大陸プレートを組み合わせたものはどれですか。**ア～カ**から選び記号で答えなさい。

**ア**．Ａ・Ｂ・Ｃ　**イ**．Ａ・Ｂ　**ウ**．Ｂ・Ｃ

**エ**．Ｃ・Ｄ　**オ**．Ａ・Ｂ・Ｄ　**カ**．Ｂ・Ｃ・Ｄ

(5) プレート**Ａ**の名前を答えなさい。

**7** 次の文を読み，あとの問いに答えなさい。

2021年７月23日に東京オリンピックの開会式が行われました。聖火リレーで使用されたトーチや聖火台に使用された燃料は，大会史上初めて [A] が使用されました。今までの大会では①LPガスが使用されていましたが，この大会では脱《だつ》②炭素社会の実現を目指していくというメッセージが込められています。

また，この [A] は東日本大震災《だいしんさい》の被災地《ひさいち》である，福島県浪江町《なみえまち》に設置される世界最大級の施《し》設で製造されたものです。[A] は消費するときやつくるときにも，[B] を排出《はいしゅつ》しないため，③再生可能エネルギーと呼ばれています。

この施設では１日当たり30000$m^3$の [A] を製造できます。これをエネルギーにすると，一般家庭ならば，1500世帯，燃料電池車ならば560台を満タンにできる量です。

(1) [A]，[B] にあてはまる気体は何ですか。

(2) 下線部①の中には，プロパンとブタンという気体が一定の割合で混ざっています。LPガスにはプロパンが何％入っていますか。**ア～エ**から選び記号で答えなさい。ただし，LPガス，プロパン，ブタンをそれぞれ１ｇ燃やすと，それぞれ1.622ｇ，1.64ｇ，1.55ｇの水が出るものとする。

**ア**．20%　**イ**．40%　**ウ**．60%　**エ**．80%

(3) 下線部②が入っていないものはどれですか。**ア～エ**から選び記号で答えなさい。

**ア**．天然ガス　**イ**．えんぴつの芯《しん》　**ウ**．プラスチック　**エ**．スチールウール

(4) 下線部③として，ふさわしくないものはどれですか。**ア～エ**から選び記号で答えなさい。

**ア**．太陽光発電　**イ**．火力発電　**ウ**．バイオマス発電　**エ**．地熱発電

(5) [A] からエネルギーを得るためには，[A] の体積の半分の酸素を消費します。１世帯当たりが１日に消費する酸素は何$m^3$ですか。整数で答えなさい。

8　次の問いを解答用紙【２】に答えなさい。

(1)　地球上では雨や雪によって，陸や海に水が１年間で約500兆トン降り注ぎます。これに対して陸や海からも水が約500兆トン失われています。このため基本的に海面が雪や雨の影響《えいきょう》で上昇《しょう》し続ける現象は起こらないとされています。

しかし，近年地球温暖化によって「海面上昇」が問題となっています。**(グラフ)** は温度と水１ｇの体積の関係を表わしたものです。**(図１)** はヒマラヤ山脈の氷河の様子です。以下を参考にし，海面上昇の原因を２つあげ，それぞれ30字以内で答えなさい。

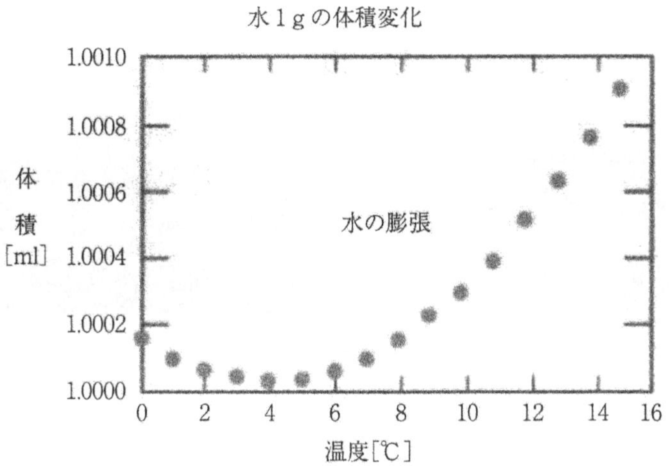


**(グラフ)**

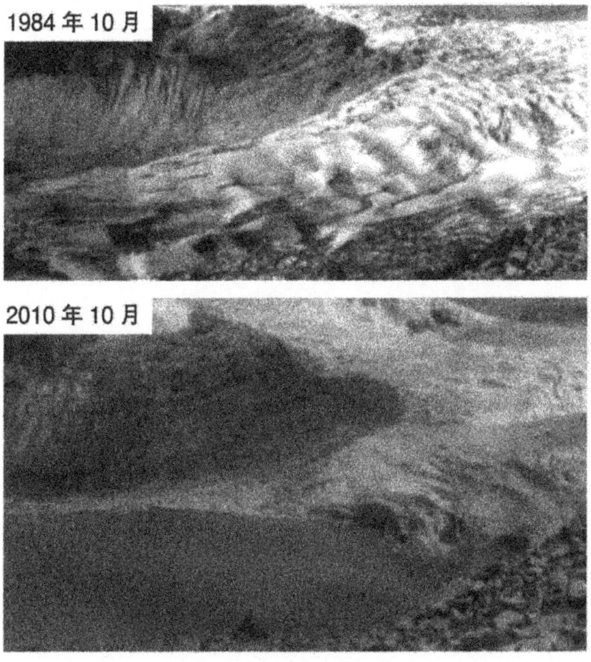


**(図１)**

(2) 生物の仕組みを利用して世の中の役に立つものをつくることを「バイオミミクリー」といいます。例として500系新幹線の先頭部分のデザインがあります。これは，カワセミがエサをとるために水中に飛び込んだときに水しぶきがほとんど上がらない点が注目され，くちばしのデザインを利用して空気抵抗《ていこう》が少ない先頭部分のデザインが考えられました。その結果，500系新幹線は，トンネルに入る時や走行時の騒《そう》音が少なく，その線路の近くに住む人たちにとって優しい電車となりました。**（図２）**は，それぞれの形状の写真です。

このような「バイオミミクリー」を利用してあなたならどのような世の中に役立つものをつくりますか。利用した生物の仕組みと共に以下の（条件）をふまえて60字以内で答えなさい。ただし，例にあげたカワセミと新幹線については，解答の対象外とします。

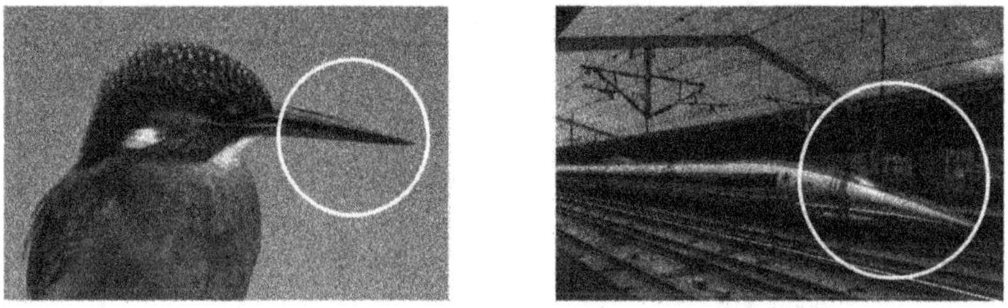

**（図２）**

**（条件）**
生物は植物でも動物でも良い。
生物や生物がつくったものをそのまま利用しない。
役立つものは今あるものでも，自分で新しく考えたものでも良い。

（良い例）「ぼくは、落とし物をしてしまい、足がぼうになるまで探し回った。」

※「動きを表す語」など、後に続く語によって形が変わる場合は、変えても良いです。

（例：「あるく」→「あるいた」）

六 ——線部の平仮名を漢字に直しなさい。

1 仕事にしまつをつける
2 人類のそせん
3 国が生活をほしょうする
4 かんけつな言葉で伝える
5 おごそかな式典

問二　Ⅱの歌の説明として適切なものを次の中から一つ選び、記号で答えなさい。

ア　作者は過去の恋愛《れんあい》の楽しい思い出もつらい思い出も全て日記に残しており、そこに最近失恋《しつれん》した相手の思い出も加わった。

イ　作者は恋愛の最中であり、その相手を好きなあまり、日々生活している中でその相手をたびたび思い出すようになった。

ウ　作者はいくつかの恋愛経験があり、最近失恋した相手もまた、今までの相手と同じように恋愛の思い出の一つとなった。

エ　作者は好きな人と一緒《いっしょ》に暮らしていた部屋に別れた今でも暮らしており、そこには恋人《こいびと》との思い出がまだたくさん残っている。

問三　――線②「暁」は夜明けの意味ですが、作者がこの単語を使った理由はどのようなものだと考えられますか。適切なものを次の中から一つ選び、記号で答えなさい。

ア　良いことと悪いことは必ず繰り返すことを示すため。

イ　希望に満ちた新しい何かが始まることを示すため。

ウ　自分の探していた何かを見つけたことを示すため。

エ　朝の空気を吸うと気分が楽になることを示すため。

問四　あなたは同級生のＡさんから悩《なや》み事を相談されたので、Ⅰ～Ⅴのいずれかの短歌と共にアドバイスを贈《おく》り、その日の出来事を日記に書きました。その日記を書きなさい。ただし、次の条件に従うこと。

Ａ　贈った短歌は「Ⅰの短歌」のように作文の中で表記すること。

Ｂ　Ａさんの悩みの内容を具体的に書くこと。

Ｃ　Ａさんへのアドバイスの内容を、Ａさんに話した言葉のまま書くこと。

Ｄ　八十字以上、百二十字以内で書くこと。ただし、出だしの一マスは空けないで書くこと。

## 五

次の各問いに答えなさい。

問一　次の言葉のつかい方として正しい文を、あとのア～エの中から一つ選び、記号で答えなさい。

「心安い」

ア　心安かった毎日が終わり、明日からは厳しい生活が待っている。

イ　あの店は店員さんの説明が心安いので、心配せずに買うことができる。

ウ　陸上大会で決勝まで残ることができたので、心安くして臨もうと思った。

エ　心安い友だちが集まって、ワイワイと楽しいひとときを味わった。

問二　次の四字熟語の中の、まちがっている漢字の右側に正しい漢字を書きなさい。

①　絶対絶命

②　異句同音

問三　次の「慣用句」をつかって、短い文を作りなさい。

**「高をくくる」**

※慣用句の内容が具体的にわかるようにしなさい。

慣用句「足がぼうになる」の場合

（悪い例）「ぼくは、足がぼうになった。」

エ　危険をかえりみず挑戦《ちょうせん》することを「運試し」と捉える「ヤマカシ」の姿は、常にリスクと隣《とな》り合わせで生活する視覚障害者に通じるものがあると伝えることで、文章全体に一貫性《いっかんせい》を持たせるため。

問三　――線②「その手」が指す内容を、四十字以内で答えなさい。

問四　[X] に入る言葉としてあてはまるものを自由に考え、八字以上十五字以内で答えなさい。ただし、それが実際に存在していなくても構いません。

問五　――線③「遊びのツールとしてもとらえている」とありますが、そのような発想の根底には難波さんのどのような考え方があると考えられますか。解答用紙の「～を持たないこと。」につながる三十～三十五字の部分を本文中からぬき出し、最初と最後の五字を答えなさい。

問六　――線④「健常者の社会や価値観そのものが、障害者の使い道によって相対化される」とありますが、どういうことですか。適切なものを次の中から一つ選び、記号で答えなさい。

ア　健常者が障害者の独創的《どくそうてき》な使い方を理解することで、障害者の使い方があってこそ健常者のまじめな使い方が成り立っていると気づけるようになるということ。

イ　健常者が障害者のユーモアあふれる使い方を目にすることで、デザインやサービスをナナメから見なければならないと理解できるようになるということ。

ウ　健常者が障害者の新しい使い方を知ることで、健常者の使い方はいくつかある選択肢《せんたくし》のうちの一つであると思えるようになるということ。

エ　健常者が障害者の先進的な使い方に出会うことで、健常者が障害者の気持ちを理解しようとするきっかけを作れるということ。

問七　本文には、次の一文がぬけています。この一文を補う箇所《かしょ》として適切な所を本文中の[I]～[V]から一つ選び、記号で答えなさい。

**だからこそ「痛」快なのです。**

[四]　次の短歌を読んで、後の問いに答えなさい。

I　①木琴《もっきん》のように会話が弾《はず》むとき「楽しいなあ」と素直《すなお》に思う

II　脳裏《のうり》には恋《こい》の記憶《きおく》の部屋がありそこにあなたが暮らし始めた

III　何か必死に探す事　恰好《かっこう》悪いことじゃないんだ。②暁《あかつき》の方へ

IV　魂《たましい》はそっと教室抜《ぬ》け出してもっと肝心《かんじん》な事探してた

V　ぼくたちはロボットじゃないから　ときに信じられない奇跡《きせき》を起こす

（萩原慎一郎『歌集　滑走路』）

問一　――線①「木琴のように会話が弾むとき」とありますが、それはどのような状況《じょうきょう》ですか。その説明として適切でないものを次の中から一つ選び、記号で答えなさい。

ア　誰《だれ》かとの心地《ここち》よい会話が、いつまでも柔《やわ》らかく響《ひび》き合っている状況。

イ　誰かとの楽しげな会話が、次から次へ途切《とぎ》れずに進んでいく状況。

ウ　誰かとの軽《かろ》やかな会話が、音楽を奏でるように広がっていく状況。

エ　誰かとのけたたましい会話が、縦横無尽《じゅうおうむじん》に繰《く》り返《かえ》されている状況。

たでしょうか。大都市をジャングルとして生きるヤマカシのように、自分の体に合わないデザインやサービスをナナメから見てみる。そうすることで、彼らの方がむしろ遊んでいるのです。Ⅲ

第1章で、見えない人は「道」から※4相対的に自由だという話をしました。健常者は、製品やサービスに埋《う》め込《こ》まれた使い方におのずと従ってしまいます。そんなまじめなユーザーを尻目《しりめ》に、見えない人は決められた道をかわしていきます。「こっちの道もあるよ！」——何だか先を越《こ》されたような気分さえ感じます。

「こっちの道もあるよ！」と先を越されるのが痛快なのは、④健常者の社会や価値観そのものが、障害者の使い道によって相対化されるからに他なりません。パスタソースや自動販売機の例は、笑いのジャンルとしては※5「自虐《じぎゃく》」に近いものです。ところが、自虐の攻撃《こうげき》対象がふつうはそれを口にする本人であるのに対し、この場合はなぜか言われた方もチクッとやられたような気分になる。Ⅳ

なぜ痛みがこちらに返ってくるのか。言うまでもなくそれは、笑いのネタに「障害」が関わっているからです。そして、それを聞いている私たちが、健常者だからです。

しかし、それは単なる痛みではありません。「『痛』快」は「痛『快』」でもあるわけで、何か「つかえ」がとれたような気分にもなる。痛すぎると笑えなくなってしまいますが、快さがあるかぎり、その笑いは建設的なものです。Ⅴ

（伊藤亜紗『目の見えない人は世界をどう見ているのか』）

※1　ロシアンルーレット……「一つだけ外れの入ったくじを作り、その外れくじを引いた一人に罰《ばつ》ゲームを与《あた》える」という趣旨《しゅし》のゲーム全般《ぜんぱん》を指す言葉。

2　ユクスキュル……ドイツの生物学者・哲学者《てつがくしゃ》ヤーコプ・フォン・ユクスキュルのこと。

3　環世界……ユクスキュルが提唱した生物学の概念《がいねん》。すべての動物はそれぞれ特有の見方・感じ方を持っており、その見方・感じ方を通してそれぞれが行動しているという考え。

4　相対……他との関係の上に存在あるいは成立していること。

5　自虐……自分で自分を（必要以上に）いじめること。特に自分をおとしめることで笑いをとるネタを「自虐ネタ」と言う。

問一　Ａ〜Ｃに入る語として適切なものを次の中から一つずつ選び、記号で答えなさい。

ア　けれども　イ　もちろん　ウ　だから
エ　つまり　オ　たとえば　カ　おそらく

問二　——線①「ＹＡＭＡＫＡＳＩ」とありますが、筆者が「ＹＡＭＡＫＡＳＩ」の例を挿入《そうにゅう》した意図は何だと考えられますか。適切なものを次の中から一つ選び、記号で答えなさい。

ア　前半部分とは違《ちが》う話題を提示しながらも、発想や考え方の根本は「ヤマカシ」も難波さんたちも変わらないと説明することで、主題の捉え方に厚みを持たせるため。

イ　前半の文章と一見関わりのない話ではあるが、映画という親しみやすい話題でイメージを膨《ふく》らませることで、後半の主題が「難波さんのユーモア」に変化することへの読者の理解を助けるため。

ウ　映画の話ではあるが、常人離《じょうじんばな》れした動きをする「ヤマカシ」は実在すると伝えることで、難波さんたちの発想にもリアリティがあることを示し、主題に説得力を持たせるため。

いかな」。

[A] 難波さんは、見えないことに由来する自由度の減少を、ハプニングの増大としてポジティブに解釈《かいしゃく》しているのです。「情報」の欠如《けつじょ》を、だからこそ生まれる「意味」によってひっくり返しているのです。

　難波さん以外の視覚障害者からも、似たような「ひっくり返し」を聞いたことがあります。[B]「回転寿司《かいてんずし》は※1ロシアンルーレットだ」という説。お寿司には香りがほとんどありません。見えない人は、目の前を通過する寿司が何のネタかを確認《かくにん》することができないのです。[C]、お店の人に頼《たの》んで食べたいものを握《にぎ》ってもらうこともできます。

　でも、その状況をあえてゲームとして楽しむこともある。まず皿を取ってみて、食べてみて、何のネタかを当てるのだそうです。同様の見方をあてはめれば、自動販売機《じどうはんばいき》もおみくじ装置と化します。何が出るか分からないままボタンを押《お》してみる。手軽に「今日の運勢」を試せます。

　あるいは、こちらはふたたび難波さんの発言ですが、都会の混雑した道を歩くことを「お化け屋敷《やしき》」と形容していました。難波さんは、リハビリ期間を終えた後、見えていた頃《ころ》に住んでいた自宅で一人暮らしを再開しました。ところが、同じ町なのに駅までの道のりがそれまでとは全く別のものになってしまった。まだ「見えない世界の初心者」だったために、歩道に止めてある自転車や、思いがけない突起《とっき》に、いちいちドキッとさせられていたのでしょう。「富士急ハイランドに最恐戦慄迷宮《さいきょうせんりつめいきゅう》という、一度入ったら何時間も出られないお化け屋敷があるんですが、毎日があんな感じでしたよ（笑）」。

（中略）

「①YAMAKASI」という映画をご存知《ぞんじ》でしょうか。リュック・ベッソンが脚本《きゃくほん》を書いた作品ですが、この映画には、「ヤマカシ」と呼ばれる少年七人のグループが登場します。彼《かれ》らは実在のグループで、体ひとつで高層ビルをよじ登ったり、屋上から屋上へと飛び回っていく。もちろん危険が伴《ともな》いますが、人工的な都会の町も、彼らの手にかかるとジャングルのようなものに姿を変えます。

　パスタソースや自動販売機で運試しする生き方は、あのヤマカシを思い起こさせます。物理的には同じ環境《かんきょう》でありながら、それを全く別の方法で使いこなす痛快さ。※2ユクスキュルの言葉を使っていえば、見えない人ならではの※3「環世界《かんせかい》」に触《ふ》れたと感じる一瞬《いっしゅん》です。

　そう、彼らのユーモアは、「痛快」なのです。困難な状況をポジティブに生きていることへの感心や敬意ももちろん感じます。けれども、それだけでは笑いは生まれない。やられた！　②その手があったか！　という感じ。その心地《ここち》よさが笑いの原因でした。[Ⅰ]

　均一なレトルトのパックや自動販売機のシステムは、言うまでもなく見える人が見える人のために設計したものです。率直《そっちょく》に言って、見えない人を排除《はいじょ》しています。福祉《ふくし》的な視点に立つなら、あるいは「情報」的な視点に立つなら、そうした排除は可能な限りなくしていくべきでしょう。パッケージに切《き》り込《こ》みの印をつけるようメーカーに要望したり、自動販売機に[X]ように働きかけたりすることも一つの方法です。実際に、そのような製品も出回っています。

　けれども、難波さんがとったのは全く別の方法です。健常者が、いわば「大まじめ」に中身どおりのソースをパスタにかけているかたわらで、難波さんはそれを③遊びのツールとしてもとらえている。[Ⅱ]

　いまだかつて、レトルトのパックで運試ししようと思った健常者がい説明して、少しずつミネストローネをわけてもらわなければいけなかった」とありますが、となりのクラスにミネストローネをわけてもらいに行ったときに「僕」が感じたこととして適切なものを次の中から一つ選び、記号で答えなさい。

ア　何人かの男子に文句を言われたことで、申し訳なさと後ろめたさを感じた。

イ　自分に文句を言わずに憐《あわ》れんでくれた人もいたことで、後ろめたさがなくなり、心が救われた。

ウ　すくっているのを先生が黙《だま》って見守ってくれていたことで、いくらか気持ちが軽くなった。

エ　先生が僕に優しく声をかけてくれたことで、かえってみじめさが増し、つらく感じられた。

問五　[A]に入る言葉として適切なものを次から一つ選び、記号で答えなさい。

ア　心地《ここち》よさと後ろめたさ　イ　申し訳なさと感謝

ウ　やさしさと不可解さ　エ　わずらわしさと喜び

問六　「最[B]」は一般的《いっぱんてき》には使われない「僕」が考えた言葉である。本文中の[B]に入るひらがな三文字の言葉を、本文中から書きぬきなさい。

問七　――線⑤「栗田君」とありますが、栗田君の説明として適切なものを次から一つ選び、記号で答えなさい。

ア　クラスが重い空気になると、それを和らげようとふざけてしまうひょうきんさを持っている。

イ　みんなに不気味であると思われつつも、「きゅうり」という愛称《あいしょう》をつけられるほどの親しみやすさを持っている。

ウ　まわりの空気に流されることなく、いつでも正しい選択《せんたく》をすることができる正義感を持っている。

エ　凍《こお》り付《つ》いた空気の中でも、まわりを気にせず自分の思ったことを口にして伝えられる素直《すなお》さを持っている。

三　次の文章を読んで、後の問いに答えなさい。

筆者は、様々な視覚障害者の方々との対話を通して、「目の見えない人はどのように世界を捉《とら》えているのか」について研究している。本文は、その視覚障害者の一人である「難波《なんば》さん」を中心に書かれたものである。

難波さんは、自宅でよくスパゲティを食べるのでレトルトのソースをまとめ買いしています。ソースにはミートソースやクリームソースなどいろいろな味がありますが、すべてのパックが同じ形状をしている。つまり一人暮らしの難波さんがパックの中身を知るには、基本的に開封《かいふう》してみるしかありません。ミートソースが食べたい気分のときに、クリームソースが当たってしまったりする。

はたから考えれば、こうした状況《じょうきょう》は一〇〇パーセントネガティブなものです。でも難波さんは、これを単なるネガティブな状況と受け取りません。食べたい味が出れば当たり、そうでなければハズレ。見方を変えて、それを「くじ引き」や「運試《うんだめ》し」のような状況として楽しむのです。

「残念というのはあるけど、今日は何かなと思って食べた方が楽しいですよね。心の持って行き方なのかな」「『思い通りにならなくてはダメだ』『コントロールしよう』という気持ちさえなければ、楽しめるんじゃなマルカンと僕を見ているものだから僕はどういう顔をして立っていればいいのかわからなかった。三組のみんな、ごめんね、ありがとうね。山脇先生の声だけが響《ひび》いていて、さっきより、もっとみじめである。

たった数分のあいだに人生の最［B］がどんどん更新《こうしん》されていくという状況《じょうきょう》のつらさに、僕はその場から消えてなくなりたかった。

でもここで一組とはちょっとちがうことが起きて、それは⑤栗田《くりた》君という男子が、静まり返った教室の中で、とても自然な感じに僕のところまで歩いてきて、僕の肩をぽんぽんと二回たたいて「ドンマイ」と言ったことだった。そのときの言い方が僕をからかうような感じではなくて、うまく言えないけど、心から、「そんなに落《お》ち込《こ》むなよ」っていう気持ちを込めてドンマイと言っている、というふうなドンマイで、僕はそのストレートなぐさめがとても身に染《し》みて、あやうく目にためていた涙《なみだ》をこぼしそうになった。

このときの三組の空気はおそろしく、もしも栗田君がドンマイと言ってくれなければその研ぎ澄まされた空気で僕は意識を失って絶命していたかもしれないのだ。栗田君は僕の命の恩人である。

栗田君は四年生のあたまに、三組に転校してきた男子である。

ちょっとびっくりするくらいカッパに似た顔をしていて、三組の人たちからは「きゅうり」と呼ばれていて、お調子者で、そして人気者であるということしか僕は栗田君についての知識を持っていない。僕は彼に対して、目がぎょろっとしていてうわくちびるがとがったその顔をちょっと、いや、かなり不気味だなあとすら思っていたから、そんなふうに、いきなり自然な感じで優しい言葉をかけられて、驚いてもいた。

（小嶋陽太郎『放課後ひとり同盟』）

問一　――線①「キョクショテキ」とありますが、カタカナで表記されているのはなぜだと考えられますか。その説明として適切なものを次の中から一つ選び、記号で答えなさい。

ア　「僕」が、大人びた言葉を使いこなせるほど、賢いことを強調するため。

イ　「僕」が使い慣れていない難しい言葉を使い、背伸びしている様子を表現するため。

ウ　「僕」には漢字がわからないことを示し、「僕」のマヌケさを表現するため。

エ　「僕」の、カタカナ言葉を使えば大人の仲間入りができるという勘違いを表現するため。

問二　――線②「あの瞬間、神様か何かが現れて、『いますぐ隕石を落として地球を滅亡させることもできますけど、どうします？』と聞かれたら僕はまちがいなく隕石を落としてもらっただろう」とありますが、これはミネストローネをこぼしたことが僕にとってどのような出来事だったことをあらわしていますか。六十字以内で説明しなさい。

問三　――線③「から」と文法的に同じものを次の中から一つ選び、記号で答えなさい。

ア　夏休みは宿題が終わってから遊ぼう。

イ　不安から眠《ねむ》ることができなかった。

ウ　ワインはブドウから作られる。

エ　たくさん食べたからお腹《なか》がいっぱいだ。

問四　――線④「それから僕はとなりの一組と、その反対のとなりの三組に、軽くなったマルカンを山脇先生と一緒にもって行って、事情を最初に「こんなことが起こるはずはないから、これは夢にちがいない」っていうふうに思って、でもトマトとか野菜が煮込《にこ》まれたスープのにおい（いつもはいいにおいと思うけど、このときはまったくそう思えなかった）と、もうもうと立ち上る湯気に、やっぱり現実だ、と思って、そして僕の中で人生が終わった。

そういうときって、心臓がひっくり返ったみたいな感じになって、息があさくなって、それからユウタイリダツしているみたいに、ぶちまけられたミネストローネを見下ろしてボウゼンとしている自分を天井《てんじょう》から見ているような気分になるから不思議だ。

②あの瞬間《しゅんかん》、神様か何かが現れて、「いますぐ隕石《いんせき》を落として地球を滅亡《めつぼう》させることもできますけど、どうします?」と聞かれたら僕はまちがいなく隕石を落としてもらっただろう。

もちろん、その選択《せんたく》が正しくないのはわかっている。でも給食のＡＢＣミネストローネを半分以上床にぶちまけるというのは、僕の、半分しか大人になっていない体では、瞬時《しゅんじ》には受け止めきれないくらいのおそろしい事態だったのだ。その罪から逃れるためなら地球そのものが滅亡してもいいと思えてしまうくらいの。

（中略）

それはともかく、いますぐ家に帰って小麦粉をいっしょうけんめい練って、ＵとＮとＴとＩのマカロニを作ってもってくる③から許して、と僕はそのとき真剣《しんけん》に思ったけど、そんな理由で家に帰ることを先生は許してくれないだろう。

④それから僕はとなりの一組と、その反対のとなりの三組に、軽くなったマルカンを山脇《やまわき》先生と一緒《いっしょ》にもって行って、事情を説明して、少しずつミネストローネをわけてもらわなければいけなかった。

一緒にマルカンを運んでくれた佐田君が、僕も一緒にお願いしに行くよって言ってくれたけど、僕は、佐田君がミネストローネを一緒に片づけてくれたことと、ちっとも僕を責めなかったことで佐田君に［Ａ］をたくさん感じていたからそれは断った。佐田君はなんて優《やさ》しい人なんだろう、と僕は思う。

僕と山脇先生はまず一組に行って、僕が一組の先生に事情を説明して、ＡＢＣミネストローネを少しかけてもらえませんか、と言った。

一組の先生はそれは大変だったねと言って、それからマルカン係の女の子に「わけてあげて」と言って、彼女《かのじょ》は、僕たちの半分以下になったマルカンにおたまでいくらかＡＢＣミネストローネをすくって入れてくれた。僕は、ＵとＮとＴとＩが多く入りますようにと祈《いの》りながらそれを見ていた。

何人かの男子が「なんでおれたちのぶんを二組にわけなきゃいけねーの」と言っていて、僕は肩《かた》を丸めて、背中に小石を投げつけられているような気持ちで教室を出て行った。もちろん、そんなふうに文句を言う人ばかりじゃなくて、かわいそうに、っていう目で僕を見ている女子なんかもいたけど、アワレミの目っていうのも、それはそれでこたえるものなのだ。むしろ、責められるよりもずっとこたえるかもしれない。

三組でも同じことが繰《く》り返《かえ》されて、僕は非難とアワレミの視線を受けながら、三組のマルカン係の子が僕と山脇先生が持参したマルカンにＡＢＣミネストローネをおたまですくって入れてくれるのを見ていた。そのあいだ、みんなしゃべっちゃいけないみたいな感じで、全員がじっと

【国　語】〈六〇分〉〈満点：一二〇点〉

【注意】一、㊀は聞いて解く問題です。
二、指示がない限り、句読点や記号などは一字として数えます。
三、正しく読めるように、読みがなをふったところがあります。

㊀ この問題は聞いて解く問題です。問題の放送は一回のみです。メモを取っても構いません。放送の指示に従って、問一と問二に答えなさい。

問一

ア

イ

ウ

エ

オ

カ

※放送台本は非公表です。

㊁ 次の文章を読んで、後の問いに答えなさい。

次の文章は、小学四年生である「僕《ぼく》」が悲しいできごとの一つである『ＡＢＣミネストローネ事件』について回想している場面である。「ＡＢＣミネストローネ」とは「僕」の小学校の給食で出るアルファベットの形をしたマカロニが入ったミネストローネで、「ＵＮＴＩ」などのおもしろい言葉をつくれることから一部の男子に人気なメニューである。

ともかくＡＢＣミネストローネは一部の男子に人気の献立《こんだて》である。ヘタをしたら汁物《しるもの》最強メニューのカレーと肩《かた》を並べるくらい。大人ふうの言い方をすると、①キョクショテキな人気を誇《ほこ》る献立、とでもいえばいいのだろうか。

そしてやっと本題に入れるのだけど、僕はそんなＡＢＣミネストローネが三十一人分たっぷり入ったマルカンを佐田《さだ》君と二人で二階の教室まで運ぶ途中《とちゅう》、階段の折り返しのところでなぜだかつまずいて、中身を三分の二ほど床《ゆか》にぶちまけてしまった。

これは思い出すだけで全身が冷たくなって震《ふる》えてしまうくらいのおそろしいできごとだった。

僕の百三十四センチしかない体がバランスをくずして前につんのめったのと同時にマルカンも傾《かたむ》いて、でも僕はマルカンの持ち手からは手を離《はな》さなかったから、佐田君もそれに引っ張られて前につんのめり、そしてマルカンは横倒《よこだお》しになった。マルカンにはふたがついていたけど、それはただ上に載《の》っかっていただけだから、かんたんに外れて、中に入っていた赤いスープとか野菜とかベーコンとかＡとかＦとかＧとかＬとかＸが床にぶちまけられた。

僕と佐田君はあわてて倒れたマルカンを縦にした。でももう中身は半分以上、うす緑色のひんやりした床に流れて広がっていた。

このときの僕の気持ちを言いあらわすとしたら、なんと言ったらいいのだろうか。

MEMO

大切なことはメモしておこうネ！

## 2022年度

# 芝浦工業大学附属中学校入試問題（第２回）

【算　数】（60分）　＜満点：120点＞

【注意】　1．[1]は聞いて解く問題です。

2．[3]以降は，答えだけではなく式や考え方を書いてください。
式や考え方にも得点があります。

3．定規《じょうぎ》とコンパスを使用してもかまいませんが，三角定規と分度器を使用してはいけません。

4．作図に用いた線は消さないでください。

5．円周率が必要な場合は，すべて3.14で計算してください。

**[1]**　この問題は聞いて解く問題です。

聞いて解く問題は全部で(1)と(2)の２題です。(1)は１問，(2)は①と②の２問があります。問題文の放送は１回のみです。問題文が流れているときはメモを取っても構いません。ひとつの問題文が放送された後，計算したり，解答用紙に記入したりする時間は１分です。聞いて解く問題の解答は答えのみを書いてください。ただし，答えに単位が必要な場合は必ず単位をつけてください。

※放送台本は非公表です。

**[2]**　次の各問いに答えなさい。ただし，答えのみでよい。

(1)　$\frac{2}{5}-\left\{\frac{1}{2}-\left(0.375+\frac{1}{8}\right)\times\frac{2}{9}\right\}\div 1\frac{3}{4}$　を計算しなさい。

(2)　□にあてはまる数を求めなさい。

$\{414-(63+24\times 3-45\div\square)\}\div 4=71$

(3)　定価の2.5割引きで売られている商品は，10％の消費税を含めて1980円です。この商品の定価はいくらですか。

(4)　右の図は，長方形をABを折り目として折り曲げたものです。角アと角イの大きさをそれぞれ求めなさい。

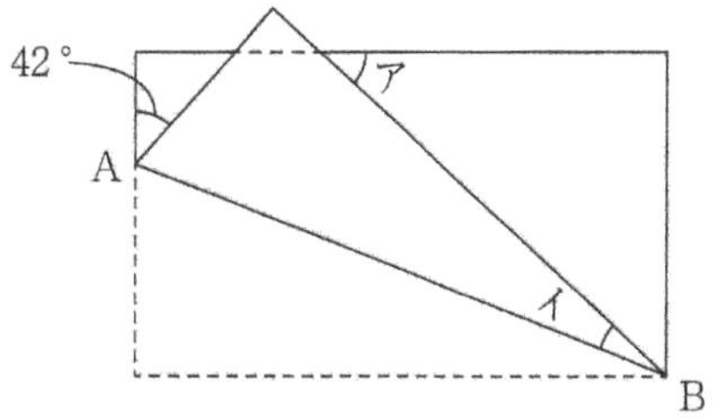


**[3]**　次の各問いに答えなさい。

(1)　次のように分数が規則的に並んでいます。2022番目の分数を求めなさい。

$\frac{1}{1},\ \frac{3}{1},\ \frac{5}{1},\ \frac{1}{2},\ \frac{3}{2},\ \frac{5}{2},\ \frac{1}{3},\ \frac{3}{3},\ \frac{5}{3},\ \frac{1}{4},\ \frac{3}{4},\ \frac{5}{4},\ \frac{1}{5},\ \cdots\cdots$

(2)　[1]，[2]，…，[10]の10枚のカードの中から３枚のカードを取り出し，大きい順に並べます。１番目と２番目の差と，２番目と３番目の差が同じになるような取り出し方は何通りありますか。

(3)　ある食べ物を温めるのに，400Wなら４分30秒，450Wなら４分かかります。この食べ物を500Wで温めるときにかかる時間は何分何秒ですか。

ただし，熱量（仕事量）＝ワット数（W）×加熱時間（秒）です。

(4)　右の図の正三角形ABCにおいて，

AD：DE：EB＝AG：GF：FC＝２：１：１です。

斜《しゃ》線部分の面積が15㎝$^2$のとき，三角形ABCの面積を求めなさい。

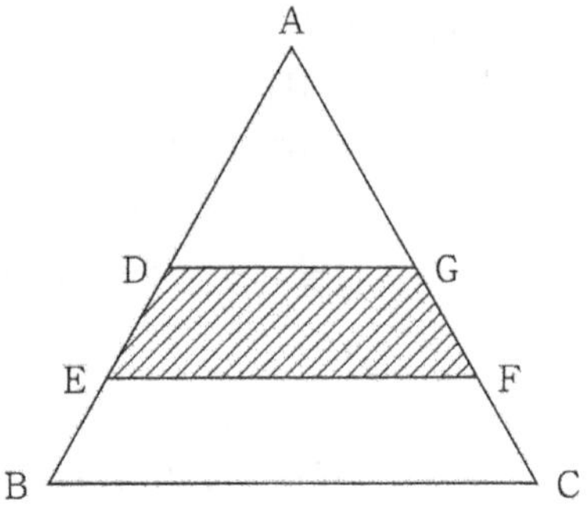


(5)　正方形の各頂点を中心とし，対角線を半径とする円を４つかきます。４つの円が重なる部分を作図しなさい。

（この問題は答えのみでよい）

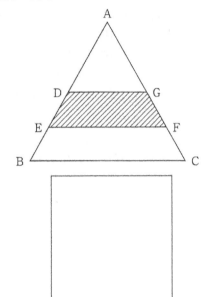

**4**　芝田くんと田浦さんはチョコレートとクッキーをそれぞれいくつか持っています。芝田くんと田浦さんがチョコレートを４個ずつ食べたところ，芝田くんと田浦さんのチョコレートの個数の比は５：９になりました。さらに，芝田くんと田浦さんはチョコレートを６個ずつもらったので，芝田くんと田浦さんのチョコレートの個数の比は２：３になりました。このとき，次の各問いに答えなさい。

(1)　芝田くんと田浦さんが最初に持っていたチョコレートの個数を求めなさい。

さらに，芝田くんと田浦さんはお菓子を次のように交換《かん》しました。まず，田浦さんは持っているクッキーの$\frac{1}{3}$を芝田くんにあげ，芝田くんはもらったクッキーの個数と同じ数だけのチョコレートを田浦さんにあげました。次に，芝田くんは持っているクッキーの$\frac{2}{5}$と２個を田浦さんにあげ，田浦さんはもらったクッキーの個数と同じ数だけのチョコレートを芝田くんにあげました。お菓子の交換後，田浦さんのチョコレートの個数は，交換前より５個少なくなり，芝田くんのクッキーの個数は，交換前の$\frac{2}{3}$になりました。

(2)　芝田くんがお菓子の交換後に持っているクッキーの個数は，交換前と比べて何個減りましたか。

(3)　田浦さんがお菓子の交換後に持っているクッキーの個数は何個ですか。

**5** 一辺の長さが10㎝の立方体ABCD－EFGHがあります。図の点P，Q，R，Sは，それぞれAB，CD，EF，GHの真ん中の点です。また，PQの真ん中の点をOとします。このとき，次の各問いに答えなさい。

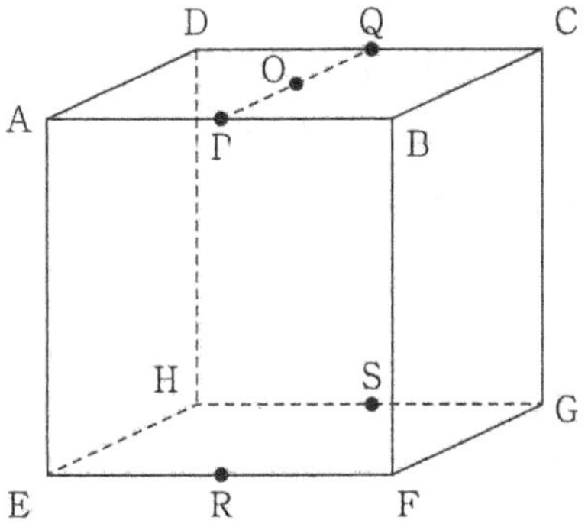


⑴ 立体PBCQ－ERSHの体積を求めなさい。

⑵ ⑴の立体について，３点O，E，Rを通る平面で切断するとき，切り口の形を答えなさい。また，体積が小さい方の立体の面の数を答えなさい。（この問題は答えのみでよい）

⑶ ⑵のとき，体積が小さい方の立体と直方体APQD－ERSHの共通する部分の立体の体積を求めなさい。ただし，（三角すいの体積）＝（底面の面積）×（高さ）÷３です。

**【理　科】**（50分）　＜満点：100点＞

**【注意】** 1は，聞いて解く問題です。

**1** この問題は聞いて解く問題です。

聞いて解く問題は全部で(1)～(3)の３題です。(1)～(3)は１問ずつあります。問題文の放送は１回のみです。メモを取っても構いません。ひとつの問題文が放送された後，解答用紙に記入する時間は15秒です。聞いて解く問題の解答は答えのみを書いてください。

(1)

**ア**．砂　　**イ**．岩塩　　**ウ**．海水　　**エ**．ミネラル

(2)

**ア**．砂　　**イ**．日光　　**ウ**．かまど　　**エ**．真空状態

(3)

**ア**．海水から有害な物質を取り除く。　**イ**．海水から真水を取り出せる。

**ウ**．海水から直接塩を取り出せる。　**エ**．海水からかん水を取り出せる。

※放送台本は非公表です。

**2** 次の文を読み，あとの問いに答えなさい。

**（図１）**のように，等間隔《かく》に印をつけた棒を，支点が棒の中心になるように支柱に置いて静かに手を放すと，棒は水平につりあいました。この棒とおもりを用いて，**〔実験１〕**～**〔実験３〕**を行いました。なお，この実験で使用するおもりはすべて同じものとします。

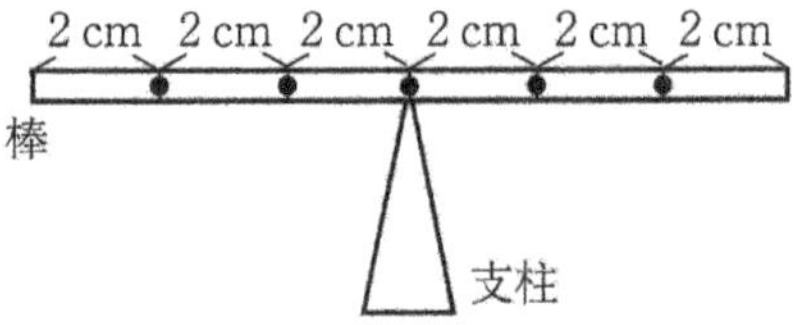


**（図１）**

**〔実験１〕**

**（図２）**のように，Ｅの位置に軽い糸を使っておもりを１個つるしたところ，棒はかたむきました。

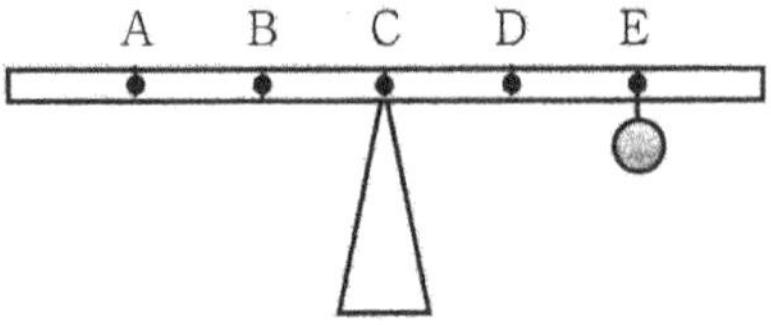


**（図２）**

**〔実験２〕**

**（図３）**のように，支点をＢの位置にずらし，Ａの位置におもりを３個，Ｄの位置におもりを１個つるしたところ，棒は水平につりあいました。

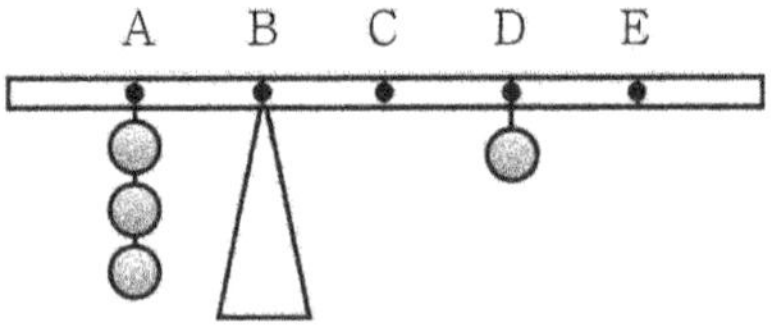


**（図３）**

**〔実験３〕**

この棒を木材と接合し，次のページの**（図４）**のように床《ゆか》に立て，おもり１個を棒のＡからＥに向かって順番につるしていきました。すると，Ｅの位置におもりをつるしたときに，木材は棒と接合したまま，点Ｐを支点として倒《たお》れました。

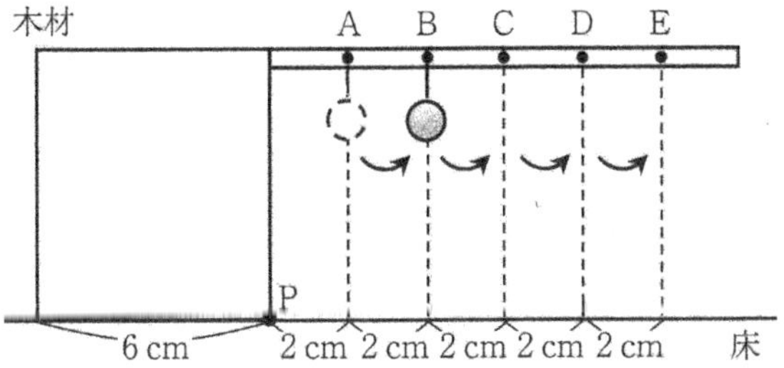


**（図４）**

(1) **〔実験１〕**で，Ｂの位置におもりをつるして棒をつりあわせるためには，何個のおもりをつるせばよいですか。

(2) 棒の重さはおもり何個分ですか。ただし，棒の重さは棒の中心にはたらくものとします。

(3) 木材の重さはおもり何個分ですか。ただし，木材の重さはおもりの整数倍であり，木材の中心にはたらくものとします。

(4) **〔実験３〕**で，**（図５）**のように棒をななめに接合し直して，点Ｅにおもりを１個つるしたところ，木材は倒れませんでした。このとき，点Ｅにはおもりの何倍の重さのものまでつるすことができますか。小数で答えなさい。

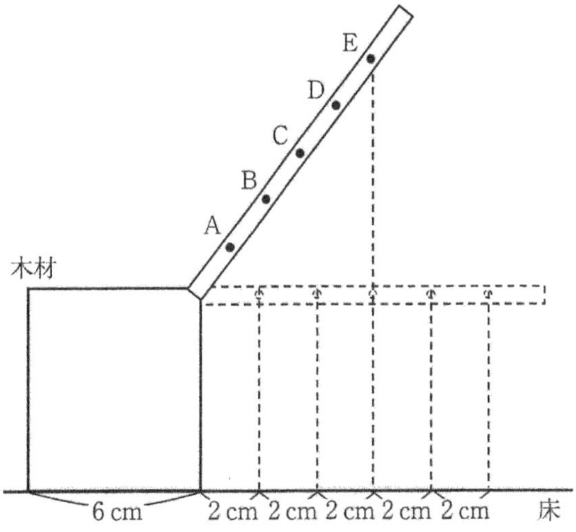


**（図５）**

**3** 次の文を読み，あとの問いに答えなさい。

正方形の板上に，同じ種類の豆電球４つと端子《たんし》４つを**（図１）**のように導線でつなぎ，電池を接続しました。**（図２）**は**（図１）**を回路図であらわしたものです。**（図２）**中の-⊗-は豆電球を表し，⊣⊢は電池を表しています。なお，●は導線を接続することができる端子を表しています。

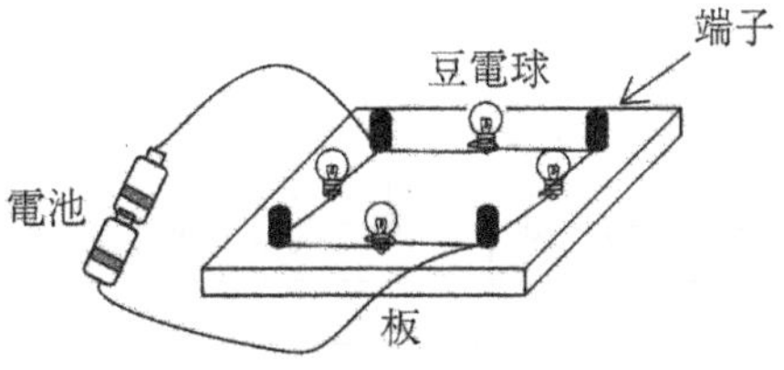


**（図１）**

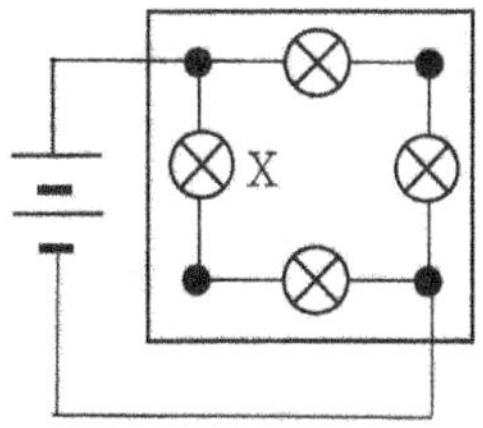


**（図２）**

(1)　前のページの（**図２**）の豆電球Xと同じ明るさの豆電球をふくむ回路はどれですか。**ア**～**エ**から選び記号で答えなさい。

**ア**.　　　　**イ**.　　　　**ウ**.　　　　**エ**.

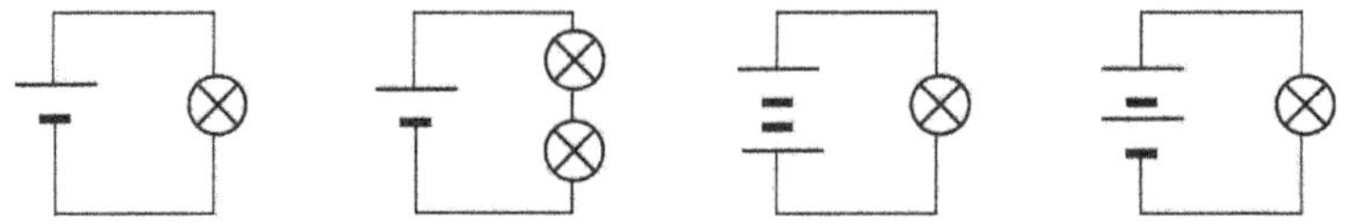

(2)　（**図３**）のように電池を端子に接続したとき，ab間を流れる電流はcd間を流れる電流の何倍になりますか。

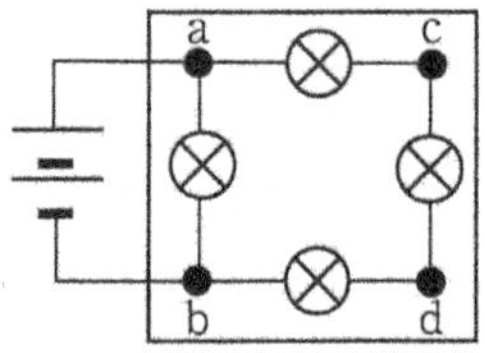


（**図３**）

(3)　（**図４**）のように２枚の板を用いて回路を組む場合，８つの豆電球すべてが同じ明るさでつくようにするためには電池と回路をどのようにつなげればよいですか。**ア**～**カ**から選び記号で答えなさい。

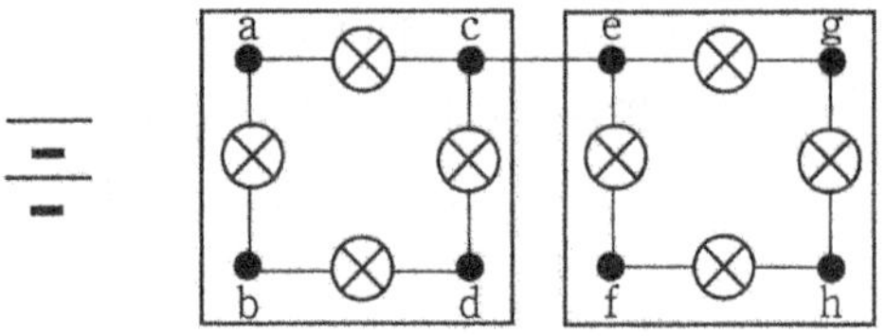


（**図４**）

**ア**．電池の＋極をａ点に接続し，－極をｇ点に接続する。
**イ**．電池の＋極をａ点に接続し，－極をｈ点に接続する。
**ウ**．電池の＋極をｂ点に接続し，－極をｇ点に接続する。
**エ**．電池の＋極をｂ点に接続し，－極をｈ点に接続する。
**オ**．電池の＋極をｄ点に接続し，－極をｇ点に接続する。
**カ**．電池の＋極をｄ点に接続し，－極をｈ点に接続する。

(4)　（**図５**）のように６枚の板を用いて回路を組みました。豆電球Ｙと同じ明るさの豆電球はＹをのぞいて全部で何個ありますか。

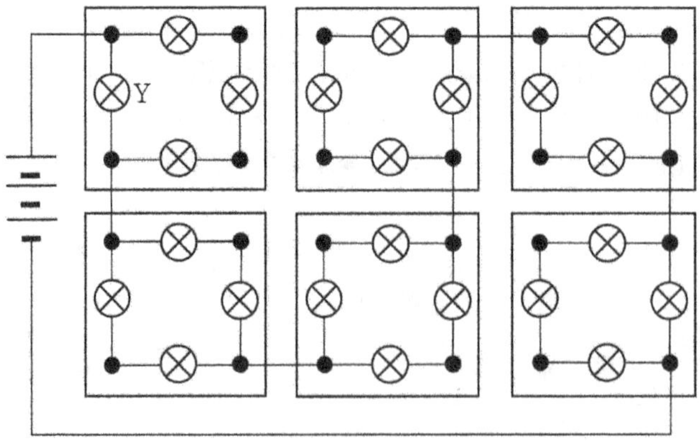


（**図５**）

**4** 次の文を読み，あとの問いに答えなさい。

現在，世界では新しいエネルギー源がつくられています。最近ではバスに燃料電池が使われるなど，「脱《だつ》化石燃料」にむかっています。エネルギー源を考えるうえで重要な考え方が，「エネルギー密度」というものです。エネルギー密度には「質量エネルギー密度」と「体積エネルギー密度」があります。エネルギーの大きさを表す単位として，Wh（ワット時）というものがあります。質量エネルギー密度とは，1kg あたりのエネルギーの量で，単位はＷｈ／kg（ワット時毎キログラム）を用います。体積エネルギー密度とは，１Ｌあたりのエネルギーの量で，単位はWh/L（ワット時毎リットル）を用います。エネルギー密度が大きいほどより少ない量で大きいエネルギーをもっているといえるため，より優れたエネルギー源ということができます。

**（表）**は昨今のエネルギー源や電池について，エネルギー密度と物質の性質などをまとめたものです。

<table>
<tr><th>エネルギー源</th><th>質量エネルギー密度［Wh/kg］</th><th>密度*1［kg/L］</th><th>保管温度</th><th>融《ゆう》点［℃］*2</th><th>沸《ふっ》点［℃］</th></tr>
<tr><td>高圧水素*3</td><td rowspan="2">33000</td><td>0.023</td><td>常温</td><td rowspan="2">－259</td><td rowspan="2">－253</td></tr>
<tr><td>液体水素</td><td>0.070</td><td>－253℃以下</td></tr>
<tr><td>ガソリン</td><td>13000</td><td>0.78</td><td>常温</td><td>－40 以下</td><td>30 ～ 220</td></tr>
<tr><td>リチウムイオン電池</td><td>200</td><td>2.6</td><td>常温</td><td>（基本的に固体）</td><td>（基本的に固体）</td></tr>
<tr><td>メチルシクロヘキサン</td><td>2000</td><td>0.77</td><td>常温</td><td>－126</td><td>101</td></tr>
</table>

＊1：1Ｌあたりの重さ。　＊2：固体がとける温度。　＊3：高圧水素の圧力は大気圧の 350 倍とする。

**（表）**

(1) 燃料電池が発電時に排《はい》出する物質はどれですか。**ア～エ**から選び記号で答えなさい。

**ア**．二酸化硫黄《いおう》　**イ**．一酸化ちっ素　**ウ**．水　**エ**．二酸化炭素

(2) 次の物質のうち，体積エネルギー密度の最も大きい物質はどれですか。**ア～エ**から選び記号で答えなさい。また，その体積エネルギー密度［Wh/L］を整数で答えなさい。

**ア**．高圧水素　**イ**．液体水素　**ウ**．ガソリン　**エ**．リチウムイオン電池

(3) 水素は液体水素として貯蔵することができます。また，水素をトルエンという物質と反応させ，メチルシクロヘキサンとして貯蔵する方法もあります。メチルシクロヘキサンからは触媒《しょくばい》を用いてトルエンとともに水素を取り出すことができるので，これは水素を貯蔵していることと同じと考えることができます。

ためるとき　　水素＋トルエン→メチルシクロヘキサン

取り出すとき　メチルシクロヘキサン→水素＋トルエン

水素を液体として直接貯蔵するのではなく，この方法を用いるよいところは何ですか。**（表）**を参考に，次の文の空らんにあうように理由とともに25字程度で答えなさい。

| この方法を用いることで，＿＿＿＿＿＿＿＿必要がなくなる点。 |
|---|

(4)　燃料電池同様に地球環《かん》境にやさしいとされるものに，木材をはじめとした植物を原料に作られるバイオマス燃料があります。バイオマス燃料が化石燃料に比べて環境にやさしいとされるのは，燃やしても空気中の二酸化炭素濃《のう》度が上昇《しょう》しないと考えられるからです。バイオマス燃料を燃やしても空気中の二酸化炭素濃度が上昇しないと考えてよい理由はどれですか。**ア**～**エ**から選び記号で答えなさい。

**ア**．バイオマス燃料は燃えるときに二酸化炭素を発生しないから。

**イ**．バイオマス燃料が普及《ふきゅう》すると原料になる植物の価格が上昇し，燃料の消費量が減少するから。

**ウ**．バイオマス燃料を燃やしたときに発生する二酸化炭素の量は，同じ重さの石油や石炭などの化石燃料を燃やしたときに発生する二酸化炭素の量よりずっと少ないから。

**エ**．バイオマス燃料が燃えるときに発生する二酸化炭素の量は，光合成で取り入れた二酸化炭素の量と同じだから。

**5**　次の文を読み，あとの問いに答えなさい。

　中学１年生では，身のまわりにあるさまざまな金属についてグループ学習を行います。グループＡ～Ｄにわかれ，それぞれアルミニウム，鉄，銅，銀の金属を１つ選び，それについて調べて発表しました。

**〔グループＡ〕**

　この金属は鉱石から取り出します。鉱石，コークス，①石灰石を混ぜ加熱します。ここで得られた金属にはまだ，炭素が４～５％入っているため，さらに加熱して金属を取り出します。日本では「たたら」という炉《ろ》で作られるようになり，その後，技術もさらに発展し，明治34年に北九州の八幡《やはた》で大規模な工場が作られ，日本の産業近代化がスタートしました。現代では様々なところで利用されています。また，この金属から作られた日本刀は日本を代表する美術工芸品です。

**〔グループＢ〕**

　この金属は平安時代に産出されたといわれています。特に有名なのは島根県にある石見《いわみ》の鉱山です。ここではこの金属が多く産出し，世界的に大きな影響《えいきょう》を与えたこともあり，2007年に世界遺産に登録されました。灰吹法《はいふきほう》という方法でこの金属を取り出していましたが，現在は電気を利用して取り出しています。②写真のフィルムに利用されていましたが，デジタル化にともない縮小し，今は太陽電池や抗菌《こうきん》などに利用されています。

**〔グループＣ〕**

　ヒ素や硫黄《いおう》などを多くふくんだ鉱石から取り出します。この鉱石を加熱することで，金属ができます。しかし，１％ほど不純物が混ざっているので，電気を利用して99.99％までの純度にします。人類が初めて手にした金属といわれており，古くから生活や文化の発展に貢献《こうけん》しました。日本では奈良，平安時代に仏像，仏具，工芸品などが盛んに作られ，特に東大寺の大仏が有名です。現在は［　X　］などに使用されています。

**〔グループＤ〕**

　ボーキサイトという鉱石から取り出します。まずボーキサイトを水酸化ナトリウム水溶《よう》液にとかし，これをおよそ1200度に加熱します。その後，電気炉に入れ，高温で電気を流すと，金属ができます。この金属は大量の電力が使えるようになってはじめて利用できるようになったものです。日本で初めてこの金属の製品が作られたのは1894年でした。現在は硬貨《こうか》，缶，飛行機などに使用されています。

(1) 下線部①と同じものはどれですか。ア～エから選び記号で答えなさい。

**ア**．かわいた割りばしをむし焼きにしたところ，黒い固体が残った。

**イ**．くぎを加熱すると黒色の固体になった。

**ウ**．石灰水に二酸化炭素をふきこむと，白い固体が出てきた。

**エ**．水の中にドライアイスを入れると，白いけむりが発生した。

(2) 下線部②はどのような性質を利用したものですか。ア～エから選び記号で答えなさい。

**ア**．他の金属にくらべて，電流をよく通す。

**イ**．他の金属にくらべて，１$cm^3$あたりの重さが軽い。

**ウ**．光に反応する。

**エ**．電流を流すと発熱する。

(3) ［　X　］の中に入るものはどれですか。ア～エから選び記号で答えなさい。

**ア**．１円玉・ステンレス・ニクロム線

**イ**．10円玉・鍋《なべ》・コイル

**ウ**．１円玉・鍋・ニクロム線

**エ**．10円玉・ステンレス・コイル

(4) 〔グループA〕～〔グループD〕の金属の性質として正しいものどれですか。ア～エから選び記号で答えなさい。

**ア**．〔グループA〕の金属は水酸化ナトリウム水溶液と反応し，水素を発生する。

**イ**．〔グループB〕の金属は塩酸と反応し，水素を発生する。

**ウ**．〔グループC〕の金属は水酸化ナトリウム水溶液と反応し，水素を発生する。

**エ**．〔グループD〕の金属は塩酸と反応し，水素を発生する。

**6** 2021年５月26日に日本全国で皆既《かいき》月食が起こりました。芝雄《しばお》君は残念ながら天気が悪くほとんど見ることができませんでしたが，このときの月食の特ちょうを調べて，次のようにまとめました。あとの問いに答えなさい。

**【まとめ】**

| | |
|---|---|
| 月の出 | 18 時 38 分 |
| 部分食の始まり | 18 時 45 分 |
| 皆既食の始まり | 20 時 09 分 |
| 皆既食の終わり | 20 時 28 分 |
| 部分食の終わり | 21 時 53 分 |
| 月の入り | 04 時 04 分 |

1．１年の中で見かけの大きさがもっとも大きい満月(スーパームーン)で起こった月食であった。この日の月の明るさは，見かけの大きさがもっとも小さい満月に比べて30％も明るかった。

2．皆既月食のときには，皆既日食のときのように真っ暗にならず，月全体が［　①　］見える。これは太陽の光の一部が地球の大気を通るときに進路を曲げることと［　②　］光が散乱（太陽の光が大気の粒子によって乱反射すること）されやすいためである。

3．３年前の月食では，皆既食の時間が１時間17分であったが，今回の皆既食の時間は，［　③　］分で非常に短かった。

**（図１）**は，地球を北極側から見たときの太陽光線の向きと地球と月の位置関係を表したものである。

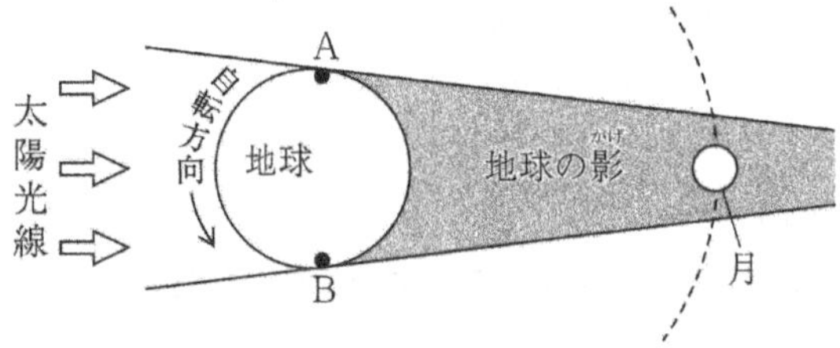


**（図１）**

**（図２）**は，この日の東京の月食の始まりから終わりまでの月の位置を示したものである。

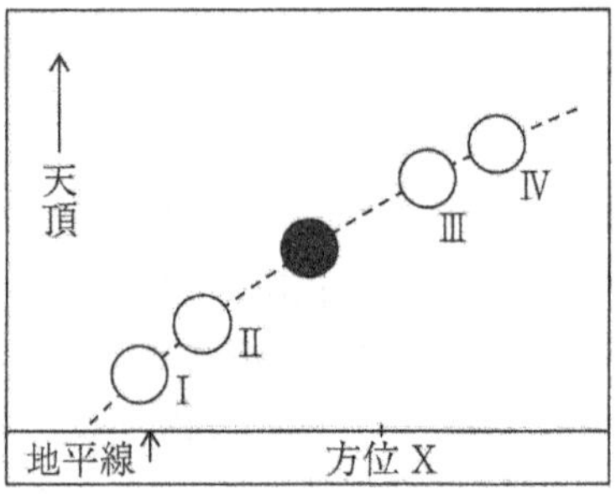


**（図２）**

(1)　**（図１）**で，この時の日本の位置と，**（図２）**で日本から見える月の方位Ｘを組み合わせたものはどれですか。**ア**～**エ**から選び記号で答えなさい。

**ア**．日本の位置はＡで，月の見える方位Ｘは南東である。

**イ**．日本の位置はＡで，月の見える方位Ｘは南西である。

**ウ**．日本の位置はＢで，月の見える方位Ｘは南東である。

**エ**．日本の位置はＢで，月の見える方位Ｘは南西である。

(2)　**（図２）**のⅠ～Ⅳにあてはまるかげのようすを表したのはどれですか。次のページの**ア**～**エ**から選び記号で答えなさい。ただし，上側を天頂の方向とし，月食の時に暗く見える部分を黒く表しています。

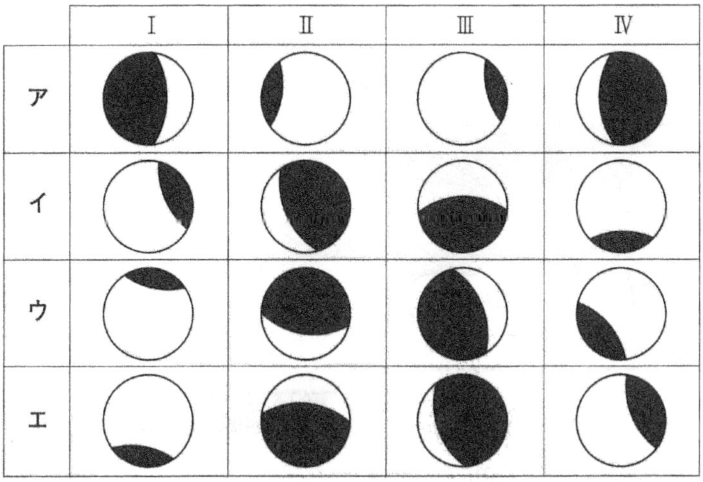


(3)　前のページの**【まとめ】**１で，月の見かけの大きさが変化する理由はどれですか。**ア**～**エ**から選び記号で答えなさい。

**ア**．月自身が内部の温度変化によってわずかにふくらんだり縮んだりしているから。

**イ**．地球と月の距離《きょり》がわずかに変化するから。

**ウ**．地球の大気の温度が高くなると月がふくらんで見えるから。

**エ**．月の自転周期が変化するから。

(4)　**【まとめ】**２の ① ， ② にあてはまるのはどれですか。**ア**～**エ**から選び記号で答えなさい。

**ア**．①：赤く　②：青い　　**イ**．①：赤く　②：赤い

**ウ**．①：青白く　②：青い　　**エ**．①：青白く　②：赤い

(5)　**【まとめ】**３の ③ に適当な数値を入れ，その時間が短かった理由を次の文に続けて書きなさい。

月が地球の影の［　　　　　　］から。

**7**　次の文を読み，あとの問いに答えなさい。

本校で2021年から始まった「探究」の授業では学校周辺の企《き》業や豊洲《す》の街について調べて発表をします。水陸両用バス「スカイダック」に乗って東京湾《わん》から豊洲の街を見る授業もあります。次の文は東京湾について調べたものです。

・東京湾のアマモ

東京湾にはアマモが生育しており，その場所をアマモ場といいます。**（図１）**は，アマモの葉の一部をスケッチしたものです。

アマモは，花を咲かせて種を作る種子植物です。①二酸化炭素はアマモ場に吸収され海の中へ保存されます。このような海洋中に保存される二酸化炭素をブルーカーボンと言います。

次のページの**（図２）**は，ヒトが出した335億トンの二酸化炭素が大気，陸，海に吸収される様子を示した模式図です。また，アマモ場は，動物プランクトンや水に住む動物などが多く集まる場所で，

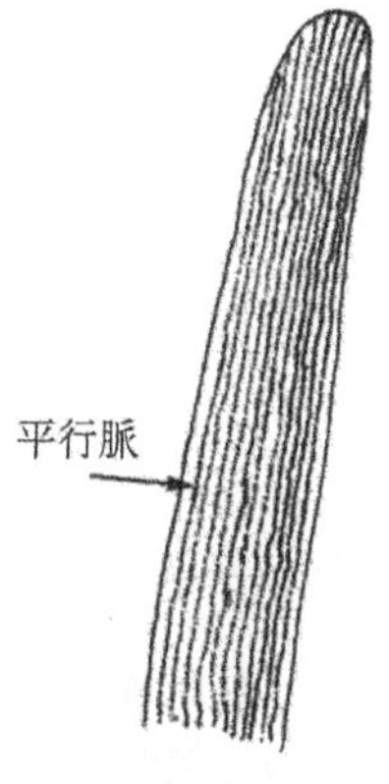


**（図１）**

東京湾の生物や水質にも関わっています。

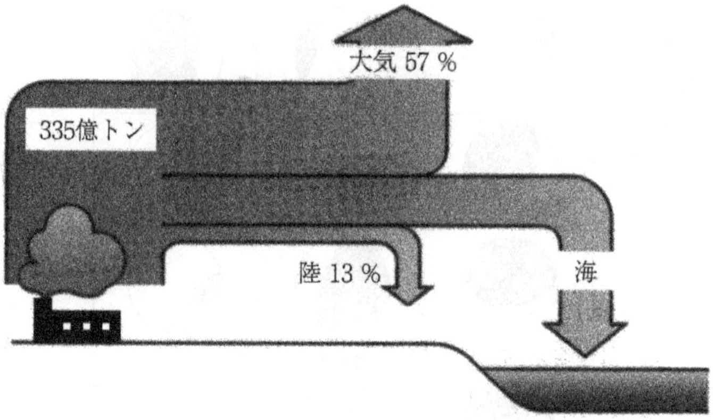


排出された二酸化炭素の行方（2018年）

**（図2）**

・東京湾の水質

東京湾は，水質によりしばしば②赤潮が発生することがあります。2021年に行われた東京オリンピックではトライアスロンの競技などが東京湾で行われました。競技会場の砂浜には，水質をよくする目的でアサリやハマグリなどの二枚貝をすみつかせるため多くの砂が投入されました。

・水質浄《じょう》化の実験

アサリの水質浄化を確かめるために，にごった水とアサリをビーカーに入れて水の色の変化を確かめました。1日後観察したところ，水がとう明になっていました。

(1) 前のページの**（図1）**のような特ちょうを持つ植物を何といいますか。

(2) 下線部①について，次の文の [A]，[B] に適する言葉を答えなさい。

> アマモなどの海の植物は，太陽のエネルギーを受けて [A] をつくります。つくられた [A] は，アマモの葉の表面で泡として見ることができます。また，空気中から海洋中にとけた二酸化炭素を吸収して [B] をつくります。
>
> アマモがかれると海の底に沈《しず》み，吸収された二酸化炭素は大気中にもどらずにそのまま保存されます。

(3) **（図2）**について，海に吸収された二酸化炭素は，何億トンですか。小数第1位を四捨五入して整数で答えなさい。ただし，出された二酸化炭素は大気，陸，海で全て吸収されるものとします。

(4) 下線部②について，次の文の [X]，[Y]，[Z] に適する言葉として正しいものはどれですか。次のページの**ア**～**エ**から選び記号で答えなさい。

> 東京湾には，植物の栄養となる [X] がたくさんとけています。日照時間が [Y] なり，気温が [Z] と海水中の植物プランクトンやそれを食べる動物プランクトンが増えま

す。プランクトンが異常に増えることで海水がにごり，赤潮が発生します。また，有毒なプランクトンによる赤潮は，魚や貝類に害をあたえることがあります。

| | X | Y | Z |
|---|---|---|---|
| **ア** | ちっ素やリン | 長く | 上がる |
| **イ** | ちっ素やリン | 短く | 下がる |
| **ウ** | 水素や炭素 | 長く | 上がる |
| **エ** | 水素や炭素 | 短く | 下がる |

(5) **（図３）**は，アサリの内部をスケッチしたものですが，あしがかかれていません。アサリのあしを解答らんの図中にかきなさい。

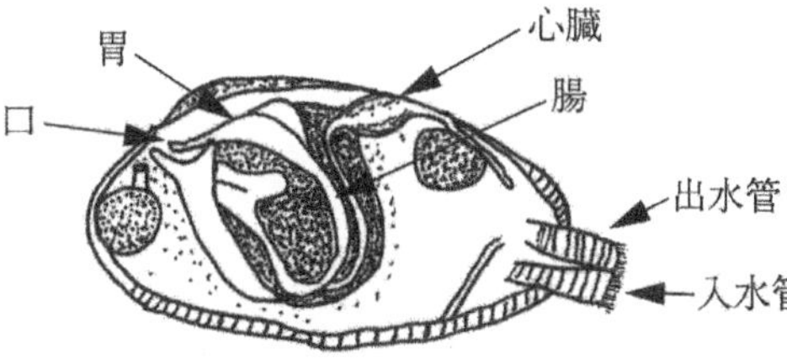


**（図３）**

(6) アサリが水質を浄化する仕組みとして正しいものはどれですか。**ア**～**エ**から選び記号で答えなさい。

**ア**．水質を浄化するものを出して，有機物を分解する。

**イ**．汚《お》染の原因となる有機物を食べて体内でろ過する。

**ウ**．汚染の原因となるものを特定して体内にため込む。

**エ**．貝がらがフィルターになって水をろ過する。

**8** 次の問いに答えなさい。

(1) 宇宙ステーション**（図１）**は，地球及び宇宙の観測や宇宙環境《かんきょう》を利用したさまざまな研究，実験を行うための巨大《きょだい》な有人施設です。地上から約400km 上空の熱圏《ねっけん》を秒速約7.7km（時速約27,700km）で地球の赤道に対して51.6度の角度で飛行し，地球を約90分で１周，24時間で約16周しています。

**（図２）**は宇宙ステーション内部の様子です。宇宙飛行士やりんごが浮いていることから宇宙ステーションの中は無重量（無重力）状態だとわかります。なぜ，宇宙ステーションの中は無重量（無重力）状態になるのでしょうか。「遠心力」と「重力」の語句を用いて，「宇宙ステーションが」に続くように40字程度で説明しなさい。

ただし，遠心力とは**（図３）**のように水を入れたバケツを勢いよく回したとき，バケツの中の水が外向きに受ける力です。

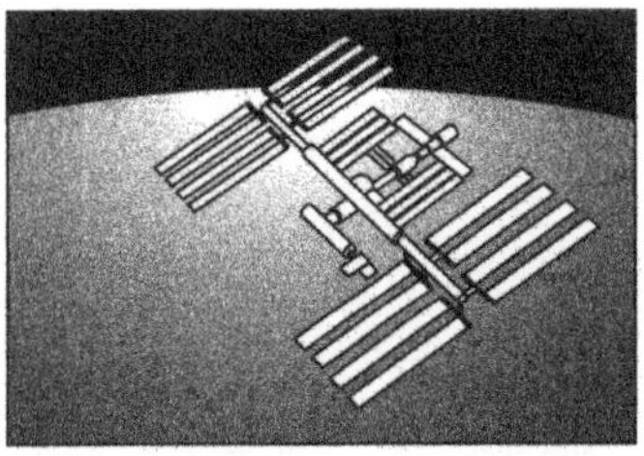

**（図１）**

**（図２）**

**（図３）**

⑵　ワクチンとは，からだに，病気に対するめんえきをつくらせるために体内に入れる，病原体やその一部をふくむ医薬品です。たとえば現在使用されているインフルエンザワクチンは，インフルエンザの原因となる病原体の一部のタンパク質を，注射によって体内に入れます。このタンパク質の形がその形のまま血液中に入ることで，血液成分がめんえきをつくります。これを予防接種といいます。しかし，このインフルエンザワクチンは飲んでもめんえきを作ることはできません。その理由を40字程度で答えなさい。

えても良いです。

（例：「あるく」→「あるいた」）

六　——線部の平仮名を漢字に直しなさい。

1　かいしんの作品が完成した

2　原本とたいしょうする

3　行政のさっしんを図る

4　じゅうおうに活躍する

5　医学をおさめる

問四　――線③「緊張は面白いことに人間の場合、才能の現れでもあります」とありますが、そのように言えるのはなぜですか。四十字以上五十字以内で答えなさい。

問五　[D]・[E]に入る言葉として適切なものを次の中から一つずつ選び、それぞれ記号で答えなさい。ただし、同じ言葉を二度用いることはできません。

ア　また　　イ　つまり　　ウ　しかし
エ　なぜなら　　オ　さらには　　カ　それとも

問六　次の文が入るのに適切な箇所《かしょ》を本文中の[I]～[IV]から選び、記号で答えなさい。

また受験生や就活中の学生なら、合格できるだろうか、自分を認めてもらえるだろうかと、緊張しているかもしれません。

問七　本文についての説明として正しいものにはア、正しくないものにはイを、それぞれ答えなさい。ただし、すべてア、またはすべてイという解答は認めません。

1　専門家の立場から、脳科学によって明らかになった緊張の仕組みについて、研究の内容を詳《くわ》しく書いている。
2　緊張についての疑問に対して、脳科学の知識や体験談をもとに考えてたどり着いた一つの結論を書いている。
3　緊張を生じさせる原因を探《さぐ》ることによって、緊張しないためにどうすればよいかが分かるように書いている。
4　人が緊張する様々な場面を具体的に挙げながら、脳科学に詳しくない人にも分かりやすいように書いている。

## 四

※問題に使用された作品の著作権者が二次使用の許可を出していないため、問題を掲載しておりません。

（出典：茨木のり子『寸志』）

## 五　次の各問いに答えなさい。

問一　次の言葉のつかい方として正しい文を、あとのア～エの中から一つ選び、記号で答えなさい。

「心づくし」

ア　おばあさんが作ってくれた心づくしの料理をいただいた。
イ　妹への心づくしの態度について、お母さんから注意された。
ウ　朝から晩まで心づくしして自分の部屋を片付けた。
エ　友だちの心づくしした態度に、心から感謝した。

問二　次の四字熟語の中の、まちがっている漢字の右側に正しい漢字を書きなさい。

①　粉骨砕心
②　無身乾燥

問三　次の「慣用句」をつかって、短い文を作りなさい。

**「板につく」**

※慣用句の内容が具体的にわかるようにしなさい。
慣用句「足がぼうになる」の場合
（悪い例）「ぼくは、足がぼうになった。」
（良い例）「ぼくは、落とし物をしてしまい、足がぼうになるまで探し回った。」

※「動きを表す語」など、後に続く語によって形が変わる場合は、変

のすごく緊張する人だったそうです。

彼の担当編集者だった池田雅延《いけだまさのぶ》さんは、小林さんが緊張を和《やわ》らげるために、お酒を一杯《いっぱい》飲んでから演台に上がっていたことがあったと証言しています。

D 小林さんの語り口は、落語家の神様と呼ばれる五代目古今亭《ここんてい》志《し》ん生《しょう》さん（1890〜1973）のようにざっくばらんで、全く天然、自然の話し方、即興《そっきょう》で話しているように聞こえます。

しかし本当は即興などではなく、意外なことに、小林さんは綿密な準備をして講演にのぞんでいて、講演前には一人で控《ひか》え室にこもって、ぶつぶつ練習をしていたそうです。E 実際に志ん生さんの真似《まね》をして、話す練習を重ねていたとの話もあります。

緊張は、要求水準が高いことの裏返しです。

人に聞かせる話として、どんなものでなければならないか、どうやれば、あるいは、どこまでやれば人の心を動かすことができるのか、自分が自分に要求する話のレベルが高いから小林さんは緊張し、「そこまで?!」と思うほどの準備をしていたのです。

（茂木健一郎『緊張を味方につける脳科学』）

※1　中枢……ものごとの中心となるもの。
2　交感神経……自律神経の一つで、体の活動をさかんにするように作用する。
3　欲求……何かを欲しがり求めること。

問一　——線①「動物的な意味での『緊張』」とありますが、その説明として適切なものを次の中から一つ選び、記号で答えなさい。

ア　自分の力ではどうしようもなくなったときに、扁桃体の作用によって、思いもよらない力を発揮させる働き。

イ　自分の身を脅かすような状況に置かれたときに、扁桃体が活動して身を守るために体を備えさせる働き。

ウ　今までに経験したことのない状況に遭遇したときに、解決するための方法を脳に判断させる扁桃体の働き。

エ　自分よりも力の強い存在に出会ったときに、体の各部位に対して逃げるように命令を送る扁桃体の働き。

問二　——線②「そもそも他者の存在は、私たちを緊張させるものです」とありますが、それはなぜですか。理由として適切なものを次の中から一つ選び、記号で答えなさい。

ア　自分は他者の期待に応えなければならないと考えるようになり、また、考えが異なれば他者とぶつかる可能性もあるから。

イ　他者の期待に応えようとして行動したのに他者から承認してもらえない場合には、他者に対して不満を持つようになるから。

ウ　他者とは考え方の違いによって喧嘩になることもあり、また、自分は他者の期待に応えられていないと思い込んでしまうから。

エ　同化圧力が強くなって自分の考えを失いそうになると、意見の押しつけに反発して他者との衝突が生じることもあるから。

問三　A・B・C に入る文として適切でないものを次の中から一つ選び、記号で答えなさい。

ア　同じ意見を持たなければならない

イ　自分は周りから浮《う》いていないだろうか

ウ　社長の考えに反していないだろうか

エ　仲間と同じ行動をしなければならない

＊3欲求を強く持ったとのことでした。

承認欲求とは、他者から認められたい、あるいは自分が世間的に価値ある存在として認められたいという欲求を指します。

この承認欲求は人間において、強い緊張を生み出すものの一つです。

前田さんは、結果的にすごいメモを書くことで、周囲から認めてもらうことができるようになったわけですが、承認欲求は一般《いっぱん》に、満たされるまでとても辛《つら》いものです。

誰《だれ》かを好きになって告白したときを思い出してみてください。

この人に自分が受け入れてもらえるかどうか、認めてもらえるかどうか、その緊張による苦しさ、拒絶《きょぜつ》されたときの痛みは、誰もが体験したことがあるはずです。［Ⅲ］

②そもそも他者の存在は、私たちを緊張させるものです。他者は、自分とは異なっていて、新しい刺激《しげき》を与《あた》えてくれるものですが、考え方の違《ちが》いから喧嘩《けんか》になるなど、衝突《しょうとつ》を起こすものでもあります。

他者という存在は、人生において大事なものであるだけに、他人が自分をどう見ているか、他人の期待に自分は応えられるか、と、いつのまにか自分自身よりも重んじてしまいがちです。

他人の期待に応えることで、自分という人間の価値と居場所を見出そうとすると、「これで自分は大丈夫《だいじょうぶ》だろうか」「今の私の振《ふ》る舞《ま》いは間違っていないだろうか」と緊張が生まれることになります。

またその緊張を、他人から強《し》いられることもあります。それは、「同化圧力」というものです。

同化圧力とは、ある特定のグループにおいて意思決定がなされる場合に、少数意見を持っている人に対して、暗黙《あんもく》のプレッシャーをかけて多数の意見に従うように強制することです。

同化圧力の強い社会では、「［Ａ］」「［Ｂ］」「［Ｃ］」と常に警戒《けいかい》していなければならなくなります。

そうして周りの考えだけで生き、自分の考えを失ってしまう。そのような緊張状態にいる人は、「和」を重んじる日本では特に、多いのではないでしょうか。［Ⅳ］

そうは言っても、③緊張は面白《おもしろ》いことに人間の場合、才能の現れでもあります。

これは脳科学者としての私の意見です。

例えば、人前で話すという状況を想像してみてください。

これほど私たちの身近で緊張をする場面は他にないかもしれません。

自分の話を受け入れてくれるのか、馬鹿だと思われるのではないか、など自分の価値が他者に委《ゆだ》ねられている状況では、どんな人もプレッシャーを感じるものです。

大勢の聴衆《ちょうしゅう》を目の前にした講演の名手として、私が一番に思いつくのは、日本を代表する文芸評論家の小林秀雄《こばやしひでお》さん（１９０２〜１９８３）です。

『信ずることと考えること』（新潮ＣＤ　小林秀雄講演第二巻）など、私たちがいかに生きるべきかを語り、感動のあまり涙《なみだ》を流す人も出たといわれる小林さんの講演は、ほとんど録音が禁止されていました。

しかしごく一部の肉声が残されていて、今ではＣＤを購入《こうにゅう》することができます。私はこの音源が好きで、若い頃《ころ》から幾度《いくど》となく聴《き》いてきました。

意外と思われる人も多いかもしれませんが、小林さんは講演の前、もうな様子を比喩的《ひゆてき》に表した一文を本文中から探し、初めの五字を書きぬきなさい。

問六　――線⑤「呼ばないでくれ」とありますが、どうしてこのように思ったのか五十字以内で説明しなさい。

[三]　次の文章を読んで、後の問いに答えなさい。

緊張《きんちょう》とは、根本的には、私たちが動物として持っている本能です。動物は、肉食獣《じゅう》に襲《おそ》われたときや敵が攻《せ》めてきたときに、自分や仲間の身を守るために、逃《に》げるか戦うかを瞬時《しゅんじ》に決めます。動物にとっては、「命が脅《おびや》かされる状況」で感じるものが、緊張なのです。

このとき脳の中では、「扁桃体《へんとうたい》」と呼ばれる感情の中枢《ちゅうすう》[*1]がまず働きます。

自分を脅かす存在や思ってもみなかった事態に遭遇《そうぐう》すると、扁桃体が強く活動して、他の脳部位に命令を送って、交感神経[*2]を通して心拍《しんぱく》を上げたり、発汗《はっかん》させたり、胃の消化作用を一時的に止めたりして、体を備えさせます。

激しい攻撃《こうげき》行動を開始するにせよ、凍《こお》りついてしまうにせよ、基本的には身を守るための体の準備、それが緊張した状態です。

新型コロナウイルス、集中豪雨《ごうう》、大地震という、自分や周りの人の命を直接に脅かす状況《じょうきょう》に置かれると、人間も扁桃体が活動し、大きな緊張を感じます。[Ⅰ]

上司や先生に理不尽《りふじん》に怒《おこ》られたり、あるいは海外旅行に行った先の見知らぬ土地で、道に迷ってしまったりなど、自分にはどうしようもできないと思うような状況に置かれて、体が凍りついてしまった。そんな経験が、みなさんにもあるでしょう。これこそ①動物的な意味での「緊張」なのです。

人間では、こうした扁桃体が活動する機会は、脳が大きくなるにつれて、徐々《じょじょ》に複雑になっていきました。戦いは身を脅かす戦いだけに限られず、受験という戦い、就職活動という戦いなど、自分の能力をめぐる社会的競争が大部分を占めるようになっていったのです。[Ⅱ]

つまり動物における生きるか死ぬかの問題が、人間では形を変えて、社会の中で自分はやっていけるのかどうかという社会的死活問題においても、緊張をもたらすようになったのです。

先日、前田裕二《まえだゆうじ》さんとお話しする機会がありました。

前田さんといえば、「ＳＨＯＷＲＯＯＭ株式会社」の社長ですが、『メモの魔力《まりょく》 The Magic of Memos』（幻冬舎《げんとうしゃ》、２０１８年）が50万部を超《こ》えるベストセラーになりました。

どのように『メモの魔力』が生まれたかをうかがっていたのですが、前田さんがメモを考えはじめたきっかけはとても興味深いものでした。

前田さんが子供のときに、同じクラスにとても勉強のできる友達がいたそうです。

一方前田さんは、幼くしてご両親を亡《な》くして、当時精神的にも経済的にも、大変苦しい状態にありました。塾《じゅく》などにはとても行けなかったそうです。

しかしその友達は、塾に行って自由にのびのび勉強を進めていて、先生や周りの子供たちに認められていくのを見ていて、とても苦しかったと言います。それで、なんとかして他者に認めてもらおうという承認《しょうにん》サックスのベルが譜面台に当たり、倒《たお》れる。音を立てて楽譜《がくふ》が周辺に散らばった。

「茶園」

⑤呼ばないでくれ。頼《たの》むから、いつか僕を魅了《みりょう》した声で、僕の名前を呼ばないでくれ。

「一緒《いっしょ》に全日本吹奏楽コンクールに行く部を作ろうか」

今度こそ、瑛太郎が笑った。目の奥《おく》をきらりと光らせて、彼《かれ》が高校三年生のときのように。全日本吹奏楽コンクールに出場したときのように。

「はい」

口が勝手に動いた。

音楽室がどよめく。玲於奈が静かに振り返り、瞳《ひとみ》を揺らして、基を凝《ぎょう》視《し》した。

（額賀澪『風に恋う』）

※玲於奈……高校三年生。基の幼馴染《おさななじみ》であり吹奏楽部の現部長。

問一　――線①「膝にやっていた手を、基は握り締めた」とありますが、それはなぜですか。適切なものを次の中から一つ選び、記号で答えなさい。

ア　思ってもいなかった指摘《してき》を受けたことで強い怒《いか》りを覚えたから。

イ　薄々《うすうす》は感じていた問題を改めて口に出されたことで緊張感が高まったから。

ウ　自分も常々抱えていた疑問を投げかけてくれたことに感謝しているから。

エ　挑戦的《ちょうせんてき》な発言に仲間を侮辱《ぶじょく》されたように感じ反発しているから。

問二　――線②「瑛太郎の言い方」とありますが、このとき瑛太郎はどのような口調で話していたと考えられますか。適切なものを次の中から一つ選び、記号で答えなさい。

ア　部員一人一人の答えを求めるような口調

イ　吹奏楽に対する姿勢をとがめるような口調

ウ　返事を求めず各自に考えることを促《うなが》すような口調

エ　会話とは異なるまるで独り言のような口調

問三　＝線「れ」と同じ種類・用法のものを次の中から一つ選び、記号で答えなさい。

ア　病気の友人の容態が案じられる。

イ　彼がそんなことを言うとは到底《とうてい》信じられない。

ウ　先生は彼の案を最も評価された。

エ　やたらと重い荷物を持たされる。

問四　――線③「基は頬を緩めることができなかった」とありますが、その説明として適切なものを次の中から一つ選び、記号で答えなさい。

ア　頭では瑛太郎の話が冗談《じょうだん》に過ぎないということがわかっていても、全くありえないとは言い切れない不気味さを感じている。

イ　ぎこちない瑛太郎の笑顔《えがお》を見て、これから更《さら》に深刻な話が始まるのではないのかと緊張している。

ウ　無遠慮《ぶえんりょ》な瑛太郎の物言いに対して、いくら笑顔で取《と》り繕《つくろ》ってみても納得《なっとく》しきれない反感を抱《いだ》いている。

エ　悲観的な未来を示され、自分たちの置かれた現状を認識《にんしき》できたことでこれからの活動に不安を覚えている。

問五　――線④「静まりかえった音楽室」とありますが、これと同じよるか。自分の音と理想を比べて、足りない部分を修正する作業を今日したか？　これから始まる合奏に間に合わせるために必死になったか？」

②瑛太郎の言い方は、決してこちらを詰問《きつもん》するようなものではなかった。お説教されているわけでもない。強《し》いて言うなら——ソロパートを吹いているようだった。

「全日本に出たいという目標は素晴《すば》らしいが、君達《たち》には目標があっても理想がない。闇雲《やみくも》に目標を追いかけて、追いかけることがマンネリ化して、モチベーションが下がってる」

誰《だれ》も何も言わなかった。音楽室ごと、海の底にでも沈《しず》められた気分だ。音がしない。シンとした緊張《きんちょう》感の中、誰もが瑛太郎を見ていた。みんな、心の底では同じように思っていたのだろう。面白いくらい綺麗《きれい》に、言い当てられた。

「俺《おれ》は三好先生から『吹奏楽部を何とかしてほしい』と言われた。それに、このまま低迷《ていめい》し続ければ、部も今まで通りに活動できないだろう」

最前列で、玲於奈がすっと手を挙げた。瑛太郎以外、誰も口を利《き》かなかった音楽室に、「先生」という凛《りん》とした声が響《ひび》く。

「今まで通りに活動できないって、どういう意味ですか」

「吹奏楽部は学院の強化指定部になってる。例えば第一音楽室は実質うちの専用練習場で、授業で使うのは隣《となり》の第二音楽室のみ。予算だって他の部より多い。コンクールの遠征費《えんせいひ》や楽器を買う予算は、部費だけじゃ賄《まかな》えない。学院に実績が認められて、頑張《がんば》れと言ってもらえているから、君達はこうやって活動できている」

「じゃあ、全日本に出られなかったら強化指定部から外れるってことですか？」

玲於奈が続けてそう聞くと、瑛太郎ははっきりと頷《うなず》いた。

「六年だ。もう六年、千学は全日本に出ていない。それが長いか短いかは俺が判断することじゃない。ただ学院は《長い》と判断した。三好先生も体調が優《すぐ》れないし、顧問《こもん》を替《か》えて、今後はコンクールに出場しない方針になるかもしれない。それなら朝から晩まで練習する必要もないし、君達は勉強に専念できる。大学合格実績が上がって学院は万々歳《ばんばんざい》。吹奏楽部が使っていた予算を、活躍《かつやく》している他の部に回すこともできる」

瑛太郎は《かもしれない》と言った。でも、仮定の話だと受け取った人間はいないだろう。

「というわけで、俺はコーチとして君達を全日本に連れて行かないといけない。君たちもこの通り全日本を目標としてる。目標は一致《いっち》してるわけだ。お互《たが》い頑張ろうじゃないか」

瑛太郎の口元が笑った。とてもじゃないが、③基は頬を緩《ゆる》めることができなかった。

「一ヶ月考えたんだが、まずは一度、この部をぶっ壊《こわ》すところから始めようと決めた」

突然《とつぜん》、瑛太郎が指揮者用の譜面台《ふめんだい》に置いてあった指揮棒を取った。条件反射で首から提《さ》げたアルトサックスに手をやってしまう。

その白く鋭《するど》い切っ先は、何かの輪郭《りんかく》をなぞるようにして空を掻《か》き——基を差した。

「手始めに、部長を一年の茶園基に替える」

瑛太郎の声は、時を止める魔法《まほう》をまとっていた。④静まりかえった音楽室で、基は気がついたら立ち上がっていた。

**【国　語】**（六〇分）〈満点：一二〇点〉

**【注意】**　一、一は聞いて解く問題です。
　　　　二、指示がない限り、句読点や記号などは一字として数えます。
　　　　三、正しく読めるように、読みがなをふったところがあります。

一　この問題は聞いて解く問題です。問題の放送は一回のみです。メモを取っても構いません。放送の指示に従って、問一から問三に答えなさい。

問二　「やっと」グループの言葉と「ついに」グループの言葉の意味として適切な表現を、次の中からそれぞれ一つ選び、記号で答えなさい。

ア　最終的な結果　　イ　予期せぬ結末　　ウ　自然な解決
エ　偶然《ぐうぜん》の成果　　オ　困難の克服《こくふく》

※放送台本は非公表です。

二　次の文章を読んで、後の問いに答えなさい。

> かつて千間《センゲン》学院高校（千学）を全日本吹奏楽《すいそうがく》コンクールへと導いた伝説の奏者、不破瑛太郎《ふわえいたろう》に憧《あこが》れて同校吹奏楽部に入部した茶園基《ちゃえんもとき》は、新たに指導者として千学へ戻《もど》ってきた瑛太郎のもとで部活動にはげんでいた。

今日は課題曲Ⅰ『スケルツァンド』を合わせると事前に予告されているから、時間をかけて練習することにした。中間部には、アルトサックスによる美しい旋律《せんりつ》がある。瑛太郎から「やってみろ」と言われたら、完璧《かんぺき》に吹《ふ》きたい。

マウスピースを口に咥《くわ》えようとした瞬間《しゅんかん》、背後から笑い声が聞こえた。一瞬《いっしゅん》だけ振《ふ》り返《かえ》って確認《かくにん》すると、池辺先輩《せんぱい》と二年生の先輩が明らかに部活とは関係ない話をしていた。越谷《こしがや》先輩がやんわり注意したけれど、本当にやんわりだった。木のざわめき程度だった。

遠くから、きらびやかなトランペットの音が聞こえてきた。これは堂《どう》林《ばやし》の音だ。どうやら、理由をつけて一人で練習しているみたいだ。いっそ、僕《ぼく》もそうしちゃおうかな、なんて思ってしまう。ここにいたら、自分まで溶けたアイスクリームみたいになってしまいそうで。

練習に集中しているうちに、気がついたら五時半近くになっていた。そろそろ合奏が始まる時間だ。楽器を抱《かか》えて第一音楽室に戻ると、瑛太郎がすでに指揮台の上に置かれたパイプ椅子《いす》に腰掛《こしか》けていた。膝《ひざ》に頬杖《ほおづえ》をついて、ぼんやりとスコアを眺めている。

すべてのパートが集まったタイミングで、普段《ふだん》だったら＊玲於奈《れおな》が号令をかける。ところが、それより早く瑛太郎が立ち上がった。

「ちょっと教えてくれないか」

「一音入魂《にゅうこん》！　目指せ！　全日本吹奏楽コンクール」という部の目標を、指さす。

「目指せ全日本、というのはわかる。でも、君等《ら》にとっての一音入魂って何だ？」

六十四人の部員を見回して、瑛太郎は言う。

「別に、全員揃《そろ》って同じ答えを言えというわけじゃない。それぞれがそれぞれの込めるべき魂《たましい》を持って演奏してるなら、それでいい」

それが感じられないから、今話してるんだけどな。瑛太郎の顔にはそんな本音が書いてある。①膝にやっていた手を、基は握《にぎ》り締《し》めた。

「君等は、自分の頭のなかに『こんな風に演奏したい』という理想はあ

第1回

# 2022年度

# 解　答　と　解　説

《2022年度の配点は解答欄に掲載してあります。》

## ＜算数解答＞

1　(1)　$376.8m^3$　　(2)　①　最大20人，最小5人　　②　15人

2　(1)　$\frac{2}{5}$　　(2)　9　　(3)　時速36km　　(4)　25.12cm

3　(1)　60通り　　(2)　285ページ　　(3)　292票　　(4)　$84.78cm^3$　　(5)　解説参照

4　(1)　分速37.5m　　(2)　AC＝600m，BD＝150m，橋　450m　　(3)　分速50m

(4)　解説参照

5　(1)　$208cm^2$　　(2)　$80cm^3$　　(3)　$\frac{160}{3}cm^3$

○推定配点○

2，4　各6点×10　　他　各5点×12　　計120点

## ＜算数解説＞

1　聞いて解く問題解説省略。

2　**(四則計算，速さの三公式と比，通過算，単位の換算，平面図形)**

(1)　$\frac{11}{7}\times\frac{7}{60}+2\frac{11}{20}-2\frac{1}{3}=2\frac{11}{15}-2\frac{5}{15}=\frac{2}{5}$

(2)　$\square=\left(\frac{1}{10}-\frac{1}{12}+1\frac{1}{3}\right)\times\frac{20}{3}=9$

基本　(3)　列車は150mを25－10＝15(秒)で進むので，時速150÷15×3.6＝36(km)

重要　(4)　右図より，8×3.14÷360×(120＋60)×2＝25.12(cm)

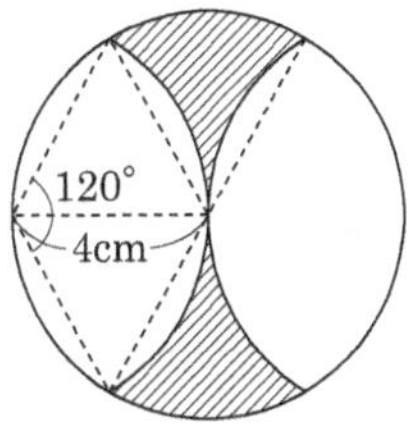


重要　3　**(場合の数，割合と比，相当算，和差算，平面図形，立体図形，図形や点の移動)**

(1)　4ケタの4つの数に同じ数が2個ずつあり，これらが並ぶ場合…4×3÷2＝6(通り)　5つの数のうち，2つを選ぶ場合…5×4÷2＝10(通り)

したがって，これらの並び方は6×10＝60(通り)

(2)　3日目までのページ数…$\frac{1}{6}+10+\frac{1}{12}+5+\frac{1}{12}+4=\frac{1}{3}+19$

全体のページ数の$1-\frac{3}{5}=\frac{2}{5}$が$\frac{1}{3}$と19ページに等しい。

したがって，本のページは$19\div\left(\frac{2}{5}-\frac{1}{3}\right)=285$(ページ)

(3)　Bさんの票数…1000×0.48×0.4＝480×0.4＝192(票)

Cさんの票数…(480－192－30)÷2＝129(票)

したがって，Cさんが必要な票数は(1000－480＋192－129)÷2＝291.5より，あと292票

(4)　右図1より，$3\times3\times(4-3\div3)\times3.14=27\times3.14=84.78(cm^3)$

(5)　辺ABの軌跡は，右図2のようになる。

図1

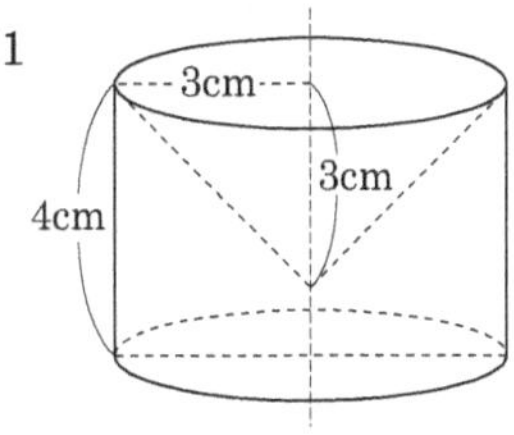


図2

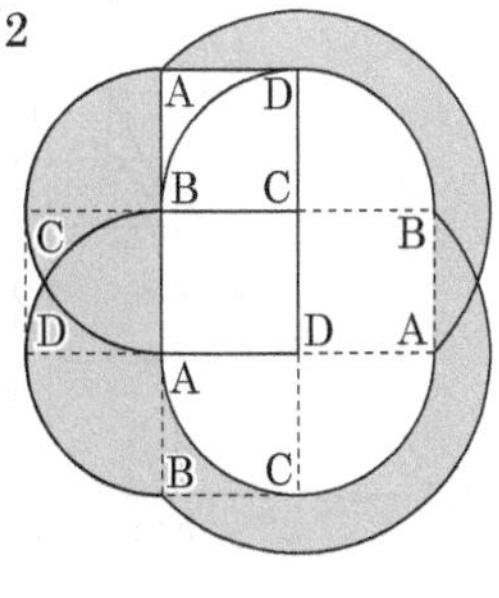

重要 4 **(速さの三公式と比，割合と比，グラフ)**

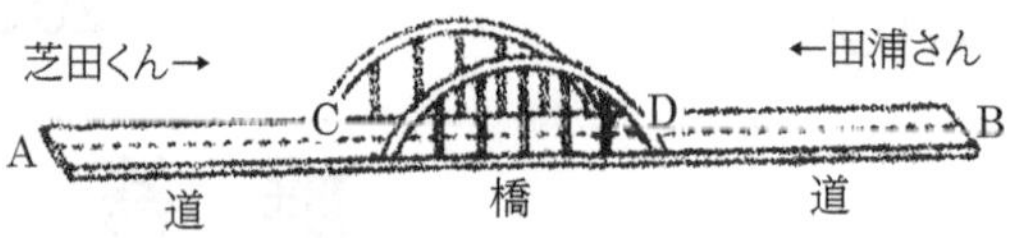


道を歩くときと橋を渡るときの速さの比は2：1

(1) 田浦さんが最初の2分で歩く距離と2～14分で橋を渡る距離の比は(2×2)：{1×(14−2)}＝4：12＝1：3　したがって，橋を渡る分速は600÷(1＋3)×3÷12＝450÷12＝37.5(m)

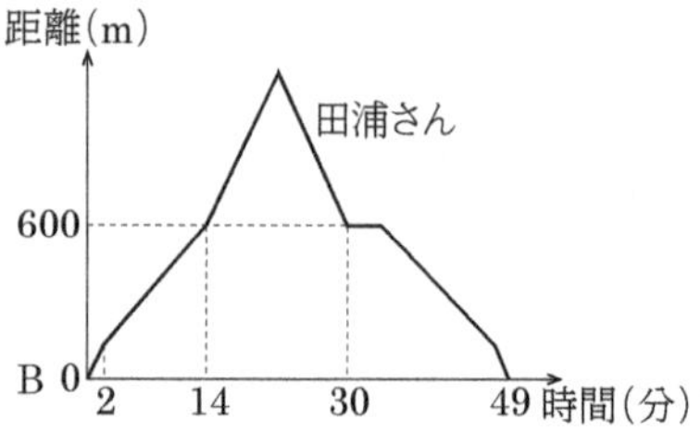


(2) BD…(1)より，37.5×2×2＝75×2＝150(m)
AC…同じく，75×(30−14)÷2＝600(m)　橋…(1)より，450m

(3) 問題のグラフより，田浦さんがCで待機して，芝田くんが橋を渡るのを待つ時間は49−30−14＝5(分)　芝田くんが帰りに橋を渡り終わる時刻…出発して30＋5＝35(分後)　下のグラフより，ア：イは(450÷1)：(150×2÷2)＝3：1
1は(35−14)÷(3×2＋1)＝3(分)　したがって，芝田くんが道を歩く分速は300÷3＝100(m)，橋を渡る分速は100÷2＝50(m)

(4) (3)より，芝田くんについてのグラフは下図のようになる。

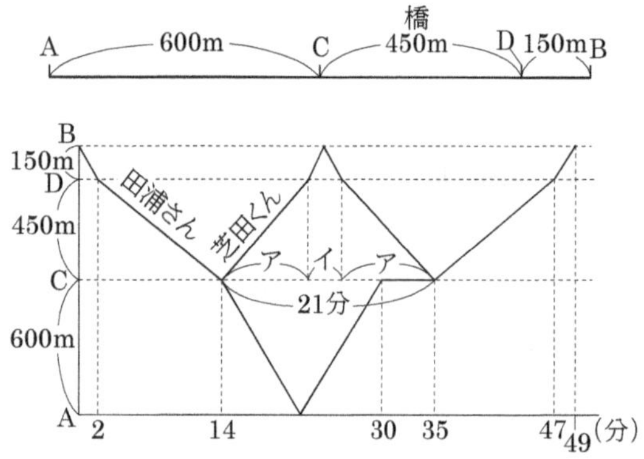


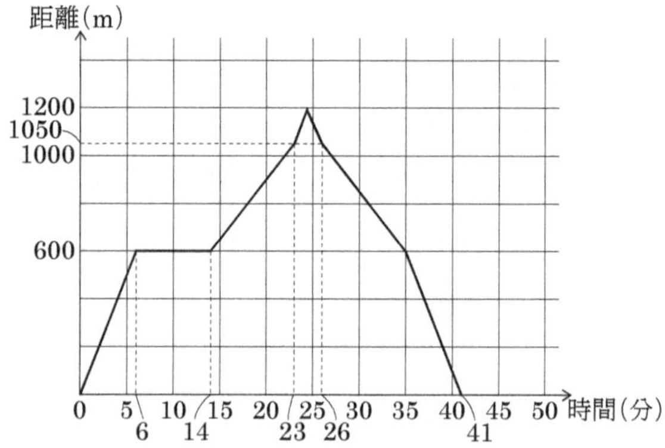


5 **(平面図形，立体図形)**

重要 (1) 見取り図と表1より，計算する。底面図…6×6−2×2＝32(cm²)　前面図…32cm²
側面図…4×6＋2×2＝28(cm²)　立体の内側…2×2×6＝24(cm²)　したがって，表面積は(32×2＋28)×2＋24＝208(cm²)

表1

D(H)　　C(G)

| | | |
|---|---|---|
| 3 | 1 | 3 |
| 2 | 2 | 1 |
| 0 | 1 | 2 |

A(E)　　B(F)

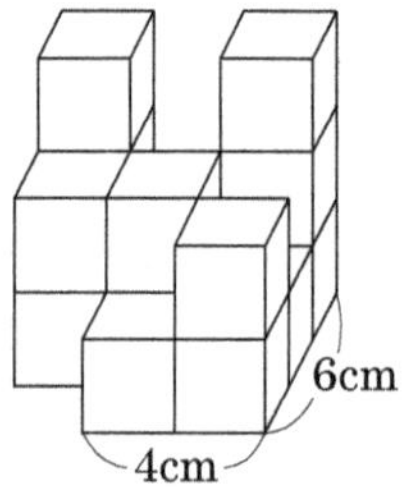


図ア

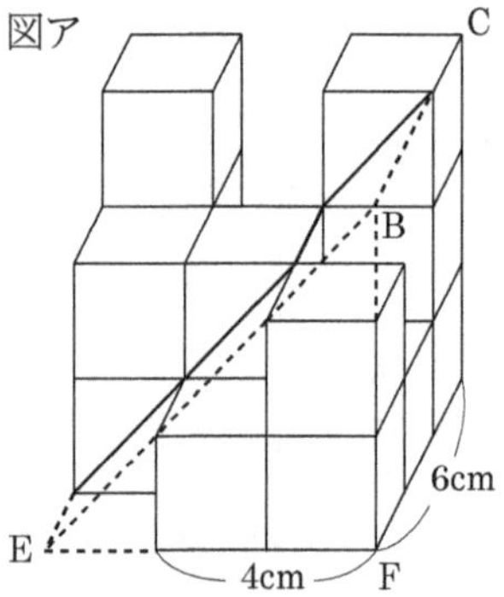


図イ(後面図)

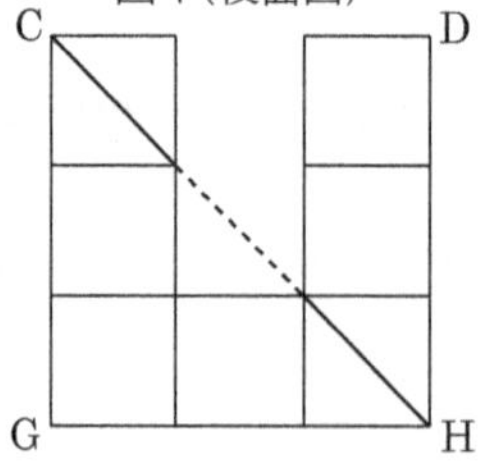


やや難 (2) 図ア～ウより，頂点Fをふくむ立体の体積を計算する。
2×2×2×(8＋0.5×4)＝80(cm³)

(3) 図ウ～エより，頂点Gをふくむ立体の体積を計算する。…次ページの図エの三角柱4個と図オの四角錐2個を含む立体　2×2×2×(4＋0.5×4)＋2×2×2÷3×2＝$\frac{160}{3}$(cm³)

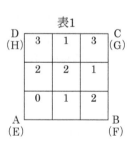

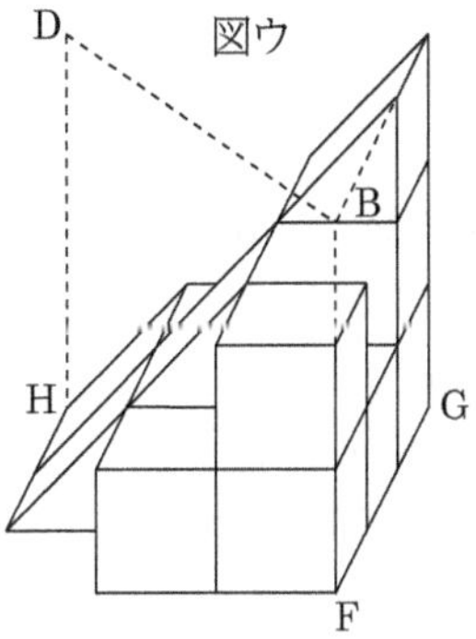


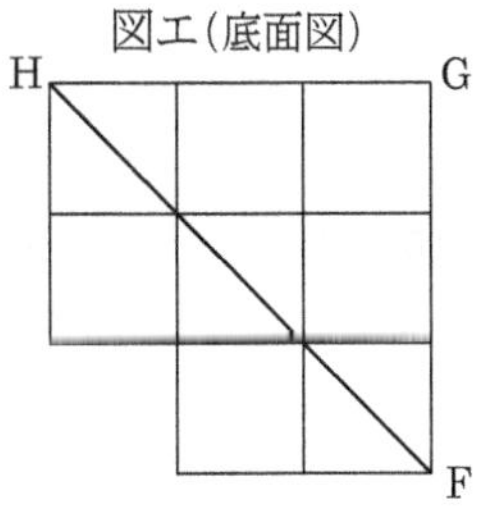


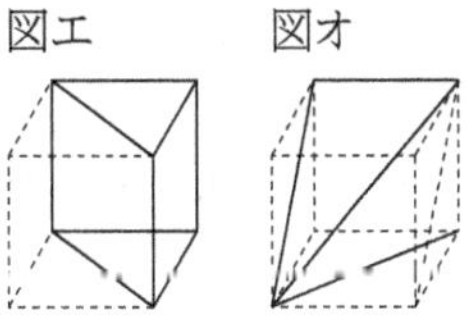

**★ワンポイントアドバイス★**

[3](1)「暗証番号」,(3)「当選確実になる票数」,(5)「辺ABの軌跡」で差がつきやすい。さらに,[4]「速さとグラフ」も[5]「立体図形」も,単純なレベルの問題というわけではなく,注意しないといけない。

## <理科解答>

[1] (1) イ　(2) ① イ　② ア

[2] (1) ① 15m　② 毎秒10m　(2) ① 28m　② 12m　(3) 反対車線にも信号機が設置されている。

[3] (1) イ　(2) イ　(3) エ　(4) イ
(5) 地球温暖化を進行させる働きがあること。

[4] (1) イ　(2) 12.6g　(3) c 11.4g
d 12.6g　(4) 右図

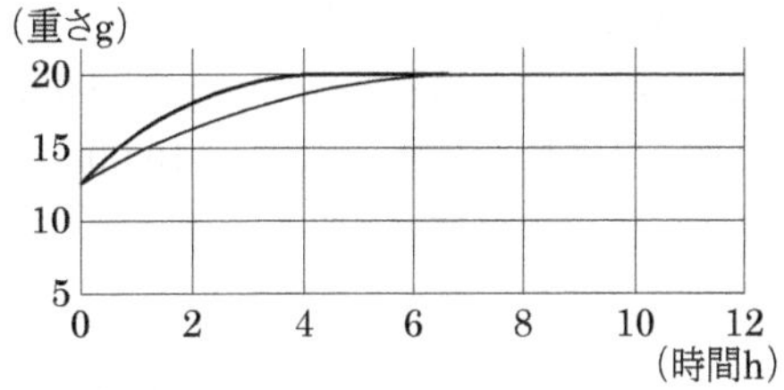


[5] (1) ア　(2) 蒸散　(3) 鉢C ア
鉢D ウ　(4) くっ性　(5) 鉢E ア
鉢F ウ

[6] (1) エ　(2) オ　(3) ア　(4) イ　(5) ユーラシアプレート

[7] (1) A 水素　B 二酸化炭素　(2) エ　(3) エ　(4) イ　(5) $10m^3$

[8] (1) 雪などによってできる氷河などが溶け,海に流れ込むから。/水温が高くなることによって海水の体積が膨張するから。　(2) ヤモリが壁にはりつくことができることから足の裏の構造を利用して,少ない面積で大きな粘着力を得られるテープをつくる。

○推定配点○

[1],[5] 各2点×10　[2],[4],[6]~[8] 各3点×23([8](1)完答)
[3] (5) 3点(完答)　他 各2点×4((3)完答)　計100点

## ＜理科解説＞

1 聞いて解く問題解説省略。

2 (実験)

重要 (1) ① 23(m)－8(m)＝15(m)　② 15(m)÷1.5(秒)＝10(m)

やや難 (2) ① 信号機から停止線までの長さ＋停止距離＋運転手の位置(乗用車の先端から2mの位置)で求めらる。よって，3(m)＋23(m)＋2(m)＝28(m)である。

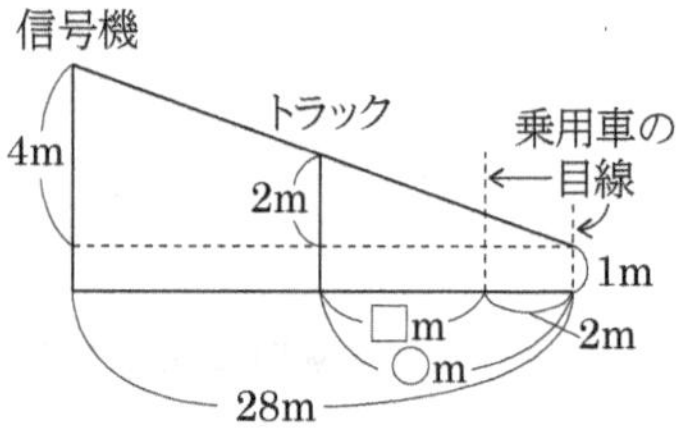


やや難 ② 右図の□mが車間距離に当たるので，4(m)：28(m)＝2(m)：○(m)より，○は14mとなる。よって，□は14(m)－2(m)＝12(m)となり，大型トラックと乗用車の車間距離は12m以上あいていたことになる。

基本 (3) 反対車線にも信号機が設置されることにより，運転者から信号が見やすい工夫がされている。

基本 3 (環境)

(1) 冷媒は圧縮機や減圧機を通って室内のエアコンに向かうので，イである。

重要 (2) 空気が膨張し，気温が下がることで雲ができるので，下線部と同じ仕組みの現象はイである。

(3) Yは減圧機を通った後なのでXより温度が低い。Zは圧縮機を通った後なのでXより温度が高い。

(4) 室外空気は熱を受け取って，温風となり放出される。

(5) フロンガスは上空のオゾン層を破壊するため，地上に降り注ぐ紫外線の増加や地球温暖化を進行させる働きがある。

4 (力のはたらき－浮力)

基本 (1) 0表示ボタンを押すと，ビーカーの重さが0になるので，水の重さが測りやすい。

やや難 (2) 実験2から氷砂糖は15.87gで10.00mLの体積であることがわかる。浮力は押しのけた液体の重さで表せるので，水の中に10.00mL(＝10.00g)の氷砂糖を入れると，10gの浮力が得られる。よって，氷砂糖20.00gを水中に入れると，氷砂糖は$10(g)\times\frac{20.00(g)}{15.87(g)}$＝12.60…より，12.6gの浮力が得られる。この浮力の分が，電子てんびんに測られるので，aは12.6gである。

やや難 (3) c (2)同様に，ミョウバン20.00gを水中に入れると，ミョウバンは$9.69(g)\times\frac{20.00(g)}{17.05(g)}$＝11.36…より，11.4gの浮力が得られる。この浮力の分が，電子てんびんに測られるので，cは11.4gである。　d ミョウバンは20℃の水100gに5.9gまでしか溶けないので，50.00gの水には2.95(g)までしか溶けない。12時間後のミョウバンの結晶は，20.00(g)－2.95(g)＝17.05(g)である。このとき，17.05gのミョウバンが受ける浮力は，$9.69(g)\times\frac{17.05(g)}{17.05(g)}$＝9.69(g)である。よって，電子てんびんが測り取る数値は水に溶けたミョウバン2.95gと浮力の分9.69gを合わせた，12.6gである。

基本 (4) 70℃の水100gに氷砂糖は320gまで溶けるので，50.00gの水に20.00gの氷砂糖は全て溶ける。また，水温が高いほど，氷砂糖が溶けるスピードは速くなる。

重要 5 (生物―植物)

(1) ヒマワリは双子葉類である。

(2) ヒマワリの葉の裏には気孔が多く，蒸散がさかんに行われている。

(3) 鉢Cは光に当てているので，光合成と呼吸が行われている。そのため，植物は成長でき重くなる。鉢Dは呼吸しかできないので，体内の栄養が使われ軽くなる。

(4) 植物の体の一部が外からの刺激によって一定方向に曲がる性質をくっ性という。

基本 (5) 鉢Eは光を求め曲がり，鉢Fは重力に逆らって曲がる。

6 (地震)

重要 (1) 最初の小さなゆれを初期微動といい，P波がもたらす。続く大きなゆれを主要動といい，S波がもたらす。主要動の方が遅く始まるので，P波の方が地面を伝わる速さは速い。

基本 (2) 初期微動継続時間が最も短いのは観測地点Ⅱであり，観測地点Ⅱが最も震央に近く，観測地点Ⅲが最も震央から遠いことがわかる。よって，震央の位置はオである。

重要 (3) Cは太平洋プレートで，aの方向に移動する。Dはフィリピン海プレートでcの方向に移動する。

重要 (4)・(5) 大陸プレートは，Aのユーラシアプレート，Bの北アメリカプレートである。

7 (時事)

(1) A 2021年の東京オリンピックでは，トーチや聖火台に水素を使用した。 B 水素を燃焼しても二酸化炭素は排出されない。

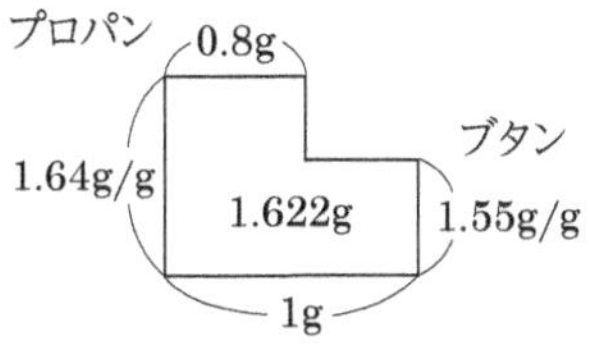


基本 (2) 右図のつるかめ算の方法で算出すると，LPガス1gの中にプロパンは0.8g含まれているので，LPガスのプロパンの割合は80％である。

重要 (3) スチールウールには炭素は含まれない。

重要 (4) 火力発電は二酸化炭素を排出するので，再生可能エネルギーではない。

基本 (5) 30000($m^3$)÷1500(世帯)÷2＝10($m^3$/世帯)

8 (小問集合)

基本 (1) 海面上昇は2つの原因が考えられる。1つは陸に存在する氷河が温暖化によって溶け，海水に流れ込むこと，もう1つは，温暖化によって海水自体の体積が膨張することである。

やや難 (2) 模範解答の他にも，ヒマワリが太陽の動きに合わせて向きを変える習性を，ソーラーパネルに活用するなどがある。

**★ワンポイントアドバイス★**

時間配分を気にした学習を普段から心がけよう。

## ＜国語解答＞

一 問一 1 エ 2 イ 問二 1 ア 2 イ 3 イ 4 ア 5 ア 6 イ

二 問一 イ 問二 罪から逃れるためなら地球が滅びてもいいと思えてしまうほど，瞬時には受け止め難いおそろしい出来事だったということ。 問三 エ 問四 ア
問五 イ 問六 みじめ 問七 エ

三 問一 A エ B オ C イ 問二 ア 問三 日常で感じる不便を，ユーモアあふれる痛快な方法を使って楽しみに変えていること。 問四 音声案内をつける
問五 『思い通り ～ いう気持ち 問六 ウ 問七 Ⅳ

四 問一 エ 問二 ウ 問三 イ 問四 今日Aさんから，お母さんから学校の授業に集中していないことを怒られてしまった，と相談された。だから私はⅣの短歌を贈り，授

業以外にも大事なことはあるから気にしないで大丈夫だよ，とアドバイスをした。

五 問一　エ　問二　①　対⇒体　②　句⇒口　問三　確かめもせずに多分だいじょうぶだと高をくくる人が多いのは残念だ。

六 1　始末　2　祖先　3　保障　4　簡潔　5　厳

○推定配点○

一 各2点×8　二 問二　6点　他　各3点×6

三 問三・問四　各6点×2　問五　5点　他　各3点×6

四 問四　12点　他　各3点×3　五 問三　5点　他　各3点×3

六 各2点×5　計120点

## ＜国語解説＞

一 聞いて解く問題解説省略。

二 (物語－心情・情景，細部の読み取り，空欄補充，記述力)

重要 問一　漢字表記は「局所的」だ。全体の中の一部分だけについて当てはまる様子という意味の言葉である。ここでは，使い慣れていない言葉をわざわざ使っている様子，よくわからないのに使っている様子をカタカナ書きで表している。大人の仲間入りできるという願望ではなく，無理に使って背伸びしているということだ。

重要 問二　「もちろん～」で始まる段落が着目点になる。大人気のABCミネストローネの半分もぶちまけてしまったという出来事は，「罪から逃れられるためなら」「地球が滅びてもいい」と思えるほど「瞬時には受け止めきれない」ものだったのである。

問三　「作ってもってくるので許して」のように，「～ので」と言い換えることができる理由と考えエを選択する。

問四　「何人かの男子に～」で始まる段落で，一組での対応がわかる。「三組でも同じこと～」で始まる段落で，三組も一組同様の反応があったことが読み取れる。先生の存在より，それぞれの組の生徒の対応がつらく，申し訳ないと思うのだからアである。

基本 問五　佐田君は，「僕」がマルカンから手を離さなかったために引っぱられてしまったのに，責めもしないどころか一緒に片付けてくれたから「優しい人」だと評価しているのだ。したがって，「申し訳ない」，「ありがとう」という気持ちでいっぱいになっているのでイである。

やや難 問六　「僕」が考えた言葉なので，言葉の知識として解答できるものではない。文章の流れと，ひらがな3文字というヒントが手がかりになる。問四で考えたように，それでなくても居心地が悪い思いをして，ミネストローネを分けてもらいに回っているのだ。みんな無言でマルカンと「僕」を見ているので，どうしてよいのかわからないところに，山脇先生の謝罪と感謝の言葉を聞いて「さっきよりもっと『みじめ』」になっている。つまり，たった数分間でどんどん『みじめ』さが増しているのだ。それが「更新されていく」という表現だ。例えば，何かの価格がどんどん上がっていくとき，「最高値が更新される」のような言い方をする。このように考えると「最『みじめ』が更新されている」のである。

問七　状況から考えるとアも適切のように思えるが，この場合でも「ふざけて」いるわけではない。「静まり返った教室で，とても自然に」声をかけてきていることから，誰かと相談したりしたわけではなく，自然に素直に「ドンマイ」と言ってくれる人柄なのでエだ。

三 (論説文－論理展開・段落構成，細部の読み取り，接続語の問題，指示語の問題，記述力)

基本 問一　A　前部分は，難波さんが中身がわからないレトルトソースをくじ引きのように考えていることを紹介している。後部分は，前部分の具体的な内容をまとめているのでエの「つまり」が入る。　B　難波さん以外の視覚障害者が，難波さんと同じようなことを言っている例として回転寿司を挙げているのでオの「たとえば」が入る。　C　前部分は，回転寿司のネタが何なのかわからないことを述べていて，後部分は，「当然」食べたいものを注文することは可能だとしているのだからイの「もちろん」だ。

問二　イ　「映画という親しみやすい」が誤りである。親しみやすいものを挙げてユーモアに結びつけたいわけではない。　ウ　「常人離れした」ことを挙げて，難波さんたちの発想がリアリティーがあると説明したいわけではない。　エ　ヤマカシの行動は「運試し」として行っているのではない。　ア　視覚障害者の生活と，映画の内容では話題は異なるが,「捉え方を変えてみる」という点で共通しているとして重ねているのでアが適切だ。

やや難　問三　「その手」を使われると，心地よさと笑いを誘われるというのだ。難波さんたちの場合ではレトルトソースや回転寿司のネタが分からないという不便を「くじ引き・運試し」と捉えて楽しみに変える発想をしている。ヤマカシは，人工的な都会の町をジャングルのように捉えて楽しんでいる。つまり，不便なことでも，ユーモアあふれる痛快さで楽しみに変える行動を見せつけられると「やられた！その手があったか」と思うのである。

問四　自由に考え，実存しなくてもよいという条件なので，想像力を働かせて考えよう。この文章では視覚障害者の話で論を進めているので，目の不自由な人が自動販売機で好みの飲み物を選べるようにするためにはどういう工夫ができるかという方向性で考えると書きやすい。

問五　解答の続きが「～持たないこと」であることをしっかり確認しておこう。難波さんの具体的な行動はレトルトソースの話をしているところだ。つまり，「はたから考えれば～」で始まる段落が着目点になる。食べたい味が出てくれば「当たり」のような考え方をするという難波さんの発想は「『思い通りに～』～という気持ち」さえなければ楽しめるというものだった。

問六　Ⅳ段落の内容に着目する。健常者は，ある製品に対して，そういう使い方をするものだという，いわば固定した考え方で使用していることが多いが，見えない人は「こっちの道もあるよ！」というような使い方を示してくれるということだ。このことは，決まりきった使い方は，使い方の一つでしかないということになる。

重要　問七　「痛快」の話題は，Ⅰ段落から始まっている。「痛快」という言葉は，「胸がすっとして非常に愉快に感じる」という意味であるので，ケガをして「痛い」の「痛さ」ではなく，「いたく満足した」のように「いたく・非常に・とことんまで」の意味と考えられるが，ここでは「痛い」という意味をわざと「だから～」という理由にしていると思われる。したがって，Ⅳの最後が「チクッとやられた」に着目して「痛さ」と重ねる。

**四　(短歌－細部の読み取り，記述力)**

基本　問一　「適切でないもの」という条件に注意する。「楽しいなあ」と感じるのだから，「心地よい」・「楽しげな」・「軽やかな」という説明のあるア・イ・ウは適切である。「けたたましい」は騒がしいという意味だ。

問二　イとウで迷うところだが，「恋の記憶」だから，イの「恋愛の最中」は不適切である。脳裏なので実際の部屋ではないのでエは誤りだ。また，実際に日記をつけているわけではないので，ウが適切だ。

問三　設問文に「夜明け」と説明されていることがヒントになる。夜明けとは一日が始まるということを意味する。したがって，「何かが始まる」とあるイを選択する。

問四　字数はもちろんだが，この字数内でA～Cの条件を忘れずに書き入れるようにしよう。

## 五 (四字熟語・慣用句，ことばの意味)

やや難　問一　「心安い」とは，親しみやすく気がおけない，遠慮がない，気心がわかっているという意味の言葉であるので，エである。

重要　問二　①　「絶体絶命」が正しい表記である。「絶対」は，「絶対合格する」のように使う。「解答」と「回答」のような同音異義語で使い分ける場合は意味を考えるが「絶体」は「絶体絶命」しか使わない。　②　「異口同音」が正しい表記である。それぞれ別の口(多くの人)が同じことを言うということだから「口」である。

問三　「高をくくる」とは，たいしたことはないだろうと安易に予想することだ。「内容が具体的にわかるように」という条件は，つまり，意味がわかるようにということなので，「たいしたことはないだろう」と考えてしまった状況を付け加えれば意味を書くことで解答できそうだ。

## 六 (漢字の書き取り)

1　「末」は全5画の漢字。2画目をきちんと短く書かないと「未」という別の漢字になってしまうので気をつける。　2　「祖」は全9画の漢字。「ネ(しめすへん)」だ。　3　「障」表記の場合は，責任をもって安全をうけあい，状態を保護することを意味する場合に使う。「保証」は，まちがいなく大丈夫であるとうけあうこと。まちがいが生じたら責任をとると約束するという場合に使う。　4　「潔」は全15画の漢字。「刀」である。「力」のように上につきださない。　5　「厳格」の「ゲン」は訓読みで「おごそ-か」。

★ワンポイントアドバイス★

問題数が多く，詩歌や知識問題，作文と幅広い設問だ。時間配分に気を配ろう。

第2回

# 2022年度

# 解　答　と　解　説

《2022年度の配点は解答欄に掲載してあります。》

## ＜算数解答＞

1 (1) 11年　(2) ① 円Bの中心は，円Aの中心と同じ中心で，半径1cmの円の内部を自由に動くことができて円周上の点も動くことができる。　② $25.12\text{cm}^2$

2 (1) $\frac{8}{45}$　(2) 9　(3) 2400円　(4) ア 42度　イ 21度

3 (1) $\frac{5}{674}$　(2) 20通り　(3) 3分36秒　(4) $48\text{cm}^2$　(5) 解説参照

4 (1) 芝田くん 14個　田浦さん 22個　(2) 5個　(3) 20個

5 (1) $500\text{cm}^3$　(2) 切り口は平行四辺形で，面の数は5　(3) $41\frac{2}{3}\text{cm}^3$

○推定配点○

各6点×20(4(1)完答)　計120点

## ＜算数解説＞

1 聞いて解く問題解説省略。

2 (四則計算，割合と比，単位の換算，平面図形)

(1) $\frac{2}{5}-\left(\frac{1}{2}-\frac{1}{9}\right)\times\frac{4}{7}=\frac{2}{5}-\frac{2}{9}=\frac{8}{45}$

(2) □$=45\div\{63+72-(414-284)\}=9$

重要 (3) $1980\div1.1\div(1-0.25)=2400$(円)

重要 (4) 右図より，角CADは$180-42=138$(度)

角ア…$360-(138+90\times2)=42$(度)

角イ…$42\div2=21$(度)

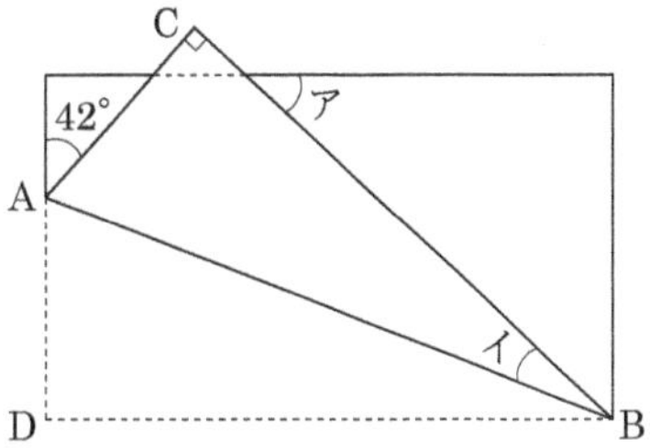


重要 3 (規則性，場合の数，割合と比，2量の関係，平面図形，相似，単位の換算)

(1) $2022\div3=674$より，$\frac{5}{674}$

(2) 差が1の場合…(3，2，1)～(10，9，8)の8通り　差が2の場合…(5，3，1)～(10，8，6)の6通り　差が3の場合…(7，4，1)～(10，7，4)の4通り　差が4の場合…(9，5，1)～(10，6，2)の2通り　したがって，全部で20通り

(3) $450\times4\div500=3.6$(分)

すなわち3分36秒

(4) 右図1より，三角形ADG，AEF，ABCの相似比が2：3：4より，面積比は4：9：16

したがって，三角形ABCは

$15\div(9-4)\times16=48(\text{cm}^2)$

図1

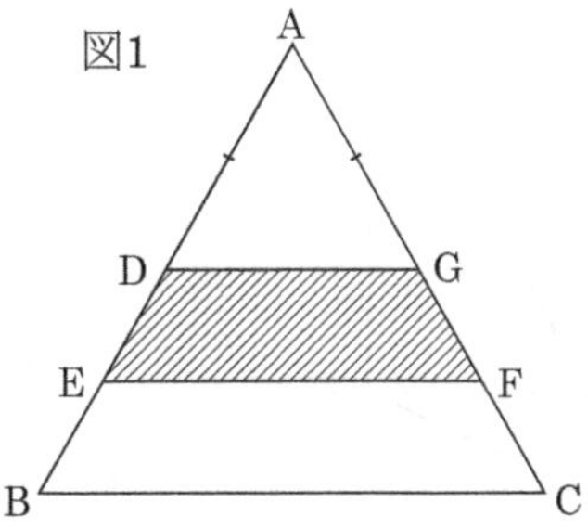


図2

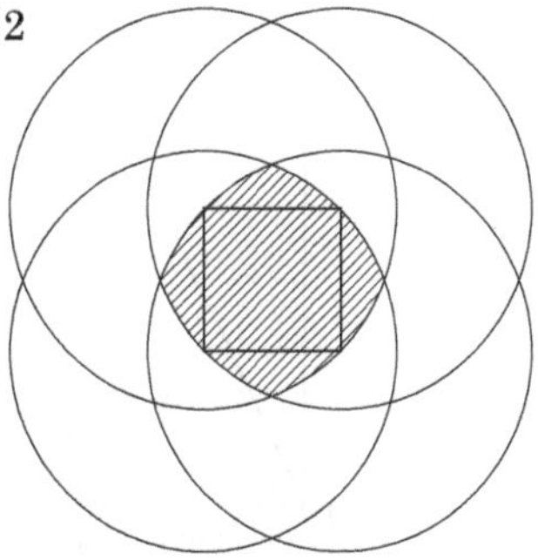

(5)　正方形の4つの各頂点を中心にして対角線の長さが半径の4つの円を描くとき，これらが重なる部分は前ページ図2のようになる。

## 4　(割合と比，消去算)

重要　(1)　芝田くんと田浦さんのチョコの個数がそれぞれ⑤，⑨になった後，⑤+6と⑨+6の比か2：3になったので⑤+6と(⑨+6)÷3×2=⑥+4が等しい。このとき，①が6−4=2(個)であり，芝田くんと田浦さんのチョコの個数がそれぞれ2×5=10(個)，2×9=18(個)　したがって，最初のチョコの個数はそれぞれ10+4=14(個)，18+4=22(個)

やや難　(2)　この後，問題文により，次のように交換される。　ア　田浦さんがクッキーをA個，芝田くんにあげる。　イ　芝田くんがチョコをA個，田浦さんにあげる。　ウ　芝田くんがクッキーをB個，田浦さんにあげる。　エ　田浦さんがチョコをB個，芝田くんにあげる。

→これらの交換後，田浦さんのチョコがB−A=5(個)減った。したがって，芝田くんのクッキーも5個，減った。

(3)　(1)より，チョコの最後の個数は，芝田くんと田浦さんそれぞれ10+6=16(個)，18+6=24(個)である。他方，クッキーの個数については$\frac{1}{3}$，$\frac{2}{5}$の分母3，5の最小公倍数より，芝田くんが$\boxed{15}$個，田浦さんが⑮個あるとする。

カ：田浦さんがクッキーを⑤個，芝田くんにあげる。

→クッキーは芝田くんが$\boxed{15}$+⑤，田浦さんが⑩

キ：芝田くんがチョコを⑤個，田浦さんにあげる。

→チョコは芝田くんが16−⑤，田浦さんが24+⑤

ク：芝田くんがクッキーを$\frac{2}{5}$すなわち$\boxed{6}$+②と2個，田浦さんにあげる。

→クッキーは芝田くんが$\boxed{9}$+③−2，田浦さんが$\boxed{6}$+⑫+2

ケ：田浦さんがチョコを$\boxed{6}$+②と2個，芝田くんにあげる。

→チョコは芝田くんが16−⑤+$\boxed{6}$+②+2=18−③+$\boxed{6}$，田浦さんが24+⑤−$\boxed{6}$−②−2=22+③−$\boxed{6}$であり，これが24−5=19(個)に等しい。

一方，芝田くんのクッキー$\boxed{9}$+③−2は$\boxed{15}$の$\frac{2}{3}$すなわち$\boxed{10}$に等しく，$\boxed{1}$=③−2，$\boxed{6}$=⑱−12であり，22+③−$\boxed{6}$は22+③−⑱+12=34−⑮，34−⑮=19より，田浦さんのクッキーの個数⑮は34−19=15(個)　したがって，田浦さんのクッキー6+⑫+2は⑱−12+⑫+2=㉚−10より，20個

## 5　(平面図形，立体図形)

基本　(1)　図1より，5×10×10=500(cm$^3$)

重要　(2)　図2より，切り口は平行四辺形OERM，三角柱OPE−MBRの面は3+2=5(面)

やや難　(3)　図2より，三角錐E−OPRは5×10÷2×5÷3=$\frac{125}{3}$(cm$^3$)

図1

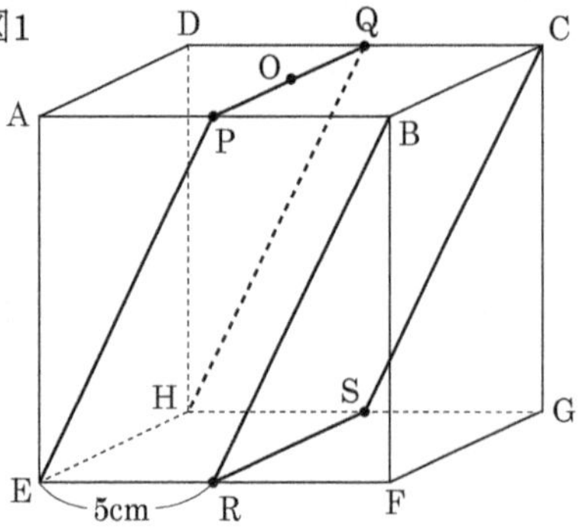


図2

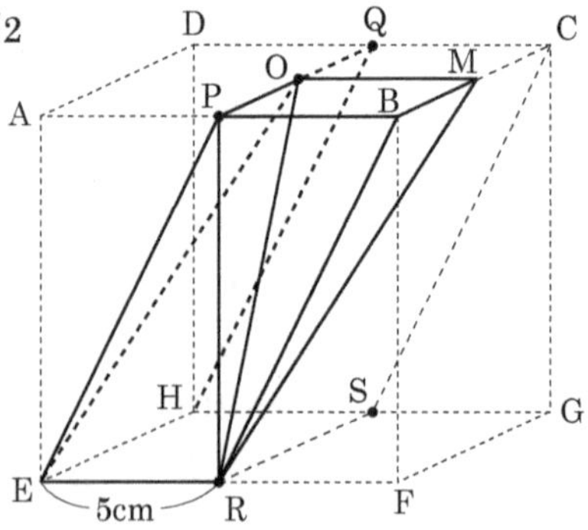

**★ワンポイントアドバイス★**

4「割合と比・消去算」は，(1)「最初のチョコの個数」は計算方法がわかっていればそれほど難しくない。(2)「交換前と後の個数の差」の視点に気づき難く，「交換前」がいつのことなのか迷いやすい。5「立体図形」は難しくない。

## ＜理科解答＞

1 (1) ウ　(2) エ　(3) ウ

2 (1) 2個　(2) 1個分　(3) 5個分　(4) 1.9倍

3 (1) ア　(2) 3倍　(3) エ　(4) 2個

4 (1) ウ　(2) (記号) ウ　(体積エネルギー密度) 10140Wh/L
(3) 沸点が高くなり，簡単に液体にでき，冷却する。　(4) エ

5 (1) ウ　(2) ウ　(3) イ　(4) エ

6 (1) ウ　(2) エ　(3) イ　(4) ア
(5) (数値) 19　(理由) 中心から離れたところを通った

7 (1) 単子葉植物　(2) A 酸素　B デンプン
(3) 101億トン　(4) ア　(5) 右図　(6) イ

8 (1) 高速で地球のまわりを回転しているため遠心力が生じ，重力が打ち消されたため。　(2) ワクチンを飲むと，タンパク質が消化されてしまい，その形のまま血液中に入らないため。

○推定配点○

1～3，6～8　各3点×26　4 (2)記号 2点　他 各3点×4
5 各2点×4　計100点

## ＜理科解説＞

1 聞いて解く問題解説省略。

2 (物質と変化―燃焼)

重要 (1) □(個)×1＝1(個)×2より，2個である。

重要 (2) 図3より，3(個)×1＝棒の重さ×1＋1(個)×2より，棒の重さはおもり1個分である。

やや難 (3) Eにおもりをつるすと転倒するので，木材の重さ×3(cm)<1(個)×6(cm)(棒の重さ分)＋1(個)×10(cm)より，木材の重さは5.33…より，おもり5個分となる。

やや難 (4) 棒の重さは，右図より，木材の付け根から5：6(cm)＝3：□(cm)より，3.6cmの位置にある。よって，点Eにつるすことのできるおもりは，5(個)×3(cm)＝1(個)×3.6(cm)＋□(個)×6(cm)より，1.9個分となるので，おもりの1.9倍の重さまでつるすことができる。

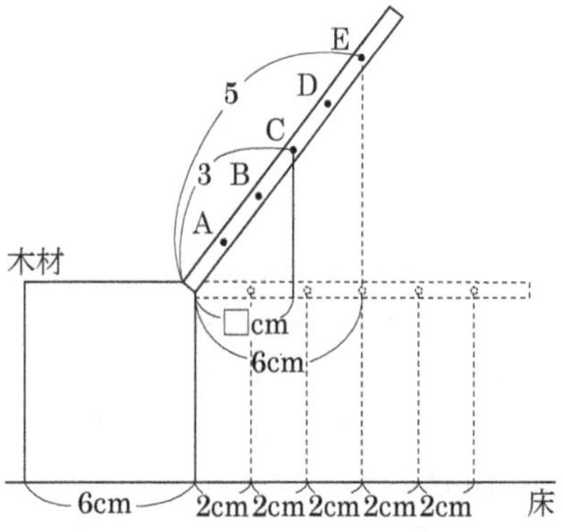

## 3 (光—光の性質)

重要 (1) 図2の豆電球はすべて乾電池1個分の明るさで光るので，アである。

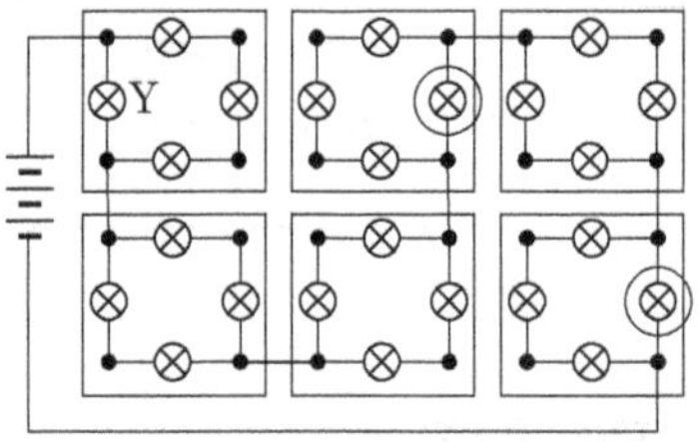


基本 (2) ab間は電気抵抗が1，cd間は電気抵抗が3なので，ab間を流れる電流はcd間を流れる電流の3倍となる

基本 (3) 左右の回路を同じ形にして配線すればよいので，電池の＋極をb点に，－極をh点に接続すればよい。

基本 (4) 右図の○で囲った2個の豆電球がYと同じ明るさになる。

## 4 (環境)

重要 (1) 燃料電池は水素が燃えて発電するので，水が発生する。

やや難 (2) 密度の表から最も体積エネルギー密度が大きい物質はガソリンである。ガソリンは1Lで0.78kgであり，1kgから発生するエネルギー量は13000Whである。よって，体積エネルギー密度は13000(Wh)×0.78＝10140(Wh/L)となる。

基本 (3) 高圧水素や液体水素の沸点は－253℃で，メチルシクロヘキサンの沸点は101℃なので，水素をメチルシクロヘキサンにした方が簡単に液体にでき，冷却しやすい。

重要 (4) バイオマス燃料が燃えるときに発生する二酸化炭素量は，光合成で取り入れた二酸化炭素量と同じになるので，バイオマス燃料を燃やしても空気中の二酸化炭素は上昇しない。

## 重要 5 (物質と変化—金属の性質)

(1) 石灰石は主成分が炭酸カルシウムである。石灰水に溶けている水酸化カルシウムに二酸化炭素を反応させると，水に溶けない炭酸カルシウムができ石灰水は白くにごる。

(2) 写真のフィルムは光に反応する。

(3) 銅で作られた物質を選べば良いので，イである。

(4) アルミニウムは塩酸と反応し水素を発生させるので，エが正しい。

## 6 (天体—月)

基本 (1) 図1で夕方なのはBであり，Bの位置から月は南東方向にある。

基本 (2) 下の方(西側)から欠け始め，西側から明るくなるエが正しい。

基本 (3) 月は地球のまわりを楕円の形で回っており，地球に近い所を通るときは大きく見え，地球から遠いところを通る場合は小さく見える。

(4) 皆既月食のときは，太陽の青い光が散乱され，月全体が赤く見える。

基本 やや難 (5) 数値　20時28分－20時09分＝19分　　理由　月が地球の影の中心から離れたところを通過したため，3年前の月食よりも時間が非常に短くなった。

## 7 (生物—植物)

重要 (1) 平行脈を持つのは単子葉植物である。

重要 (2) アマモなどの海の植物は光合成を行い，酸素とデンプンを作り出す。

基本 (3) 335億トンの二酸化炭素は海に100(%)－(57(%)＋13(%))＝30(%)吸収される。よって，海に吸収される二酸化炭素は335億(トン)×0.3＝100.5億(トン)より，101億トンである。

基本 (4) 植物の栄養である窒素やリンがたくさん海に溶け，日照時間が長くなり，気温が上昇すると，プランクトンが大発生し，赤潮が発生する。

(5) アサリの足は右図の通りである。

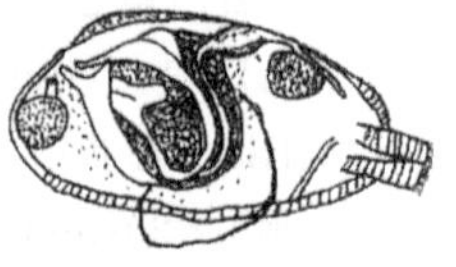

(6) アサリは汚染の原因となる有機物を食べて体内でろ過するため，アサリは水質を浄化する生物の仲間である。

## 8 (小問集合)

やや難 (1) 宇宙ステーションの中で無重力状態になるのは，宇宙ステーションが高速で地球のまわりを回転しているため遠心力が生じ，それが重力を打ち消すためである。

基本 (2) ワクチンを飲むとタンパク質が胃で消化されてしまうため，めんえきを作ることができない。

★ワンポイントアドバイス★

やさしい問題を見抜き，確実に得点しよう。

## ＜国語解答＞

一 問一 ようやく 問二 (「やっと」グループ) オ (「ついに」グループ) ア
問三 1 ア 2 ア 3 イ 4 ア 5 イ

二 問一 イ 問二 ウ 問三 イ 問四 エ 問五 音楽室ごと 問六 一年生である自分が上級生を押しのけて部長に就任したくはないが，憧れの人に対していやとは言えないから。

三 問一 イ 問二 ア 問三 ウ 問四 自分に対する要求水準が高いことから緊張が生じ，綿密な準備をすることで，より才能が認められるから。 問五 D ア E オ
問六 Ⅲ 問七 1 イ 2 イ 3 イ 4 ア

四 問一 エ 問二 ア 問三 「落ちこぼれへの応援」です。なぜなら，作者は「やさしさ」や「魅力や風合い」という言葉を使い，落ちこぼれを認め，はげましているからです。朗読時は，目の前に悩みを抱えた人がいると思って，ゆっくりと力強く語りかけるように読んでください。

五 問一 ア 問二 ① 心 ⇒ 身 ② 身 ⇒ 味 問三 ようやく板についてきた手話で，ゆっくりと会話することができた。

六 1 会心 2 対照 3 刷新 4 縦横 5 修

○推定配点○

一 各2点×8 二 問五 4点 問六 8点 他 各3点×4
三 問四 8点 他 各3点×10 四 問三 12点 他 各3点×2
五 問三 5点 他 各3点×3 六 各2点×5 計 120点

## ＜国語解説＞

一 聞いて解く問題解説省略。

二 **(物語－心情・情景，細部の読み取り，ことばの用法，記述力)**

問一 「遠くから，～」で始まる段落にあるように，今の吹奏楽部の雰囲気が緊張感のあるものではないと考えていることがわかる。瑛太郎の言っていることは自分も感じていたことなのでイとウが残ることになるが，自分もまた瑛太郎に言われる側なので「感謝している」わけではなく「緊張感」に包まれているのでイだ。

問二 ――線②の段落の最終文に「ソロパートを吹いているよう」とあることに着目する。ソロパートとは，一人で演奏する部分ということなので，瑛太郎は部員に向かって伝えているというよ

り,「独り言」のようにたんたんと言ったのだ。

基本 問三 「出られ」は「出ることができる」という可能の「れ」だ。「信じられ」が「信じることができる」という同じ働きの「れ」だ。アは自発,ウ・エは受け身の働きだ。

問四 瑛太郎は「そういう可能性がある」という程度で話していて,いかにも軽くみんなに伝えているように口元に笑みを浮かべたが,これは冗談ではない話だと受け止めているのだ。なんとなくダレた部活の雰囲気を感じてはいたが,自分たちの置かれた状況はかなり厳しいものなのだという不安から,瑛太郎と一緒になって口もとを緩められない気持ちである。

問五 部屋中がシーンとなってしまっているということだ。「比喩的に表現した」か所ということだから,「誰も何も～」で始まる段落にある「音楽室ごと～ 」の一文である。

やや難 問六 「手始めに～替える」という発言をすでに瑛太郎はしている。この段階ですでに,一年生の自分が部長になるなどということを引き受けたくない気持ちでいっぱいなのだ。憧れの瑛太郎に正式に言われたら,断れないという自分の気持ちもわかっているので,いやだけれど断れないという相反する気持ちから「呼ばないでくれ～」と祈るような思いなのである。

**三 (論説文－論理展開・段落構成,細部の読み取り,接続語の問題,空欄補充,記述力)**

問一 出だしの一文でわかるように,緊張は動物としての本能だ。「このとき～」で始まる段落で説明されているように,自身の身をおびやかすようなことが起きると,「扁桃体」が本能的に働くのだからイだ。

問二 アとウで迷うところだ。が,「応えなければいけない」という思いから緊張するのであって,「応えられていない」という思い込みから緊張するのではない。したがってアである。

重要 問三 「適切でないもの」という条件に注意する。「同化圧力」というのは,「多数・周囲」からの暗黙のプレッシャーということだ。選択肢ア・イ・エは周囲,集団であるが,「社長」は対個人である。

やや難 問四 「例えば～」で始まる段落で,講演の名手とされていた小林秀雄さんの例を挙げている。「緊張は要求水準が高い」から生まれるものなのだから,その高い要求に応えようと綿密な準備をすることで,より高い才能が認められるようになるということだ。内容は例から考えるが,解答として,人前で話すのような具体的なもので書かないようにする。

問五 D 前部分も後部分も小林氏の講演についてどのようなものであったかを説明しているのでアの「また」が入る。 E 前部分は,Dの後部分の「即興のようだった」に対して,決して即興ではなく練習していたという内容である。後部分は,やはりDの後部分の古今亭志ん生さんのようだったに対して,志ん生さんの真似をして練習していたということだからオの「さらには」が入る。

問六 入れる文の冒頭が「また」で,内容は具体的に緊張している人を挙げている。Ⅲの直前には,緊張する場面を挙げているので,その続きとして具体的に緊張する人を挙げる構成だ。

やや難 問七 1 「研究の内容を詳しく書いている」部分はないのでイ。 2 「一つの結論」を結んではいないのでイ。 3 緊張は本能であるから「緊張しないため」の方法は述べていないのでイ。 4 具体例はたくさん挙げている。さらに,「脳科学者の意見」として,小林氏の話を挙げていて,わかりやすい内容になっているのでアだ。

**四 (詩－心情・情景,細部の読み取り,記述力)**

問一 「落ちこぼれ」に対して肯定的な詩であるので,ウとエで考えることになるが,「落ちこぼれにこそ価値がある」と勧めているわけではないのでエだ。

やや難 問二 ――線②を簡単に言いかえれば「落ちこぼれずに上手においしそうに実って」ということを比喩表現で表したものだ。つまり,自分をおさえて,周りに何とか合わせてということなのでアである。

やや難 問三　指定字数は多いが，書くべきことを示した条件をすべて満たすことを手がかりにすれば，書くことがないとあわてることはないだろう。解答欄に印字されている書き出しは「この詩が一番伝えたいことは,」なので，まず，条件Aの「一番伝えたいこと」を書き始めることになる。この詩の題名は「落ちこぼれ」であるので，「落ちこぼれ」について作者がどのような思いを抱いているのかが「伝えたいこと」になる。温かい目でみていることは明らかなので「応援，はげまし，後押し」のような表現が出てくる。さらに条件Aでは,「その理由」を求めているのかなので，詩中の言葉を例に挙げて書くと書きやすくなるだろう。例に挙げる表現は，「どのように読んでほしいか」という条件に合うようなものにしよう。忘れがちなのが，Bの条件だ。入学試験の作文のような記述ということで，習慣として書き言葉の解答にしたくなるが，「伝える形式で」ということであること，読んでくれるのが大人の声優さんであることから丁寧な話し言葉で書くようにしよう。

**五** **(慣用句・四字熟語，ことばの意味)**

基本 問一　「心づくし」とは，相手のために心をつくしてすることという意味の言葉だ。意味としてはアとエがふさわしいが，「心づくした態度」は表現が変なのでアである。

重要 問二　①「粉骨砕身」なので「心」が誤りで「身」と直す。粉骨砕身は，骨身をおしまず，全力で取り組むことという意味の四字熟語である。　②「無味乾燥」なので「身」が誤りで「味」と直す。無味乾燥は，物事に何の味わいもおもしろみもないことという意味の四字熟語である。

問三　「板につく」は，積み重ねの結果として立場やきょうぐうが似合ってくる，または，ふさわしい技術が身につくことという意味の言葉だ。「積み重ねの結果として」の部分が大切なので,「初めてすべったスキーが板についてきた」のような例文にすると意味がちがうことになる。

**六** **(漢字の書き取り)**

1　「会心」は思い通りの結果を得られて満足することという意味だ。同音の「改心」と混同しないようにする。　2　「対照」は他のものと比べ合わせることだ。同音の「対象」と混同しないようにする。　3　「刷」は全8画の漢字。4画目の始点は3画目につける。　4　「縦」は全16画の漢字。「糸(いとへん)」に「従」である。「にんべん」にしない。　5　同訓の漢字に「納・収・治」があるので注意する。技芸，学問などを身につける場合は「修」を使う。

**★ワンポイントアドバイス★**

放送問題，詩歌，短作文，文法など非常に幅広い出題傾向なので，それに対応できる学習を積み重ねておこう。

MEMO

大切なことはメモしておこうネ！

# 2021年度

# 入 試 問 題

## 2021年度

# 芝浦工業大学附属中学校入試問題（第1回）

【算　数】（60分）　＜満点：120点＞

【注意】 1 **1**は聞いて解く問題です。

2. **3**以降は，答えだけではなく式や考え方を書いてください。式や考え方にも得点があります。

3. 定規《じょうぎ》とコンパスを使用しても構いませんが，三角定規と分度器を使用してはいけません。

4. 作図に用いた線は消さないでください。

5. 円周率が必要な場合は，すべて3.14で計算してください。

**1** この問題は聞いて解く問題です。

聞いて解く問題は全部で(1)と(2)の２題です。(1)は１問，(2)は２問あります。問題文の放送は１回のみです。メモを取っても構いません。ひとつの問題文が放送された後，計算したり，解答用紙に記入したりする時間はそれぞれ１分です。聞いて解く問題の解答は答えのみを書いてください。ただし，答えに単位が必要な場合は必ず単位をつけてください。下の図は，(1)で使う図です。

※放送台本は非公表です。

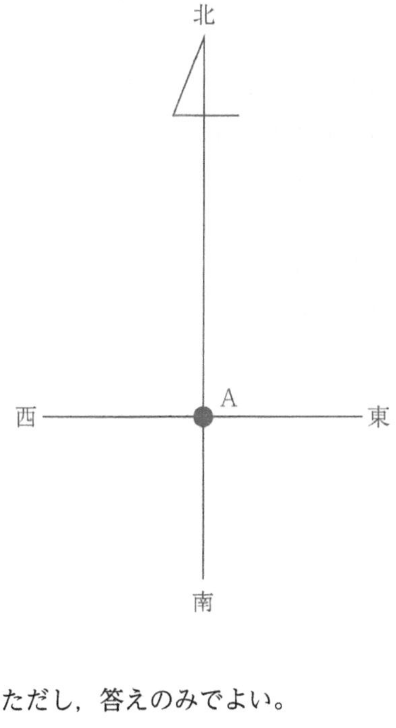


**2** 次の各問いに答えなさい。ただし，答えのみでよい。

(1) $15\times23+24\times19-3\times41-6\times39$ を計算しなさい。

(2) □にあてはまる数を求めなさい。

$$1.23\times0.2+\frac{1}{25}=11\times(12+\square)\times\left(\frac{1}{20}-\frac{1}{25}\right)\div5$$

(3)　水の入ったビーカーの中に，長さの差が10cmの２本のガラス棒が底に対して垂直に立っています。水につかっている部分はガラス棒全体の長さのそれぞれ$\frac{3}{5}$，$\frac{5}{11}$です。このとき，ビーカーの中の水の高さを求めなさい。

(4)　右の図の印のついた８か所の角の大きさの和を求めなさい。

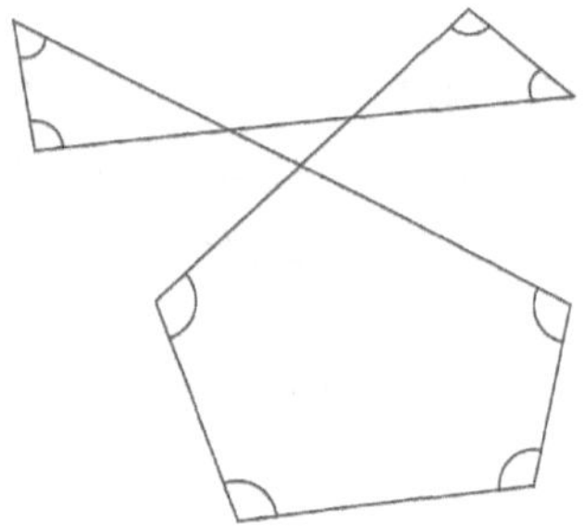

**3**　次の各問いに答えなさい。

(1)　大中小の３つのさいころを投げて，出た目の数の和が12になる目の出方は全部で何通りですか。

(2)　地球が誕生したのは約46億年前，人類が誕生したのは約700万年前と言われています。地球誕生から現在までの46億年を１年とすると，現在から700万年前は何月何日何時何分になりますか。ただし，１年は365日，地球誕生を１月１日の午前０時とし，割り切れないときは帯分数で答えなさい。

(3)　０から７までの数字で部屋番号を表している15階建てのマンションがあります。各階にはそれぞれ11部屋あります。１階の７番目の部屋番号は0107，８番目の部屋番号は0110，７階の最初の部屋番号は0701，８階の９番目の部屋番号は1011となります。部屋番号0101を１番目とするとき，151番目の部屋番号を求めなさい。

(4)　右の図において，半径１cmの円が長方形ABCDの内側の辺上をすべることなく転がりながら１周するとき，円が通った部分の面積を求めなさい。

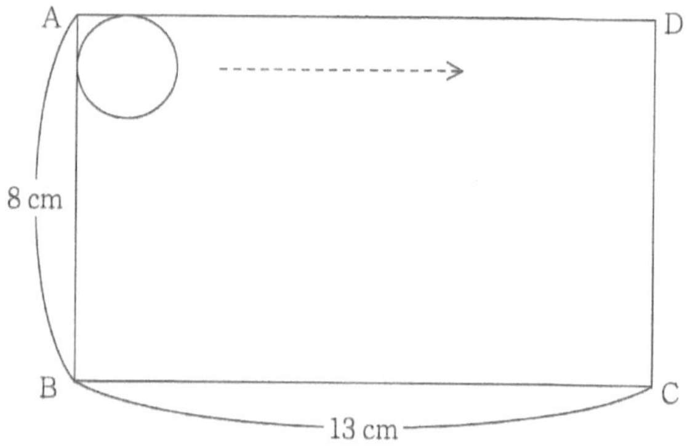


(5)　右の図の直角三角形ABCを，BCを軸《じく》に１回転させてできた立体を，さらにACを軸に１回転させます。このときにできる立体をACを通る面で切断したとき，切り口を解答用紙に作図し，斜《しゃ》線を引きなさい。

（この問題は答えのみでよい）

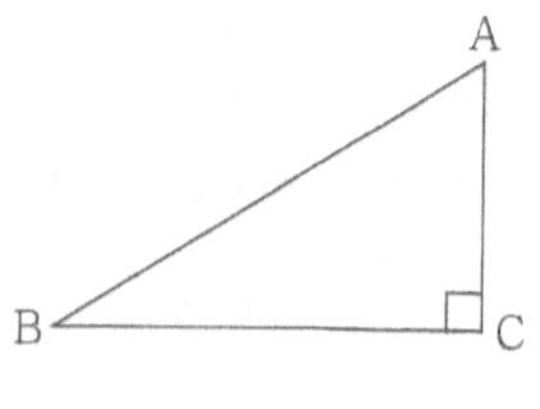

**4** 図のように，水そうＡ，Ｂにそれぞれ給水口Ａ，Ｂがついており，どちらの給水口からも12％の食塩水を水そうに注ぎます。10000 g の食塩水を水そうに注ぐのに給水口Ａだけ使うと40分，給水口Ｂだけ使うと25分かかります。このとき，次の各問いに答えなさい。

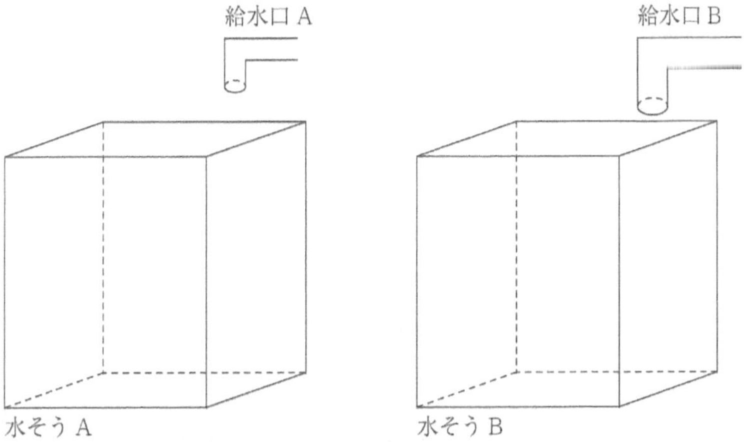


(1) はじめに，水そうＡに濃度も重さも分からない食塩水が入っています。給水口Ａを開けてから４分後の食塩水の濃度は15％でした。さらに７分後の食塩水の濃度は14％でした。はじめに水そうＡに入っていた食塩水の濃度と重さを求めなさい。

(2) 空の水そうＢに給水口Ｂを開けて食塩水を注ぎ始めましたが，15分後に給水口Ｂが壊れました。１か月で給水口を修理して，再び注ぎ始めてから10分後の食塩水の濃度は12.5％でした。修理の間に水が蒸発しました。

① 蒸発した水は何 g ですか。

② 空の水そうＡに給水口Ａを開けて21分36秒間食塩水を注ぎました。水そうＡ，Ｂから，それぞれ同じ重さの食塩水を取り出し，水そうＡから取り出した食塩水を水そうＢへ，水そうＢから取り出した食塩水を水そうＡに入れると，食塩水の濃度が等しくなりました。水そうＡから取り出した食塩水は何 g ですか。

**5** 図のように，一辺の長さが６㎝の立方体があり，次のように立体に名前をつけます。
頂点Ｂ，Ｄ，Ｅを通る平面で立方体を切断したとき，頂点Ａを含《ふく》む立体をＡ′とします。
頂点Ａ，Ｃ，Ｆを通る平面で立方体を切断したとき，頂点Ｂを含む立体をＢ′とします。
Ａ′とＢ′の重なる部分の立体を（ＡＢ）と表します。このとき，次の各問いに答えなさい。
ただし，(三角すいや四角すいの体積)＝(底面の面積)×(高さ)÷３です。

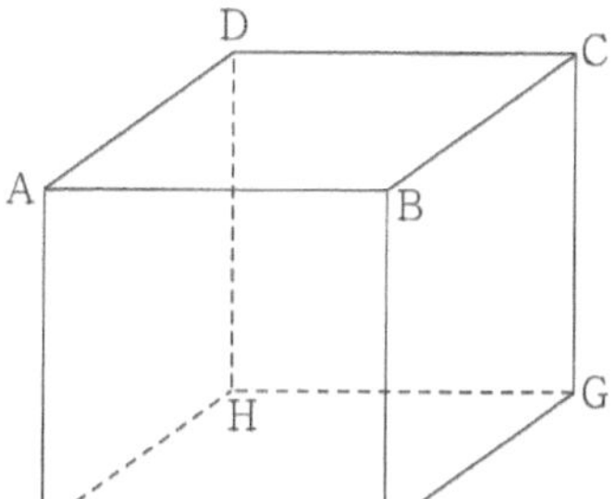

⑴　A′の体積を求めなさい。

⑵　立方体から（AB）を取り出したとき，（AB）について次のア～オの説明が正しい場合は○，誤っている場合は×をつけなさい。（この問題は答えのみでよい）

ア．面の数は４面である

イ．面の数は６面である

ウ．面の図形は，正三角形と二等辺三角形である

エ．面の中に，正方形の面がある

オ．辺は全部で６本ある

⑶　（AB）の体積を求めなさい。

⑷　頂点B，D，Gを通る平面で立方体を切断したとき，頂点Cを含む立体をC′とします。
頂点A，C，Hを通る平面で立方体を切断したとき，頂点Dを含む立体をD′とします。
頂点A，F，Hを通る平面で立方体を切断したとき，頂点Eを含む立体をE′とします。
頂点B，E，Gを通る平面で立方体を切断したとき，頂点Fを含む立体をF′とします。
頂点C，F，Hを通る平面で立方体を切断したとき，頂点Gを含む立体をG′とします。
頂点D，E，Gを通る平面で立方体を切断したとき，頂点Hを含む立体をH′とします。
立方体のうち，A′，B′，C′，D′，E′，F′，G′，H′のどこにも含まれない部分は立体です。この立体の体積を求めなさい。

【理　科】（50分）　＜満点：100点＞

1　次の文を読み，あとの問いに答えなさい。

日本は温泉大国と言われている。多くの人が温泉に入り，心と身体をいやしている。温泉は温泉法により，地中からわきだした温水が「温度25℃以上」あるいは「ある成分を一定量以上ふくんでいること」を条件としている。このように温泉が温かく，様々な成分をふくんでいる理由は，地質による温泉のでき方に関係している。大きく分けて火山地帯やその周辺でわき出す「火山性温泉」と火山が存在しない地域からわきだす「非火山性温泉」がある。

温泉にはその性質によってさまざまな効果がある。温泉成分による効果はもちろん，温泉の温熱効果で血流が良くなることや，浮《ふ》力や水圧による物理的効果が挙げられる。

そこで，異なる３つの温泉Ａ～Ｃを用意し，〔**調査１**〕，〔**調査２**〕を行った。

〔**調査１**〕

３種類の温泉Ａ～Ｃを採取し，それぞれの温泉に関して，色・におい・肌《はだ》ざわり・味・成分による効果を（**表１**）にまとめた。

| | 温泉Ａ | 温泉Ｂ | 温泉Ｃ |
|---|---|---|---|
| 色 | 無色 | 無色 | 無色 |
| におい | 少し独特なにおいがする | 少し刺《し》激臭がする | ほぼしない |
| 肌ざわり | 少しべたつく | 刺激がある | 少しぬるぬるしている |
| 味 | しょっぱい | すっぱい | しない |
| 効果 | 保温効果 | 殺菌《きん》効果 | 美肌効果 |

（**表１**）

〔**調査２**〕

（**図１**）のように，ばねはかりにつるされた50cm³，100ｇのおもりを温泉Ａ～Ｃにそれぞれ完全に入れたときのばねはかりの値を（**表２**）にまとめた。

| | 温泉Ａ | 温泉Ｂ | 温泉Ｃ |
|---|---|---|---|
| ばねはかりの値（g） | 40 | 48 | 45 |

（**表２**）

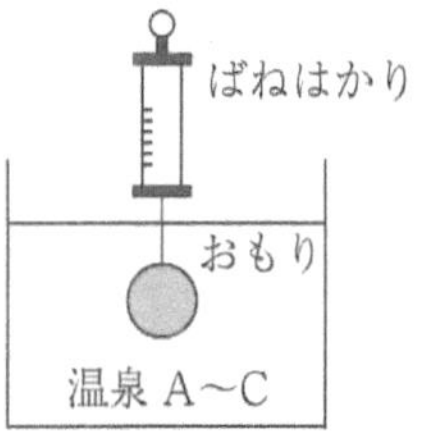

（**図１**）

⑴　温泉Ａ～Ｃの泉質名として正しい組み合わせはどれですか。**ア**～**エ**から選び記号で答えなさい。

| | 温泉Ａ | 温泉Ｂ | 温泉Ｃ |
|---|---|---|---|
| **ア** | アルカリ性単純泉 | 酸性泉 | 食塩泉 |
| **イ** | 食塩泉 | アルカリ性単純泉 | 酸性泉 |
| **ウ** | 食塩泉 | 酸性泉 | アルカリ性単純泉 |
| **エ** | アルカリ性単純泉 | 食塩泉 | 酸性泉 |

⑵　温泉Ａ～Ｃに関する性質として正しいものはどれですか。**ア**～**エ**から選び記号で答えなさい。

**ア**．温泉Ａ～Ｃにそれぞれ鉄片を入れたところ，Ｂのみとけてなくなる。

**イ**．温泉Ａ～Ｃにそれぞれ青色リトマス紙をつけたところ，Ａのみ赤色に変化する。

**ウ**．温泉Ａ～Ｃにそれぞれ石灰石を入れたところ，Ａ～Ｃすべてとけてなくなる。

**エ**．温泉Ａ～Ｃの中では，Ｂの密度が一番大きく，たくさんの成分が入っている。

⑶　下線部に関する次の文の（Ｘ），（Ｙ）にあてはまる語句を答えなさい。

| |
|---|
| 血液の液体成分である（　Ｘ　）によって，栄養分が体全体に運ばれる。また血液中にもっとも多くふくまれている赤血球は，赤い色素をもつ（　Ｙ　）によって酸素を肺から体全体に運ぶ役割がある。よって血流が良くなると，体全体に酸素や栄養分を送ることができる。 |

⑷　底面積20㎠，高さ８㎝の一様な物体を（**図２**）のように温泉Ａに入れたところ，上部が３㎝だけういて静止しました。この物体のおもさは何ｇですか。

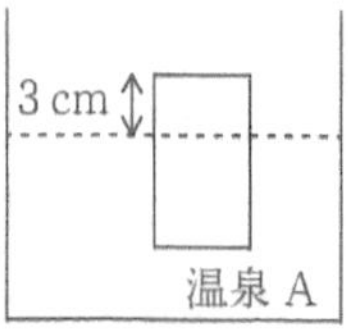


（**図２**）

⑸　（**図３**）は，ある温泉地の地層を表したものです。温泉は，雨などが地中にしみこんだ地下水が底まで入りこみ，地熱で温められることによってできます。温泉を掘《ほ》り当てるには（**図３**）のどの層まで掘るのが一番良いと考えられますか。**ア**～**エ**から選び記号で答えなさい。

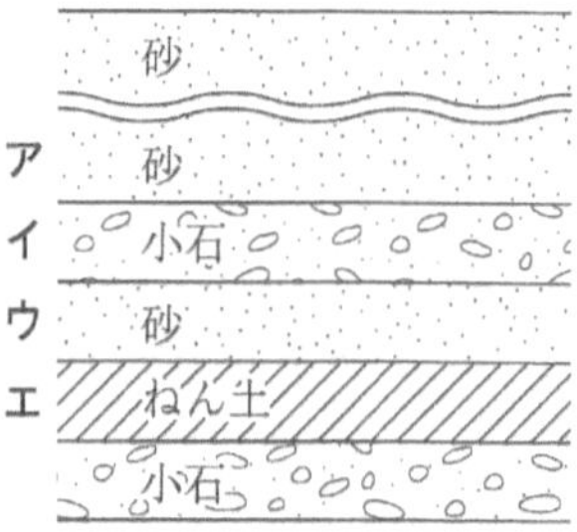


（**図３**）

**2**　自転車は，チェーンでつながれた２つの「てこ」を利用して前へ進むことができます。

（**図１**）は，自転車の各部分の名前と，一方のてこの［支点］，［力点］，［作用点］を示しています。

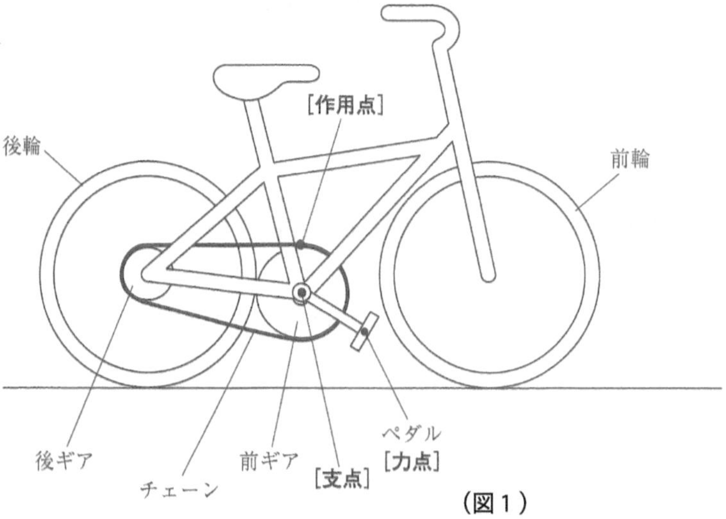


（**図１**）

(1)（**図１**）で表されたてことは別の，もう１つのてこの［作用点］はどこですか。解答欄に「●」で示し，その点がわかるように近くに「**P**」と書きなさい。

(2) 前ギアの半径が18㎝，後ギアの半径が15㎝のとき，ペダルをこいで60回転させると，自転車は何m進みますか。ただし，タイヤの周の長さは２mとします。

(3) 自転車には変速ギアのついているものがあります。変速ギアは，走る道の条件等に合わせて，より快適《かいてき》に自転車が乗れるようにギアを選択することができます。（**図２**）は，前ギアと後ギアがともに半径の異なる２種類のギアの自転車について，一部分を拡大して表したものです。ただし，前の変速ギアは省略し，後ろの変速ギアは簡素化して表しています。

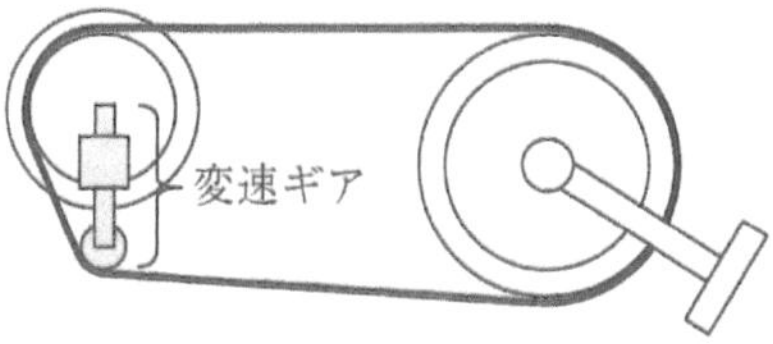


（**図２**）

① この変速ギアつき自転車で坂道を登るとき，もっとも小さな力でこぐのに適《てき》したギアの組み合わせはどれですか。**ア**～**エ**から選びなさい。ただし，「大」や「小」とは，ギアの半径を表しています。

| | 前ギア | 後ギア |
|---|---|---|
| **ア** | 小 | 小 |
| **イ** | 小 | 大 |
| **ウ** | 大 | 小 |
| **エ** | 大 | 大 |

② 変速ギアは，（**図３**）のように，点Oを軸として前後に動くようにできています。これは，ギアの組み合わせによるチェーンの張りの変化を調節するためです。前後の変速ギアを動かして，ある組み合わせのギアにしたとき，本当であれば後ろの変速ギアはもっとも後方へ動くはずでしたが，きちんと動きませんでした。この状態で自転車を使用したときの問題点にはどのようなことが考えられますか。チェーンの張りとの関係で説明しなさい。

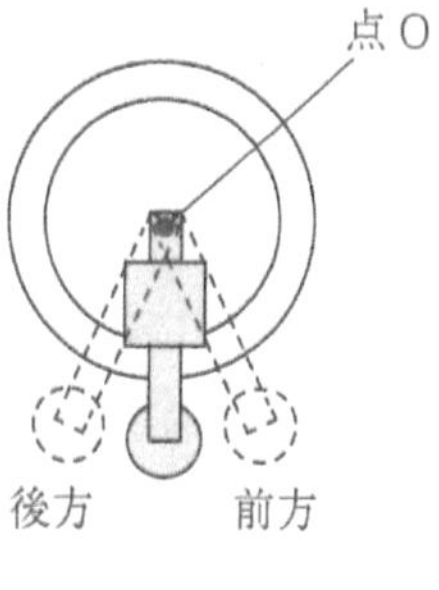


（**図３**）

**3**（次のページの図）は，たて８m，横10m，高さ３mの部屋を上から見た床《ゆか》の様子です。部屋の中には長さ４m，高さ３mの光を通さないついたてがあります。次の問いに答えなさい。ただし，壁やついたては光を反射しないものとします。また，ついたてや鏡の厚さは考えないものとします。

(1) A点に電球があるとすると，ついたてによって影《かげ》になる床の面積は何$m^2$ですか。

(2) 電球が壁に沿って，A点からP点まで移動したとき，ついたてによって常に影になっていた部分の床の面積は何$m^2$ですか。

(3)　点Ｐに電球があり，(2)の問題の常に影になった部分に光を当てるには，壁BCに沿って横幅《はば》が最低何ｍの鏡をどこに置けばよいですか。解答用紙の図に鏡を太線でかきなさい。

(4)　点Ｐに電球があり，(3)の問題の答えになる鏡が壁BCに置かれているとき，影になる床の面積は何$m^2$ですか。割り切れない場合は，仮分数で答えなさい。

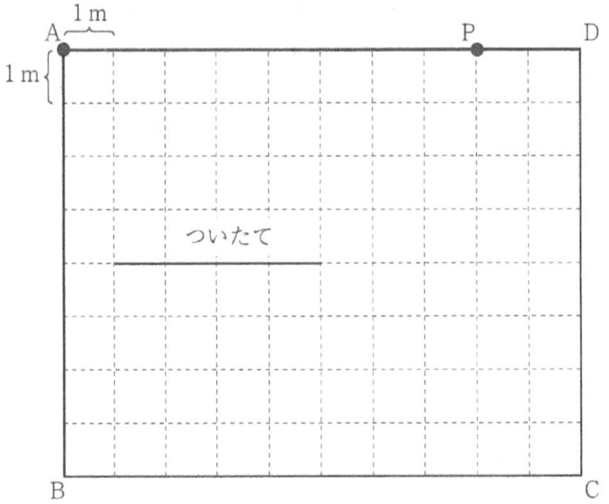


**（図）**

**4**　水100ｇにとける気体の体積と固体の重さについて，それぞれ（**表１**）と（**表２**）にまとめました。あとの問いに答えなさい。

| 温度 | 0℃ | 20℃ | 40℃ | 60℃ | 80℃ |
|---|---|---|---|---|---|
| 酸素［cm$^3$］ | 4.9 | 3.1 | 2.3 | 1.9 | 1.8 |
| 水素［cm$^3$］ | 2.2 | 1.8 | 1.6 | 1.6 | 1.6 |
| ちっ素［cm$^3$］ | 2.4 | 1.6 | 1.2 | 1.0 | 0.96 |

**（表１）**

| 温度 | 0℃ | 20℃ | 40℃ | 60℃ | 80℃ |
|---|---|---|---|---|---|
| ホウ酸［g］ | 2.77 | 4.88 | 8.90 | 14.89 | 23.55 |
| 食塩［g］ | 35.69 | 35.83 | 36.33 | 37.08 | 38.01 |
| ミョウバン［g］ | 5.65 | 11.40 | 23.82 | 57.36 | 321.61 |

**（表２）**

(1)　（**表１**），（**表２**）からわかることは何ですか。**ア**～**エ**から選び記号で答えなさい。

**ア**．気体も固体もとかすときは温度を上げると多くとけるようになる。

**イ**．気体も固体もとかすときは温度を下げると多くとけるようになる。

**ウ**．気体をとかすときは温度を上げ，固体をとかすときは温度を下げると多くとけるようになる。

**エ**．気体をとかすときは温度を下げ，固体をとかすときは温度を上げると多くとけるようになる。

(2)　60℃のほう和ホウ酸水溶《よう》液のこさは何％ですか。小数第１位を四捨五入して整数で答えなさい。

(3)　０℃の水210ｇにとける酸素の重さは何ｍｇですか。小数第１位を四捨五入して整数で答えなさい。ただし，酸素１ $cm^3$ の重さは1.4mgとします。

(4)　次のＡ～Ｃの値を大きい順に並べなさい。

Ａ．40℃の水100ｇにとける食塩の重さ。

Ｂ．20℃の水１kgでつくったホウ酸のほう和水溶液を40℃にしたとき，さらにとかすことのできるホウ酸の重さ。

Ｃ．60℃の水100ｇでつくったミョウバンのほう和水溶液を40℃にしたとき，出てくるミョウバンの結晶《しょう》の重さ。

**5**　気体Ａ～Ｄは，次のいずれかが入っています。これらのガスかんを用意して，〔実験１〕～〔実験３〕を行い，結果を（表）にまとめました。あとの問いに答えなさい。

| ガスかんの気体：アンモニア，酸素，水素，ちっ素，二酸化炭素，ブタン |
|---|

〔実験１〕

（図１）のように，ガスかんにシャボン液をつけた細いストローをつなげた。風のないところでシャボン玉をつくり，シャボン玉のようすを観察した。

（図１）

〔実験２〕

（図１）で作ったシャボン玉に火のついた線香を近づけ，ようすを観察した。

〔実験３〕

（図２）のように，ドライアイスを入れた水そうの中でシャボン玉をつくり，シャボン玉のようすを観察した。（図３）はシャボン玉が水そうの中でういて静止したようすである。

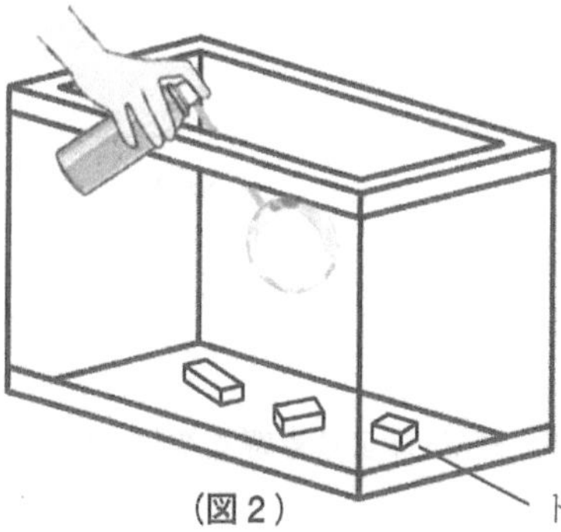

（図２）

ドライアイス

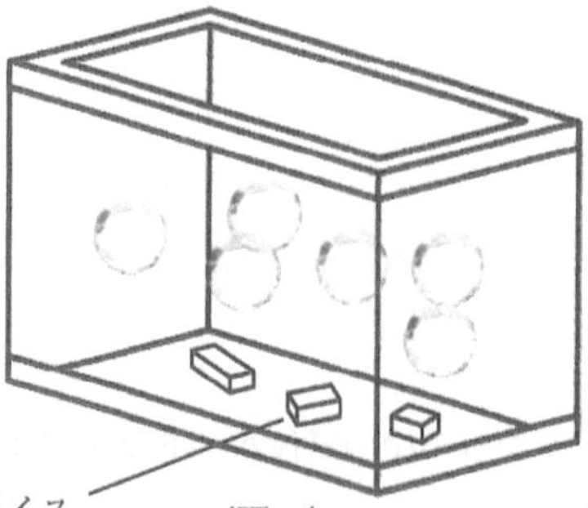

（図３）

〔結果〕

| 気体 | **実験１** | **実験２** | **実験３** |
|---|---|---|---|
| A | ういた | シャボン玉が大きな音とともに燃えた | 水そうより上にういた |
| B | ゆっくりしずんだ | 線香の火が大きくなった | **（図３）**のようになった |
| C | ゆっくりしずんだ | 線香の火が消えた | **（図３）**のようになった |
| D | しずんだ | シャボン玉が明るいほのおをあげて燃えた | 水そうの底にしずんで割れた |

**（表）**

(1)　気体Ａとして考えられる性質はどれですか。**ア～カ**から２つ選び記号で答えなさい。

**ア**．水にとけやすい

**イ**．空気より軽い

**ウ**．ものをよく燃やすはたらきがある

**エ**．ＢＴＢ液を青くする

**オ**．塩酸と鉄からできる

**カ**．塩酸と石灰石からできる

(2)　気体Ｂとして考えられる性質はどれですか。(1)の**ア～カ**から選び記号で答えなさい。

(3)　気体Ｂを発生させる方法はどれですか。**ア～エ**から選び記号で答えなさい。

**ア**．重そうにクエン酸を加えてお湯につける。

**イ**．塩酸にアルミニウム板を加える。

**ウ**．オキシドールに大根おろしを加える。

**エ**．アンモニア水を加熱する。

(4)　気体Ｃとして考えられる特ちょうはどれですか。**ア～オ**から２つ選び記号で答えなさい。

**ア**．吸う息とはく息とで気体の量が変わらない。

**イ**．緑色のＢＴＢ液に気体を通すと黄色になる。

**ウ**．緑色のＢＴＢ液に気体を通すと緑色のままになる。

**エ**．空気中に二番目に多い。

**オ**．この気体をふくむ空気を吸うと声が高くなる。

(5)　**（図３）**のようになった理由としてもっとも適したものはどれですか。**ア～オ**から選び記号で答えなさい。

**ア**．ドライアイスから生じた電気と，シャボン玉に帯びた電気とが反発するため。

**イ**．ドライアイスから生じた気体が，シャボン玉の中の気体よりも軽いため。

**ウ**．ドライアイスから生じた気体が，空気よりも軽いため。

**エ**．シャボン玉の中の気体が，ドライアイスから生じた気体と同じくらいの重さで空気よりも軽いため。

**オ**．シャボン玉の中の気体が，ドライアイスから生じた気体よりも軽く空気と同じくらいの重さのため。

(6)　気体Ｄは日常では燃料として多く利用されていますが，保管するためには容器内に液体の状態にしています。その理由を20字以内で答えなさい。

**6** 地球環《かん》境問題について，次の文を読み，あとの問いに答えなさい。

・温暖化

温暖化の主な原因はメタン，①二酸化炭素などの②温室効果ガスである。温室効果ガスの性質によって大気の温度が上昇《しょう》する。

・酸性雨

③雨は通常では弱い酸性を示すが，石油などを燃やした物質が雨にとけ，通常より強い酸性を示す。

・オゾン層の減少

成層圏《けん》にはオゾン層があり，宇宙からの有害な光線が地球に届くのを防ぐはたらきがある。（**表**）と（**グラフ**）は，南極でオゾン層のうすい場所の面積を年ごとに示したものである。④オゾン層がうすくなると様々な問題が起きる。

| **年** | 1981 | 1982 | 1983 | 1984 | 1985 | 1986 | 1987 | 1988 | 1989 | 1990 |
|---|---|---|---|---|---|---|---|---|---|---|
| **面積** | 310 | 1080 | 1220 | 1460 | 1880 | 1440 | 2240 | 1370 | 2170 | 2100 |
| **年** | 1991 | 1992 | 1993 | 1994 | 1995 | 1996 | 1997 | 1998 | 1999 | 2000 |
| **面積** | 2250 | 2490 | 2570 | 2510 | 2280 | 2670 | 2500 | 2780 | 2560 | 2960 |
| **年** | 2001 | 2002 | 2003 | 2004 | 2005 | 2006 | 2007 | 2008 | 2009 | 2010 |
| **面積** | 2630 | 2170 | 2830 | 2270 | 2670 | 2930 | 2490 | 2650 | 2400 | 2190 |
| **年** | 2011 | 2012 | 2013 | 2014 | 2015 | 2016 | 2017 | 2018 | 2019 | |
| **面積** | 2550 | 2080 | 2340 | 2340 | 2780 | 2270 | 1880 | 2460 | 1100 | |

**（表）**

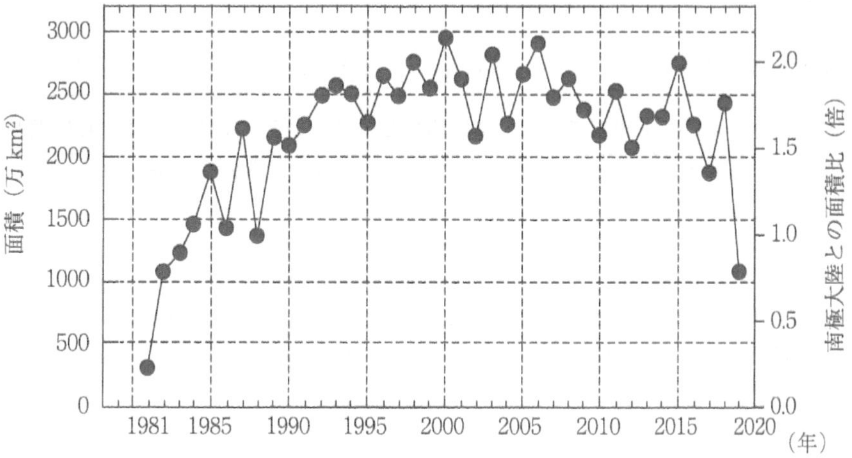


**（グラフ）**

出典：気象庁ホームページ「南極オゾンホールの年最大面積の経年変化」（https://www.data.jma.go.jp/gmd/env/ozonehp/link_hole_areamax.html）を加工して作成

(1) 下線部①を利用して植物は次の式のような反応をしている。このはたらきを何といいますか。

二酸化炭素＋水 $\xrightarrow[\text{光エネルギー}]{}$ デンプン＋酸素

(2) 下線部②のはたらきについて正しく示しているものはどれですか。**ア**～**エ**から選び記号で答えなさい。

**ア.**

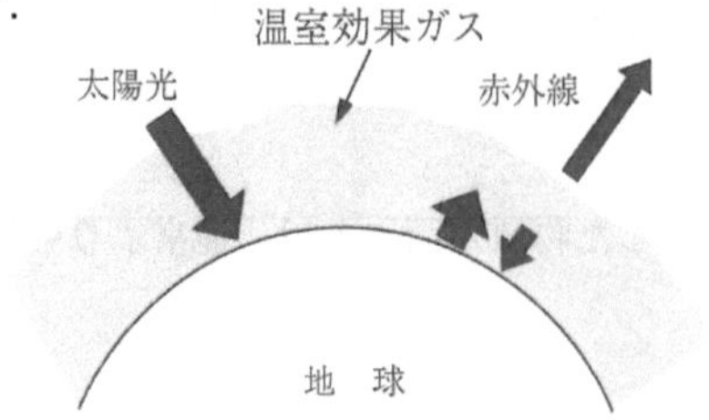


**イ.**

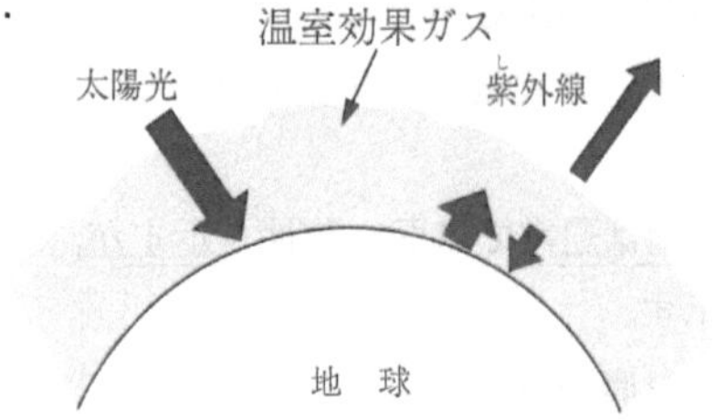


**ウ.**

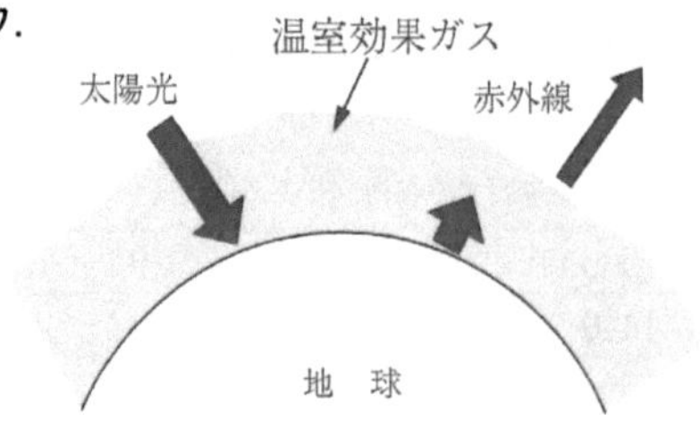


**エ.**

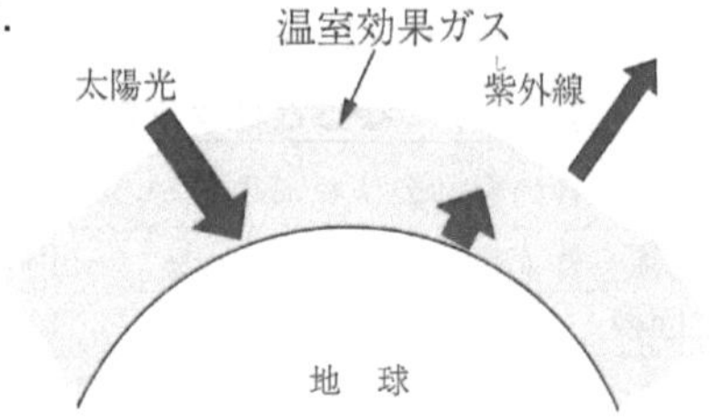


(3) 下線部③の理由を答えなさい。

(4) 下線部④について，次の文の［A］，［B］に適する言葉を書きなさい。

> オゾンを分解する物質は，［A］ガスである。また，オゾン層のうすい場所のことを［B］という。この場所では多くの有害な目に見えない光線が地表に届き，皮ふがんの原因になる。

(5) **（表）**と**（グラフ）**について，次の文の［X］，［Y］，［Z］に適する数字を書きなさい。

> 1981年から［X］年までは，面積は増加し続けている。その次の年からは増減をくり返している。記録上，［Y］年は前の年からもっとも大きな減少が見られ［Z］年の値に最も近くなった。

**7** 夏至の日の太陽の動きを調べるために東京のある地点で，**（図１）**のように水平な地面に記録用紙をおいて東西南北を示す十字線を引き，その中心に棒を垂直に立てて，太陽の光によってできる棒の影《かげ》の動きと長さを調べました。次の問いに答えなさい。

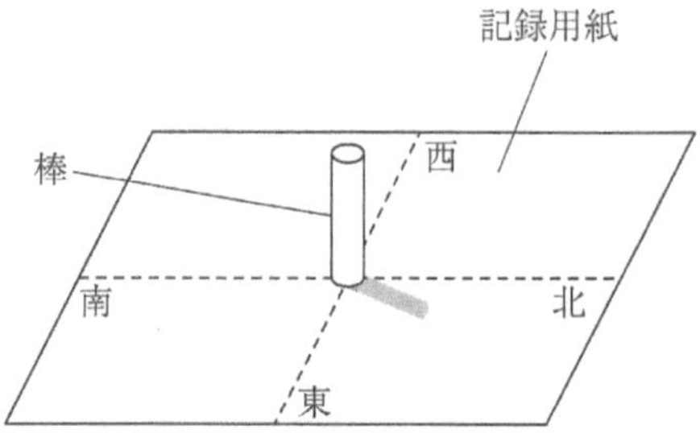


**（図１）**

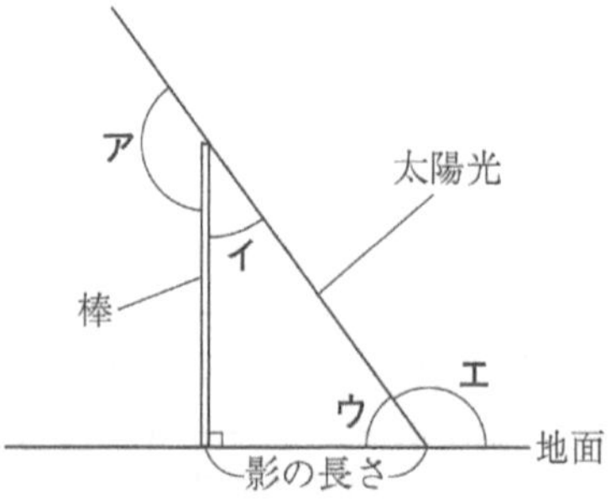


**（図２）**

(1)（図２）は，立てた棒に対して真横から見たものです。太陽の高度を表すのはどれですか。図中のア～エから選び記号で答えなさい。

(2) この日の影の動きを示したものはどれですか。ア～エから選び記号で答えなさい。ただし，図中の○は棒を真上から見たものです。

ア.

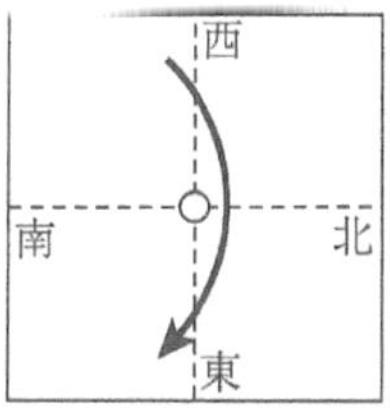


イ.

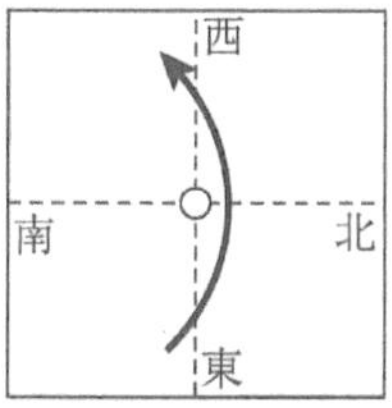


ウ.

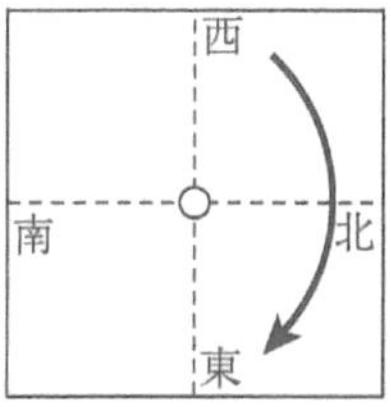


エ.

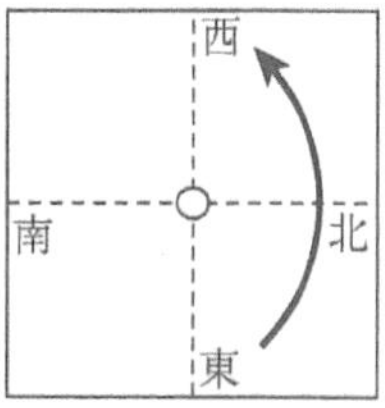


(3) 同じ日に関東地方のある地点で同じ観察をしました。この地点での影がもっとも短くなる時刻と影の長さについて述べたものはどれですか。ア～エから選び記号で答えなさい。ただし，この地点は東京から見て南西の方向に位置しています。

ア. 影がもっとも短くなる時刻は東京よりも早く，できる影の長さは東京よりも長い。

イ. 影がもっとも短くなる時刻は東京よりも早く，できる影の長さは東京よりも短い。

ウ. 影がもっとも短くなる時刻は東京よりもおそく，できる影の長さは東京よりも長い。

エ. 影がもっとも短くなる時刻は東京よりもおそく，できる影の長さは東京よりも短い。

(4)（図３）は，地球が太陽のまわりを公転するようすを模式的に表したものです。A～Dは，それぞれ春分，夏至，秋分，冬至のいずれかの位置を表したものです。夏至の地球の位置はどこですか。A～Dから選び記号で答えなさい。

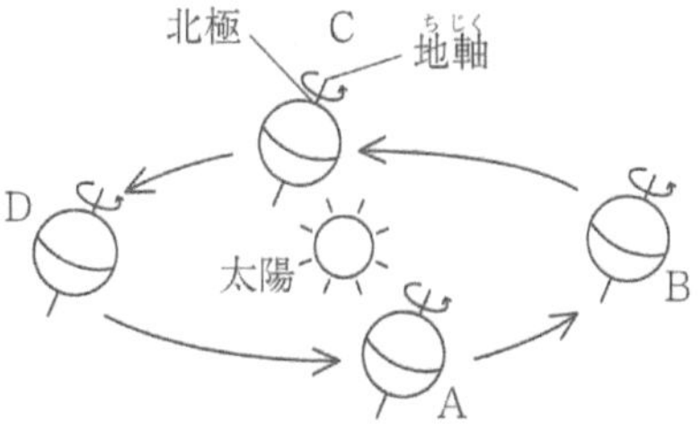


（図３）

(5) 次の文は，夏至の日の太陽の動きについて説明したものです。ア～エの中で正しいものをすべて選び，記号で答えなさい。

ア. 日の入りの時刻が１年で一番早くなる。

イ. 1年で南中高度がもっとも高くなる。

ウ. 昼の長さがもっとも長い。

エ. 太陽はつねに観測者の南よりを通る。

**8** 次の問いを解答用紙【２】に答えなさい。

(1)（次のページの図）の(a)のように，おもさ300ｇの台車につけたひもをかっ車に通し，もう一方のはしに100ｇのおもりをつるします。また，(b)のように，300ｇの台車につけたひもをかっ車に通し，もう一方のはしを指でつまみます。(a)で100ｇのおもりから手を離すと同時に，(b)のひものはしを100ｇの力で引き続けると，(b)の台車の方が先に20㎝の距離を動きました。このような結果になる理由を，「全体」という言葉を用いて50字以内で説明しなさい。ただし，(a)と(b)や100などの数値は，１マスに書くこと。

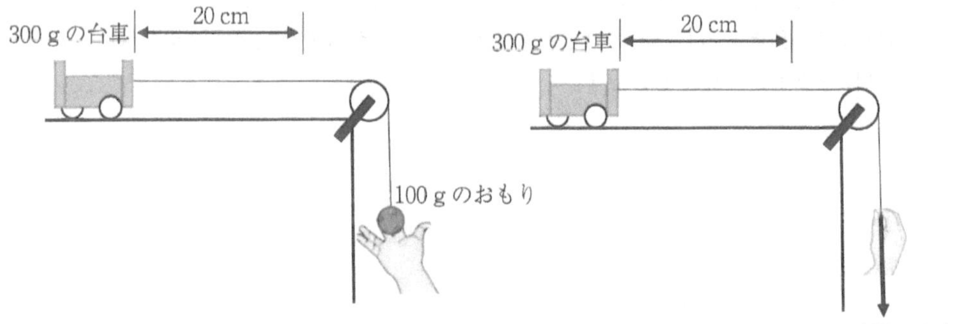


(a)　　(b)

**(図)**

(2)　マレーグマとホッキョクグマを比かくすると，マレーグマの体長は１～1.5mなのに対し，ホッキョクグマでは1.8～2.5mにもなります。このように，北極など寒い地域と，赤道付近では，寒い地域の方が大型の恒《こう》温動物が多いけい向があります。これは，寒い地域では体が大きい動物の方が有利であるためと考えられます。なぜ，体が大きいことが寒い地域で有利であるといえるのか，下の（**表**）を参考にして，50字以内で説明しなさい。

| | | | |
|---|---|---|---|
| １辺が１cmの立方体を組み合わせたもの | 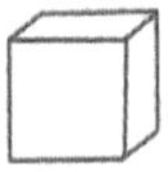 | 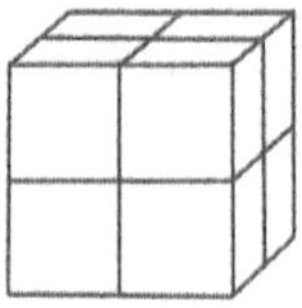 | 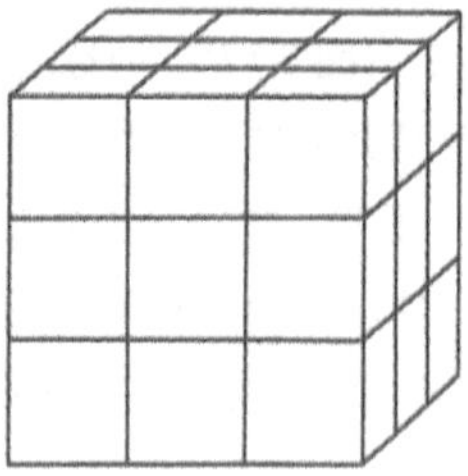 |
| 表面積 | 6 $cm^2$ | 24 $cm^2$ | 54 $cm^2$ |
| 体積 | 1 $cm^3$ | 8 $cm^3$ | 27 $cm^3$ |

**(表)**

(3)　身の回りの空気は（**グラフ１**）のようになっています。気圧は変わらずに（**グラフ２**）のように空気の割合が変化したとき，身の回りでどのような変化がみられますか。理由も含めて「酸素が増えることによって」に続くように50字以内で答えなさい。

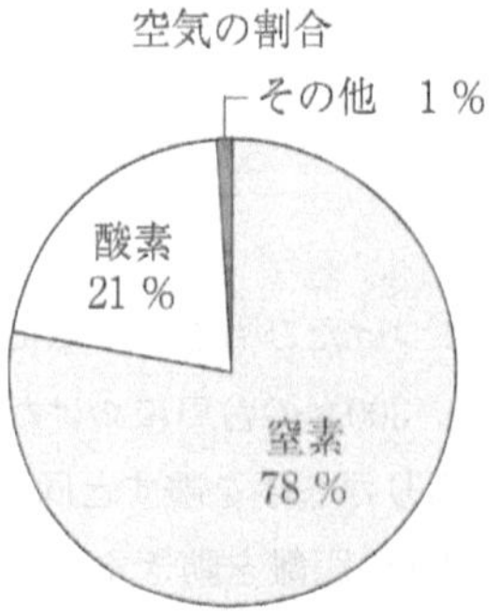


**(グラフ１)**

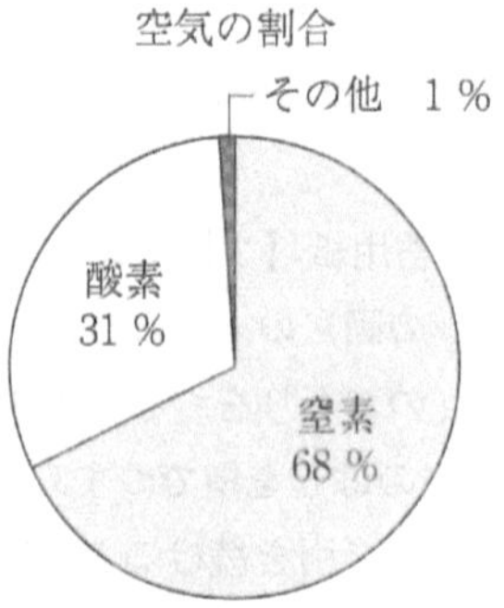


**(グラフ２)**

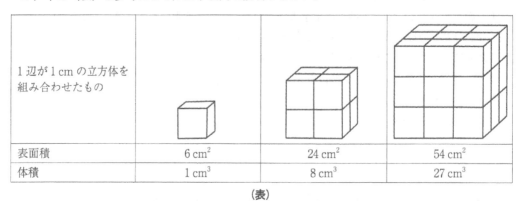

イ　今年の夏休みは、新型コロナウィルスの流行で未曽有《みぞう》の事態になった。

ウ　相手チームの投手のピッチング練習を見たら、球の速さに度肝《どぎも》を抜《ぬ》かれた。

エ　ペナルティキックを失敗してしまった自分に、みんながかけてくれた言葉に温かみを感じた。

問三　次の「慣用句」をつかって、短い文を作りなさい。

**「気をもむ」**

※慣用句の内容が具体的にわかるようにしなさい。

慣用句の例「足がぼうになる」

（悪い例）「ぼくは、足がぼうになった。」

（良い例）「ぼくは、落とし物をしてしまい、足がぼうになるまで探し回った。」

※「動きを表す語」など、後に続く語によって形が変わる場合は、変えても良いです。

（例：「あるく」→「あるいた」）

六　――線の平仮名を漢字に直しなさい。

1　病状がかいほうに向かう。

2　チームのメンバーにふんきをうながす。

3　多くの人のしせんが集まった。

4　クラス委員長の座をしりぞく。

5　多くのしょめいを集めることが出来た。

すでに一度枝を切り払《はら》われている。

ウ　枝を切る予定が【Ⅰ】「いずれ」から【Ⅱ】「今日あたり」になることで、出はなをくじかれた作者の滑稽《こっけい》さが強まる。

エ　【Ⅰ】では「誰か」と漢字表記なのに、【Ⅱ】では「だれか」とひらがな表記なのは、ビワの実の柔《やわ》らかさを表すためである。

問三　【Ⅰ】は作者がこの詩を最初に作った形であり、【Ⅱ】は【Ⅰ】に四度の推敲《すいこう》（完成度を高めるための書き直し）を加えて、完成した作品である。【Ⅰ】から【Ⅱ】に推敲をした狙《ねら》いについて、作者の川崎洋は「（書斎の窓から）最初ビワの木の先端を目にしたときの、一種の驚きと感動」（川崎洋『あなたの世界が広がる詩』）に焦点《しょうてん》を当てるために、【Ⅰ】の最初の四行（いちばん美味しかった食べ物の話）を削除《さくじょ》したと述べている。

これをふまえたうえで、A～Dの条件を満たして、次の作文を書き直しなさい。

> 昨日、私は学校の運動会に参加した。まず開会式と準備運動を行った後、一年生から四年生の五十メートル走が始まった。それが終わると、五・六年生の百メートル走で、私も出場した。次に学年種目になり、一年生から順に競技が始まった。一年生は玉入れをしていた。三年生まで学年種目が終わると昼食になった。私は教室で友達とお弁当を食べた。午後になり、学年種目が進み、私たち六年生はクラス対抗綱《つな》引きをした。四クラスでトーナメント戦をした。その後、一・二年生がダンス、三・四年生が創作ダンスをし、五・六年生は合同で組体操を行った。そして、最後に一年生から六年生のクラス代表者によるリレー対決が行われ、私は選手ではなかったので応援《おうえん》をした。

A　あなたが小学六年生として運動会に参加して、翌日この作文を書いたとする。

B　今現在のこの作文は、どこに焦点が当たっているのかが明確ではない。そこで、元の作文から一つの出来事に焦点を当て、その内容が明確になるように書き直すこと。どこに焦点を当てるかは自由とする。

C　出来事だけではなく、その時の自分の気持ちについても書くこと。なお、元の作文から読み取れないこと（競技の結果、自分や友達の細かな言動、気持ちなど）は自由に想像して書いてよいものとする。ただし、小学校の運動会で通常起こりえないことは避《さ》けること。

D　八十字以上、百二十字以内で書くこと。ただし、作文に題名は付けず、出だしの一マス目から本文を書くこと。

## 五　次の各問いに答えなさい。

問一　次の「四字熟語」のそれぞれの空らんには「対義（反対の意味）」の漢字が入りますが、それを答えなさい。

1　□往□往　　2　徹《てっ》□徹《てっ》□

問二　次の各文の中から、誤ったことばの用法があるものを一つ選び、記号で答えなさい。

ア　父の子ども時代の夢は、パイロットになりたかったそうだ。

四　【Ⅰ】と【Ⅱ】、二つの詩を読んで後の問いに答えなさい。

【Ⅰ】
これまでいちばん美味《おい》しかったのは
と問われれば
娘《むすめ》が子どものころ植えた種から芽吹《めぶ》いたビワが
初めてつけた実三つほどと答える
その後繁《しげ》りに繁って隣家《りんか》の玄関《げんかん》に
大きな影《かげ》を落とすようになったので
先日ばっさばっさと枝を切り落とした
今日　二階の窓から
誰《だれ》かが書斎《しょさい》を覗《のぞ》く気配があり
はっとして顔を上げると
細くなったそのビワの木の先っぽが
ガラス窓の左隅《すみ》でゆれた
あまり切らないでよ　と
声を聞いたようだった
いずれ梯子《はしご》をかけて
切ろうと思っていたところだった

【Ⅱ】
だれかが背伸《せの》びして
二階の書斎を覗いている
と思ったら
ビワの木の先端《たん》だった
娘が子どものころ種を植えたのが
よくもまあ育ったものだ
陽光を大幅《はば》に遮《さえぎ》るので今日あたり
ざっくり枝々を切り払おうと思っていたところだった
機先を制された

（川崎洋「ビワの木」『あなたの世界が広がる詩』より）

問一　――線「今日」の前後での、作者によるビワの木の見方の変化について説明した文として適切なものを次の中から一つ選び、記号で答えなさい。

ア　それまでは単に自宅に植えた植物として見ていたが、書斎を覗かれていると感じたことで心を持った存在だと感じるようになった。

イ　それまでは美味しい実をつけるありがたい植物として見ていたが、文句を言われた気がしたことで敵対する存在だと感じるようになった。

ウ　それまでは自分の思い通りになるものとして見ていたが、不意を突《つ》かれたことで油断ならない存在だと感じるようになった。

エ　それまでは隣家に迷惑《めいわく》をかけるうっとおしいものとして見ていたが、話しかけられた気がしたことで友人のような存在だと感じるようになった。

問二　【Ⅰ】と【Ⅱ】の違《ちが》いについて説明した文として適切なものを次の中から一つ選び、記号で答えなさい。

ア　【Ⅰ】よりも【Ⅱ】の方が、ビワの木に書斎を覗かれていると感じたことに対する緊張が強い。

イ　【Ⅰ】の詩でも、【Ⅱ】の詩でも、ビワの木は生長しすぎたために人の発話を聞くなかで、「死ぬ」「死なない」とか、「動く」「起こす」「(短く)できる」とか、正しい言い方にも多少は触れているはずではないのか、と。ちゃんと丁寧《ていねい》に例を拾えば、そもそも間違った規則を作り出さなくて済むのではないか、と。さらに、2歳児ならまだしも4〜5歳にもなれば、たとえば「れる・られる」やら「する・させる」やら、直接教えたほうがよほど効率がいいのではないか、と。

それもそうですよね。次の章でもう少し考えてみましょう、どうして子どもは「普通に学ばない」のかを。

（広瀬友紀『ちいさい言語学者の冒険』）

問一　――線①「その場を余計にこじらせる」の具体的な説明として適切なものを、次の中から一つ選び、記号で答えなさい。

ア　K太郎が生死の問題として母親に質問しているが、その現実感と拗ねて発する「死ねばいいんだ」という言葉の間に落差を感じる母親の様子。

イ　K太郎が手洗いの問題から生死を気にかける事態になっているのに、母親がその責任を感じていないことに腹を立てているK太郎の様子。

ウ　K太郎が感情的になって死を持ち出しているのに、その場にふさわしくない母親の表情がK太郎の心をよけいにさわがせている様子。

エ　K太郎がいつもと違って真剣《しんけん》にバイキンについて聞いているのに、別のことに夢中になっている母親の態度がK太郎の感情を複雑にする様子。

問二　――線②「なぜこうした例が見られるのでしょうか」とありますが、「死む」に限らず、子どもが間違った言葉の使い方を身につけてしまうのはなぜですか。答えとなる部分を、解答用紙の言葉につながる形で文章中から四十字前後で書きぬきなさい。

問三　――線③「(笑)」とあるが、どういうおかしさがあるのか、四十字以内で分かりやすく説明しなさい。

問四　[A]・[B]に入る言葉として適切なものを次の中から一つずつ選び、それぞれ記号で答えなさい。

ア　たとえば　イ　あるいは　ウ　すると
エ　さて　オ　つまり

問五　――線④「使える表現を自力で何倍にも増やしている」とありますが、後の犬の例の中で「何倍にも増やしている」具体例の部分を書きぬきなさい。

問六　文章中の[　]の中には二つの例が書かれています。後の文は、その内容を説明したものです。後の文の[I]〜[III]にあてはまる言葉をそれぞれ指定された字数で本文中から書きぬきなさい。

【一つ目は「ワンワン」という名詞で、その言葉の意味の拡大解釈や意味の範囲といった、[I（漢字二字）]の適用の仕方を説明しています。二つ目は「去る」という[II（漢字二字）]で、その分解や終止形に直す判断は、知っている他の言葉から類推した高度な活動だとしています。これら二つの例は[III（漢字五字）]に関するものです】

問七　――線⑤「こういうツッコミ」の指す内容を本文中からぬき出し、最初と最後の十字で答えなさい。

そう頻繁《ひんぱん》には耳にしない動詞だったと思いますが。）

[A]、マ行動詞であれナ行動詞であれ「飲んだ・読んだ・はさんだ・かんだ」[B]「死んだ」というふうに、活用語尾《ごび》が「ん」になることについては、たまたま形が共通しています。おそらく子どもは、「虫さん死んじゃったねえ」「あれ、死んでないよ」というようなやりとりを通して、「死んじゃった」は、「飲んじゃった・読んじゃった・はさんでない・かんでない」と同じ使い方をすることばなんだな、という類推を行っているのでしょう。そうして子どもは、ふだん多く触れている、いわば規則を熟知しているマ行動詞の活用形を「死ぬ」というナ行動詞にもあてはめているのだと推測できます。（「死む」でネット検索したら、同様の推理をされているママさんのブログもありました。大人の冒険《ぼうけん》仲間を発見した気分です。）

ここまでのことから、子どもは実際に聞いたことのある表現だけを身につけていくわけではないこと、実際に聞いたことのない表現も、その性質を類推し、その時点で身につけた規則を適用することによって、④使える表現を自力で何倍にも増やしていることがわかります。その過程で起こる、「大人から見ると間違《まちが》った規則の使い方」を「過剰一般化《かじょういっぱんか》」といいます。

小さい子どもが犬を見たときに、お母さんからそれを「ワンワンね」と教わったとしましょう。その後しばらく、その子は猫《ねこ》や牛などの犬以外の動物を見てもすべて「ワンワン」とよぶようになる、というのも、「子ども語あるある」のひとつです。「ワンワン」が指す対象を、特定の動物（犬）から動物一般に拡大解釈《かいしゃく》している例ですね。この「ワンワンは何を指すか問題」、つまりある単語の意味の範囲《はんい》がどこまでか？　という問題については第5章で触《ふ》れるので、ここでは活用形の話に戻《もど》りますが、とにかく子どものことばはこの「過剰一般化」のデパートです。

もうひとつ例を見てみましょう。K太郎（6歳）がテレビで「去って行く」という表現を耳にして母親に聞きました。

「ねえ、「さう」ってどういう意味？」

彼《かれ》は何を考えてこう言ったのでしょう？

まず「去って行く」が「さって」と「いく」というふたつの動詞に分解できるという知識を動員。さらに「さって」ということばの意味を尋《たず》ねるために、終止形に直したほうがよいと判断。「買って—買う」「言って—言う」などから類推したのか、それが「さう」であると（過剰に）一般化。最後のところは大人から見れば間違っていますが（正解は「去う」じゃなくて「去る」）、それにしても、推論の過程を考えると、かなり高度なことをするようになったものです。

（中略）

さて、この章で紹介《しょうかい》したいくつもの例は、大人をお手本にしても出てこない（大人から見れば「誤った」）使い方ばかり。これはむしろ、子どもが自分の頭のなかで、ことばを司《つかさど》る規則を発見していく過程なのだ、ということを示すものでした。

だけど、⑤こういうツッコミを入れる人もいるかもしれませんね。大

イ　お金持ちの子を殴ったら、ボロい借家の子は後でお金持ちの子のグループからいじめられるにちがいない。

ウ　先生は家出をするぐらい激しい性格の人だから、先生を怒らせてしまったら厳しく指導されてもおかしくない。

エ　いくら叱られるのがイヤだからって叱られる前に泣き始めるなんて、ボロい借家の子はズルい奴《やつ》だ。

問七　「わたし」の回想の中の喧嘩とティムとダニエルの喧嘩には、先生たちの考え方の違いによって生徒への対応に違いが見られます。「わたし」の担任の先生はどのような考え方から生徒の喧嘩にどう対応しましたか。四十五字以上五十五字以内で答えなさい。

## 三　次の文章を読んで、後の問いに答えなさい。

ある日のＫ太郎《たろう》（5歳《さい》）と母の会話。

「お手々洗わないでゴハン食べたらバイキンも一緒《いっしょ》にお腹《なか》に入るよ」

「…じゃ、これ食べたら死む?」

「いや、死んじゃったりしないよ、大丈夫《だいじょうぶ》」

「ホント?　死まない?　死まない?（涙目《なみだめ》）」

生死をそこまで気にしている割には、ちょっと拗《す》ねたらすぐこれ。

「…ボクなんかもう死めばいいんだ」

むくれる本人を尻目《しりめ》に笑いをこらえられず、①その場を余計にこじらせる母でした。

この「死む」「死まない」「死めば」は「子ども語あるある」の上位を占《し》める「死の活用形」（と勝手に命名）、ネットで検索《けんさく》したら結構な数の報告数。どうして子どもたちはこぞってこのような活用をするのでしょう?

「そもそも子どもはどうやってことばを覚えるのか」という問いに対し、「まわりの大大たちが使っていることばを聞いて覚えていく」と想像するのが普通《ふつう》だと思います。けれども、まわりの大人のなかに「死む」「死まない」「死めば」などと言う人はいないはずです（かりにそういう方言があったとしても、子どもの「死の活用形」は全国区の現象ですので、大人の影響《えいきょう》とは考えられません）。では、②なぜこうした例が見られるのでしょうか。

ところで「死む」「死まない」「死めば」はそもそもどうしておかしいのでしょう。「飲む」「飲まない」「飲めば」あるいは「読む」「読まない」「読めば」とは言うのに。

大人が子どもに話しかけることばにもよく出てきそうな「飲む」「読む」は、マ行の音で展開する五段活用です。同様の動詞は他にもたくさんあって、「はさむ」「かむ」「つかむ」などなど、どれも同じように活用します。そしてご存じのように、マ行以外の五段活用も日本語にはさまざまありますが、ナ行の五段活用というのはじつは現代の日本語（少なくとも標準語）では「死ぬ」ただひとつなのです。国語の先生でもない限り、ほとんどの方は知らない、というか知らなくても問題のない豆知識です。（ちなみに関西方言ではもうひとつ、「去（い）ぬ」というのがあって「いぬ」なのに「さる（去る）」という意味なのですが③(笑)、自分は中学校（奈良市）のときテスト期間中に職員室にうっかり入って「いね！」と怒《おこ》られたことを思い出します。わざわざ思い出すくらいだから

5　隔離……へだててはなすこと。

6　コミュニティ……町村・都市・地方など、生産・自治・習慣などで深い結びつきをもつ共同体。地域社会。

7　ミッション……使命。重要な任務。

8　逆手に取る……機転を利かせて不利な状況を活かすこと。

問一　――線①「納得いかないのはティムのほうが厳しい罰を受けたことなんだ」とありますが、このときの「息子」の心情はどのようなものですか。正しいものには○、正しくないものには×で、それぞれ答えなさい。ただし、すべて○、またはすべて×という解答は認めません。

ア　ティムは人種差別的なことを言ったのだから、もっと厳しい罰を受けた方が良いんだ。

イ　ダニエルもティムもお互《たが》いに良くないことを言ったのだから、どっちも悪いはずだ。

ウ　ダニエルが先にティムをからかったのだから、ダニエルのほうが厳しい罰を受けるべきだ。

エ　二人とも確かに悪いことを言ったけど、まだ子どもだし、絶対に罰を与えるべきじゃない。

オ　いくら合法だからと言っても、誰《だれ》かを傷つけることは言ってはいけないのではないか。

問二　□に当てはまる表現として適切なものを次の中から一つ選び、記号で答えなさい。

ア　不思議そうに　　イ　険しそうに

ウ　寂《さび》しそうに　　エ　不満そうに

問三　――線②「の」とありますが、この「の」と文法的に同じものとして適切なものを次の中から一つ選び、記号で答えなさい。

ア　近所には花の咲《さ》く丘《おか》がある。

イ　遊ぶ前に学校の宿題をする。

ウ　くつを新しいのに買いかえる。

エ　さっきまで居たのにもういない。

問四　――線③「ボロい借家の子」とありますが、これは誰のことですか。本文中から四字で書きぬきなさい。

問五　――線④「そんなのひどい」とありますが、このときの「息子」の心情はどのようなものですか。適切なものを次の中から一つ選び、記号で答えなさい。

ア　人が恥ずかしく思っていることをからかうなんてひどい、と怒っている。

イ　自分の力ではないのにお金持ちを自慢《じまん》するなんてひどい、と怒っている。

ウ　友達も呼べないぐらいボロい家に住んでいるなんてひどい、と怒っている。

エ　自分もあの地区の住人のくせに人の家に口を出すなんてひどい、と怒っている。

問六　――線⑤「それはヤバいね」とありますが、このときの「息子」の考えはどのようなものですか。適切なものを次の中から一つ選び、記号で答えなさい。

ア　お金持ちの子と先生は同じコミュニティの住人だから、当然ボロい借家の子のほうが叱られるのだろう。

「それで、バカにされた子はくやしいから、『おまえだってあの地区の住人のくせに』って言い返したんだ。そのお金持ちの子は、差別されているコミュニティに住んでいたから。そしたらお金持ちの子も激怒《げきど》して、ティムとダニエルみたいに殴《なぐ》り合いの喧嘩になっちゃった」

「それで、どうなったの？」

「あの先生が2人を止めに入ったんだけど、『ボロい借家の子』って言われた子は、絶対に自分のほうが叱《しか》られるとわかってたから、先生が何も言わないうちから下を向いて泣いていた。だって、先生はその子がバカにしたコミュニティの住人になっていたし、実際、そのコミュニティの人と結婚するためにすごく苦労したってことを大人たちから聞いていたから」

⑤「それはヤバいね」

「でも、先生はその子だけを叱らなかったんだよ。2人を平等に叱った。『暴力は言葉でもふるえるんです。2人とも、殴られるよりそっちのほうが痛かったでしょう』って」

　わたしがそう言うと、息子が聞いた。

「なんでその先生は喧嘩両成敗にしたんだろうね」

「差別はいけないと教えることが大事なのはもちろんなんだけど、あの先生はちょっと違ってた。どの差別がいけない、っていう前に、人を傷つけることはどんなことでもよくないっていつも言っていた。だから2人を平等に叱ったんだと思う」

「……それは、真理だよね」と息子がしみじみ言うのでわたしも答えた。

「うん。世の中をうまく回す意味でも、それが有効だと思う」

　翌日から息子には新たなミッション※7ができた。

　学校から罰されているのでティムもダニエルも喧嘩はもうできないという事実を逆手※8に取り、わざと鉢《はち》合わせする状況《じょうきょう》をつくったりして仲良くさせようとしているようだが、学食でも校庭でもなかなかうまくいかないらしい。しかし、最近、体育の授業でサッカーをやったときに、ダニエルがアシストしたボールをティムがゴールへ叩《たた》き込《こ》んだ後に一瞬《いっしゅん》だけちょっといい感じになったという。

「時間の問題だと思うよ」と息子は余裕《よゆう》を見せている。「こないだ、ダニエルと2人でランチを食べていたときに、母ちゃんが聞かせてくれた話をしたんだ。クラスメートと喧嘩して、先生に怒《おこ》られると思って下を向いて泣いていた日本の男の子の話。ダニエル、黙《だま》ってじっと聞いていたよ」というので、「あ、そう」とわたしは答えた。

　40年前、殴り合いの喧嘩をして下を向いて泣いていたのは実は男の子ではなく、いま自分の母ちゃんになっているということを息子はまだ知らない。

（ブレイディみかこ『ぼくはイエローでホワイトで、ちょっとブルー』）

※1　ティム……息子の友人。貧しく荒《あ》れた地区に住む、息子と同じ学校に通う同い年の小柄《こがら》でやせ細った英国人の少年。

2　ダニエル……息子の友人。ハンガリー（東欧）の移民を両親に持つ、息子と同じ学校に通う同い年の少年。

3　雨天車両問題……以前、息子がティムとダニエルの両者から、雨の日は一緒《いっしょ》に登下校しようと言われ、どちらの家の車で登下校すべきか迷っていた問題。結局どちらも断った。

4　蔑称……相手をさげすんでいう呼び名。

育教員が飛んできて、2人とも生徒指導室に連れて行かれたらしい。

①「納得いかないのはティムのほうが厳しい罰《ばつ》を受けたことなんだ。ダニエルは居残りだけで済んだけど、ティムは一日中、自習室に隔離《かくり》※5されて、一週間も放課後に奉仕《ほうし》活動をさせられている」

「人種差別的なことを言ったからでしょ」

「けど、ダニエルも、ティムに『貧乏人』って言ったんだよ。僕《ぼく》はどっちも悪いと思うんだけど、友達はみんな、人種差別のほうが社会に出たら違法《いほう》になるから悪いことだって言うんだ」

息子は［　］語気を荒《あら》らげて続けた。

「人種差別は違法だけど、貧乏な人や恵《めぐ》まれない人は差別しても合法なんて、おかしくないかな。そんなの、本当に正しいのかな？」

「いや、法は正しいって②のがそもそも違うと思うよ。法は世の中をうまく回していくためのものだから、必ずしも正しいわけじゃない。でも、法からはみ出すと将来的に困るのはティムだから、それで罰を重くしたんじゃないかな」

「それじゃまるで犬のしつけみたいじゃないか」

息子の真剣《しんけん》な目つきを見ていると、ふと自分も彼《かれ》と同じぐらいの年齢《ねんれい》に戻《もど》ったような気分になった。

「去年、夏に日本に帰ったとき、スーパーで母ちゃんの昔の学校の先生に会ったの、覚えてる？」

「うん。女の先生だよね？」

「あの人ね、ちょうど母ちゃんがあんたぐらいのとき、担任の先生だったんだ」

「もう40年も前じゃん」

「うん。で、今でも覚えてるんだけど、あの頃《ころ》、母ちゃんの学校でも似たようなことがあったよ」

わたしは食器を洗う手を休めて台ふきん《ティータオル》で手を拭《ふ》きながら話し始めた。

「母ちゃんの学校の近くにも、坂の上の高層団地みたいに差別されている地区があってね。でも、そこはもっとずっと昔から、人々に『あそこの人たちとは付き合うな』とか『あそこの住人は俺《おれ》たちと違《ちが》う』っていわれなき差別をされてきたコミュニティ※6だった。で、あのスーパーで会った先生は、あの頃、大学を出たばかりで、若くてすごく可愛かったんだけど、そのコミュニティの人と恋《こい》をして結婚《けっこん》しようと思ったんだ。でも、先生の家族は大反対で『あんなところに住んでいる人と結婚するのは許さない』とか言うから、先生は家出して、ようやくそのコミュニティの人と結婚したんだ」

「なんで母ちゃんが先生のそんなプライベートなこと知ってたの」

「田舎だったからすぐ何でも噂《うわさ》になって、大人たちがみんな話してたんだよ」

「ふうん」

「で、ある日、教室で喧嘩が起きたんだ。ある生徒が、別の生徒のことを③『ボロい借家の子』ってバカにしたんだ。バカにしたほうの子はお金持ちだったからすごく大きな新築の家に住んでいて、バカにされた子の家は小さくて古くて、その子は自分の家のことを恥《はじ》に思ってたから絶対に友達を遊びに来させたりしなかったし、どこに住んでいるのかも人に知られたくない様子だった。それで、お金持ちの子がそれをからかったんだね」

④「そんなのひどい」

**【国　語】**（六〇分）〈満点：一二〇点〉

**【注意】**　一、指示がない限り、句読点や記号などは一字として数えます。
二、正しく読めるように、読みがなをふったところがあります。

一　この問題は聞いて解く問題です。問題文の放送は一回のみです。メモを取っても構いません。放送の指示に従って、問一～四に答えなさい。なお、問一～三は選択肢《せんたくし》も放送されますので、よく聞いて答えを選びなさい。問四は次のア～エの中から適切なものを一つ選び、記号で答えなさい。

問四　選択肢

ア

イ

ウ

エ

※放送台本は非公表です。

二　次の文章を読んで、後の問いに答えなさい。

日本人の「わたし」とヨーロッパ人の夫の間に生まれた息子は、英国の学校に通っているが、貧困や格差などの社会問題を日々体験しながら過ごしている。

ティム※1とダニエル※2と息子をめぐる雨天車両問題※3は、雨の日が減るとともに落ち着きを見せたのだったが、ついにある日、ティムとダニエルが校内で派手に衝突《しょうとつ》してしまった。
ティムのリュックの底が破れて本やノートが飛び出しているのを見たダニエルが、「貧乏人《びんぼうにん》」と笑ったので、ティムが「ファッキン・ハンキー（中欧《ちゅうおう》・東欧出身者への蔑称《べっしょう》※4）」と言い返し、逆上したダニエルがティムにとびかかって取っ組み合いの喧嘩《けんか》になったのである。若い男性の体

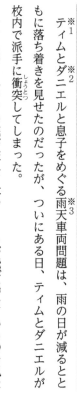

第1回

# 2021年度

# 解　答　と　解　説

《2021年度の配点は解答欄に掲載してあります。》

## ＜算数解答＞

[1] (1)　12km　(2)　①　60cm　②　正六角形の周の長さは60cmより，円の直径の3倍。円周は正六角形の長さより長いので，円周率は3より大きくなる。

[2] (1)　444　(2)　1　(3)　$\frac{75}{4}$cm　(4)　720度

[3] (1)　25通り　(2)　12月31日10時$40\frac{4}{23}$分　(3)　1610　(4)　67.14$\text{cm}^2$
(5)　解説参照

[4] (1)　16.2%，2500g　(2)　①　400g　②　3456g

[5] (1)　36$\text{cm}^3$　(2)　ア　○　イ　×　ウ　○　エ　×　オ　○
(3)　9$\text{cm}^3$　(4)　36$\text{cm}^3$

○推定配点○

[1]　各6点×3　[2]　各6点×4　[3]　各6点×5　[4]　(1)　各4点×2　(2)　各6点×2
[5]　(2)　各2点×5　他　各6点×3　計120点

## ＜算数解説＞

[1]　聞いて解く問題解説省略。

[2]　**(四則混合計算・逆算，割合，平面図形・角度)**

重要　(1)　工夫して計算する。3×5×23＋3×8×19－3×41－3×2×39＝3×(115＋152－41－78)＝3×148＝444

(2)　$1.23\times0.2+\frac{1}{25}=\frac{123}{500}+\frac{20}{500}=\frac{143}{500}$より，$11\times(12+\square)\times\left(\frac{1}{20}-\frac{1}{25}\right)\div5=\frac{143}{500}$　順番を確認して逆にたどる。②$\frac{1}{20}-\frac{1}{25}=\frac{5}{100}-\frac{4}{100}=\frac{1}{100}$　⑤$\frac{143}{500}\times5=\frac{143}{100}$，④$\frac{143}{100}\div\frac{1}{100}=143$　③143÷11＝13　①13－12＝1

図1

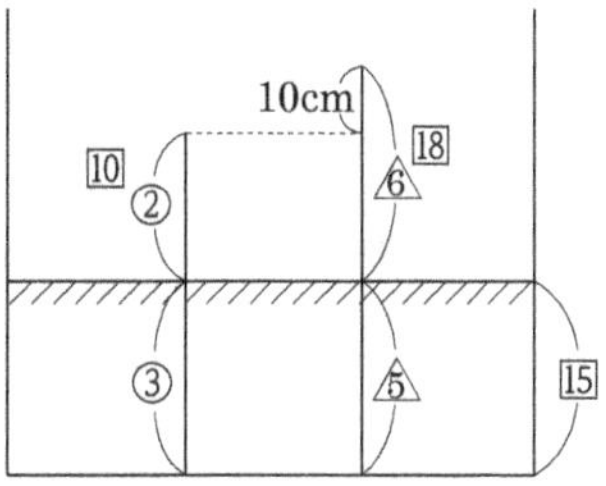


重要　(3)　図1をかき，比を書き入れ，比をそろえて差の10cmが比のいくつになるか考える。$\frac{3}{5}:\frac{2}{5}$＝③：②　$\frac{5}{11}:\frac{6}{11}$＝△5：△6　水の深さは等しいので③＝△5＝[15]より，②＝[10]　△6＝[18]　[18]－[10]＝[8]＝10(cm)　[15]＝10÷8×15＝$\frac{75}{4}$(cm)

図2

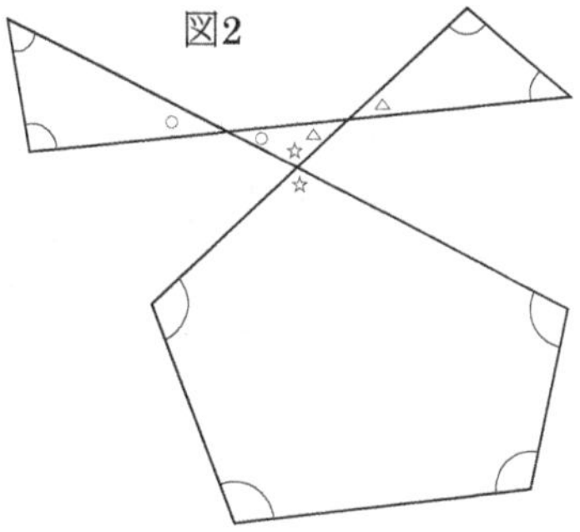

基本　(4)　印のついた角の和は三角形2つと五角形の全11個の角から3個を除いた大きさ。除く角の和は対頂角が等しいことから中央の三角形の内角の和。180×2＋540－180＝720(度)(図2参照)

3 (場合の数，割合，N進法，図形の移動，立体図形の切断・回転体)

基本 (1) 和が12になる組み合わせは，○1と5と6，○2と4と6，□2と5と5，□3と3と6，○3と4と5，△4と4と4，○3個が違う数字の場合は3×2×1＝6(通り)，□2個が同じ数字の場合は3通り，△全部同じ数字の場合は1通りできる。6×3＋3×2＋1＝25(通り)

(2) 46億：700万＝4600000000：7000000＝4600：7＝365：□ 外項の積と内項の積は等しいので，4600×□＝7×365 □＝7×365÷4600＝$\frac{7\times365}{4600}=\frac{511}{920}$(日) つまり365日目の終わりからかぞえて$\frac{511}{920}$日 $1-\frac{511}{920}=\frac{409}{920}$(日) $\frac{409}{920}\times24=\frac{1227}{115}=10\frac{77}{115}$(時間) $\frac{77}{115}\times60=\frac{924}{23}=40\frac{4}{23}$(分) よって，求める答えは，12月31日10時$40\frac{4}{23}$分

(3) 151÷11＝13余り8より，151番目の部屋は14階の8番目の部屋。14－8＝6より，14階は16，8番目の部屋は10，よって151番目は1610である。

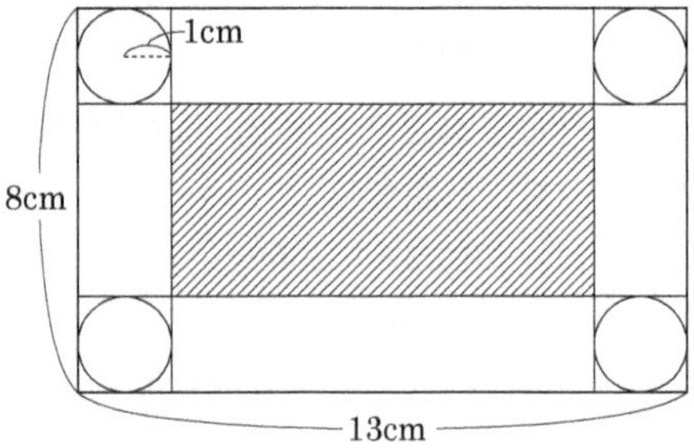


重要 (4) 右図のように円が通らない部分は，8－2×2＝4，13－2×2＝9より，中央のたて4cm横9cmの長方形と四隅，長方形から円が通らない部分を除くと通る面積が求められる。8×13＝104 4×9＝36
2×2－1×1×3.14＝4－3.14＝0.86 104－36－0.86＝67.14($cm^2$)

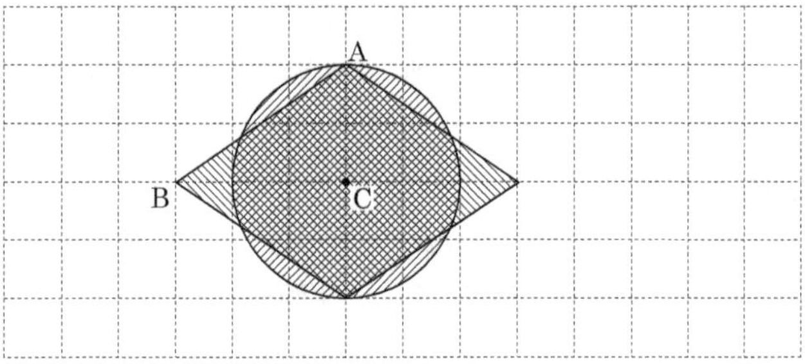


やや難 (5) BCを軸に1回転させると円すいができる。円すいをACを軸に回転させると，ひし形と円を重ねた図になる。(右図参照)

4 (濃度の応用)

(1) Aから1分あたりに入る量は10000÷40＝250(g)で，7分で250×7＝1750(g) 水そうAに給水口Aから4分入れてできた15％の食塩水□gと12％の食塩水1750gを混ぜると14％になるので，□×0.01＝1750×0.02が成り立つ。□＝1750×0.02÷0.01＝3500より，はじめに入っていた食塩水の重さは，3500－250×4＝2500(g) また，給水口Aで4分入れた時の水そうAの食塩の量は3500×0.15＝525 4分間に入った食塩は1000×0.12＝120より，はじめに入っていた食塩水の濃度は，525－120＝405 405÷2500×100＝16.2(％)

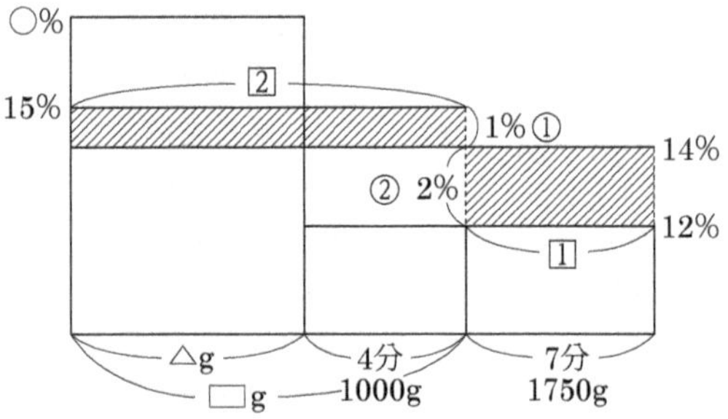


(2) ① 10＋15＝25(分)，給水口Bから25分入れると，食塩は10000×0.12＝1200(g)，その食塩水が12.5％になったので，重さは1200÷0.125＝9600(g)，蒸発したのは10000－9600＝400(g)

② $250\times21\frac{3}{5}=250\times\frac{108}{5}=5400$，水そうAは12％の食塩水が5400g，水そうBは12.5％の食塩水が9600g，それぞれから同じ重さの食塩水を取り出し、違う水そうに入れると濃度が等しくなったので，濃度は全部混ぜた場合と同じになる。AとBを混ぜる重さの比は5400：9600＝9：16，Aから取り出したのは$5400\times\frac{16}{9+16}=5400\times\frac{16}{25}=3456$(g)

5 (立体図形の切断・体積)

重要 (1) 底面が直角二等辺三角形ABDで高さがAEの三角すい，$6\times6\div2\times6\times\frac{1}{3}=36(\mathrm{cm}^3)$

(2) ACとBDの交点をI，AFとBEの交点をJとすると，立体(AB)は直角二等辺三角形IABと直角二等辺三角形JABと正三角形IAJと正三角形IBJの4面で囲まれている。

(3) ABの中点をKとする，直角二等辺三角形IKJが底面で高さAKの三角すいと同じ底面で高さBKの三角すいの和，$3\times3\div2\times3\times\frac{1}{3}\times2=9(\mathrm{cm}^3)$

やや難 (4) A′B′C′D′E′F′G′H′のどこにも含まれない部分は立方体の6つの面の対角線の交点を結んでできる立体である。よって，$6\times6\div2\times6\times\frac{1}{3}=36(\mathrm{cm}^3)$

★ワンポイントアドバイス★

基本的な問題を丁寧に取り組むことで基礎的な知識を身につけた上で応用的な問題に取り組み，知識を使いこなせるよう練習をすると良いだろう。立体図形の切断では，図をイメージしてかくとよいだろう。

## <理科解答>

1 (1) ウ (2) ア (3) X 血しょう Y ヘモグロビン
(4) 120g (5) ウ

2 (1) 右図1 (2) 144m
(3) ① イ ② チェーンの張りがゆるくなっているので，少しの振動などでチェーンがはずれる可能性がある。

図1

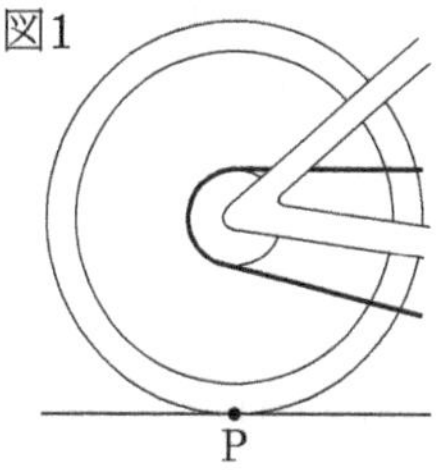


3 (1) $24\mathrm{m}^2$ (2) $8\mathrm{m}^2$ (3) 右図2 (4) $\frac{8}{3}\mathrm{m}^2$

4 (1) エ (2) 13% (3) 14mg (4) B→A→C

図2

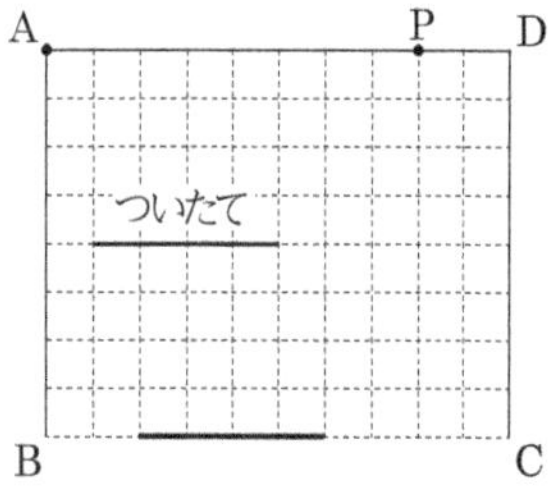


5 (1) イ・オ (2) ウ (3) ウ (4) ア・ウ
(5) オ (6) 容器内には空気がなく，液体が燃えないため

6 (1) 光合成 (2) ア (3) 二酸化炭素が水に溶けているから (4) A フロン B オゾンホール
(5) X 1985 Y 2019 Z 1982

7 (1) ウ (2) ア (3) エ (4) D (5) イ・ウ

8 (1) (a)は，全体で400gの物体を100gの力で引いているが，(b)は，全体で300gの物体を100gの力で引いているため。 (2) からだが大きいほど，からだの体積に対する表面積の割合が小さくなり，体温が失われにくくなるため。 (3) 酸化がはやく進むので，金属がさびやすくなる変化がみられる。

○推定配点○

1 各2点×6 2 各2点×4 3 各2点×4 4 各2点×4((4)完答)
5 (6) 2点 他 各3点×7 6 各2点×8 7 各2点×5((5)完答)
8 各5点×3 計100点

## <理科解説>

### 1 (総合)

基本 (1)　温泉Aはしょっぱいので食塩泉，温泉Bはすっぱいので酸性泉，温泉Cは残りのアルカリ性単純泉である。

(2)　酸性泉だけ，鉄を溶かすことができる。

(3)　X　栄養分は血しょうによって運ばれる。　Y　赤血球の赤い色素はヘモグロビンとよばれる。

やや難 (4)　調査2から，温泉Aは50cm$^3$のおもりに対して，100(g)－40(g)＝60(g)の浮力が働いていることがわかる。浮力は押しのけた液体の重さであらわすので，温泉A50cm$^3$は60gであることがわかる。図2で温泉Aに入っている物体の体積は，20(cm$^2$)×5(cm)＝100(cm$^3$)なので，図2の物体の重さは，50(cm$^3$)：60(g)＝100(cm$^3$)：□(g)より，120gである。

(5)　ねん土は水を通しにくいので，温泉を掘るにはねん土の層の上まで掘るとよい。

### 2 (力のはたらき―輪軸)

基本 (1)　作用点はタイヤと地面が接地したところである。

やや難 (2)　(前ギアの半径)：(後ギアの半径)＝6：5なので，(ペダルの回転数)：(後輪の回転数)は5：6になる。ペダルを60回転させたので，後輪は5:6＝60(回転)：□(回転)より，72回転することがわかる。よって，自転車は2(m/回転)×72(回転)＝144(m)進む。

(3)　①　坂道を最も小さな力でこぐには，前ギアを小さく，後ギアを大きくすればよい。　②　きちんとギアを入れておかないと，振動などによってチェーンが外れる危険性がある。

### 3 (光―光の性質)

(1)　図アより，(4(m)＋8(m))×4(m)÷2＝24(m$^2$)である。

(2)　図イより，常に影になっている部分の面積は，4(m)×4(m)÷2＝8(m$^2$)である。

(3)　図ウのような位置に鏡を置けば，(2)の常に影になった部分に光を当てることができる。

やや難 (4)　図エより，光の入射角と反射角は等しくなるため，三角形FGHと三角形BFEは相似である。(辺GH)：(辺FG)＝4：3なので，(辺BE)：(辺BF)＝4：3＝□(m)：2(m)より，□は$\frac{8}{3}$mである。よって，影になる床の面積は2(m)×$\frac{8}{3}$(m)÷2＝$\frac{8}{3}$(m$^2$)となる。

図ア

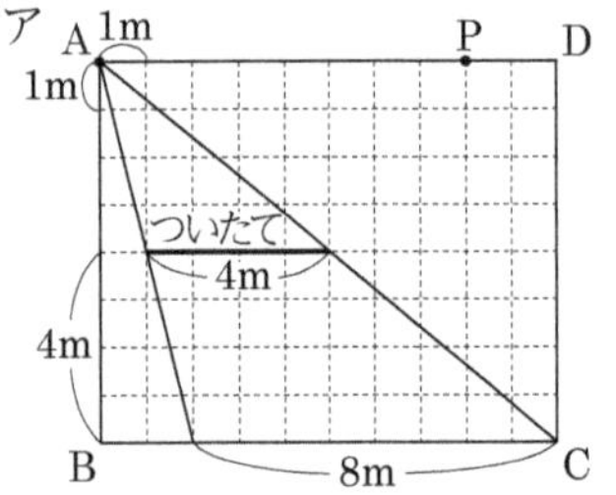


図イ

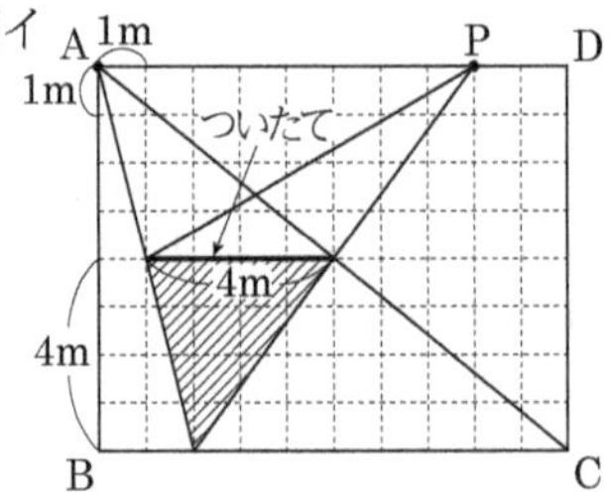


図ウ

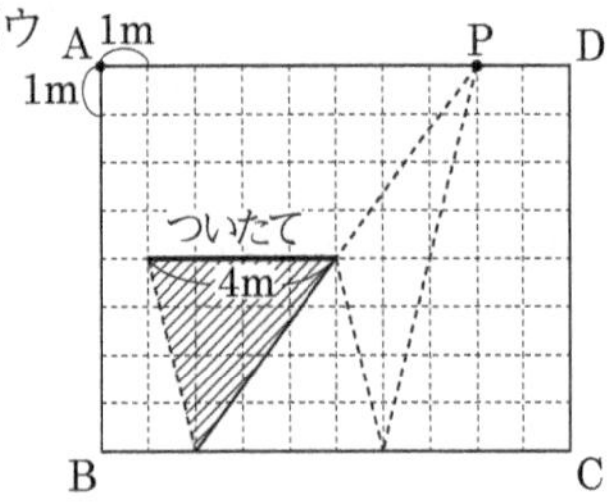


### 4 (物質と変化－ものの溶けかた)

図エ

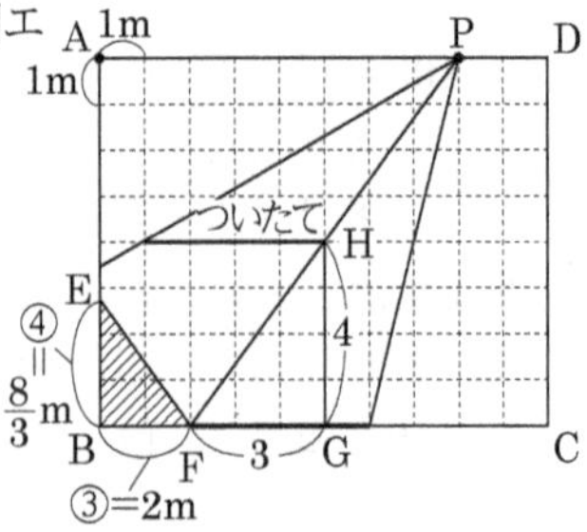


(1)　気体は水の温度が高いほど溶けにくく，固体は一般的に水の温度が高いほど溶けやすい。

(2)　$\frac{14.89(\mathrm{g})}{100(\mathrm{g})+14.89(\mathrm{g})}$×100＝12.9…より，13％である。

(3)　0℃の水100gに酸素は4.9cm$^3$までとける。酸素1cm$^3$の重さは1.4mgなので，0℃の水100gに酸素は1.4(mg/cm$^3$)×4.9(cm$^3$)＝6.86(mg)溶けることがわかる。よって，0℃の水210gに酸素は6.86(mg)×$\frac{210(\mathrm{g})}{100(\mathrm{g})}$＝14.406(mg)より，14mg溶けることがわかる。

(4) Aは36.33gである。Bは20℃の水100gのとき溶けるだけ溶かしたホウ酸水を40℃にしたときに，さらに溶かすことのできるホウ酸の量は8.90(g)－4.88(g)＝4.02(g)なので，水1kg(1000g)のときでは，40.2gのホウ酸を溶かすことができる。Cは57.36(g)－23.82(g)＝33.54(g)である。

重要 **5** **(物質と変化―気体の性質)**

(1) 気体Aでつくったシャボン玉はういたので，空気より軽いことがわかる。また，気体Aでつくったシャボン玉に線香の火を近づけると燃えるので，気体Aは水素である。水素は，塩酸と鉄との反応で発生する。

(2) 気体Bでつくったシャボン玉は線香の火を大きくさせるので，ものを燃やす性質を持つ酸素である。

(3) 酸素は，過酸化水素水と二酸化マンガンの反応で発生させるが，二酸化マンガンのかわりに大根おろしを使っても発生する。

基本 (4) 気体Cは不燃性を持ち，ドライアイスから発生する二酸化炭素に浮くので，ちっ素である。ちっ素の特徴は，アとウである。

基本 (5) 図3の状態になるには，シャボン玉の中の気体が二酸化炭素よりも軽く，空気と同じくらいの重さでないとならない。

(6) ブタンは二酸化炭素より重く，可燃性の気体である。ブタンは気体の状態だと発火しやすいため，液体にして保管する。

**6** **(環境)**

(1) 二酸化炭素と水を材料にして，光のエネルギーを受け取り，デンプンと酸素を作る働きを光合成という。

(2) 温室効果ガスは太陽から受け取った熱を逃がしにくくしている。また，地球が放射しているのは赤外線である。

基本 (3) 二酸化炭素は比較的水に溶けやすい気体である。

(4) オゾンを分解する物質はフロンガスである。また，オゾン層のうすい所をオゾンホールという。

(5) 面積が増加し続けているのは，1981年から1985年までである。前年から最も大きな面積の減少がみられるのは，2019年で，その値は，1982年の値に近い。

重要 **7** **(天体―地球と太陽)**

(1) 太陽高度をあらわしているのは，ウである。

(2) 夏至の日は太陽が南中したときの影が最も短く棒を取り巻くように影が動く。また，影は西から東に移動する。

(3) 東京から南西の地点なので，太陽の南中する時刻は東京よりも遅くなる。また，東京よりも南に位置するので，南中高度は東京よりも高いので，南中時にできる影の長さは東京よりも短い。

(4) 夏至の太陽の位置はDである。

(5) 夏至は1年で最も南中高度が高く，昼の長さが最も長い。

**8** **(小問集合)**

やや難 (1) (a)は全体で(300(g)の台車)＋(100(g)のおもり)＝400(g)の物体を100gの力で引いているが，(b)は300gの台車を100gの力で引いているため。

(2) 立方体の体積が1cm$^3$のとき，表面積は6cm$^2$であり，体積が27cm$^3$のときの表面積は54cm$^2$となっている。これは，体積が大きいほど，体積にたいする表面積の割合が小さくなることを示している。そのため，寒い地域のクマは体を大きくすることで，大気に触れる表面積小さくして，体温を奪われない工夫をしている。

(3) 酸素の割合が多くなると，酸化のスピードが速まると考えられる。

★ワンポイントアドバイス★

やさしい問題と難しい問題を見極め，やさしい問題から解くように心がけよう。

## ＜国語解答＞

一 問一 イ　問二 ウ　問三 [1つ目] ウ　[2つ目] カ　[3つ目] ア　問四 ア

二 問一 ア × イ ○ ウ × エ × オ ○　問二 エ　問三 ウ
問四 母ちゃん　問五 ア　問六 ア　問七 (例) どの差別がいけないかの前に，人を傷つけることはどんなことでもよくないという考え方から喧嘩両成敗にした。

三 問一 ウ　問二 (例) 実際に聞いたことのない表現も，その性質を類推し，その時点で身につけた規則を適用する　問三 (例) 同じ意味の別の語が，音では犬と猿という異なる動物を表しているおかしさ　問四 A エ　B イ　問五 猫や牛など犬以外の動物を見てもすべて「ワンワン」とよぶようになる　問六 Ⅰ 規則　Ⅱ 動詞　Ⅲ 過剰一般化　問七 大人の発話を聞くなか ～ いのではないか，と。[率がいいのではないか]

四 問一 ア　問二 ウ　問三 (例) 昨日，私は運動会で百メートル走に出場した。今まで一等になれたことがなく今年こそと思っていたので，緊張していた。ピストルが鳴るとともに，私は懸命に走った。競り合う形になったが，最後は私の体がいち早くテープを切った。初めての一等は誇らしかった。

五 問一 1 右(往)左(往)　2 (徹)頭(徹)尾　問二 ア　問三 (例) 子どもの帰りが遅いので，お母さんは気をもんだ。

六 1 快方　2 奮起　3 視線　4 退く　5 署名

○推定配点○

一 各3点×6　二 問一・問三 各2点×6　問七 6点　他 各3点×4
三 問二 5点　問三・問五 各6点×2　他 各3点×7
四 問三 8点　他 各3点×2　五 問三 4点　他 各2点×3　六 各2点×5
計120点

## ＜国語解説＞

一 聞いて解く問題解説省略。

二 (物語ー心情・情景，細部の読み取り，空欄補充，ことばの用法，記述力)

基本 問一 ア 「息子」は「どっちも悪い」と思っているのだから，どちらがより強い罰を受けるべきだとは考えていないので×。 イ 「けど，ダニエルも～」の発言中にイの内容はあるので○。 ウ ア同様に，どちらが強く罰せられるべきだとは考えていない。 エ 罰を与えられること自体に不満を持っているのではなく，不平等であることに疑問をもっているのだから×。 オ ア・ウで考えたように，どちらがより悪いかで考えているのではない。どちらも悪いと考えているのだから○。

問二 問一で考えたように，「息子」はどちらも悪いことをしたのに，罰に差があるのが気に入らないのだから「不満そうに」である。しっかり自分の意見を持っているのだから，「不思議だ」というより，「この罰の与え方は変だ」という「不満」である。

問三　――線②の「の」は，「もの，こと」に置きかえられる「の」だ。この場合は「正しいって『こと』が」と言いかえられる。ウが「新しい『もの』に」と言いかえられる「の」だ。

重要　問四　最終段落が着目点になる。「息子」は母親の話を聞いて泣いていたのは「男の子」と信じているが，実は今の「母ちゃん」であることをまだ知らないというのだから，「母ちゃん」である。

問五　「『で，ある日～』」で始まる母ちゃんの話の中に「～自分の家のことを恥じに思っていた」とある。その恥ずかしいと思っていたところをからかったことに対して怒っているのだからアである。

問六　「ボロい家の子」は，今現在先生が住んでいる地区のことをバカにする意味で，「あの地区の住人」と言ってしまったのである。自分が住んでいる地区のことを言われたのと同じなのだから，当然先生に叱られるのは言った自分だと思ったということになるのでアになる。

やや難　問七　「『なんでその先生は～』」という「息子」の質問に対し，母ちゃんが答えている言葉に着目する。設問には「どのような考え方から」と「どう対応したか」に二点をふくむことを求めている。「考え方」のポイントは，「どの差別がいけないのではなく，人を傷つけてはいけない」ということだ。対応は「喧嘩両成敗」である。

**三　(論説文－細部の読み取り，指示語の問題，空欄補充，接続語の問題)**

重要　問一　K太郎が「食べたら死んでしまうのか」と言うのは子供なりにびっくりして聞き返したのだ。息子の発言に「笑いをこらえられず」にいる母の様子は，息子には心外なのだろう。結局「死めばいいんだ」という流れになってしまっているということなのでウである。

問二　一般的に普通は「まわりの大人たちが使っていることばを聞いて覚えていく」とされているが，筆者は，「ここまでのことから……」で始まる段落で，「実際に聞いたことのある表現だけを身につけていくわけではない」としている。そして，「実際に～適用する」ことによって，自力で使えることばを増やしているとしている。

やや難　問三　「去ぬ」は発音では「いぬ」という。同音の「犬」のほうが発想しやすいだろう。しかも「去ぬ」の意味は「去る」ということだ。同音の「猿(サル)」を思い起こしてしまう。つまり，「去ぬ」と「去る」の別の語の言葉は「同じ意味」なのだ。その「同じ意味の別の語が」「犬」と「猿」と異なる動物を表しているから面白いのだ。

基本　問四　A　前部分は，「大人が子どもに……」で始まる段落からの内容である五段活用の説明である。後部分は，五段活用の動詞の中で活用語尾が「ん」になる形になることが「飲む」・「死ぬ」に共通しているというものだ。「ん」となる話に映るので「さて」と話題転換している。　B　前部分は「飲んだ・読んだ～」と，活用語尾が「ん」になる動詞を挙げている。後部分の「死ぬ」も「死んだ」となるので，同じ形を挙げているので「あるいは」である。

問五　「特定の動物(犬)から動物一般に拡大解釈している例」としているのが，――線④のことを言っている。「具体例の部分」なので「拡大解釈している例」が指し示している内容を書き抜くことになる。「猫や牛～よぶようになる」が指し示している内容である。

やや難　問六　Ⅰ　直後の「の適用」に着目し，「ここまでのことから……」で始まる段落ある，「『規則』の適用」を入れる。　Ⅱ　続いている「で，その分解や終止形」に着目する。「分解」できたり，「終止形」という言葉に合うのは，この文章中では「動詞」だ。　Ⅲ　Ⅲが一番わかりやすいかもしれない。「死む」の説明でまとめている「過剰一般化」が，「ワンワン」を覚えた子どもが猫でも牛でも「ワンワン」とよぶようになるのと同じことなので「過剰一般化」。

問七　指示語の内容が後に述べられているという形である。このような形の場合は，指示語の内容は直後から始まることが多い。この文章でも，直後の「大人の発話」からが始まりである。終わりは，「～ないのか，と。」で締めくくっていることに着目する。表記のしかたとして，「いのではないか，と。」までを書いても，内容だけにしぼって「率がいいのではないか」という表記でも誤りとはされない。

四 (詩－心情・情景，細部の読み取り，空欄補充，記述力)

問一　前はビワの実が美味しかったことは述べているが，木自体には，隣家に迷惑をかけるから切ってしまおうという対象だ。一方，後は，擬人法を用いて「のぞいている」や，「あまり切らないで」と，ビワの言葉を入れている。つまり，単なる植物から心がある存在のように変化しているのでアだ。

問二　非常に似た内容なので,【Ⅱ】を【Ⅰ】の続きと勘違いしてしまうと，イを選びたくなるが,【Ⅱ】は【Ⅰ】の後半部分だけをくり返したわけではなく，推敲を重ね独立した一編の詩なのでイの内容は不確かである。それぞれが独立した詩として考えると,【Ⅱ】は，今切ろうとしたら言われて戸惑った面白さがあるのでウを選択する。

やや難　問三　4つの条件があるが，内容として押さえておかなければならない点はB・Cだ。元の作文は運動会であったことをただ挙げているだけなので，「焦点」をしぼることでBをクリアする。どこに焦点を当てるかは自由だが，A・Cの条件を考えると，自分の出場した競技にしたほうが手早く条件を満たせるだろう。

五 (慣用句，四字熟語，ことばの意味)

基本　問一　1 「右往左往」なので，対義は「右・左」で表記する。　2 「徹頭徹尾」なので，対義は「頭・尾」で表記する。

問二　アの文末「～そうだ」は，この場合伝聞の意味になる。正しく使うなら「父は子供時代，パイロットになりたかったそうだ。」のようになる。「～夢は」とするなら「パイロット(になること)だ。」で終了するべきである。

問三　「気をもむ」とは，「心配してやきもきする」という意味の言葉である。このような心情になる状況を設定し，主語・述語をきちんと入れた文にしよう。

六 (漢字の書き取り)

1 「快」は全7画の漢字。5画目は右側に少し出す。　2 「起」は全10画の漢字。10画目はまげてはねる。　3 「視」は全11画の漢字。部首は「見」に分類する。　4 「退」は全9画の漢字。6画目はとめる。　5 「署」は全13画の漢字。9画目は6画目の右上に少し出したところが始点である。

★ワンポイントアドバイス★

60分とはいえ，問題量が多く，詩をふくんで盛りだくさんの内容だ。スピード力をつけよう。

# データ対応

収録から外れてしまった年度の
問題・解答解説・解答用紙を弊社ホームページで公開しております。
巻頭ページ＜収録内容＞下方のQRコードからアクセス可。

※都合によりホームページでの公開ができない内容については，
次ページ以降に収録しております。

ちいさな　みずたまりだった
さっきの　ゆうだちで
できたのだな

「おまえ　ひかってるぜ」
みずたまりは「うふふ」といった
みずたまりと　おれは
ゆうやけをみながら
しばらく　はなしした
「おまえ　じつに　ひかってる」
もういちどいって　わかれた

うちに　つれていけないものな

（工藤直子『のはらうたI』）

## 四　次の各問いに答えなさい。

問一　次の（　）の説明に合う語を一つ選び、記号で答えなさい。

（物が重いようすを表す）

ア　どっさり　　イ　がっしり　　ウ　ずっしり　　エ　たっぷり

問二　次の各文の中から、誤ったことばの用法があるものを一つ選び、記号で答えなさい。

ア　自習室の静かさはくしゃみの音も気になるほどだ。
イ　彼のスピーチの立派さにおどろいた。
ウ　パソコンの便利さは言うまでもない。
エ　地震対策の効果さが心配だ。

問三　「本意」という言葉を反対の意味にする時、その言葉の上につける適切な語を次の中から一つ選び、記号で答えなさい。

ア　未　　イ　不　　ウ　無　　エ　非

問四　次の「慣用句」をつかって、短い文を作りなさい。

**「目に余る」**

※慣用句の内容が具体的にわかるようにしなさい。

慣用句の例「足がぼうになる」

（悪い例）「ぼくは、足がぼうになった。」

（良い例）「ぼくは、落とし物をしてしまい、足がぼうになるまで探し回った。」

※「動きを表す語」など、後に続く語によって形が変わる場合は、変えても良いです。

（例：あるく）→「あるいた」）

## 五　――線部の平仮名を漢字に直しなさい。

1　会場の周囲に紅白幕をたらす
2　彼のいがいな行動におどろく
3　混乱がしゅうしゅうできない
4　力を合わせ水田をたがやす
5　すべてがとろうに終わる

イ　落ち葉を通して生きものの物語を大地に読んでもらうとともに、それを吸いあげて自分たちも冬の間に読んで退屈せずに過ごせるから。

ウ　落ち葉を大地に落とせば落ち葉で地面を覆《おお》うことができるので、冬に裸になってしまう根っこの部分が寒い思いをしないですむから。

エ　大地が落ち葉を通して生きものの物語を冬の間静かに読んでいてくれれば、木々も静かに休めて春には元気になれるから。

問三　[Ⅱ]に入る語句として適切なものを次の中から一つ選び、記号で答えなさい。

ア　はしる　　イ　はこぶ　　ウ　はねる　　エ　はらう

問四　詩の内容の説明として適切なものを次の中から一つ選び、記号で答えなさい。

ア　冬の静まり返った雑木林の中にも、落ち葉や風といった動くものがあることを示すことで、雑木林の持つ生命力を描き出している。

イ　木々と落ち葉、そして風を会話させることにより、どんなものにも生命が宿っているので、自然を保護することは重要だと訴《うった》えている。

ウ　風が木々から落ち葉を吹き散らしていく様子を、落ち葉の手紙を風が運ぶと表現することで、風の持つ力強さをより強めている。

エ　落ち葉が大地の養分となり、それを木が吸いあげて、また新しい葉を作り出すという循環《じゅんかん》を、物語のやりとりという形で表現している。

問五　詩中に使われている表現についての説明として適切でないものを次の中から一つ選び、記号で答えなさい。

ア　第一連の「あんなこと　こんなこと　いろんなこと」で「こと」を反復することによって、リズム感を持たせると同時に、雑木林に様々なできごとがあったことを印象づけている。

イ　第二連では、「生きもの」と「物語」の「もの」のように韻《いん》を踏《ふ》むことによって、言葉のつながりに気づかせるとともに、雑木林の生命のつながりを強調しようとしている。

ウ　第三連では倒置法を用いて、「木々は知っている」という部分を先に言ってから「知っている」ことの中身を説明することで、連の内容を強く印象づけようとしている。

エ　第四連は「風が　葉っぱの手紙をはこんで」という擬人《ぎじん》法を用いることで、雑木林の中の出来事の一つ一つに自然の意思が働いているということを感じ取れるようにしている。

問六　次の詩に描かれていることをふまえて「落ち葉の手紙」を書きなさい。ただし、後の条件に従うこと。なお、詩は動物（カラス）の視点で描かれています。

Ａ　詩に描かれている情景を見ていた木の立場になって書くこと。

Ｂ　最初にどんな情景を見たのかを簡潔に説明すること。またその後に、その情景を見てどんなことを感じたのかを説明すること。

Ｃ　八十字以上、百二十字以内で書くこと。ただし、出だしの一マスは空けないで書くこと。

ひかるもの

からすえいぞう

さんぼんまつの　うえから
ひかるものを　みつけた
とんでいくと

の中から一つ選び、記号で答えなさい。

ア　「お父さん」は、無計画に仕事を進めたりする自覚があるので、しっかり者の「ぼく」を頼っている。

イ　「お父さん」は、仕事に対する腕《うで》と情熱を持っているが、「ぼく」の気持ちに鈍感《どんかん》なところがある。

ウ　「ぼく」は、お父さんを手伝うことで、お父さんの関わっている仕事の面白さを見出している。

エ　「ぼく」は、お父さんやお父さんの仕事に対して、以前よりも理解を示すようになっている。

**二**　※問題に使用された作品の著作権者が二次使用の許可を出していないため、問題を掲載しておりません。

**三**　次の詩を読んで、後の問いに答えなさい。

落ち葉の手紙

春がきて夏がすぎ秋になり……
あんなこと　こんなこと　いろんなこと
木々は　たくさんの記憶《きおく》を
[　Ⅰ　]　葉っぱに書きとめる
そして風に呼びかける
――風　風　葉っぱをはこんでおくれ
ひらひらはこんで　大地にわたしておくれ
冬の静かな　ひとときに
わたしたち生きものの物語を
大地に読んでもらいたいから

木々は知っている
その物語は　ゆっくりと大地にしみこみ
冬の裸《はだか》の木々の根っこに
ふたたび吸いあげられていくことを
だから　しんと静かな日々を
退屈《たいくつ》せずにすごせることを

さあ　用意はいいですか
風が　葉っぱの手紙をはこんで
空を [Ⅱ] 時間です

（工藤直子・今森光彦『クヌギおやじの百万年』）

問一　[Ⅰ] に入るものとして適切なものを次の中から一つ選び、記号で答えなさい。

ア　青々と光りかがやく　　イ　カラカラにかわききった
ウ　赤や黄色に染まった　　エ　まだ生まれてまもない

問二　――線「葉っぱをはこんでおくれ」とありますが、木々がそれを望む理由として適切なものを次の中から一つ選び、記号で答えなさい。

ア　落ち葉を大地に落とすことで、自分たちが過ごした一年の物語を大地に読んでもらい、退屈な冬の時間に感想を聞かせてもらえるから。

るマイク。マイクの正面の音の中でも最も狭《せま》い範囲の音を拾うことに特化し、映像収録によく用いられる。

2　テイク……映画や音楽で、一回分の撮影《さつえい》・録音。

3　メロドラマ……事件や変化の多い恋愛《れんあい》ドラマ。

問一　――線①「リビングの窓を閉め、せんぷう機を止めた」という理由を二十五字以内で答えなさい。

問二　＝＝線**ア**～**エ**の中で違う用法のものを一つ選び、記号で答えなさい。

問三　――線②「ふと、お父さんは身震いした。へたな演技だ。とはいえ、このタイミングで演技できないのも悔しい」における「ぼく」の気持ちや状態として、適切なものを次の中から一つ選び、記号で答えなさい。

ア　お父さんを手伝うのが嫌《いや》なので、へたな演技に対して軽蔑《けいべつ》する気持ちがある。

イ　汗だくになるほどの暑さのせいで、自分にはお父さんの演技がへたくそに見える。

ウ　お父さんの演技にけちをつけてはいるが、自分は演技の仕方すらわからない。

エ　お父さんは映画の場面に入り込《こ》もうとしているが、自分にはその余裕《よゆう》がない。

問四　――線③「うなずいた」という「ぼく」の心情の説明として、適切なものを次の中から一つ選び、記号で答えなさい。

ア　心臓の音と呼吸の音を間違《まちが》えて聞いていたのであるが、それをお父さんに悟《さと》られたくないと思った。

イ　お父さんの言う心臓の音は聞こえなかったが、聞こえたことにしてお父さんのペースに合わせようと思った。

ウ　すう、すう、すう、という音が心臓の音なのではないかと確かめたら、お父さんに怒《おこ》られると思った。

エ　お父さんの言っていることはでたらめだと直感したが、指摘《してき》するのも面倒《めんどう》だと思った。

問五　[A]に入る適切な言葉を二字で答えなさい。

問六　[B]に入るものとして、適切なものを次の中から一つ選び、記号で答えなさい。

ア　静かに「うん…」と答えた。

イ　おだやかに「ええと…」と口ごもる。

ウ　いきなり「ああー」と声をあげる。

エ　急に「はあ…」とためいきをついた。

問七　――線④「お父さんは最低だな」の時の「ぼく」の気持ちとして、適切でないものを次の中から一つ選び、記号で答えなさい。

ア　孤独な白熊のシーンが印象に残っていたぼくは、その純粋《じゅんすい》な気持ちをお父さんに踏《ふ》みにじられた気がして嫌だった。

イ　いい加減すぎるお父さんの性格をぼくは理解して受け入れようと思うのだが、嘘をついたことは許せないと思った。

ウ　ぼくはお父さんへの怒りのあまりこのまま出て行きたいところだったが、録音の仕事は最後までしっかりやり通そうとした。

エ　感動的な映画の制作にお父さんは携《たずさ》わっていると思っていたのに、いやらしいメロドラマだったことを軽蔑した。

問八　「お父さん」「ぼく」についての説明として、適切でないものを次ぼくが続けると、お父さんは首をひねった。

おかしなことを言っているのはぼくで、お父さんはまったくまとも。そんな雰囲気《ふんいき》を漂《ただよ》わせ「とんちんかんな葉太にはつきあいきれない」とでもいうかのように、お父さんは唇《くちびる》をへの字に曲げた。しばらく考えこみ、［Ｂ］。

「そうだよ」

「あのシナリオのことか？」

思いっきり目を見開いたお父さんが訊ね、

ぼくは胸を張った。

お父さんはぽかんとした。ぼくのことをまじまじとみて、

「俺が話した物語は、ぜんぶ嘘《うそ》だよ。思いつきの作り話だ。本物のシナリオは、くだらない※3メロドラマだったんだ。男と女がごじゃごじゃする、やらしくて、ありふれたラストシーンさ。でも、そうかあ。あんな俺の作り話を、本気にしてくれていたのかあ」

謝るどころかひどく感心した挙《あ》げ句《く》、

「葉太はいいやつだな」

と、お父さんは腰《こし》をあげ、ぼくの頭をわしわしなでた。

「④お父さんは最低だな」

怒《いか》りを通りこして呆《あき》れたぼくは、お父さんの掌《てのひら》をぱしっとはらった。

この嘘つきやろう！

ちょっとまえのぼくならば、そんなふうに、ののしって（もしくは無視して）、リビングを飛びだしていただろう。いまはでも、しかたがないと思える。お父さんはお父さんだし、仕事は仕事だ。どちらも投げだすわけにはいかなかった。

ぼくはふきげんなまま、汗でびっしょりのTシャツを脱《ぬ》いだ。それをきっかけに、ぼくのいいかげんなお父さんは、仕事のときのきりっとしたお父さんへと変身した。ヘッドフォンをかぶり、ハードディスク・レコーダーを調整する。窓を閉め、せんぷう機を止め、ぬれたタオルを首に巻いた。

あたりはとたんに、しずかになった。ぼくはソファに座り直す。お父さんが聴診器をかまえる。銀色の丸い金属が、ぼくの胸に当たる。ひやりとした感触《かんしょく》。しんと、しずまりかえったなかで、かすかに聞きとれるのは、やっぱり自分の呼吸音だけだ。聴診器はもう生ぬるくなっている。ぺたぺたと肌《はだ》に張りつき、左胸上部、中央、左胸下部と、心臓を探している。ふいに動きが止まり、お父さんがまぶたを閉じる。本番の合図だ。緊張《きんちょう》して、どきどきしてしまわないように、数を数える。百まで数えても終わらない。数えるのに飽《あ》きあきしたころ、ようやく、OKサインがでる。お父さんはヘッドフォンを外し、聴診器を当てたまま、ハードディスク・レコーダーをスピーカーに切り替《か》えた。

しずけさの底から、音が、すっくりと起立する。

どくん、どくん、どくん。

部屋じゅうに響《ひび》きわたる。自分のものなのに、こんなふうに聞くのは、はじめてだ。

ぼんやり想像していたものよりも、ずっとゆっくり、しっかり脈《みゃく》打っている。とても規則正しい。とんでもなく、まじめだ。そして、ちから強い。不思議なほど、親しげなリズム。これが、ぼくの心臓の音……。

（唯野未歩子『はじめてだらけの夏休み』）

※1　ガンマイク……離れた距離《きょり》から特定の音だけを拾いたいときに使用す

だ。白い雪。白い山。空も白。すみずみまで白銀の世界。草樹は枯《か》れ、風はなく、鳥も飛ばイない。車も電車も通らウない。人家《じんか》もなく、動物はみな冬眠《とうみん》している。吐《は》く息は凍《こお》りつき、ひとりきりだ。自分のほかには誰《だれ》もいエない」

②ふと、お父さんは身震《みぶる》いした。へたな演技だ。とはいえ、このタイミングで演技できないのも悔《くや》しい。ぼくは汗《あせ》だくで、身震いのしかたさえ忘れてしまっていた。

「聞いてごらん」

お父さんは両耳の裏に手をそえた。

「なにを？」

訊《たず》ねてから、ぼくも真似《まね》をした。

「深い、深い、しずけさを」

おもてはもちろん、せみ時雨《しぐれ》だけれど。お父さんは耳の裏を指で押した。お父さんの耳は柔《やわ》らかい。両方ともがぴんとたち、まるで猿《さる》みたいな顔つきになった。

「ほら。自分の心臓の音が聞こえてこないか」

お父さんはそう言った。

どっく、どっく、どっく。と、お父さんがつぶやく。かろうじて、ぼくに聞きとれたのは、すう、すう、すう、という自分の呼吸音だけだった。でも、心臓と呼吸は似たようなものだ。そう思うことにして、③うなずいた。

「だろう」

お父さんは耳から手を離《はな》した。

「葉太をみていたら、むかし雪景色のシーンに心臓の音をあてたことがあったのを、思い出したんだ。俺もまだ若くてさ、頼《たの》まれてもいないのに、わざわざ音をこしらえてね。監督《かんとく》には却下《きゃっか》されたけど、その音を絶賛してくれたひともいた。いま思えば、悪くないアイデアだった。そのときに、これも開発したのさ」

自画自賛しているわりには、うつむきがちで、お父さんは A ていた。 A 隠《かく》しをするかのように、古びた紙袋《かみぶくろ》をもってきて、へんてこな機材をとりだした。

丸くて、ひらべったい、銀色の金属。そこから一本のチューブが伸《の》び、ふたまたにわかれている。これは病院でお腹《なか》をぽんぽんするやつだ。だけど、その聴診器《ちょうしんき》の、お医者さんが耳にいれる部分は、Y字チューブへとつながっていて、Y字チューブはさらに別のチューブへ続き、そのチューブはマイクコードと接続されている。マイクコードのプラグは、ハードディスク・レコーダーにさしてあった。

マイクコードの中間にある、ちいさな機械をつまみあげ、

「小型マイクとつなげてあるから、この改造聴診器なら、心臓の音がじかに録れるぞ」

と、自慢《じまん》した。

「ってことは、つまり……白熊の心臓の音を録るんだね？」

ぼくは訊ねた。

「白熊？」

なんの話をされているのか、さっぱりわからない。と、くちにはださなくても、みてとるくらい、もやもやした表情になり、お父さんがまっすぐにぼくをみた。

「だって、ラストシーンはひとりぼっちの白熊だろ？」

【国　語】〈六〇分〉〈満点：一二〇点〉

【注意】一、指示がない限り、句読点や記号などは一字として数えます。
二、正しく読めるように、読みがなをふったところがあります。

一　次の文章を読んで、後の問いに答えなさい。

病気の母は九歳になる「ぼく」（葉太《ようた》）を置いて、突然、新潟《にいがた》の実家に帰ってしまった。夏休みが始まる日、仕事でめったに家に戻ることのなかった父が五か月ぶりに戻《もど》って来た。映画やテレビドラマの録音技師である父から、白熊《しろくま》とサラリーマンの男との友情を描いた『夏の友だち』というタイトルの映画の音を録《と》ると聞かされたぼくは、その仕事を手伝うことに乗り気だった。

その三日後、ぼくらは録音し直した。

まずは、竹を筒《つつ》状（ちくわみたいなかたち）に切り、ひもをくくりつけて、カウボーイのようにふりまわす。ふりまわすのは、ぼくの役目だ。お父さんはヘッドフォンをかぶり、ハードディスク・レコーダーを調整し、同時に※1ガンマイクもさす。何回かテストをし、①リビングの窓を閉め、せんぷう機を止めた。

以前の録音とおなじく、室内温度は急上昇《じょうしょう》だ。暑いというより、熱くかんじる。呼吸がしにくくなり、頭はかーっとのぼせて、目のまえはくらくら。血液はかんかんに、ふっとうしている。しかし今日は準備万端《ばんたん》。洗面器に氷水が張ってあるのだ。ぼくとお父さんは目配《めくば》せしあい、氷水でタオルをぬらして、自分の首に巻きつけた。

「※2テイク1」

お父さんの合図がかかる。ぼくはひもをふりまわす。

ひゅーん、ひゅーん、ひゅーん。

一発でＯＫがでた。切れ味のよい風の音だ。ぼくは満足し、急いで窓を開けた。風は熱いけれど、室内の空気がかきまぜられるだけで、いくらかましだった。

せんぷう機をまわし、

「実は、もうひとつ録りたい音がある」

お父さんは言った。

ぼくはソファに、お父さんは床《ゆか》に、あぐらをかいた。ぼくらは基本的に、むかいあわない。たとえば、片方が窓のほうをむいているとき、もう片方は台所のほうをむき、どちらからともなく、ななめにいる。別に避《さ》けているわけじゃなく、これは男の心得《こころえ》だと、ぼくは思っている。そういえば、お母さんとは正反対だ。ぼくが正面に座らなかったり、目をあわさずに話をすると、お母さんは叱《しか》ったり、かなしんだものだった。

「いいかい」

カーテンの束《たば》のあたりをみつめながら、目をぐっと細めたお父さんが言い、

「いいよ」

せんぷう機のほうをむいたぼくも、目を細めてみる。

「まえにも話したように、雪の日は音がアない」

「うん」

「そこで想像してみよう」

「うん」

「俺《おれ》たちがいるこの場所は、くそ暑い部屋じゃなく、ひどく寒い雪野原

イ　わたのような雲がふかふかとうかんでいる。
ウ　私のおばは、ものごとをずけずけと言う人だ。
エ　試合に負けてしまい、すごすごと退場した。

問三　次の中から、日本語として適切でないものを一つ選び、記号で答えなさい。
ア　わざわざお越《こ》しくださり、ありがとうございます。
イ　ぼくの母の仕事を、友達はみな知っています。
ウ　母はもうすぐ戻られますので、少しお待ちください。
エ　教室の後かたづけは、私たちがいたします。

問四　次の「慣用句」をつかって、短い文を作りなさい。
※慣用句の内容が具体的にわかるようにしなさい。
　慣用句の例「足がぼうになる」
（悪い例）「ぼくは、足がぼうになった。」
（良い例）「ぼくは、落とし物をしてしまい、足がぼうになるまで探し回った。」
※「動きを表す語」など、後に続く語によって形が変わる場合は、変えても良いです。
（例：「あるく」→「あるいた」）

**「目がない」**

## 五

――線部の平仮名を漢字に直しなさい。

1　台風にそなえる
2　その場のこうけいを目にやきつける
3　自転車がこしょうした
4　念仏《ねんぶつ》をとなえる
5　一人ひとりの意見をそんちょうする

問三　――部③の友星叔父さんの発言にはどのような考えがあるのか、本文中の言葉を使って次の文の［　　］に合うように四十字以内で答えなさい。

［　　　　］という考え。

問四　④に入る語を本文中より探し、書きぬきなさい。

問五　⑤に入る言葉を次から選び、記号で答えなさい。

ア　眼を輝かせた　　イ　口をとがらせた

ウ　肝《きも》に銘《めい》じた　　エ　鼻を鳴らした

問六　――部⑥「〈スリー・フィンガー〉の社風」とは、どういうことを意味しているのか。正しくないものを次の中から一つ選び、記号で答えなさい。

ア　ＵＦＯ出現で話題を作り盛り上げるような遊び心のある会社。

イ　地球を救うヒーローになりたいといった夢を持っている会社。

ウ　インターネットでの検索《けんさく》数を競って誇《ほこ》りとするような会社。

エ　真面目《まじめ》な目的を持ちながら楽しいことも大事にしようとする会社。

問七　――部⑦「君みたいな物好き」の意味するところを次の［　　］に合うように本文中から二十字で探し、書きぬきなさい。

［　　　　］人たち。

問八　――部⑧「そして、けっこう楽しそうな話になるのかもしれない」とあるが、もしあなたが大人になって〈スリー・フィンガー〉の社員になったとしたら、どのようなプロジェクトを立ち上げたり開発をしたりして〈晴太多〉の未来の町づくりをしてみたいと思いますか。次の条件に従って答えなさい。

Ａ　「プロジェクトＰ」にこだわらなくてもよいが、〈スリー・フィンガー〉が真剣に〈晴太多〉の未来のためにすべきことについてその社風を生かして行ったらどんなアイディアを思いつくだろうかと考えて書くこと。

Ｂ　そのプロジェクトや開発を行う目的（あるいは理由）と、具体的な内容を書き、〈スリー・フィンガー〉の社長に自分の企画を紹介《しょうかい》する提案の形式で書くこと。

Ｃ　八十字以上、百二十字以内で書くこと。ただし、出だしの一マスは空けないで書くこと。

二　※問題に使用された作品の著作権者が二次使用の許可を出していないため、問題を掲載しておりません。

三　※問題に使用された作品の著作権者が二次使用の許可を出していないため、問題を掲載しておりません。

四　次の各問いに答えなさい。

問一　次の（　）に入る適当な「漢字一字」を、後の「意味」を読んで答えなさい。

目を（　　）のようにする。

（意味）ものを探し求める時などに目を見開く。

問二　次の各文の中から、――線部の言葉のつかい方が適切でないものを選び、記号で答えなさい。

ア　たき火の火がめらめらともえ上がった。

害が起きても、ここに住んでいれば大丈夫というものを作り出す。コードネームは〈プロジェクトP〉」

「Pって?」

「パラダイスのPだ」

パラダイスか。

それは、確かにスゴイ。ゼッタイに災害に負けない町が本当に完成したら、そこに住みたいって思う人はたくさんいるはず。

そんなことを始めたんだ。〈晴太多〉は。

でもさ。

「ひょっとして、UFOみたいな騒《さわ》ぎにしたのはさ」

「趣味《しゅみ》だよ」

やっぱりか。

「そうだと思った」

「そういう会社なの?」

三浦さんが言った。

「だって、〈スリー・フィンガー〉の庭には、知らないかもしれないけどウルトラセブンが飾《かざ》ってあるんだからね」

父さんたちが小さい頃《ころ》のテレビ番組だ。ウルトラセブンは地球を救う宇宙人。叔父さんが、笑った。

「皆は知らないだろうけど⑥〈スリー・フィンガー〉の社風みたいなもんだね。どうせやるならおもしろいことをって感じさ。そしてもちろん、宣伝も兼《か》ねてる。この〈晴太多〉のね」

「UFO騒ぎで注目を集めてから、どどんと発表するってことですか!?」

増田が訊いた。

「その通り。お陰様でここのところネットに上がるキーワードで〈晴太多〉は相当上位になってるよ。⑦君みたいな物好きもたくさん押し掛けてきてるしね。ただまぁもうゴールデンウィークで家族連れも増えるから、ここで発表しようって最初から決めていたんだ」

友星叔父さんは、ニコッと笑って皆を見回した。

「もし君たちが大学を卒業して、それぞれの分野でこのプロジェクトに参加したいときにはよろしく頼《たの》むよ。まだまだ先の長い話だ。ひょっとしたら、君たちが僕ぐらいの年齢《ねんれい》になる頃にようやく完成するような話だからな」

うん、そうだね。

⑧そして、けっこう楽しそうな話になるのかもしれない。

（小路幸也『里帰りはUFOで』）

※1 限界集落……過疎《かそ》化・高齢化により、経済的・社会的な共同生活の維持・存続が危ぶまれている地域のこと。

2 サテライトスタジオ……本拠地《ほんきょち》以外に設置した活動を行う小規模の拠点。もともとはラジオ局の本局に対して小スタジオのことをいった。

3 ライフライン……生活に必要な水道・電気・ガスなどの供給システム。

問一 ――線①「若い人にはどんどん町に来てもらえ」とは、〈晴太多〉のどのような目的にとっての約束事か、本文中から十字で書きぬきなさい。

問二 ――線②「〈終の住み処〉にしてもらう」の意味とほぼ同じ表現を本文中から十六字で探し、書きぬきなさい。

最先端《さいせんたん》のことをまた〈スリー・フィンガー〉がやっているのも理解した。

でも、その調査をして何をするのかが、まだわからない。そう言ったら、叔父さんは頷《うなず》いた。

「ここを、〈晴太多〉を②〈終《つい》の住《す》み処《か》〉にしてもらうためさ」

「〈終の住み処〉？」

そうだ、って大きく頷いた。

「お前も知ってる通り、ここ十何年間、役場のあゆみさんを先頭にして僕ら〈スリー・フィンガー〉もそして新しく作った観光課も一生懸命《けんめい》やってきたんだ。〈晴太多〉に企業を誘致したり、農業を盛んにさせたり、観光の目玉を作ったりな」

「〈タダちゃん〉やオートモビールもそうだよね？」

「そうだ。お陰《かげ》で十何年前とは比べ物にならないぐらいに人口は増えたし、活気がある町になった。③でも、それには限界がある。どんなに頑《がん》張《ば》ってもここにディズニーランドはやってこないし、百万都市にもなりっこない。そうだよな？」

訊《き》かれて、皆で頷いてしまった。確かにそれはそうだ。

「町には、ちょうどいいサイズってものがある。自然環境を壊《こわ》してまで町を大きくする必要性は感じない。そこで、この先二十年三十年掛《か》けて完成させる新しいプロジェクトを立ち上げているんだ。これはその一《いっ》環《かん》」

新しいプロジェクト。

「〈終の住み処〉を作るというプロジェクトになるんですか？」

岡部さんが訊いたら、叔父さんは頷いた。

「それはどういう」

「どんな災害が起きても、ここにいれば大丈夫という環境を作り出すんだ。それで、今現在の町民にいつまでもここにいてもらい、同時に新しい住民もゆるやかに誘致していく」

災害。

「そうか、じゃあ ④ を調べ直しているのも」

増田が言ったら、叔父さんは頷いて続けた。

「日本は世界でも有数の災害多発国だ。地震《じしん》というものからは逃れられない。だったら、被害《ひがい》を最小限にとどめて、水や食料や避難《ひなん》所の確保、倒壊《とうかい》や山崩《くず》れや土砂災害に見舞《みま》われない住居を造ればいい。幸い〈晴太多〉には海がないので津波《つなみ》の心配はない。山のお陰《かげ》で大きな台風も来ない。あるのは土砂災害や地震だ。その被害を極力取り除いて、見舞われたとしても絶対に誰も〈避難民〉とならない町。ひいては、周辺の町が災害に見舞われたときには、被災者をしっかりと受け入れられる町造り。〈晴太多〉をそういう町にしよう、ここを〈終の住み処〉にしてもらおうっていうプロジェクトだ」

「スゴイです」

三浦さんが ⑤ 。

「当然それは、発電とかの※3ライフラインを含《ふく》めての話ですよね？」

「もちろんだ」

叔父さんが大きく頷いた。

「今まで起こった災害を見れば、ここみたいな田舎は道路が寸断されて救援物資《きゅうえんぶっし》が届かないとか、ライフラインがずたずたになってしまうような悲惨《ひさん》な目に遭《あ》ってしまうのが常だったよな。でも、逆に、災害で周りから切り離されても、ここだけでもずっと生き残れる町造り。どんな災

【国　語】〈六〇分〉〈満点：一二〇点〉

【注意】一、指示がない限り、句読点や記号などは一字として数えます。
二、正しく読めるように、読みがなをふったところがあります。

一　次の文章を読んで、後の問いに答えなさい。

北海道から九州まで新幹線で一つにつながった記念すべき二〇三〇年の日本。阿形《あがた》県賀条郡《がじょうぐん》晴太多《はれただ》という鉄道の駅もないドを五個つけても足りないくらいのド田舎《いなか》出身の「僕《ぼく》」こと野宮淳一《のみやじゅんいち》は、東京の大学に進学し、そこで知り合って仲良くなった増田《ますだ》、岡部《おかべ》さん、三浦《みうら》さんを連れて、ＵＦＯが出現すると話題になっている晴太多にゴールデンウィークを利用して帰ることとなった。人口も少なく、その場所すらほとんどの人が認識できない晴太多ではあったが、〈スリー・フィンガー〉というベンチャー企業《きぎょう》の参入により、顔認識と音声認識で買い物などの役目を受けるパーソナルアシスタントの〈タダちゃん〉や、買い物したものをすぐに配達するオートモビール、オートドローンが町民専用で完全実用化していることで知られてもいた。

ＵＦＯとかそういうものがとにかく大好きな増田がぜひ一緒《いっしょ》に連れて行ってくれないかって言い出して、父さんや母さんに確認したらぜひ連れていらっしゃいと。泊《と》まる部屋はいくらでもあるんだから、何なら他の友達も一緒にって。岡部さんも三浦さんも実家に帰る予定はなかったので、じゃあ、ってことになった。もちろん我が家の受け入れ態勢はオッケー。田舎の農家だから家は大きくて部屋はたくさんある。

それに、実は〈晴太多〉の住民にはとある約束事があるんだ。

〈①若い人にはどんどん町に来てもらえ〉

僕が小さいころにはほとんど※1限界集落に近いところまで人口が減った〈晴太多〉は、役場の人たちの努力で東京のベンチャー企業〈スリー・フィンガー〉を誘致《ゆうち》して※2サテライトスタジオを作ったことで劇的に変わっていったんだ。

僕がまだ小学校に上がる前のことだったからよく覚えてないけど、友《ゆう》星《せい》叔父《おじ》さんも〈スリー・フィンガー〉のプログラマーとして東京から〈晴太多〉にやってきて、なんだかんだがあって、僕の父さんの妹の綾《あや》那《な》叔母《おば》さんと結婚してそのまま住民になっている。

それから、町の名物である、風光明媚《ふうこうめいび》な谷を繋《つな》いだ体験型観光施設《しせつ》ジップラインを作って観光の目玉にしたり、野菜の〈工場〉を造ったり、農家の数を増やしたり、とにかく若い移住者を募《つの》って人口を増やして〈晴太多〉の未来を明るくするために、叔父さんも叔母さんも含めて、町民一丸となって努力したらしい。

ＵＦＯの目撃《もくげき》情報の多い時間帯である夜十一時に「僕」と増田と岡部さん、三浦さんは夜の散歩に出た。しばらく夜の景色と空気を楽しんでいたところ、山の上に楕円《だえん》形で、白い光を放っていて、下部からは赤や青の光も見える飛行物体を目撃した。急いでその山に登ろうとした四人は、山道に入るところの山小屋風の事務所で、友星叔父さんと〈スリー・フィンガー〉の橋本《はしもと》さんがバルーンドローンを操作《そうさ》しているのに遭遇《そうぐう》した。飛行物体の正体は、ＵＦＯに見えるように作った観測機であると知る。それによって生物環境《かんきょう》調査と地質調査を行っているのだという友星叔父さんから、四人は家に帰って詳《くわ》しい話を聞くこととなった。

生態系を調べるのも地質を調べているのもわかった。けっこうスゴイ

問二　次の「慣用句」のそれぞれの（　）の中には、同じ漢字が入る。その漢字を答えなさい。

（　）配せをする　（　）がない

うの（　）たかの（　）

問三　次の中で、日本語として適切でないものを一つ選び、記号で答えなさい。

ア　僕の将来の夢はパイロットになりたいと思っています。

イ　問題が難しければ、難しいほど、やる気が出てくる。

ウ　夏休みに富士山に登ったが、美しい風景に感動した。

エ　昨日は朝から雨もようだったので、折りたたみのかさを持っていた。

問四　次の「慣用句」をつかって、文を作りなさい。

※慣用句の内容が具体的にわかるようにしなさい。

慣用句の例「足がぼうになる」

（悪い例）「ぼくは、足がぼうになった。」

（良い例）「ぼくは、落とし物をしてしまい、足がぼうになるまで探し回った。」

※「動きを表す語」など、後に続く語によって形が変わる場合は、変えても良いです。

（例：「あるく」→「あるいた」）

**「腹を割る」**

**五**　――線部の平仮名を漢字に直しなさい。

1　色々な国とぼうえきする

2　不思議な自然げんしょうが起こった

3　問題点のまいきょにいとまがない

4　あつい友情が描かれた物語を読む

5　銀行にお年玉をよきんする

これだこれだこれが書きたかったんだ実は
何んにもしたくない日をどうしのぐ
③こいつは何度でもやってくる
ばんざい
やっと国語の時間だ
※4テンションは一気に上昇
わあい作文だ作文だ
目に入るものみんなに挨拶《あいさつ》をしたくなるのを
ぐっとこらえて
さてまずは
家に帰って［ 2 ］

※1　億劫……気乗りがせず、めんどうくさいこと。
　2　唱歌……学校教育用の歌。
　3　とつおいつ……考えが定まらず、あれこれと思いまようさま。
　4　テンション……気分や気持ち。

問一　［ 1 ］に入る語として適切なものを次の中から一つ選び、記号で答えなさい。
ア　テレビ　イ　耳　ウ　父親　エ　脳

問二　――線①「体育の時間が自然観察の時間に」とはどういう状況を説明しているか、簡潔に説明しなさい。

問三　――線②「考える材料」として具体的に挙げられているものを詩中から二つ、過不足なく書きぬきなさい。

問四　――線③「こいつ」が指すものを詩中から書きぬきなさい。

問五　［ 2 ］に入るものとして適切なものを次の中から一つ選び、記号で答えなさい。
ア　作文を書きますか
イ　ご飯を食べますか
ウ　ベッドで寝ましょうか
エ　部屋を片づけましょうか

問六　この詩に関する説明としてふさわしいものを次の中から一つ選び、記号で答えなさい。
ア　「体育の時間」「国語の時間」など作者の状態を学校の授業にたとえることで、表情からは読み取れない裏に隠《かく》れている思いを伝わりやすくしている。
イ　「あら」「なんと」「やった」「ばんざい」など感情を表す短い語を詩の間にはさむことで、作者の心の動きがはっきり伝わる。
ウ　「黄の花ばな」「濃くなった緑」「紋白蝶」「青い空」など色に関わる表現を対比的に用いることで、詩全体に明るい雰囲気《ふんいき》をもたらしている。
エ　「そうかそうか」「これだこれだ」「作文だ作文だ」など同じ言葉を反復することで、作者が冷静に状況を判断していることが感じられる。

## 四

次の各問いに答えなさい。

問一　次の「四字熟語」の（　）には「数字」を表す漢字が入るが、それが単純に「数」を表すとしたら、全部足すといくつになるか「算用数字」で答えなさい。

（　）日（　）秋　　再（　）再（　）

↓　言葉を獲得する

エ　母親と同じ対象を確認しあう　↓　母親の表情から状況を判断する

↓　母親と視線を交わしあう　↓　視線の先の世界に関心を向ける　↓

言葉を獲得する

三　次の詩を読んで、後の問いに答えなさい。

何んにもしたくない日　　久保克児

片づけなければならないことは山ほどある
何をする気も起こらない
ご飯を食べるのも※1億劫《おっくう》な日
作文なんてとてものことに書けない
もう一度ベッドにひっくり返る
やがて【１】から指令が届く
外に出《いで》よ歩け
そうだった
一時間目は体育の時間だったっけ
指令にしたがい外に出る
やっぱり外は気持ちがいい
腕《うで》をぐるぐるまわしながら
深呼吸をしながら
いつもの道をいつものように歩きはじめる
そうかそうか
もう花菖蒲《はなしょうぶ》の季節なのだ
水際《みぎわ》に初《うい》ういしく立つ黄の花ばなが
目にやさしい
チチッチチッと啼《な》いて遊ぶ番《つがい》のセキレイの
せわしく動く足に目が釘付《くぎづけ》に
ひときわ濃《こ》くなった緑に映《は》えて
紋白蝶《もんしろちょう》が舞《ま》う
あら
いつの間にか
①体育の時間が自然観察の時間に
うっすら身体が汗ばんでくる
あれあれ
今度は頭の中が考えるモードになってきたみたい
大きな荷物を足元に置き
青い空をじっと見つめる若者がいる
大声で※2唱歌を歌いながら歩く人と
橋の上ですれ違《ちが》う
世の中は②考える材料でいっぱいだ
※3とつおいつとりとめもなく考えながらなお歩く
とそのときだ
なんと
だしぬけに言葉が降ってきた
何んにもしたくない日
やった

を使うようになります。はにかみや恥《は》じらい、わざと泣いて見せると
か、④相手との関係を前提とした感情がつくり出されます。

（山口真美『自分の顔が好きですか？――「顔」の心理学』）

※１　先に説明した通りで……新生児は成長に従って、目を閉じた人の顔よりも目を開いている人の顔、さらには自分と視線があっている人の顔を好むようになるといった内容が先に記されている。

２　認識……人間が物事を知る働きとその内容。

３　兆候……何かが起こると思わせる前ぶれ。きざし。

問一　X に入る語として適切なものを次の中から一つ選び、記号で答えなさい。

ア　意外な　イ　皮肉な　ウ　最新の　エ　当然の

問二　――線①「変化」について次の（１）（２）に答えなさい。

（１）どのような「変化」がみられるのか、三十字以内で答えなさい。

（２）（１）によってどのような結果がもたらされるのか、本文中から十七字で書きぬきなさい。

問三　a・b に入る言葉として適切なものを次の中から一つずつ選び、記号で答えなさい。

ア　ところが　イ　では　ウ　もちろん
エ　だから　オ　たとえば

問四　――線②「顔色をうかがって」の「顔色」の意味として適切なものを次の中から一つ選び、記号で答えなさい。

ア　感情　イ　評価　ウ　好意　エ　嫌悪

問五　――線③「それ」の指す内容について「こと。」に続く形で二十字以内で答えなさい。

問六　――線④「相手との関係を前提とした感情がつくり出されます」についての説明として適切でないものを次の中から一つ選び、記号で答えなさい。

ア　自分のしたいことを通すために本心とは違う感情を持ったふりをする。

イ　自分の今の気持ちにふさわしい表情をとることが常に得であると理解する。

ウ　自分は悲しくなくても相手の気持ちに合わせて泣くことができる。

エ　本当は嬉しいのに自分の気持ちを知られたくなくてもじもじしてしまう。

問七　次の段落は本文の A ～ D のどこに入るものか記号で答えなさい。

では、赤ちゃんの注意が、お母さんの目から離れて外界へと移るのは、いつ頃でしょうか。

問八　本文で示された赤ちゃんの発達の順序について適切なものを次の中から一つ選び、記号で答えなさい。

ア　母親と視線を交わしあう→母親と同じ対象を確認しあう→母親の表情から状況を判断する→言葉を獲得する→視線の先の世界に関心を向ける

イ　母親と視線を交わしあう→視線の先の世界に関心を向ける→母親と同じ対象を確認しあう→母親の表情から状況を判断する→言葉を獲得する

ウ　母親と同じ対象を確認しあう→母親と視線を交わしあう→母親の表情から状況を判断する→視線の先の世界に関心を向ける

私たち大人にとって、視線にはたくさんの意味が込められています。見つめられてドキッとしたり、なんらかの意図を感じたり、さまざまな感情を伴います。視線に意図を読み取ることは、いつ頃からできるのでしょうか。親子で行き交う視線の巧《たく》みなトレーニングが、そこにあるようです。

新生児には意図を読み取る術《すべ》はありませんが、一歳《さい》になるよりも早く、生後一〇か月頃からすでに、相手の意図らしきものを読み取るようです。言葉を話すようになるのが一歳半から二歳頃であるのと比べると、会話をするよりも以前に、相手の意図がわかるのです。それはとても早い発達ともいえましょう。B

生後一〇か月の赤ちゃんは抱っこされているお母さんの顔を覗《のぞ》き込み、その②顔色をうかがって、自分の行動を決めることが実験からわかっています。ガラス板の下に崖《がけ》が見える怖い場所に座らせても、お母さんが微笑《ほほえ》んでいるとそのまま崖の上に渡されたガラス板の上を進んでいきます。 b お母さんが怖い顔をしていると、進まずにその場に留まったのです。お母さんの表情から、自分の状況を判断することができたのです。C

生後六か月になると、注意は視線の先へと進むようです。相手が見ている対象を気にしだすのです。赤ちゃんの興味の対象は、鳥のように目そのものではなくて、目から離れていくのです。③それは動物から人への進化を示すような、劇的な変化ともいえましょう。

目から先の世界には、少しずつ進んでいきます。まずは「共通理解」の場へと進みます。生後九か月頃になると、親と子とで互いにひとつのものを見つめ合うようになるのです。お母さんの視線の先に注目し、そこに新しい玩具《がんぐ》があったりお菓子があったりするのに気づき、その対象を確認しあうことができるのです。ひとつの世界を互いの視線によって共有することは、人間だけが持つ共通の※2認識世界を生み出すこととなります。これもさらなる進化の予感を感じさせる行動です。D

やがて「視線の先」から「指の先」へと、認識世界の共有は移行します。指さしを通じて、一つひとつの物体を互いに確認しあい、「これがお母さん」「これがマンマ」と、言葉を教えることができるのです。人類だけが持つ「言葉」の獲得《かくとく》へとつながっていくのです。言葉の通じなかった赤ちゃん時代の終わりが近づく※3兆候《ちょうこう》です。

目は自身の器官を通じ、外界に自分を広げる窓のようなものなのかもしれません。赤ちゃんは母親との視線の共有によって、自分だけの閉じられた世界から脱却《だっきゃく》し、他者と共有した世界に発達していくようです。言葉を含めたコミュニケーション能力の獲得には、とにかくまずは視線や目が、大切な役割を果たしているということでしょう。そうであれば、あなた自身の視線が他者に開かれているかを知ることは、大切なことかもしれません。

（中略）

大人になるにつれて、顔や視線を見る際に複雑な感情が伴うようになります。顔を見たり、顔を見せたりすることには感情が切り離せないのですが、その感情が複雑になっていくのです。生まれたばかりの赤ちゃんは、泣いたり怒ったりといった単純な感情の噴出《ふんしゅつ》を見せるだけですが、やがて、感情を隠《かく》したりわざと見せて、相手との関係の調整に感情

なさい。

問六　――線④「くまにタオルをかけて」とあるが、「わたし」は「くま」をどのような存在だと思っているか。適切なものを次の中から一つ選び、記号で答えなさい。

ア　すぐに風邪をひいてしまうか弱い存在。
イ　気配りをしなければならない目上の存在。
ウ　いびきのうるさい少しわずらわしい存在。
エ　自分と変わらない、人間と同等の存在。

問七　――線⑤「眠る前に少し日記を書いた」について、「わたし」になったつもりで日記を書きなさい。ただし、次の条件に従うこと。

A　最も印象に残った出来事を挙げること。その理由も書くこと。
B　「くま」に対して「わたし」が抱いている気持ちを書くこと。
C　八十字以上、百二十字以内で書くこと。ただし、出だしの一マスは空けないで書くこと。

二　次の文章を読んで、後の問いに答えなさい。

お母さんと赤ちゃんは、みな仲が良さそうにみえます。生まれてずっと一緒にいると、自然と仲良くなるのでしょうか。

生まれてからの赤ちゃんとお母さんの行動を丁寧《ていねい》に観察した研究から、［Ｘ］ことがわかってきました。赤ちゃんとお母さんは、生まれつきウマが合うわけではないのです。

赤ちゃんがお母さんの目を見る時間と、お母さんが赤ちゃんの目を見る時間を、生まれた直後から観察すると、発達的な①変化がみられたのです。赤ちゃんの注視時間だけでなく、お母さんの注視時間も、だんだんと長くなっていったのです。赤ちゃんの発達は※1先に説明した通りで、視線の発達とともに、新生児の開いた目への好みから、視線の合った目へと、視線を見る感度も高まり、自然と目を見る時間は長くなっていくのです。

それに合わせてお母さんも発達することが、データの中からわかったのです。赤ちゃんの目を追うスキルがアップしていくのです。お母さんは、最初からお母さんになれるわけではなく、子育てしていくうちにお母さんになっていくのです。

自分のほうをぼんやりと見ていた赤ちゃんが、自分の目をしっかり見てくれるようになる、そんな変化が子育てのご褒美《ほうび》となって、お母さんのやる気を湧《わ》き立たせるのです。そしてだんだんと、赤ちゃんとお母さんの息は合っていくのです。

（中略）

赤ちゃんを産んだらそのまま親になれる――そんなわけではないことがわかりました。赤ちゃんとのやり取りの中で、親も成長するのです。

［ａ］、親の成長は赤ちゃん時代に限られるものではありません。みなさんの親も、今でもみなさんと一緒に、成長を続けていることでしょう。

赤ちゃんの話に戻ると、親子の視線は、コミュニケーションの大切な土台となることがわかっています。これまでみてきた赤ちゃんの視線の読み取りは、単に開いている目やこっちを見ている目に注目するだけで、私たちの視線の読み取りと比べると、幼稚《ようち》に思えます。［Ａ］

大きく手を振《ふ》って、

「とんでもない」

**ウ**と答えるのだった。

「では」

と立ち去ろうとすると、くまが、

「あの」

と言う。次の言葉を待ってくまを見上げるが、［Ｂ］して黙《だま》っている。ほんとうに大きなくまである。その大きなくまが、喉《のど》の奥《おく》で「ウルル」**エ**というような音をたてながら恥《は》ずかしそうにしている。言葉を喋《しゃべ》る時には人間と同じ発声法なのであるが、こうして言葉にならない声を出すときや笑うときは、やはりくま本来の発声なのである。

「抱擁《ほうよう》を交わしていただけますか」

くまは言った。

「親しい人と別れるときの故郷の習慣なのです。もしお嫌《いや》ならもちろんいいのですが」

わたしは承知した。

くまは一歩前に出ると、両腕《りょううで》を大きく広げ、その腕をわたしの肩《かた》にまわし、頬《ほお》をわたしの頬にこすりつけた。くまの匂《にお》いがする。反対の頬も同じようにこすりつけると、もう一度腕に力を入れてわたしの肩を抱いた。思ったよりもくまの体は冷たかった。

「今日はほんとうに楽しかったです。遠くへ旅行して帰ってきたような気持ちです。熊《くま》の神様のお恵《めぐ》みがあなたの上にも降り注ぎますように。それから干し魚はあまりもちませんから、今夜のうちに召《め》し上がるほうがいいと思います」

部屋に戻って魚を焼き、風呂に入り、⑤眠る前に少し日記を書いた。熊の神とはどのようなものか、想像してみたが、見当がつかなかった。悪くない一日だった。

（川上弘美『神様』）

問一　――線①「もしかするとくま自身が一服したかったのかもしれない」という考えが正しいと判断できる証拠となる一文を探し、初めの四字を答えなさい。

問二　――線②「何回かこれが繰り返された」とあるが、子供がお父さんに何度も「くまだよ」と言う理由として適切なものを次の中から一つ選び、記号で答えなさい。

ア　動物園以外でくまを見られることに感動するあまり、一度言ったことをすぐに忘れてしまっているから。

イ　目の前にくまがいることにお父さんが恐怖を感じていて、自分の言葉が届いていないと思ったから。

ウ　くまに対する驚きや興奮をお父さんと共有したかったのに、思うような返事が返ってこなかったから。

エ　お父さんが他のことに気を取られていて、自分の言うことに対して適当な返事しかしてくれないから。

問三　［Ａ］・［Ｂ］に入る語として適切なものを次の中から一つ選び、それぞれ記号で答えなさい。

ア　もじもじ　　イ　すいすい　　ウ　こわごわ

エ　おろおろ　　オ　ざぶざぶ　　カ　ぐずぐず

問四　――線③「つい足が先に出てしまいまして」とあるが、くまは自分のどのような性質が表れたと説明したいのか。答えなさい。

問五　＝＝線**ア**～**エ**の中で一つだけ働きが違うものを選び、記号で答えそう言うと、わたしが答える前に急いで川のふちへ歩いていってしまった。

小さな細い魚がすいすい泳いでいる。水の冷気がほてった顔に心地よい。よく見ると魚は一定の幅《はば》の中で上流へ泳ぎまた下流へ泳ぐ。細長い四角の辺をたどっているように見える。その四角が魚の縄張《なわば》りなのだろう。くまも、じっと水の中を見ている。何を見ているのか。くまの目にも水の中は人間と同じに見えているのであろうか。

突然水しぶきが上がり、くまが水の中に［Ａ］入っていった。川の中ほどで立ち止まると右掌《みぎて》をさっと水にくぐらせ、魚を摑《つか》み上げた。岸辺を泳ぐ細長い魚の三倍はありそうなものだ。

「驚《おどろ》いたでしょう」

戻《もど》ってきたくまが言った。

「おことわりしてから行けばよかったのですが、③つい足が先に出てしまいまして。大きいでしょう」

くまは、魚をわたしの目の前にかざした。魚のひれが陽《ひ》を受けてきらきら光る。釣りをしている人たちがこちらを指さして何か話している。くまはかなり得意そうだ。

「さしあげましょう。今日の記念に」

そう言うと、くまは担《かつ》いできた袋《ふくろ》の口を開けた。取り出した布の包みの中からは、小さなナイフとまな板が出てきた。くまは器用にナイフを使って魚を開くと、これもかねて用意してあったらしい粗塩《あらじお》をぱっぱと振りかけ、広げた葉の上に魚を置いた。

「何回か引っくり返せば、帰る頃《ころ》にはちょうどいい干物になっています」

何から何まで行き届いたくまである。

わたしたちは、草の上に座って川を見ながら弁当を食べた。くまは、フランスパンのところどころに切れ目を入れてパテとラディッシュをはさんだもの、わたしは梅干し入りのおむすび、食後には各自オレンジを一個ずつ。ゆっくりと食べおわると、くまは、

「もしよろしければオレンジの皮をいただけますか」

と言い、受け取ると、わたしに背を向けて、急いで皮を食べた。

少し離《はな》れたところに置いてある魚を引っくり返しに行き、ナイフとまな板とコップを流れで丁寧《ていねい》に洗い、それを拭《ふ》き終えると、くまは袋から大きいタオルを取り出し、わたしに手渡した。

「昼寝《ひるね》をするときにお使いください。僕《ぼく》はそのへんをちょっと歩いてきます。もしよかったらその前に子守歌を歌ってさしあげましょうか」

真面目《まじめ》に訊《き》く。

子守歌なしでも眠《ねむ》れそうだアとわたしが答えると、くまはがっかりした表情になったが、すぐに上流のほうへ歩み去った。

目を覚ますと、木の影が長くなっており、横にくまが寝ていた。タオルはかけていない。小さくいびきをかいている。川原には、もう数名の人しか残っていない。みな、釣りをする人である。④くまにタオルをかけてから、干し魚を引っくり返しにいくイと、魚は三匹に増えていた。

「いい散歩でした」

くまは３０５号室の前で、袋から鍵《かぎ》を取り出しながら言った。

「またこのような機会を持ちたいものですな」

わたしも頷《うなず》いた。それから、干し魚やそのほかの礼を言うと、くまは

【国　語】〈六〇分〉〈満点：一二〇点〉

【注意】一、指示がない限り、句読点や記号などは一字として数えます。
二、正しく読めるように、読みがなをふったところがあります。

一　次の文章を読んで、後の問いに答えなさい。

「わたし」は、三つ隣の３０５号室に引っ越してきた「くま」に誘われて、散歩のようなハイキングのようなものに出かけた。

川原までの道は水田に沿っている。舗装《ほそう》された道で、時おり車が通る。どの車もわたしたちの手前でスピードを落とし、徐行《じょこう》しながら大きくよけていく。すれちがう人影《ひとかげ》はない。たいへん暑い。田で働く人も見えない。くまの足がアスファルトを踏《ふ》む、かすかなしゃりしゃりという音だけが規則正しく響《ひび》く。

暑くない？　と訊《たず》ねると、くまは、

「暑くないけれど長くアスファルトの道を歩くと少し疲《つか》れます」

と答えた。

「川原まではそう遠くないから大丈夫《だいじょうぶ》、ご心配くださってありがとう」

続けて言う。さらには、

「もしあなたが暑いのなら国道に出てレストハウスにでも入りますか」

などと、細かく気を配ってくれる。わたしは帽子《ぼうし》をかぶっていたし暑さには強いほうなので断ったが、①もしかするとくま自身が一服したかったのかもしれない。しばらく無言で歩いた。

遠くに聞こえはじめた水の音がやがて高くなり、わたしたちは川原に到着《とうちゃく》した。たくさんの人が泳いだり釣《つ》りをしたりしている。荷物を下ろし、タオルで汗をぬぐった。くまは舌を出して少しあえいでいる。そうやって立っていると、男性二人子供一人の三人連れが、そばに寄ってきた。どれも海水着を着けている。男の片方はサングラスをかけ、もう片方はシュノーケルを首からぶらさげていた。

「お父さん、くまだよ」

子供が大きな声で言った。

「そうだ、よくわかったな」

シュノーケルが答える。

「くまだよ」

「そうだ、くまだ」

「ねえねえくまだよ」

②何回かこれが繰《く》り返された。シュノーケルはわたしの表情をちらりとうかがったが、くまの顔を正面から見ようとはしない。サングラスのほうは何も言わずにただ立っている。子供はくまの毛を引っ張ったり、蹴《け》りつけたりしていたが、最後に「パーンチ」と叫《さけ》んでくまの腹のあたりにこぶしをぶつけてから、走って行ってしまった。男二人はぶらぶらと後を追う。

「いやはや」

しばらくしてからくまが言った。

「小さい人は邪気《じゃき》がないですなあ」

わたしは無言でいた。

「そりゃいろいろな人間がいますから。でも、子供さんはみんな無邪気ですよ」

五　――線部の平仮名を漢字に直しなさい。

1　えいようのある食べ物

2　映画スターをごえいする

3　夏は冷房などでこうねつひがかかる

4　学芸会の司会をつとめた

5　世界新記録をじゅりつした

私の上に降る雪は
ひどい吹雪《ふぶき》とみえました

二十四
私の上に降る雪は
※1いと※2しめやかになりました……

※1　いと……たいそう。　2　しめやか……ひっそりとして、静か。

問一　第一連から第五連までの中で、「雪」がやさしさを感じさせる降り方をしているのは、第何連か。漢数字で答えなさい。

問二　第五連から読み取れる「私」の気持ちとして適切なものを次の中から一つ選び、記号で答えなさい。

ア　歓喜《かんき》　イ　激怒《げきど》　ウ　興奮《こうふん》　エ　苦悩《くのう》

問三　第一連から第五連までを説明した次の文の□に当てはまる言葉を考え、十字以上、十五字以内で答えなさい。

「私」が年齢《ねんれい》を重ねるにつれて、雪が□。

問四　第六連から読み取れる「私」の気持ちとして適切でないものを次の中から一つ選び、記号で答えなさい。

ア　寂《さび》しさ　イ　憎しみ　ウ　悲しみ　エ　落ちつき

問五　この詩の表現の特徴《とくちょう》についての説明として適切でないものを次の中から一つ選び、記号で答えなさい。

ア　擬人《ぎじん》法を用いて、読者が「雪」に親しみを持てるように描いている。

イ　音の数が一定でリズムの整った定型詩になっているので、読みやすい。

ウ　反復を含む対句という形が、読者に、この詩を強く印象づけている。

エ　比喩《ひゆ》法を用いて、「雪」と「私」の人生が重なるように描いている。

**四**　次の各問いに答えなさい。

問一　次のそれぞれの記号には同じ漢字が一字入る。適切な漢字を書きなさい。

①　○信○疑　○死○生　②　△□同体　△□不乱

問二　次の中で、日本語として適切でないものを一つ選び、記号で答えなさい。

ア　お年寄りの手助けをしたら「とてもうれしゅうございました」と手紙が来た。

イ　みんなで集まって作業したら、わいわいがやがやうるさくなった。

ウ　その観光地は、とても美しい場所でしたが、食べ物は少しまずいでした。

エ　新しいゲームソフトが発売されたら、どんなに高かろうと絶対に買います。

問三　次の「慣用句」をつかって、短い文を作りなさい。

**「息をのむ」**

ただし**「ぼくは、……に、……（動作を表す語）。」**の形にしなさい。

※「動作を表す語」など、後に続く語によって形が変わる場合は、変えても良いです。

（例…「あるく」→「あるいた」）

から一つ選び、記号で答えなさい。

ア　ゴミが回収されずに道をふさぐことによって、都市の機能が低下してしまう。

イ　ゴミが病原菌を運ぶ生き物を呼び寄せ、伝染病が広がる。

ウ　人の住んでいる周辺や川などへゴミを捨てることで、臭いにおいを放ったり汚れたりする。

エ　川に捨てられたゴミによる汚染が広がり、その水を飲んだ人々の健康に被害が出る。

問五　――線④「それ」とは何のことですか。本文中の言葉を使って答えなさい。

問六　――線⑤「子どもたちにしっかりと分別の意義、大切さを説明すれば理解できるのではないだろうか」と考えたのはなぜですか。本文中の言葉を使って四十字程度で答えなさい。

問七　次のア～エの文は本文の最後に入るものですが、並び順が変わっています。正しい順番に直して答えなさい。

ア　そして、これを数十年間、継続させていけば、クリチバ市民はほぼ全員がゴミ問題をしっかりと理解し、ゴミの分別をする市民ばかりになると思います。

イ　ゴミの分別の意義を知った子どもは、大人になってもその意義を忘れないでしょう。

ウ　このプログラムのすばらしいところは、子どもはいつか大人になるということです。

エ　そうすると、それまでゴミの分別を知らずに大人になってしまった人たちとはちがって、より環境を意識した、ゴミ問題を主体的に考える大人になるでしょう。

三　次の詩を読んで、後の問いに答えなさい。

生《お》ひ《（イ）》立ちの歌

中原中也《なかはらちゅうや》

幼年時

私の上に降る雪は
真綿《まわた》のや《（ヨ）》うでありました

少年時

私の上に降る雪は
霙《みぞれ》のや《（ヨ）》うでありました

十七―十九

私の上に降る雪は
霰《あられ》のや《（ヨ）》うに散りました

二十―二十二

私の上に降る雪は
雹《ひょう》であるかと思は《（ワ）》れた

二十三

ル人の子どもたちを見ると、日本人の子どもたちより純真で子どもらしい」と中村さんに言います。中村さんも、ブラジル人の子どもたちは奥さんの指摘《してき》どおりだなと思ったそうです。そして、ブラジル人の大人たちはともかく、⑤子どもたちにしっかりと分別の意義、大切さを説明すれば理解できるのではないだろうか、と考えたのです。

そこで、小学校の先生に、ゴミの分別教育のしかたを教えて、ゴミ分別の※5プロモーションを展開しました。中村さんだけでなく、当時の市長であったジャイメ・レルネルさんまでもが小学校を訪れ、「葉っぱ家族」というゴミの分別事業のマスコットとともに、児童の前で踊《おど》ったりしました。小学生には、「きみたちがゴミを分別すると、その分、森の木を伐《き》らずにすむ。そうすると、きみたちが大好きな森の動物や鳥たちのすみかが守られるんだよ」と、その意義を伝えました。そして、まちなかの公園や広場には、ゴミの分別がどれだけされたか、そしてその結果、どれだけの木を伐らずにすんだかがわかるように、掲示板《けいじばん》が設置されました。この試みは「ゴミではないゴミ」プログラムと命名されました。

同プログラムが開始されてから、およそ四二万トンのリサイクルゴミが回収されました。これらのゴミを積み上げると、なんと二〇階建てのビル一二〇〇棟《むね》分になります。事業を開始した一九九〇年には五〇〇〇トンを回収していたリサイクルゴミは、一〇年後にはその三倍の一万五〇〇〇トンを回収できるようになったのです。

（服部圭郎『若者のためのまちづくり』）

※1　排出……中にたまっているものを外に押し出すこと。
2　廃棄物……日常生活や産業活動などによって排出され、すてられる不用物。
3　コレラ・赤痢・〇一五七……感染症の病気の名称。
4　媒介……両方の間に立って、なかだちをすること。とりもつこと。
5　プロモーション……ものごとがうまく進むようにするために活動すること。また、その活動。

問一　――線①の文の「表現」と「内容」を説明したものとして、適切なものを次の中から一つ選び、記号で答えなさい。

ア　時間的な速さが重要なので、「その日のうちに」という表現を使い、慣れてしまっている現実がどういうものか考えてもらうきっかけとしようとしている。

イ　条件を表す「出せば」という言葉に、「しっかり」という出し方へのていねいさを加えることで、難しいことを簡単におこなっている様子を表している。

ウ　まるでゴミが自分から去っていったように、「消え去る」という表現を使い、ゴミがいつの間にか誰かによって処分されていることを表している。

エ　「指定されたゴミの収集日」という設定がなされていることに、問題を解決するヒントがあることを示そうとしている。

問二　[a]・[b] に入る言葉として適切なものを次の中から一つずつ選び、記号で答えなさい。

ア　ところで　イ　ただし　ウ　また
エ　たとえば　オ　だから

問三　――線②「市役所の態度」の書かれている部分を本文中からぬき出し、初めと終わりの五字を答えなさい。

問四　――線③「都市全体のゴミ問題」として正しくないものを次の中

②市役所の態度は、まさに正論であるかもしれません。しかし、ファベラから排出されるゴミが回収されないと、どういうことがおきるでしょうか。ゴミは汚臭《おしゅう》を放つだけでなく、ネズミやハエなど、※3コレラ菌《きん》や※3赤痢《せきり》、※3Ｏ一五七などの病原菌を※4媒介《ばいかい》する動物や虫なども引き寄せます。すると、ファベラを中心としてコレラや赤痢などの恐ろしい伝染病がまんえんし、被害《ひがい》はファベラの外にある市街地にまでも広がっていきます。

ファベラに住んでいる人たちもゴミがそばに放置されていることはいやなので、近くにある川などに捨てに行ったりします。すると、川がゴミによって汚染されます。ファベラが川の上流に位置している場合、下流に住んでいる人たちはたまったものではありません。とくに、下流で飲料水を取水していたりしたら、健康問題に直結します。市役所に強烈《きょうれつ》に抗議《こうぎ》をするでしょう。

そのような問題が生じるため、ファベラのゴミ問題は、③都市全体のゴミ問題へとつながります。したがって、ファベラのゴミを市役所が回収できれば、都市全体の環境《かんきょう》も改善されるわけですが、これがなかなかうまくできません。しかし、そのような問題に果敢《かかん》に取り組んで解決した都市が、この本の中でも数回紹介《しょうかい》したクリチバです。

クリチバでも、ちょっと前まではファベラのゴミは回収されずに放っておかれました。これは、ファベラの道が狭《せま》すぎて、ゴミ回収トラックが入れなかったからです。しかし、ファベラから出るゴミはクリチバ市内を流れる川に捨てられ、川は汚染され、市民の不満も高まる一方です。そこで、ファベラの人たちに「ゴミをトラックが入っていけるところまでもってきてくれたら、そのゴミをバスのチケットと交換《こうかん》します」と提案したのです。

まさか、ゴミがバスチケットのような価値のあるものと交換できるとは思いもしなかったファベラの住民でしたが、市役所は本気であることを理解すると、それまでのゴミが「宝」のように見え、みんなゴミを回収しはじめたのです。いまではバスチケットではなく、食料との交換になっています。

バスチケットや食料をゴミと交換することで、市役所の出費は増えたかのように思えるかもしれませんが、ゴミ回収の仕事をしてもらったと解釈《かいしゃく》すれば、④それは妥当《だとう》な経費です。そして、なによりクリチバ市内の河川環境、そしてファベラの環境はそれ以降、格段に改善されたのです。

クリチバ市はゴミとバスチケットや食料を交換すること以外でも、ゴミ問題に対して斬新《ざんしん》な取り組みをしています。ゴミの埋立地《うめたてち》が満杯《まんぱい》になりそうになったときに、ゴミの分別事業に取り組むことにしました。この事業の責任者は、クリチバ市の環境局長だった日系一世の中村ひとしさんでした。

中村さんが、ゴミの分別をしようと市役所内の会議で提案したとき、ほとんどの同僚《どうりょう》があきれたそうです。みんな「ブラジル人がゴミの分別などできるはずがないだろう」と異口同音に言うのです。

日本で育ち、日本の大学院を出た中村さんは、日本人ができるゴミの分別をほんとうにブラジル人はできないだろうか、と考えたそうです。

中村さんの奥《おく》さんは、クリチバで小学校の先生をしています。「ブラジ

問六　登場人物とその心情の説明として適切なものを次の中から一つ選び、記号で答えなさい。

ア　おばあちゃんは何事にも真正面からぶつかる人物であるため、自分の思いを素直に口にしない詠子のことを歯がゆく思っている。

イ　おばあちゃんは詠子のことを考えたつもりだったが、それが結果として詠子にうそをつかせることになったため、心を痛めている。

ウ　詠子は自分の心に素直に従う人物であるため、おばあちゃんとお母さんが自分をだましていたことを知って腹立たしく思っている。

エ　詠子は一つのことに集中すると我を忘れてしまうので、おばあちゃんの言葉を聞いて自分がやったことの重大さに初めて気づいた。

問七　――線⑥「詠子は、とてもおばあちゃんを責めることができなかった」とあるが、もしあなたが詠子だったとしたら、このときおばあちゃんにどのような言葉をかけますか。次の条件に従って答えなさい。

A　詠子になりきって書くこと。

B　本文の内容をふまえて書くこと。

C　八十字以上、百二十字以内で書くこと。ただし、出だしの一マスは空けないで書くこと。

二　次の文章を読んで、後の問いに答えなさい。

都市は多くのゴミを毎日、大量に※1排出《はいしゅつ》しています。全国の一般《いっぱん》※2廃棄物《はいきぶつ》の総排出量は五二〇四万トン（二〇〇六年度）、東京都では五一三万トン（二〇〇七年度）ですから、全国も東京都もほぼ一人が一日あたり一キログラムものゴミを排出していることになります。ゴミは世界中の都市にとってきわめて悩《なや》ましい問題です。

ゴミを国語辞典で調べると、「利用価値のないこまごました汚《きたな》いもの」と書かれています。私たちは多くのゴミを排出しますが、排出した後は「利用価値がなく」「汚い」ですから、すぐに処分してもらいたい、自分の目の前からなくしてしまいたいと考えます。①ほとんどの人は、ゴミを出すと役所に処分を頼《たの》みます。指定されたゴミの収集日に、しっかりとゴミを出せば、その日のうちにゴミは自分の視界から消え去っています。このことに、多くの人はあまり疑問を抱《いだ》いていないのではないかと思われます。

[a]、このようにゴミがしっかりと規則的に収集されるということは、世界的に見ればそれほどあたりまえのことではありません。[b]、インドのラクナウという都市では、市役所がゴミをなかなか回収できないために、住民はしびれを切らして、お金を払《はら》ってゴミを業者に回収してもらったりしています。業者は、基本的には生ゴミを回収し、それをミミズがたくさんいるバケツの土の中に入れ、ミミズによってゴミを土に分解してもらっています。そうしてできた土は、肥料としてすぐれているので、農家に販売《はんばい》しています。

ブラジルでも貧しい人たちが住むスラム街（ファベラと呼びます）では、ゴミは回収されない場合が多いのです。多くのファベラはゴミ回収のトラックが通れないほど道が狭《せま》いということもありますが、ファベラで生活する人たちは不法に土地を占拠《せんきょ》して住んでいるために、税金を支払っておらず、市役所としても公共サービスを提供していいものかと考えてしまうからです。

もしちゃいけないんだとずっと思ってた」

元はといえば、それは、⑤おばあちゃんの教えだったはずだ。すると、おばあちゃんはめずらしく自信なげに頬《ほお》をかいた。

「複雑な気持ちだったのさ。私の仕事に興味を持ってほしいという気持ちと、この仕事のことは知らずに育ってほしいという気持ちが両方あった。ずっとここの話をするかどうか、決めかねていたんだ。どちらにしろ、ここは危険で、あまり入ってほしくはなかったからね、葉子《ようこ》とも話して、詠子がはっきりと自分の口で言い出さないかぎり、ここの話はしないでおこうと決めていたのさ」

急にお母さんの名前が出てきて、詠子はとまどう。おばあちゃんの仕事にあまり興味がなさそうに見えるお母さんが、詠子のことをそんなふうに考えてくれていたとは意外だった。

「そうだったんだ……」

自分の知らないところに、自分の人生の選択肢《せんたくし》があったことに、詠子はおどろく。そのことに関して、詠子はおばあちゃんとお母さんを責めたい気持ちに駆《か》られたけれど、おばあちゃんはすでに、詠子とおばあちゃん、どちらが悪いことをしたのかわからないくらいにしょんぼりとしていたので、⑥詠子は、とてもおばあちゃんを責めることができなかった。

（久米絵美里『言葉屋　言箱と言珠のひみつ』）

問一　――線①「あっさりと開いた」とあるが、なぜ扉があっさりと開いたのか、理由として適切なものを次の中から一つ選び、記号で答えなさい。

ア　詠子が工房に入りたいと思っていることに気づいたおばあちゃんがわざと鍵を開けておいたから。

イ　おばあちゃんが、詠子は人にだまって工房に入りはしないと安心していたため鍵をかけ忘れたから。

ウ　詠子が入ろうとしていることを感じ取った工房が、詠子を迎《むか》え入れるため自然に鍵を開けたから。

エ　詠子が工房のものを盗むような人物かどうかを家族で見定めるためわざと鍵を開けておいたから。

問二　――線②「ごくりとつばをのみ」とあるが、このときの詠子の状態として適切なものを次の中から一つ選び、記号で答えなさい。

ア　弱腰《よわごし》　イ　欲望　ウ　恐怖《きょうふ》　エ　緊張《きんちょう》

問三　――線③、④「ごめんなさい」とあるが、それぞれの「ごめんなさい」と言った詠子の心の中で一番大きかったことは何か。適切なものを次の中からそれぞれ一つ選び、記号で答えなさい。ただし、二つとも同じ記号にしないこと。

ア　うそをついておばあちゃんを悲しませてしまったこと。

イ　工房の中のものを勝手に触ろうとしたこと。

ウ　おばあちゃんとの間に重い空気が流れたこと。

エ　工房の中で大きな声を出してしまったこと。

オ　勝手に工房の中に入ったこと。

カ　おばあちゃんに静かにおこられたこと。

問四　□に共通して入る語句として適切なものを次の中から一つ選び、記号で答えなさい。

ア　臆病《おくびょう》　イ　意地悪　ウ　無意識　エ　邪魔《じゃま》

問五　――線⑤「おばあちゃんの教え」が具体的に書かれている場所を探し、書きぬきなさい。

怒《ど》鳴《な》られたものよりずっと深く、詠子の胸に響《ひび》いた。

「ひとまず、こっちにおいで。割れたら、危ないからね」

おばあちゃんは、詠子をお店の方へと呼び込《こ》むと、カウンターのそばの椅子《いす》に座るよううながした。いつもお客さんが、おばあちゃんと長話をする時に使っている椅子《いす》だ。おばあちゃんは、自分もカウンターの中の椅子を引き寄せると、工房のドアを開け放したまま、そこに座った。

「さて」

椅子に座ると、おばあちゃんは先ほどよりも強めの声調で切り出した。

詠子は、空気の重みに耐《た》えられず、おばあちゃんが次の言葉を紡《つむ》ぐ前に、喉《のど》までせり上がってきていたその言葉を発してしまう。

「③ごめんなさい」

しかし、その言葉を勢いよくぶつけられたおばあちゃんは、怒《おこ》っているというより、縮こまる詠子にどんな言葉をかけるべきか迷っているような目をしていた。

「うん。私の正直な気持ちを言えば、ショックだよ。詠子にこんなふうにうそをつかれる日がくるなんてね」

おばあちゃんは、悲しそうだ。それに気がついた途端《とたん》、詠子は鼻の奥の方がつんとするのを感じた。怒《ど》鳴《な》られた時とはちがう種類のしびれが、体の中を走る。

「④ごめんなさい」

詠子は、そのしびれを解くためのほかの呪文《じゅもん》を見つけられなくて、ただその言葉をくり返した。しかし、おばあちゃんは首をふった。

「ごめんなさいは、ひとつでいいよ。人にうそをついてだまそうとしたことを反省しなさい。でも、工房に入ったことに関して、詠子は謝らなくていい」

思ってもみない言葉に、詠子ははっとして顔を上げる。おばあちゃんは、少々きまりの悪そうな顔をしていた。

「不思議じゃなかったかい、扉に鍵《かぎ》がかかっていなくて、工房の明かりがつけっぱなしになっていたこと」

言われてみればそうだ。部屋の扉はあまりにもあっけなく開いたし、詠子が部屋の明かりのスイッチを探さずとも工房は明るく、ガラスたちはきらきらと輝《かがや》いていた。

「今日、詠子が泊まりにくるって聞いた時から、詠子が工房に入りたいと思っているんじゃないかと思っていたんだ。だから、鍵《かぎ》はかけず、明かりもつけておいた」

「でも、じゃあ、どうして言ってくれなかったの?」

詠子は、思わず責めるような勢いで尋《たず》ねてしまう。

「そうだね。私からきちんと話していれば、詠子にこんな無理をさせることもなかった。それは私が悪い。私が□だったんだ」

「□?」

「私から誘《さそ》って詠子にこの工房を見せたら、いつか後悔《こうかい》するんじゃないかと思うとこわくてね。詠子を工房に案内する時は、詠子から言い出した時にしたかったんだ」

つまり、詠子が今夜、変にうそをつかず、堂々とおばあちゃんに頼《たの》んでいれば、今、こんな気まずい思いをせずとも、工房に入れていたのだ。詠子は、その事実に打ちのめされる。

とはいえ、その発想を詠子に求めるのは、少々無理な話だった。

「でも私、この部屋には絶対入っちゃいけなくて、工房のことは話題に

【国　語】〈六〇分〉〈満点：一二〇点〉

【注意】一、指示がない限り、句読点や記号などは一字として数えます。
二、正しく読めるように、読みがなをふったところがあります。

一　次の文章を読んで、後の問いに答えなさい。

詠子《えいこ》の祖母は自宅の一階で雑貨店を営んでいるが、本業は「言葉屋」である。祖母は雑貨店の奥にある工房《こうぼう》で「言珠《ことだま》」を作っているが、そのことは一部の人しか知らない。祖母の言葉屋の仕事に興味を持っていた詠子は、友達の誕生祝いに言珠をプレゼントしたいと考えた。祖母の家に泊《と》まった詠子は、雑貨店でプレゼントを選びたいと祖母に言って雑貨店に下り、そして工房の前に立った。

この部屋に入ってはいけないよ。

小さいころにたった一度だけ言われたおばあちゃんのその言葉は、詠子の脳にからみついて詠子とともに育ち、これまで詠子の好奇心《こうきしん》をその扉《とびら》から遠ざけていた。しかし、詠子は本当はずっと、その扉の向こうが気になっていたのだ。ただ、そこに何があるのか、おおよそ見当はついていたので、今までその好奇心を無視することができていただけだった。

しかし今日、詠子をこの場に運んだ気持ちは、ただの好奇心ではなかった。詠子はその扉の向こうにあるものが、どうしても欲しかったのだ。

自分の中のその気持ちを今一度確かめると、詠子はその気持ちの重さを自分の右手にそっと乗せた。

扉は、先ほどのおばあちゃんの承諾《しょうだく》の言葉と同じくらいに、①あっさりと開いた。詠子は、拍子抜《ひょうしぬ》けする。しかし、開いてしまったからには、その手の勢いは止まらない。詠子は、そのまま扉を押し開けると、いつの間にかぎゅっと閉じていた瞳《ひとみ》を、同じ力で押《お》し開けた。

（中　略）

ゆっくりしてはいられない。早くあれを見つけないと。

詠子は、吸い寄せられるように見つめていた天井《てんじょう》から自分の視線をひっぺがすと、扉の横の作業台に目をやった。お店のカウンターと同じ木材の大きな机の上に、布の張られた箱がいくつも重なっておかれている。箱は、それぞれ薄紅《うすべに》色や若草色などにうすく色づいていて、この部屋の、止まっているかのような時間の裏側で、ひっそりと息づいていた。

きっと、あの中だ。

詠子が②ごくりとつばをのみ、歩《ほ》を進めようとしたその時だった。

「詠子」

肩《かた》をつかまれ、詠子はひゃっと悲鳴をあげた。ふり向く前に、あわてて口を押さえる。自分から飛び出たその甲高《かんだか》い声が、天井からのびる涙《なみだ》のような粒《つぶ》たちを割ってしまうのではないかとあせったのだ。

詠子は、自分の声がこの部屋のものをひとつも壊《こわ》していないことを確認すると、おそるおそるふり返った。

そこには、とても悲しそうな顔をしたおばあちゃんが立っていた。

「やっぱり、だったね」

しっとりとしたおばあちゃんのその声は、工房の空気を邪魔《じゃま》することはなく、自然と部屋と一体になる。だからこそ、その言葉は、力任せに

# 解答用紙集

○月×日 △曜日 天気（合格日和）

◆ご利用のみなさまへ

＊解答用紙の公表を行っていない学校につきましては、弊社の責任において、解答用紙を制作いたしました。

＊編集上の理由により一部縮小掲載した解答用紙がございます。

＊編集上の理由により一部実物と異なる形式の解答用紙がございます。

人間の最も偉大な力とは、その一番の弱点を克服したところから生まれてくるものである。 ――カール・ヒルティ――

東京学参株式会社

芝浦工業大学附属中学校（第1回）　2024年度

◇算数◇

※ 172％に拡大していただくと，解答欄は実物大になります。

| 1 (1) | (2) ① | (2) ②正方形 | 差 |
|---|---|---|---|
| | | | |

| 2 (1) | (2) | (3) | (4) |
|---|---|---|---|
| | | 通り | $cm^2$ |

3

| (1) | (2) |
|---|---|
| 個 | km |

| (3) | (4) |
|---|---|
| 個 | |

(5)

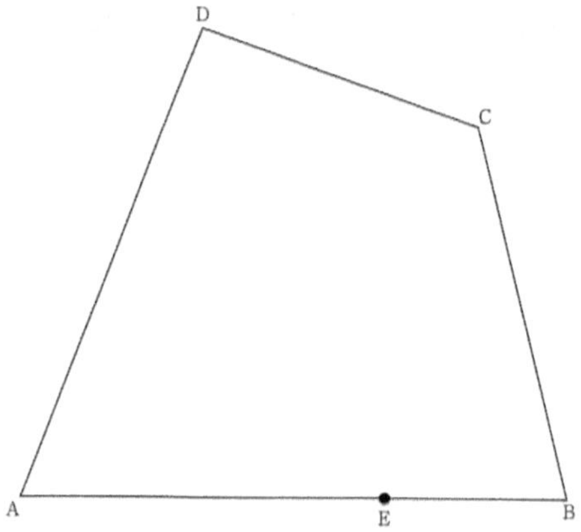

4 (1)

(2)

と

(3)

(4)

5 (1)

cm²

(2) ①

cm²

(2) ②

:

芝浦工業大学附属中学校(第1回)　2024年度

# ◇理科◇

※ 143%に拡大していただくと，解答欄は実物大になります。

## 1

| (1) | (2) | (3) |
|---|---|---|
| | 時 | |

## 2

| (1) | (2) | (3) | (4) | (5) | | (6) |
|---|---|---|---|---|---|---|
| | | | | Y | Z | |
| cm | g | cm | cm | g | g | cm |

## 3

| (1) | (2) | (3) | (4) | | (5) |
|---|---|---|---|---|---|
| | | | ① | ② | |
| | | % | g | % | % |

## 4

| (1) | (2) | (3) | | (4) | (5) | |
|---|---|---|---|---|---|---|
| | | A | G | | ① | ② |
| | | | | g | mg | |

## 5

| (1) | (2) | (3) | (4) |
|---|---|---|---|
| | | | |

| (5) |
|---|
| どちらか： |
| 根拠 |

35

## 6

| (1) | (2) | | | (3) |
|---|---|---|---|---|
| | 図2 | 図3 | 図4 | |
| | アンペア | アンペア | アンペア | |

| (4) |
|---|
| 図 ＿＿＿ |

| (4)理由 |
|---|
| |

20

## 7

| (1) | (2) | (3) | (4) | | (5) | (6) |
|---|---|---|---|---|---|---|
| | | | E地点 | P地点 | | |
| | | mm以上 | | | | 回 |

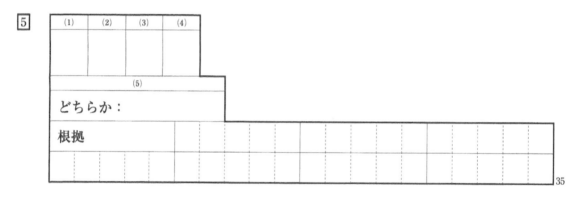

## ◇国語◇

芝浦工業大学附属中学校（第１回）　２０２４年度

※１５２％に拡大していただくと，解答欄は実物大になります。

### 一

問一

問二　　　　　　について。

問三　1　2　3　4　5

### 二

問一

問二

問三

問四　問五　問六

### 三

問一　問二　問三

問四　問五　A　B

問六

問七

### 四

問一

問二　※国語解答用紙②（裏面）に答えを書くこと。

問三　問四

### 五

問一　問二　1　2　問三

問四

### 六

1　2　3　4　5　う

四

問二

80

120

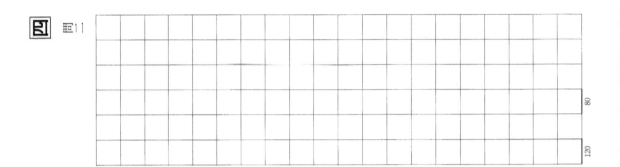

芝浦工業大学附属中学校（第2回）　2024年度

# ◇算数◇

※ 169％に拡大していただくと，解答欄は実物大になります。

**1**

(1) 切り口

(2) ①

(2) ②

(1) 切り取り線

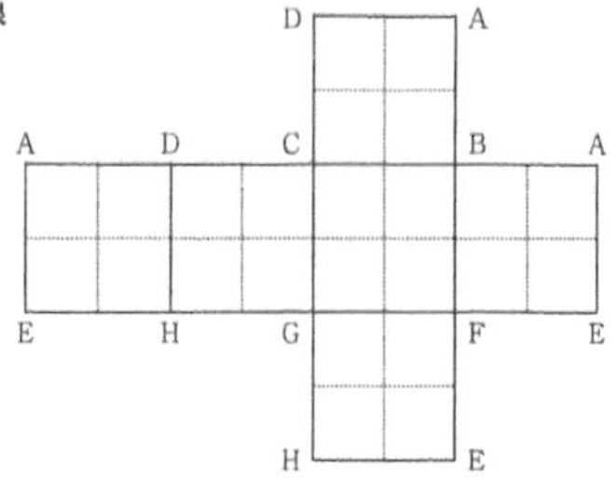


**2**

| (1) | (2) | (3) | (4) |
|---|---|---|---|
| | | ピーマン　　個，玉ねぎ　　個 | 度 |

**3**

(1)

個

(2)

(3)

通り

(4)

$cm^2$

(5)

cm

**4**

(1)

m

(2)

時速　　　m

(3)

時速　　　m

(4)

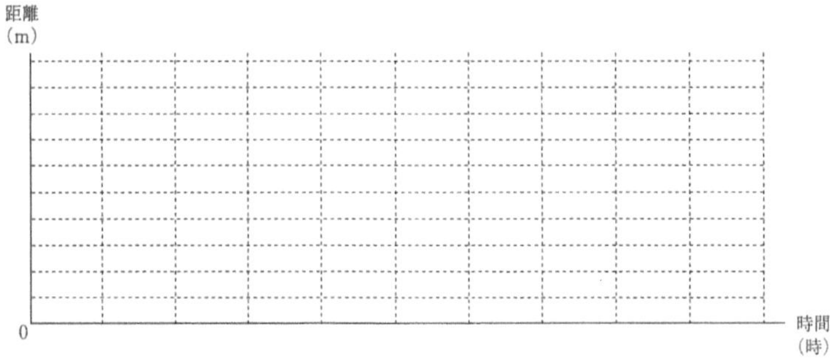


**5**

(1)

AF　　　cm, DG　　　cm

(2)

$cm^2$

(3)

$cm^2$

(4)

$cm^2$

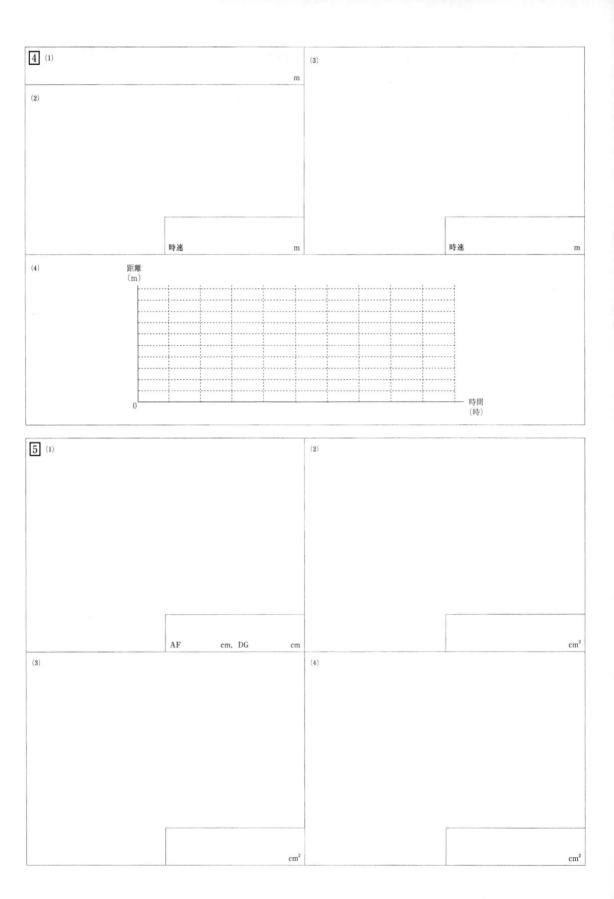

芝浦工業大学附属中学校（第2回）　2024年度

◇理科◇

※ 147％に拡大していただくと，解答欄は実物大になります。

1

| (1) | (2) | (3) | (4) |
|---|---|---|---|
| | | | |

2

| (1) | | (2) | (3) | (4) |
|---|---|---|---|---|
| ① | ② | | | |
| g | | | | g |

3

| (1) | | | (2) | (3) | (4) |
|---|---|---|---|---|---|
| ① | ② | ③ | | | |
| | | | g | cm | g |

| (5) |
|---|
| 35 |

4

| (1) | (2) | (3) |
|---|---|---|
| | | g |

| (4) |
|---|
| 電気自動車を |
| 55 |

5

| (1) | (2) | (3) | | (5) |
|---|---|---|---|---|
| | | a | b | |
| | | | | ひき |

| (4) | (6) | | |
|---|---|---|---|
| 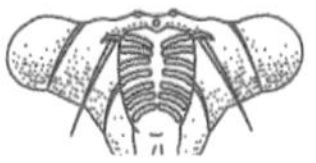 | 1 | 誤 | |
| | | 正 | |
| | 2 | 誤 | |
| | | 正 | |

6

| (1) | (2) | | (3) | | (4) |
|---|---|---|---|---|---|
| | もっとも明るい領域 | もっとも暗い領域 | もっとも明るい領域 | もっとも暗い領域 | |
| cm | | | | | |

7

| (1) | (2) | (3) | (4) | (5) | (6) |
|---|---|---|---|---|---|
| | | a → 　　　　→ i | | | 日 |

2024年度 芝浦工業大学附属中学校(第2回)

# ◇国語◇

※154%に拡大していただくと，解答欄は実物大になります。

## 一

問一 のわからない言葉

問二

問三 1 2 3 4

## 二

問一 問二 問三

問四 (30)

問五

問六 (30)

問七 (10)

## 三

問一 A C D

問二 (50)

問三 問四 問五

問六 ～

問七

## 四

問一 問二 (15)

問三 問四

問五 ※国語解答用紙②（裏面）に答えを書くこと。

## 五

問一 問二 1 2 問三

問四

## 六

1 2 3 4 5 なる

四

問五

80

120

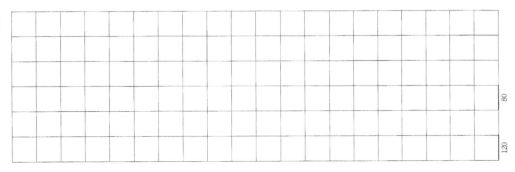

芝浦工業大学附属中学校(第1回)　2023年度

◇算数◇

※ 172%に拡大していただくと，解答欄は実物大になります。

1 (1)

(2) ① 間違った考え

(2) ① 理由

(2) ②

2 (1)

(2)

(3) g

(4) cm²

3 (1)

カーネーション　本

バラ　本

(2)

通り

(3)

7時　分と7時　分

(4)

cm³

(5)

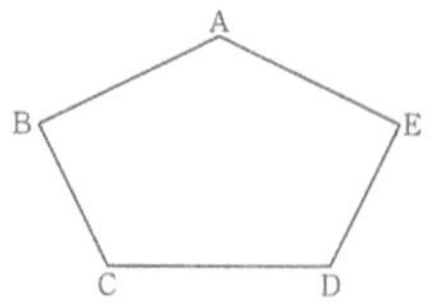

**4**

(1)

毎分　　cm

(2)

毎分　　cm

(3)

cm

(4)

容器A

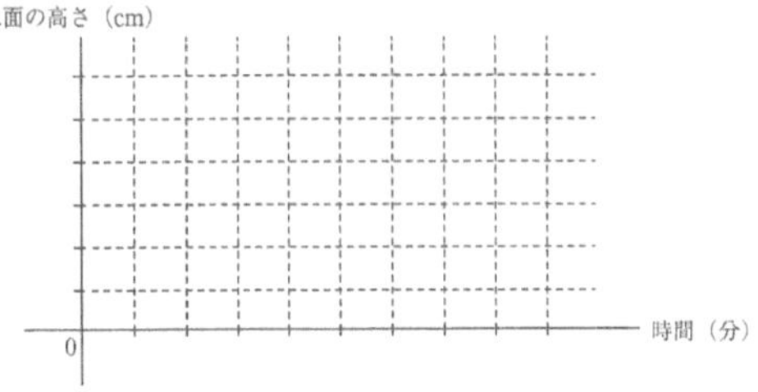


(4)

容器B

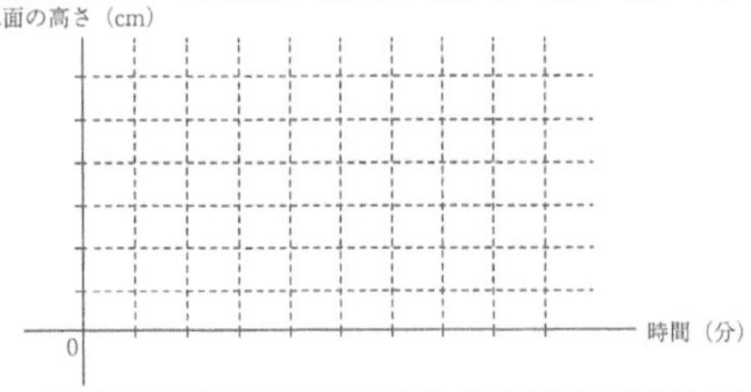


**5**

(1)

$cm^2$

(2)

cm

(3)

cm

(4)

$cm^3$

# 芝浦工業大学附属中学校(第1回)　2023年度

## ◇理科◇

※ 161％に拡大していただくと，解答欄は実物大になります。

1

| (1) | (2) | (3) |
| --- | --- | --- |
| | Ω《オーム》 | |

2

| (1) | | | | (2) |
| --- | --- | --- | --- | --- |
| A | B | C | E | |
| | | | | |

| (3) | |
| --- | --- |
| 候補 | 実験方法 |
| | |

3

| (1) | (2) | (3) | (4) | (5) |
| --- | --- | --- | --- | --- |
| | | | | |

| (6) | |
| --- | --- |
| 理由 | 記号 |
| 試験管よりも三角フラスコ | |

4

| (1) | (2) | (3) | (4) |
| --- | --- | --- | --- |
| | 秒 | 倍 | W |

5

| (1) | (2) | (3) | (4) | |
| --- | --- | --- | --- | --- |
| | | | 記号 | のびの合計の長さ |
| cm | g | g | | cm |

6

| (1) | (2) | (3) | (4) | (5) |
| --- | --- | --- | --- | --- |
| | | 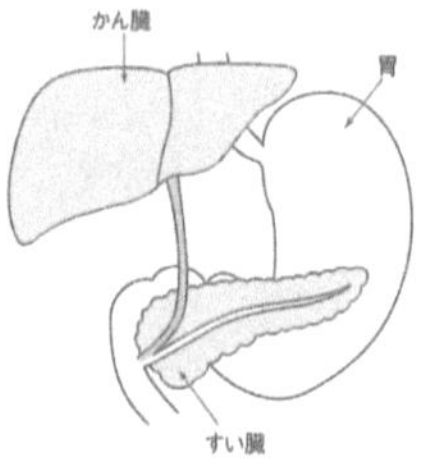 | $m^2$ | |

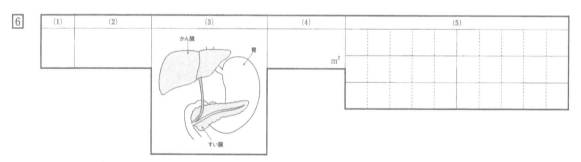

7

| (1) | (2) | | (3) | (4) | (5) | |
| --- | --- | --- | --- | --- | --- | --- |
| | 名前 | 数字 | | | 下線部1 | 下線部2 |
| | | | | | | |

8 (1)

15

15

(2)

50

# ◇国語◇

芝浦工業大学附属中学校(第1回)　２０２３年度

※　１５６％に拡大していただくと，解答欄は実物大になります。

## 一

問一

問二

問三　1　2　3　4　5

## 二

問一

問二　という思い。

問三

問四

問五　問六　問七

## 三

問一　A　B　問二

問三　(1)

(2)

問四　Ⅰ

Ⅱ

問五　問六

問七

## 四

問一　問二　問三　問四

問五　※国語解答用紙②（裏面）に答えを書くこと。

## 五

問一　問二　問三

問四

## 六

1　2　3　4　5　しく

四

問五

80

120

芝浦工業大学附属中学校（第2回）　2023年度

## ◇算数◇

※ 169％に拡大していただくと，解答欄は実物大になります。

**1** (1)

(2) ①

(2) ②

**2** (1)

(2)

(3)

(4) ア　　度，イ　　度

**3** (1)

番目

(2)

km

(3)

分　　秒

(4)

種類，　　$cm^3$

(5)

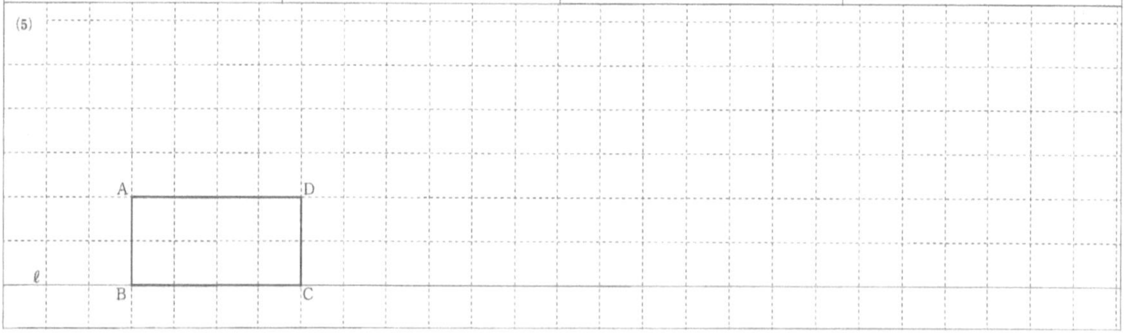

4 (1)

自動車とバスの一般道での時速　　km

バスの高速道路での時速　　km

(2)

時　　分

(3)

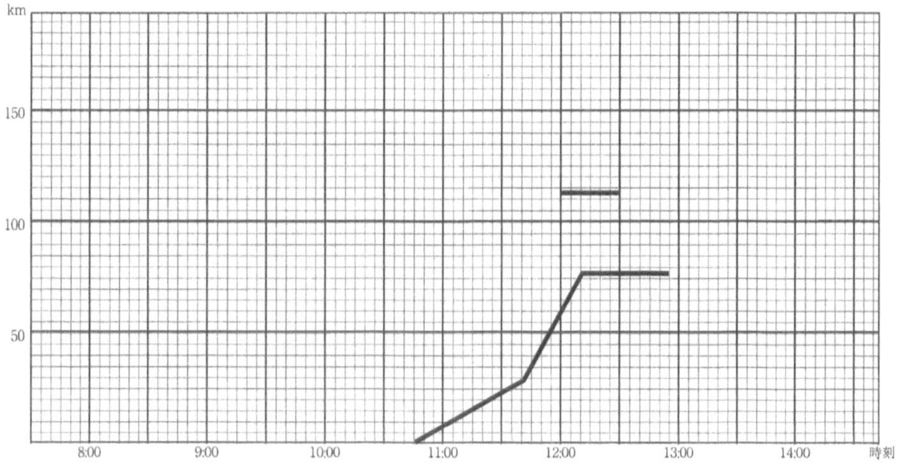


(4)

時　　分

5 (1)

$cm^3$

(2)

$cm^2$

(3)

cm

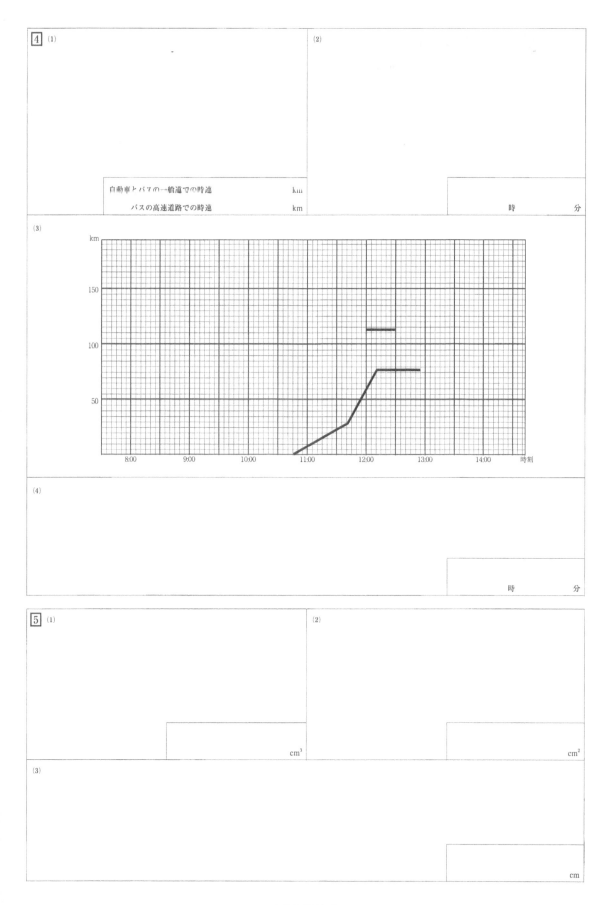

芝浦工業大学附属中学校（第2回）　2023年度

◇理科◇

※ 141％に拡大していただくと，解答欄は実物大になります。

1

| (1) | (2) | (3) |
|---|---|---|
| | | |

2

| (1) | (2) | (3) | (4) |
|---|---|---|---|
| | | | |

3

| (1) | (2) | (3) | | (4) |
|---|---|---|---|---|
| | | 図3 | 図4 | |
| | 度 | | | |

4

| (1) | (2) | (3) | | (4) |
|---|---|---|---|---|
| | | 金属A | 金属B | |
| | | cm$^3$ | cm$^3$ | g |

5

| (1) | (2) | (3) | (4) | (5) | |
|---|---|---|---|---|---|
| | | | | 記号 | 体積 |
| | | | | | mL |

6

| (1) | (2) | | (3) |
|---|---|---|---|
| | ① | ② | |
| | | | |

(4)

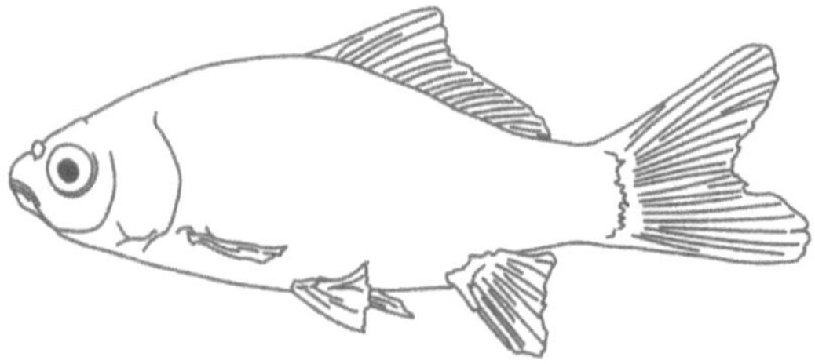

(5)

7

| (1) | (2) | (3) | (4) | (5) |
|---|---|---|---|---|
| | | | | |

8

(1)

30

(2)

55

芝浦工業大学附属中学校（第２回）　２０２３年度

※１５４％に拡大していただくと、解答欄は実物大になります。

◇国語◇

一

問一

問二

問三　1　2　3

二

問一

問二（80字）

問三　問四　問五

問六　問七

三

問一　A　B

問二（30字）

問三　問四

問五（40字）

問六　問七

四

問一　問二　問三　問四

問五　※国語解答用紙②（裏面）に答えを書くこと。

五

問一

問二

問三

問四

六

1　2　3　4　5　る

四

問五

80

120

# 芝浦工業大学附属中学校（第1回）　2022年度

## ◇算数◇

※ 182％に拡大していただくと，解答欄は実物大になります。

| | | |
|---|---|---|
| 1 ⑴ | ⑵ ① | ⑵ ② |

| | | | |
|---|---|---|---|
| 2 ⑴ | ⑵ | ⑶ 時速　km | ⑷ cm |

| | |
|---|---|
| 3 ⑴ 通り | ⑵ ページ |
| ⑶ 票 | ⑷ $cm^3$ |

⑸

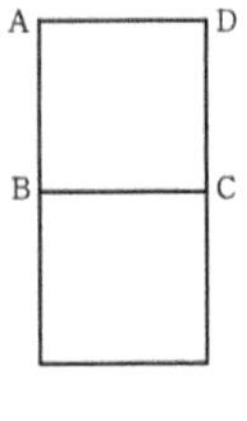

4 (1)

分速　　m

(2)

AC＝　　m，BD＝　　m，橋＝　　m

(3)

分速　　m

(4)

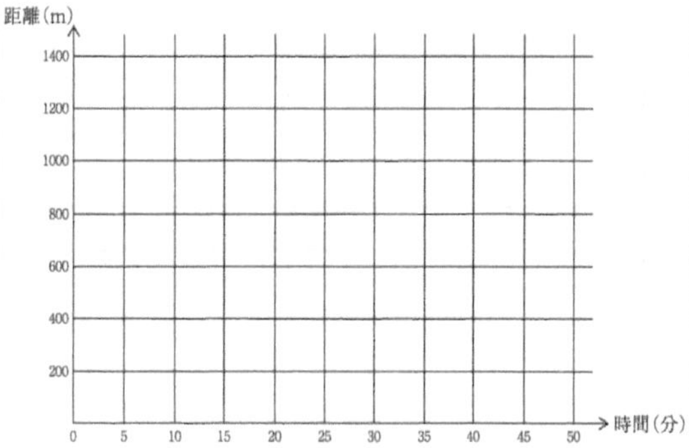


5 (1)

cm$^2$

(2)

cm$^3$

(3)

cm$^3$

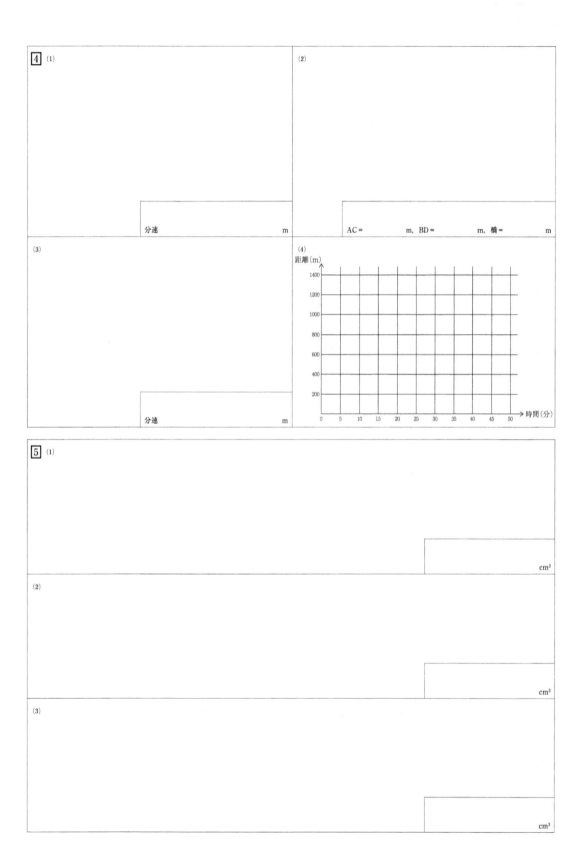

芝浦工業大学附属中学校（第1回）　2022年度

◇理科◇

※ 159％に拡大していただくと，解答欄は実物大になります。

1

| (1) | (2) | |
|---|---|---|
| | ① | ② |
| | | |

2

| (1) | | (2) | |
|---|---|---|---|
| ① | ② | ① | ② |
| m | 毎秒　m | m | m |

| (3) |
|---|
| |

3

| (1) | (2) | (3) | (4) |
|---|---|---|---|
| | | | |

| (5) |
|---|
| |

4

| (1) | (2) | (3) | |
|---|---|---|---|
| | | c | d |
| | g | g | g |

(4)

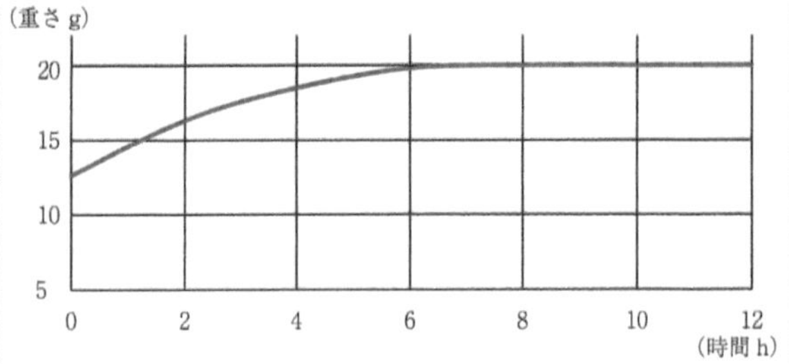


5

| (1) | (2) | (3) | | (4) | (5) | |
|---|---|---|---|---|---|---|
| | | 鉢C | 鉢D | | 鉢E | 鉢F |
| | | | | | | |

6

| (1) | (2) | (3) | (4) | (5) |
|---|---|---|---|---|
| | | | | プレート |

7

| (1) | | (2) | (3) | (4) | (5) |
|---|---|---|---|---|---|
| A | B | | | | |
| | | | | | $m^3$ |

8 (1)

30

30

(2)

60

◇国語◇

芝浦工業大学附属中学校（第１回）　２０２２年度

※１５２％に拡大していただくと，解答欄は実物大になります。

一

問一　1　2

問二　1　2　3　4　5　6

二

問一

問二（60）

問三　問四　問五

問六　問七

三

問一　A　B　C　問二

問三（40）

問四（8）（15）

問五　〜　を持たないこと。

問六　問七

四

問一　問二　問三

問四　※国語解答用紙②（裏面）に答えを書くこと。

五

問一

問二　①　絶対絶命　②　異句同音

問三

六

1　2　3　4　5　か

四

問四

30

120

芝浦工業大学附属中学校（第2回）　2022年度

◇算数◇

※ 175％に拡大していただくと，解答欄は実物大になります。

1 (1)

(2) ①

(2) ②

2 (1)

(2)

(3) 円

(4) アは 度，イは 度

3 (1)

(2) 通り

(3) 分 秒

(4) $cm^2$

(5)

4 (1)

芝田くん　個，田浦さん　個

(2)

個

(3)

個

5 (1)

$cm^3$

(2)

(3)

$cm^3$

# 芝浦工業大学附属中学校（第2回）　2022年度

◇理科◇

※ 156%に拡大していただくと，解答欄は実物大になります。

1

| (1) | (2) | (3) |
|---|---|---|
| | | |

2

| (1) | (2) | (3) | (4) |
|---|---|---|---|
| 個 | 個分 | 個分 | 倍 |

3

| (1) | (2) | (3) | (4) |
|---|---|---|---|
| | 倍 | | 個 |

4

| (1) | (2) | |
|---|---|---|
| | 記号 | 体積エネルギー密度 |
| | | Wh/L |

| (3) |
|---|
| |

| (4) |
|---|
| |

5

| (1) | (2) | (3) | (4) |
|---|---|---|---|
| | | | |

6

| (1) | (2) | (3) | (4) | (5) | |
|---|---|---|---|---|---|
| | | | | 数値 | 理由 |
| | | | | | |

7

| (1) | (2) | | (3) | (4) |
|---|---|---|---|---|
| | A | B | | |
| | | | 億トン | |

| (5) | (6) |
|---|---|
| 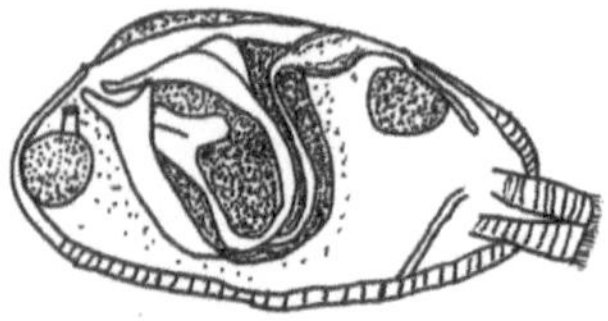 | |

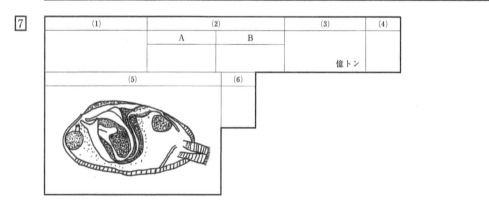

**8**

(1)

45

(2)

45

2022年度 芝浦工業大学附属中学校(第2回)

# ◇国語◇

※152%に拡大していただくと、解答欄は実物大になります。

## 一

問一

問二 「やっと」グループ　「ついに」グループ

問三 1 2 3 4 5

## 二

問一

問二

問三

問四　問五

問六

50

## 三

問一　問二　問三

問四

40

50

問五 D E　問六

問七 1 2 3 4

## 四

問一　問二

問三 ※国語解答用紙②(裏面)に答えを書くこと。

## 五

問一

問二 ① 粉骨砕心　② 無身乾燥

問三

## 六

1 2 3 4 5 める

四

問三　この詩が一番伝えたいことは、

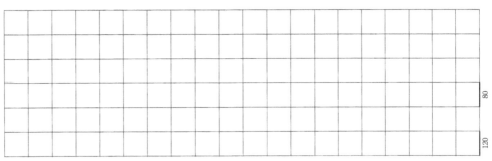

芝浦工業大学附属中学校(第1回)　2021年度

◇算数◇

※ 179%に拡大していただくと，解答欄は実物大になります。

| | |
|---|---|
| 1 (1) | (2) ② |
| (2) ① | |

| | | | |
|---|---|---|---|
| 2 (1) | (2) | (3) cm | (4) 度 |

| | |
|---|---|
| 3 (1) 通り | (2) 月 日 時 分 |
| (3) | (4) $cm^2$ |

(5)

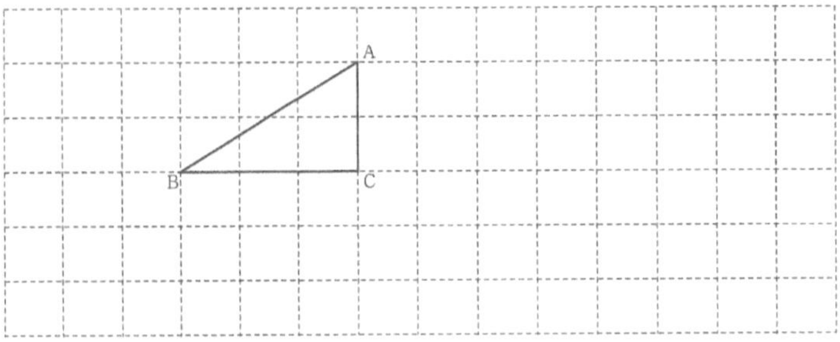

4 (1)

%, g

(2) ①

g

(2) ②

g

5 (1)

$cm^3$

(2) ア. イ. ウ.

エ. オ.

(3)

$cm^3$

(4)

$cm^3$

芝浦工業大学附属中学校(第1回)　2021年度

◇理科◇

※ 155%に拡大していただくと，解答欄は実物大になります。

## 1

| (1) | (2) | (3) | | (4) | (5) |
|---|---|---|---|---|---|
| | | X | Y | | |
| | | | | g | |

## 2

| (1) | (2) | (3) | |
|---|---|---|---|
|  | m | ① | ② |

## 3

| (1) | (3) |
|---|---|
| m² | 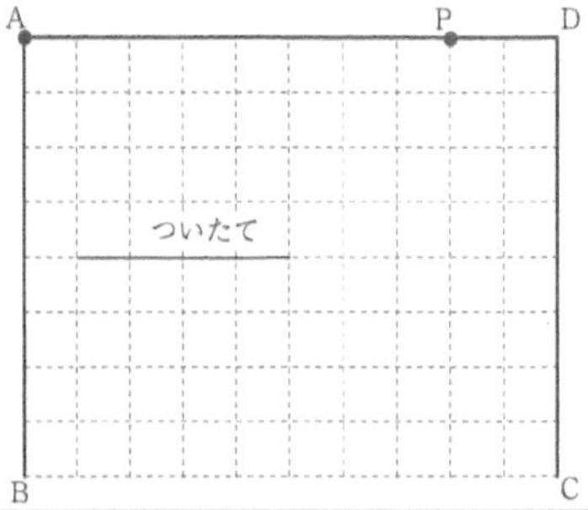 |
| (2) | |
| m² | |
| (4) | |
| m² | |

## 4

| (1) | (2) | (3) | (4) |
|---|---|---|---|
| | % | mg | → → |

## 5

| (1) | | (2) | (3) | (4) | | (5) |
|---|---|---|---|---|---|---|
| | | | | | | |

| (6) |
|---|
| |

## 6

| (1) | (2) | (3) |
|---|---|---|
| | | |

| (4) | | (5) | | |
|---|---|---|---|---|
| A | B | X | Y | Z |
| | | | | |

## 7

| (1) | (2) | (3) | (4) | (5) |
|---|---|---|---|---|
| | | | | |

8

(1)

50

(2)

50

(3) 酸素が増えることによって

50

# ◇国語◇

芝浦工業大学附属中学校(第1回)　2021年度

※160%に拡大していただくと，解答欄は実物大になります。

## 一

問一　問二

問三　1つ目　2つ目　3つ目

問四

## 二

問一　ア　イ　ウ　エ　オ　問二

問三　問四　問五　問六

問七　45　55

## 三

問一

問二　から。　40

問三

問四　A　B

問五

問六　Ⅰ　Ⅱ　Ⅲ

問七　～

## 四

問一　問二

問三　※国語解答用紙②(別紙)に答えを書くこと。

## 五

問一　1 往 往　2 徹 徹

問二

問三

## 六

1　2　3　4 く　5

四

問三

80

120

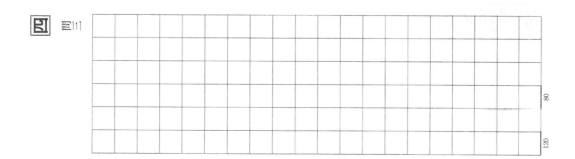

MEMO

大切なことはメモしておこうネ！

MEMO

大切なことはメモしておこうネ！

MEMO

大切なことはメモしておこうネ！

# MEMO

大切なことはメモしておこうネ！

MEMO

大切なことはメモしておこうネ！

MEMO

大切なことはメモしておこうネ！

東京学参の

# 中学校別入試過去問題シリーズ

＊出版校は一部変更することがあります。一覧にない学校はお問い合わせください。

## 東京ラインナップ

あ　青山学院中等部(L04)
麻布中学(K01)
桜蔭中学(K02)
お茶の水女子大附属中学(K07)
か　海城中学(K09)
開成中学(M01)
学習院中等科(M03)
慶應義塾中等部(K04)
啓明学園中学(N29)
晃華学園中学(N13)
攻玉社中学(L11)
国学院大久我山中学
（一般・CC）(N22)
（ＳＴ）(N23)
駒場東邦中学(L01)
さ　芝中学(K16)
芝浦工業大附属中学(M06)
城北中学(M05)
女子学院中学(K03)
巣鴨中学(M02)
成蹊中学(N06)
成城中学(K28)
成城学園中学(L05)
青稜中学(K23)
創価中学(N14)★
た　玉川学園中学部(N17)
中央大附属中学(N08)
筑波大附属中学(K06)
筑波大附属駒場中学(L02)
帝京大中学(N16)
東海大菅生高中等部(N27)
東京学芸大附属竹早中学(K08)
東京都市大付属中学(L13)
桐朋中学(N03)
東洋英和女学院中学部(K15)
豊島岡女子学園中学(M12)
な　日本大第一中学(M14)
日本大第三中学(N19)
日本大第二中学(N10)
は　雙葉中学(K05)
法政大学中学(N11)
本郷中学(M08)
ま　武蔵中学(N01)
明治大付属中野中学(N05)
明治大付属八王子中学(N07)
明治大付属明治中学(K13)
ら　立教池袋中学(M04)
わ　和光中学(N21)
早稲田中学(K10)
早稲田実業学校中等部(K11)
早稲田大高等学院中学部(N12)

## 神奈川ラインナップ

あ　浅野中学(O04)
栄光学園中学(O06)
か　神奈川大附属中学(O08)
鎌倉女学院中学(O27)
関東学院六浦中学(O31)
慶應義塾湘南藤沢中等部(O07)
慶應義塾普通部(O01)
さ　相模女子大中学部(O32)
サレジオ学院中学(O17)
逗子開成中学(O22)
聖光学院中学(O11)
清泉女学院中学(O20)
洗足学園中学(O18)
捜真女学校中学部(O29)
た　桐蔭学園中等教育学校(O02)
東海大付属相模高中等部(O24)
桐光学園中学(O16)
な　日本大中学(O09)
は　フェリス女学院中学(O03)
法政大第二中学(O19)
や　山手学院中学(O15)
横浜隼人中学(O26)

## 千・埼・茨・他ラインナップ

あ　市川中学(P01)
浦和明の星女子中学(Q06)
か　海陽中等教育学校
（入試Ⅰ・Ⅱ）(T01)
（特別給費生選抜）(T02)
久留米大附設中学(Y04)
さ　栄東中学(東大・難関大)(Q09)
栄東中学(東大特待)(Q10)
狭山ヶ丘高校付属中学(Q01)
芝浦工業大柏中学(P14)
渋谷教育学園幕張中学(P09)
城北埼玉中学(Q07)
昭和学院秀英中学(P05)
清真学園中学(S01)
西南学院中学(Y02)
西武学園文理中学(Q03)
西武台新座中学(Q02)
専修大松戸中学(P13)
た　筑紫女学園中学(Y03)
千葉日本大第一中学(P07)
千葉明徳中学(P12)
東海大付属浦安高中等部(P06)
東邦大付属東邦中学(P08)
東洋大附属牛久中学(S02)
獨協埼玉中学(Q08)
な　長崎日本大中学(Y01)
成田高校付属中学(P15)
は　函館ラ・サール中学(X01)
日出学園中学(P03)
福岡大附属大濠中学(Y05)
北嶺中学(X03)
細田学園中学(Q04)
や　八千代松陰中学(P10)
ら　ラ・サール中学(Y07)
立命館慶祥中学(X02)
立教新座中学(Q05)
わ　早稲田佐賀中学(Y06)

## 公立中高一貫校ラインナップ

北海道　市立札幌開成中等教育学校(J22)
宮　城　宮城県仙台二華・古川黎明中学校(J17)
市立仙台青陵中等教育学校(J33)
山　形　県立東桜学館・致道館中学校(J27)
茨　城　茨城県立中学・中等教育学校(J09)
栃　木　県立宇都宮東・佐野・矢板東高校附属中学校(J11)
群　馬　県立中央・市立四ツ葉学園中等教育学校・
市立太田中学校(J10)
埼　玉　市立浦和中学校(J06)
県立伊奈学園中学校(J31)
さいたま市立大宮国際中等教育学校(J32)
川口市立高等学校附属中学校(J35)
千　葉　県立千葉・東葛飾中学校(J07)
市立稲毛国際中等教育学校(J25)
東　京　区立九段中等教育学校(J21)
都立大泉高等学校附属中学校(J28)
都立両国高等学校附属中学校(J01)
都立白鷗高等学校附属中学校(J02)
都立富士高等学校附属中学校(J03)
都立三鷹中等教育学校(J29)
都立南多摩中等教育学校(J30)
都立武蔵高等学校附属中学校(J04)
都立立川国際中等教育学校(J05)
都立小石川中等教育学校(J23)
都立桜修館中等教育学校(J24)
神奈川　川崎市立川崎高等学校附属中学校(J26)
県立平塚・相模原中等教育学校(J08)
横浜市立南高等学校附属中学校(J20)
横浜サイエンスフロンティア高校附属中学校(J34)
広　島　県立広島中学校(J16)
県立三次中学校(J37)
徳　島　県立城ノ内中等教育学校・富岡東・川島中学校(J18)
愛　媛　県立今治東・松山西中等教育学校(J19)
福　岡　福岡県立中学校・中等教育学校(J12)
佐　賀　県立香楠・致遠館・唐津東・武雄青陵中学校(J13)
宮　崎　県立五ヶ瀬中等教育学校・宮崎西・都城泉ヶ丘高校附属中学校(J15)
長　崎　県立長崎東・佐世保北・諫早高校附属中学校(J14)

**公立中高一貫校「適性検査対策」問題集シリーズ**

総合編　作文問題編　資料問題編　数と図形編　生活と科学編　実力確認テスト編

私立中・高スクールガイド

**THE《ザ》 私立**

私立中学＆高校の学校生活がわかる！

## 〈ダウンロードコンテンツについて〉

本問題集のダウンロードコンテンツ、弊社ホームページで配信しております。現在ご利用いただけるのは「2025年度受験用」に対応したもので、**2025年3月末日**までダウンロード可能です。弊社ホームページにアクセスの上、ご利用ください。

※配信期間が終了いたしますと、ご利用いただけませんので ご了承ください。

中学別入試過去問題シリーズ

**芝浦工業大学附属中学校　2025年度**

ISBN978-4-8141-3166-2

---

[発行所] 東京学参株式会社

〒153-0043　東京都目黒区東山2-6-4

書籍の内容についてのお問い合わせは右のQRコードから　⇒

※書籍の内容についてのお電話でのお問い合わせ、本書の内容を超えたご質問には対応できませんのでご了承ください。



2024年5月23日　初版